Milo Lompar
O ZAVRŠETKU ROMANA

Biblioteka
DIJALOG

Recenzenti
Prof. dr JOVAN DERETIĆ
Prof. dr DRAGAN STOJANOVIĆ

MILO LOMPAR

O ZAVRŠETKU ROMANA

Smisao završetka u romanu
Druga knjiga Seoba Miloša Crnjanskog

IZDAVAČKO PREDUZEĆE „RAD"
Beograd, 1995.

Sećanju na Rastka Lompara koje može „da pozna, izdaleka, njegov hod, momački, a starački... koji je brz i čvrst, tako, da može reći, i među stotinu ljudi: Eno mog oca", iako „neće ga, sad zna, sresti tako, više, nikada!"*

---

* Miloš Crnjanski, *Seobe – Druga knjiga Seoba,* Zadužbina Miloša Crnjanskog, Beograd, 1990, str. 698.

IME ROMANA

„Ne može biti dramatičnijeg završetka jedne knjige, koji i nije moja zasluga, već zasluga sudbine i istorije, kad vi vidite da je otišla jedna vojska, zauvek."¹

Među pismima, nađenim, u književnom arhivu, Srpske književne zadruge, u Beogradu, i objavljenim, pet godina, posle smrti Miloša Crnjanskog, londonsko pismo, obeleženo 25. martom 1962. godine, donelo je neobičnu poruku koja je imala imperativni oblik uputstva: „Pošiljka je zapečaćena mojim pečatom. Nekoliko strana završetka, zadržao sam, da bih predupredio svaku moguću zloupotrebu, ako bi se rukopis 'izgubio'. Čim potvrdite prijem ovoga, dobićete avijonskom poštom zadržane strane svršetka romana"². U ovoj poruci – kakva god da je njena namera ili pozadina – prećutno postoji uverenje o mestu koje predstavlja ključ pripovedanja, jer Crnjanski kao da veruje da se bilo koji „izgubljeni" deo njegovog romana može – u svakoj mogućoj zloupotrebi – nadoknaditi ili zameniti, dok je to nemoguće učiniti sa završetkom romana. Tajna romana kao da postaje očevidna na njegovom završetku i zato se mora štititi: pečat koji čuva celokupno pripovedanje ne može u isti mah zaštiti njegov završetak. Ako nestane sav rukopis, sačuvani završetak će sprečavati da se on – u mogućim zloupotrebama – *završi*, uspostavi kao taj rukopis: ako nestane samo završetak, pošto je rukopis stigao u sigurne ruke, njemu se ništa ne može dogoditi, jer se sa njime nikakva zloupotreba ne može otpočeti. Sve u pripovedanju može biti nadoknađeno – i zato se i ne čuva neki drugi deo teksta – ako je sačuvan završetak, a ništa se ne može učiniti sa samim završetkom, jer misao koja oblikuje pripovedanje jeste misao koja postoji na njegovom završetku. U narednom pismu, bez zapisanog datuma, Miloš Crnjanski obećava da će poslati „poštom završetak romana koji je bio zadržao" i, dosledno toj vesti, naglašava: „Moj tekst je definitivan"³. Nije u času kada se pošalje u svet završetak romana više ni moguće promeniti roman, jer on žuri svom svetskom vremenu. No, pošto „postoje reči koje su osuđene na to da ih niko ne čuje"[4], pa ni onaj ko ih izgovara, dva meseca posle martovskog pisma prispelo je pismo Miloša Crnjanskog koje je nosilo datum 28. maja 1962. godine. U njemu je nova poruka Crnjanskog, a ponovo o završetku romana: „U vezi mojih ranijih pisama o pripremi rukopisa *Druga knjiga Seoba*, primetio sam da sam u poslednjem poglavlju poslao verziju, kopiju rukopisa, koji želim da zamenite na odnosnim stranama, sa prvobitnom mojom verzijom koju Vam šaljem u prilogu. To su strane 552. do 557.incl. Molim vas da te strane, u ranije poslatom rukopisu, zamenite, sa ovima, a one ranije vratite poštom, meni. Radi se o čisto autorskim, estetskim, sitnicama, u varijacijama, koje su godinama pisane"[5]. U želji da spreči svaku moguću zloupotrebu Crnjanski je poslao – sa stanovišta majskog pisma – pogrešne stranice, pa završetak romana nije, dakle, bio u potpunom dosluhu sa onim mislima koje su omogućile samo pripovedanje. Majske ispravke treba da dovedu u bezuslovni sklad Crnjanskovo razumevanje sopstvenog pripovedanja sa oblikom završetka njegovog romana. Sam završetak, međutim, napisan je u nekom vremenu koje je udaljeno od vremena pisma, jer se sastoji od varijacija „koje su godinama pisane", ali koje su u bliskom trenutku između martovskog i majskog pisma sagledane u drukčijoj perspektivi koja omogućava postojanje čisto autorskih i estetskih promena u završetku romana. Moralo je, dakle, nastati neko razumevanje pripovedanja koje nije postojalo u martovskom pismu, a koje je u majskom pismu zahtevalo promene u završetku romana: novo razumevanje – i u sitnicama – nije se doticalo bilo čega u pripovedanju, već je stremilo promenama u njegovom završetku. Ono što Crnjanski razume u času kada je martovsko pismo već poslato, postoji u promenama koje zahvataju završetak romana, jer se celokupno pripovedanje postavlja u novi odnos prema sitnicama koje obeležavaju njegovo pretumačivanje u majskom pismu.

U majskom pismu, međutim, Crnjanski naziva svoj roman *Drugom knjigom Seoba*, što je saglasno njegovom pismu od 1. februara 1962. godine u kojem piše da „*Seobe II*, nisu, direktan, nastavak prve knjige, ali su nastavak u širem smislu", pa otud:

„Naslov knjige je *Druga knjiga Seoba*"[6]. Iako je, dakle, sam odlučio o ovom naslovu, Crnjanski nije bio dosledan u njegovoj primeni, kao što je različito tumačio njegov smisao[7], što znači da je njegovo razumevanje menjalo svoju perspektivu kada se vraćalo naslovu romana. U naslovu *Druga knjiga Seoba* postoji razlika između njegovog autonomnog smisla i smisla koji stvara njegovo *poreklo*.

Autonomni smisao naslova podrazumeva *osobeni* smisao svake reči koja ga čini. Reč *Seoba* u naslovu drugog romana podrazumeva dva smisla: *Druga knjiga* romana Seobe i *Druga knjiga Seoba*. U oba slučaja „smo ovu reč razumeli kao metaforu i za jedinstvo dela pretpostavili da je metaforički zasnovano jedinstvo"[8]. Ako je *Druga knjiga* ono što pripada romanu *Seobe*, onda njen naslov označava da postoji neki roman *Seobe* koji se javlja kao obuhvatno ishodište dve knjige: otud prvi roman sa naslovom *Seobe* samo otiskuje trag tog nevidljivog ishodišta. Ako, pak, *Druga knjiga* pripada ontološkoj metafori *Seoba*, onda je i ta metafora ono što se artikuliše u *Seobama* i *Drugoj knjizi Seoba*. I tada je, dakle, naslov prvog romana samo trag osnovne metafore koja smisaono ispunjava reč *Seobe*. Ako od toga kako se razume reč *Seoba* u naslovu drugog romana kao da zavisi razumevanje naslova prvog romana, onda drugi roman prestabilizuje prividno samorazumljiv smisao naslova prvog romana. Ako, međutim, reč *Seoba* „razumemo u metonimijskoj vezi", tada je „jedinstvo dela... tematsko, osnova pripovedačka, sličnost tek koincidencija"[9], jer ta reč ima smisao *neke seobe,* koja postoji kao predmet pripovedanja dva romana. I kao metafora i kao metonimija, međutim, reč *Seoba* – roman, ontološka metafora, neka seoba – predstavlja u naslovu romana ono *isto* i *drugo* što obuhvata dve knjige.

Postojanje reči *knjiga* u naslovu drugog romana obeležava da se u drugom romanu nešto menja u shvatanju pripovedanja, a ne samo u smislu *Seoba*. Nije, dakle, drugi roman samo interpretacija onog smisla koji je pretpostavljen u naslovu *Seoba,* niti on samo nastavlja pripovedanje o seobama koje povezuje oba romana, već rečju *knjiga* u svom naslovu obeležava promenu poetičkog osnova u pripovedanju o seobama. To što *Seobe* postoje kao predmet u naslovu drugog romana nagoveštava da u *Drugoj knji-*

zi *Seoba* postoji *distanca* između onoga šta se pripoveda i samog pripovedanja na način nepoznat prvom romanu, jer sada seobe (i *Seobe*) postaju predmet pripovedačke refleksije, a ne samo pripovedanja. *Druga knjiga Seoba* ne sledi samo vremenski i istorijski momenat posle prvog romana, već preinačava njegovo pripovedanje i ontološko iskustvo. Drugi roman, koji zatvara mogućnost pripovedanja o seobama, interpretira ne samo seobu u Rusiju, već i pripovedanje u *Seobama* o njenoj mogućnosti. Umesto da samo pripoveda o seobi u Rusiju, pripovedanje se, u *Drugoj knjizi Seoba*, prepoznaje u refleksiji nad njenom mogućnošću. Mutan naslov drugog romana, za razliku od naslova prvog romana, precizno i čudno obeležava promenu refleksije u pripovedanju o seobama.

Reč *druga* kao da postoji neutralno – i kad omogućava čitaočevom sluhu da u sintagmi *druga knjiga* čuje „biblijske odjeke"[10] – u odnosu na vezu i smisao dva romana. Ona, međutim, svojom uobičajenošću potkopava sopstveni samorazumljivi osnov: ako postoji *druga*, postoji i prva, ali ako ne postoji treća, da li je *druga* knjiga, osim što je druga, nešto još? Tragati za *tamnim* poreklom naslova romana znači razmišljati o predrazumevanju koje upravlja Crnjanskovom interpretacijom sopstvenog pripovedanja u času kada odlučuje o njegovom naslovu ili gatati o asocijativnoj rezonanci koja taj naslov – i bez veza sa pripovedanjem, i *uprkos* pripovedanju – daruje romanu. Crnjanski je, godine 1965, ostavio trag o naslovu svog romana, koji se može, a ne mora uvažiti: „To sam nazvao 'Druga knjiga Seoba', zato što volim jednu pesmu koja se zove 'Poslednja knjiga koju je okean napisao Sintiji'. To je pesma jednog engleskog velikog pesnika, i taj naslov sam zato uzeo, što su tražili od mene, u Srpskoj književnoj zadruzi, da obeležimo to kao zasebnu knjigu, a ja sam želeo da se vidi da ona nema veze sa prvom knjigom *Seoba*. Ta veza je tehnička."[11] Paradoks upravlja Crnjanskovim obrazloženjima sopstvenih razloga da dodeli takav naslov: ako su tražili od njega da drugi roman obeleži kao zasebnu knjigu, da li to znači da on nije imao takvu nameru? Da to nije od njega traženo, da li bi se drugi roman javio pod imenom *Seobe* ili bi postojao bez ikakvog naslova? Ako je on mislio da drugi roman nema veze sa prvim, zašto su od njega morali tražiti da se drugi roman obeleži kao zasebna knjiga? Zašto je posegao za naslovom u kojem se *ponavlja* naslov prvog romana u času kada je odlučio da drugi roman obeleži kao zasebnu knjigu i da naglasi odsustvo veza sa prvim romanom? Zašto je najdelotvornije poricanje tih veza ako se već u naslovu naglasi njihova *tehnička* veza? Da nije bilo zahteva izdavača, ne bi ni bilo tog naslova, kao što bi on izostao da Crnjanski nije hteo da ga samo *tehnički* veže za Seobe? Iako Crnjanskovo razumevanje naslova sopstvenog romana varira, pa variraju i njegova kolebanja oko sopstvenih razloga da dodeli *taj* naslov svom romanu, *istrajava* – bilo da su u pitanju njegove racionalizacije ili njegova pretumačivanja – njegova svest o *posebnosti* naslova i, istovremeno, o vezi koju naslov ima sa *Seobama*. Ta svest daje putokaz o *tamnom* poreklu naslova na koji će Crnjanskov esej o stihovima Voltera Ralija iz godine 1973, baciti čudnu svetlost. Iako je korespondencija između Ralijevih stihova i Crnjanskovog romana načelno već granična, moguća korespondencija poseduje kontrolnu instancu u Crnjanskovom eseju o Ralijevim stihovima, jer bi Crnjanskovo čitanje tih stihova moglo akcentovati *smisao* koji je Crnjanski *konstruisao* kao dosluh između naslova svog romana i Ralijevog naslova. I kad bi Crnjanskova odluka bila proizvoljna i hirovita, nemotivisana i bezrazložna, ona bi skrivala neku logiku koja ga je vodila *takvoj* odluci o naslovu romana. Trag te logike mogao bi odbljesnuti u njegovom čitanju Ralijevih stihova: „U pomenutoj poemi, kaže da je bio otplovio u Okean. Da traži *nove svetove* (tako piše). Da traži zlato, plena, slave. Pa dodaje: i da iskusi kakva je žudnja, koja obuzima, kad se ljubav prekine.

Sintija je, međutim, poslala za njim sećanje. Na nju. Koje se pokazalo jače, nego da je poslala deset hiljada, ubojnih, galija. Da ga vrate."[12] Kao što čitalac ovih Ralijevih stihova ne bi mogao uočiti korespondenciju sa Crnjanskovim romanom, tako Crnjanskovo čitanje tih stihova omogućava da se ona uoči: Crnjanski naglašava (kurzivom i odrednicom „tako piše") da junak Ralijevih stihova traži *nove svetove* i tačkom izdvaja to saznanje. On ga, dakle, smatra različitim od traganja tog junaka za zlatom, plenom, slavom, koje nabraja nastavak rečenice. Postoji, dakle, u tim *novim svetovima* nešto što se ne može svesti – za Crnjanskovo čitanje – na njihov materijalni oblik. U Ralijevim stihovima, međutim, nema nikakvog naglašavanja *novih svetova* i ne postoji

11

ni kurziv, ni tačka, ni zarez, koji bi ih odvajali od nastavka stiha[13]. Tragovi naglašavanja su, dakle, tragovi smisaone preakcentuacije Ralijevih stihova u čitanju Miloša Crnjanskog. Oni upućuju na korespondenciju između *novih svetova* i Pavlove projekcije *obećane zemlje* koju Crnjanski razumeva kao drugo ontološko iskustvo[14]. Drugi momenat moguće korespondencije sa Ralijevim stihovima iskazuje Crnjanskovo naglašavanje žudnje „koja obuzima, kad se ljubav prekine", a koju, kod Ralijevog junaka, izaziva to što je „Sintija... poslala za njim sećanje" i to „na nju". Crnjanskovo odvajanje tačkom predmeta sećanja od samog sećanja ne postoji u Ralijevim stihovima, ali je korespondentno sa Crnjanskovim shvatanjem da je „glavna tema druge knjige *Seoba,* ljubav prema ženi koja je umrla"[15], što podrazumeva i *sećanje* na nju i *žudnju* kad se ljubav prekine. Snaga i strast sećanja mogli bi biti korespondentna tačka kojom Crnjanski sklapa *asocijativni luk* koji stvara naslov njegovog romana, posebno ako bi se – nezavisno od Crnjanskovog eseja – ta snaga sećanja shvatila kao Sintijina odvojenost od junaka „ne samo zbog njene okrutnosti, već zbog njene smrti"[16]. To bi bila poslednja tačka Sintijine privlačnosti za junaka, jer izvor te privlačnosti i „nije bila privlačnost Elizabete, objekta ljubavi, već pre energija prema tom objektu, postojanost njenog ljubavnika"[17], što je korespondentno Pavlovom sećanju na mrtvu ženu, jer je ona *delatna* u romanu samo zato što je Pavle nepokolebljiv u sećanju. Crnjanski u eseju naslov Ralijevih stihova navodi kao *Poslednju knjigu sa Okeana Sintiji,* a uprkos svom znanju da je ta knjiga „samo detalj jednog dužeg speva", zaboravlja ono *i* koje pripada njenom naslovu: *21. i poslednja knjiga Okeana Sintiji.* Da je Crnjanski iz bilo kog razloga izostavio ovo *i,* ono je – vođeno tim istim neprozirnim razlogom – osvanulo u naslovu njegovog romana: *Seobe i Druga knjiga Seoba.* To *i* neotklonjivo dovodi u rezonancu njegove romane o seobama, ali i potkopava značenje reči *druga* u naslovu drugog romana. Dok je reč „knjiga" ista i u Crnjanskovom i u Ralijevom naslovu, dotle reč „Seoba" ima *istovetnu* funkciju u odnosu na predmet pripovedanja u romanu, kao što je imaju reči „Okeana Sintiji" u odnosu na predmet Ralijevog pevanja. Jedina razlika između dva naslova prebiva, dakle, u Crnjanskovoj zameni reči *poslednja* rečju *druga.* Ta zamena može biti shvaćena kao piščevo lukavstvo ili oklevanje u času kada nije odlučio da li će nastaviti svoj roman. Ali, kolebanja oko završetka romana pokazuju da on nije slučajan: on je, međutim, takav da nije moguće – ni vremenski, ni smisaono, ni u skladu sa prvobitnom namerom[18] – postaviti *iza* njega *treću* knjigu seoba. Kada je napisao *takav* završetak Crnjanski je morao znati da posle njega nema više pripovedanja o seobama. U odeljku razgovora u kojem je godine 1965. naznačio *tamno* poreklo naslova svog romana, Crnjanski je bio upitan o tome „da li su *Seobe* sasvim završeno delo". On je, dakle, prividno nemotivisano sa pitanja o završenosti *Seoba* asocijativno skliznuo do objašnjenja naslova svog romana i njegovog prauzora, da bi, objasnivši poreklo svog naslova, ponovo nemotivisano zaključio: „Smatram da neću napisati i neću štampati treću knjigu *Seoba*, da je to dosta, takvo je naše vreme bilo, bolje je neka ostane tako". Veza između završetka romana – to da je on apsolutni završetak pripovedanja o seobama – i naslova, iskrsla je u razgovoru u asocijativnom luku koji je konstruisao Crnjanski kao trag njegovog razumevanja sopstvenog romana. Veza između Ralijevog i Crnjanskovog naslova, određena je, dakle, završetkom romana: ako je nemoguća treća knjiga seoba, onda je reč *druga* upotrebljena u naslovu drugog romana u značenju *poslednja,* jer taj smisao sija u njoj u času kada se pripovedanje ogleda u sopstvenom završetku. Na raskrsnici mogućnosti da se odgoneta *zašto* je reč *poslednja* zamenjena rečju *druga* u naslovu romana prepoznajemo dva putokaza, iako svaka raskrsnica vodi u četiri pravca.

Prvi putokaz daruje saznanje, iz godine 1974, „da se moj *Roman o Londonu* zvao šusteri *Cipelari Londona*": „Jednog dana sam proučavajući istoriju engleske književnosti tamo, trebalo mi je, našao da je to napisano u sedamnaestom veku. Slučajno jedan Englez je napisao o tome knjigu, o cipelarima Londona pa sam izmenio, morao da izmenim."[19] I u naslovu *Romana o Londonu* sakrivena je, dakle, korespondencija sa knjigom dalekog doba engleske literature. Ako je prvi naslov *Romana o Londonu* prisilno promenjen, jer je istovetan sa svojim nesvesnim prauzorom, onda je svesna promena u naslovu *Druge knjige Seoba,* koji nije u predmetu pripovedanja istovetan sa svojim svesnim prauzorom, mogla biti ili uklanjanje mogućnosti da se naslov shvati kao kompilacija tuđeg naslova, ili poetički nužno odbijanje da se tuđi naslov postavi na čelo sopstvenog romana. Crnjanski ga je morao izmeniti, kao što je morao da izmeni naslov *Romana o Londonu,* da se ne bi izložio prigovorima od strane sveta ili od strane sopstvene poetičke svesti.

Nesaglasno sa podsmehom Crnjanskog iz godine 1974, koji je upućen piščevom trudu da naslov knjige bude interesantan[20], skriven je, u eseju o Raliju iz godine 1973, drugi putokaz za razumevanje naslova njegovog romana: „Čitajući te stihove, naročito sam bio potresen jednim odlomkom, koji je, svakako, samo detalj jednog dužeg speva, a koji ima čudan naslov: *Poslednja knjiga sa Okeana Sintiji.*"[21] *Poslednja knjiga* nije, međutim, ništa čudniji naslov od *druge knjige,* već je eksplicitniji. Nije Crnjanski – u času kada je davao naslov romanu – bio rukovođen samo time što ga „privlači, tim stihovima, naročito, *intelektualna* i humana, dubina, njihovog sadržaja"[22], već je on nosio u svesti i saznanje da ti stihovi imaju „čudan naslov". Čudan naslov njegovog romana nije, dakle, slučajno takav, niti je takav usled zahteva koji je piscu postavljao izdavač, već je on namerno *čudan,* kao što je i naslov na koji se ugleda, takođe, čudan[23]. Nije Crnjanskom stalo da njegov naslov udovolji samo zahtevima izdavača, niti da razreši tehničke veze između njegovih romana, već da *bude* čudan, da izaziva – svojim čudom – razmišljanje o sebi i uputi na čudo pripovedanja u čijem središtu prebiva pripovedačka refleksija i svest o njoj. Ako je Crnjanski za promenjenu optiku svog pripovedanja stvorio naslov koji će joj – čudom u sebi – odgovarati, onda njegov naslov nije više „monogram sadržaja"[24], već naslov koji „mora da pomuti misli, a ne da ih dovede u red"[25]. Naslov je, dakle, stvoren da postoji kao čudan, a ne kao samorazumljiv[26]; da pita, a ne da odgovara; da zavodi, a ne da vodi; da smeta, a ne da pomaže. *Samo* kao takav, naslov romana, dakle, pokazuje „da ima više načina na koje ćemo odrediti jedinstvo *Seoba,* na koje ćemo *Seobe* čitati", jer romani o seobama „dozvoljavaju više jedinstava, retoričkih, gramatičkih, metaforičkih, metonimijskih"[27].

U svojoj poetičkoj dubini naslov romana ne osvetljava samo vezu sa Ralijevim naslovom, već pomoću tuđeg naslova upućuje na završetak romana, jer samo završetak romana može – sam po sebi – učiniti da se reč *druga* pročita sa značenjima reči *poslednja,* pošto je on završetak svakog mogućeg pripovedanja o seobama. Da bi se razumeo naslov romana nužno je razumeti završ-

14

šetak romana, koji je pisan za *poslednju knjigu seoba*. Naslov, kao „već jedan interpretativni ključ"[28], svojim *tamnim* poreklom prepoznaje da je smisao pripovedanja enkodiran u završetak romana. Sam završetak je pisan godinama i u varijacijama, jer je hermeneutički ključ za tumačenje „najbolje knjige srpske proze, koja se može meriti sa najvećim delima svetske literature"[29]. Iskazi na završetku romana postoje kao ponavljanja ili varijacije iskaza koje je donelo pripovedanje. Čitalac je, dakle, upućen na *prepoznavanja* istih iskaza u novim varijacijama na završetku romana. Smisao završetka prepoznaje smisaone transformacije koje postoje unutar pripovedanja. Linearno prepoznavanje *kako* su ti iskazi na završetku romana mogući, kao i saznanje šta ih čini neophodnim, nisu dovoljni da bi se razumeo njihov smisao na završetku romana. Neophodno je, međutim, prepoznati u kojem stepenu ti iskazi prestabilizuju smisaone akcente pripovedanja pomoću *distance* koja se uspostavlja između pripovedanja i završetka romana. To nisu više iskazi samog pripovedanja, već su iskazi pripovedačke refleksije koja ga omogućava. Ako završetak romana preakcentuje smisaona podrazumevanja samog pripovedanja, onda on – već unutar romana – preispituje smisao pripovedanja iz *čitaočeve perspektive*. U njegovoj refleksiji spajaju se, dakle, naratorova i čitaočeva pozicija u samom pripovedanju. Čitalac je, dakle, inartikulisan u pripovedanje na završetku romana, u onom momentu kada dijalektika pitanja i odgovora uspostavlja odnos između završetka romana i smisla pripovedanja: pripovedanje odgovara na pitanje koje mu postavlja završetak, u času kada je završetak odgovor na pitanje koje postavlja pripovedanje. Svako čitanje mora, dakle, računati sa pripovedačkim postojanjem čitaoca na završetku romana. Ali, „upravo kada izgleda da je tekst zatvorio u sebi čitaoca jednim terorističkim aktom, kojim razdvaja svoje primaoce nadvoje, on ponovo otvara jedan prostor igre koji ponovno čitanje može preokrenuti u prostor slobode", jer refleksivnost čitanja „jeste ono što dozvoljava aktu čitanja da se oslobodi od čitanja koje je upisano unutar teksta i da obezbedi odgovor samom tekstu"[30].

IME PAVLA ISAKOVIČA

„Ime je vrlo važno, ime je simbolika."[1]

Odluka o imenu junaka je poetička odluka zato što „*vlastita imena* označuju jedinke, a pošto su predstave pojedinačnog poetične, *poetična* su i vlastita imena"[2], kao i zato što u romanu „biranje imena biva sastavni deo stvaralačkog čina, jedan momenat uobličavanja lika"[3]. U romanu se Pavlovo ime dva puta pojavljuje kao središte refleksije: „Pavle mu je na to odgovarao, nabusito, da se on rodio u Bakićevoj zemlji, da mu je mati nadenula ime Pavla Bakića – Paulusa Bachitiusa, kako Đurđe ima običaj da kaže – pa da on ne namerava to ime da izneveri, niti materino mleko zaboravi." (242) I: „Gabrič ga na to uhvati za ruku i pomilova, po ruci. Kapetan treba da se teši, što šizmatici molitve ne znaju! I kad je prosto brbljanje, molitva nikad nije uzalud. Kako nas sveti apostol Pavao, njegov imenjak, uverava: duh Božiji u našim molitvama i tada, i u takvim molitvama, moli se za nas neiskazanim jecajima!" (407) Pominjanje onih čije postojanje podrazumeva *predodređeno* i sankcionisano značenje – Pavle Bakić, apostol Pavle – korespondira sa egzistencijalnim izazovom za Isakoviča: polemička artikulacija postavlja imena kao neprekoračivi argument, jer postoji sadržaj koji ona neopozivo donose.

Zadato ime

Priroda Pavlovog upućivanja na istorijsko zaleđe sopstvenog imena paradoksalno je nesigurna: dok je Bakić, istorijska figura s kraja XV i početka XVI veka[4], nosilac – u junakovoj svesti – odlučujućih svojstava da je veliki junak i poslednji srpski despot, dotle je on i psihološka determinanta Isakoviča, koji je rođen na Bakićevoj zemlji, zbog čega mu je *mati* to ime nadenula. Korespondencija između javnih i privatnih argumenata koja obeležava vezanost Isakoviča za Bakićevo ime može se *karakterizacijski* razumeti kroz Pavlovo htenje da (i za sebe i za druge) održi, svojom „neustrašivošću u jurišu", kult junaštva koji iskazuje Bakićevo ime, ali ostaje skriveno zašto Isakovič to hoće. Ako junaštvo korespondira sa oficirskim i tradicijskim zaleđem Isakovičevog života, onda značenje *poslednjeg* koje prebiva u imenu srpskog despota tamno sjaji u Isakovičevom imenu. Da li junakovom delatnom fatalizmu nužno prirasta paradoksalna zagledanost u poslednjeg, jer doživljaj haosa koji lomi nacion izvorno nadahnjuje potrebu za ukorenjivanjem? Ali, samo Bakićevo ime protivi se ukorenjivanju koje mu se pripisuje, jer poslednji srpski despot nije znak kraja, već je sam kraj. Prelom Pavla Isakoviča nastaje između nužnosti da se s nacionom *ponovo* ukoreni — i njegove individualne predodređenosti za kraj i okončanje. Njegov odgovor podrazumeva, dakle, izjednačenje sa *istorijskim,* jer junak hoće da, veran Bakiću i oposredovan njegovim imenom, *čini* istoriju. Tim zahtevom on prekoračuje svoje moći u svetu, ali ne zaustavlja rad sopstvene svesti: Pavle umišlja da će ga otrovati kao Raškoviča (205), što je nesrazmerno njegovoj ulozi u svetu, ali je srazmerno njegovom samorazumevanju[5]. Vezanost za sam kraj, međutim, osporava njegovo delanje, jer biti veran poslednjem srpskom despotu znači — za Pavla Isakoviča — produžiti ga: kako to učiniti kada je despot *poslednji?* Ivice tog procepa oblikuju Isakovičevu vezanost za Bakićevo ime kao nijansiranu vezanost za samog sebe: ako je Pavle *tu* rođen, onda je on, dakle, *tu* i kad nije. Kako, međutim, biti *tu* kad nisi? Sa Bakićem, jer on — kao poslednji gospodar te zemlje — jeste uvek tu: otud je prisustvo Bakića prisustvo rođenja, korena, početa. I — „materinog mleka": Isakovičeva vezanost za početak (rođenje) ogleda se u njegovoj predatosti kraju (Bakiću). Njegova radikalnost jeste radikalnost istovetne blizine i početku i kraju, koji su, najdoslovnije, *tu* gde se jedino postoji. Dok je neizneveravanje „materinog mleka" neizneveravanje početa kao mesta u kojem se autentično postoji, dotle je hod ka „Rosiji" hod prema mestu u kojem se *ponovo* postoji: „Jest, jest, uobrazio je, kaže, da u njemu Bakićeva duša živi i da će je u Rosiju sa sobom odneti." (242) Prenosi se početak, ono gde se *bilo,* nosi se *kraju* kao mestu u kojem se, u

17

svesti Pavla Isakoviča, mora *biti:* ako se početak i završetak njegovog bivanja u svetu moraju poklopiti, onda je to zato što se mora vaspostaviti njegov *prethodni* identitet. I kao što je svet zaborav počela, tako je ono što čini prethodni identitet mogućim, istovetno sa neizneveravanjem počela. Isakovičev put tematizovan je identitetom, jer je kretanje ka počelu, njegovom *ponovnom* javljanju. Isakovičev iskorak iz sveta i objava njegove onostranosti obeležavaju istovetnost početka i kraja u junakovoj sudbini: junak je *predat,* u obliku identiteta, toj istovetnosti. Počinje da sjaji semantičko polje dalekog korena njegovog imena: ono na starohebrejskom glasi *Šaul,* što je trpni oblik korena glagola *šal.* Glagol nudi dva objašnjenja: tražen (od Boga) kao „traženo dete"[6] i dat, uzet, iznajmljen (od Boga) u smislu: predat pod vlast Božiju[7]. Pošto je ovo ime često, trebalo bi ga tumačiti u okviru intencija drugog objašnjenja: kao obeležje nekoga ko je dat Bogu[8]. Već je, dakle, u njegovom imenu određeno da nije svoj, jer je (nekome) *dat* i (od nekog) *uzet.* Nemanje sebe određuje bivanje kao *zadato* postojanje. Ako junak nema identiteta u postojećem, onda su njegova posezanja za familijom, nacionom i predanjem samo projekcije i prapokrivanja odsustva identiteta. „Materino mleko" perspektivizuje junakove opsesije nacionom i Rusijom, njegova snoviđenja i fantazme kao manifestni sadržaj koji prikriva ono što je dohvatljivo samo pogledom *kroz* teme. Otud su junakovi pokušaji da *kroz* dosezanje Rusije ili naciona, koji ispunjavaju mesto apsoluta, vaspostavi sebe unutar sveta, predodređeni da akcidencijalno i funkcionalno pretpostave kao supstancijalno. Isakovič nema slobode sopstvenog, već je njegova sopstvenost slobodna tek unutar predatosti. Otud junak korača *zadatim* putem, jer neizneveravanje „materinog mleka" kao onog autentičnog (izvor, počelo) zadaje traganje za autentičnim (okončanje, kraj). Put *prema* postaje, dakle, put *od:* „Ali, on je došao u Kijev, kao i njegovi sunarodnici, da stupe u rosijsku armiju, da u njoj ponesu imena svoja, i, sa tom armijom, vrate u Serviju. Ne lutaju oni po svetu, sebe radi, nego da Ruse pozovu! Da se sa njom, a ne austrijskom armijom, vrate, na turecku granicu. Hteo bi da, još jednom, vidi, pre nego što skonča, Cer, brdo, pod kojim se rodio.

Da se vrati svome poreklu." (771) Čitavo kretanje hoće da bude vraćanje i povratak prebiva u smislu puta (524). Ako se takvo putovanje opravdava svrhom situiranom u samom polasku, zašto onda ići? Nužno je spojiti polazak sa njegovim smislom, jer postoji *rascep* između njih, a odlazak u Rusiju je putovanje po smisao. Postoji vraćanje, jer se stiže polasku, vraća mu se, kao što postoji put, jer se odlazi smislu. I u vraćanju i u putu polazak se prepoznaje kao poreklo. Kada Mikailo Vani – na primeru vladike Vasilija – *ospolji* Pavlu njegovu unutrašnju svrhovitost u obliku političke ideje, to ima snagu otkrovenja za Isakoviča (363), jer on političku ideju prepoznaje kao zadatost koja ga čini mogućim na njegovom putu. Polazak nije, dakle, poreklo u času polaženja, već postaje poreklo sa časom vraćanja: vraćanjem polazak postaje ishod. Ta reč ima ovde dva smisla, jer istovremeno obeležava i početak i završetak[9]. Ako se sa njima vraćaju i njihova imena koja, tek kao deo ruskih armija, stižu svom poreklu, onda postojanje u Rusiji premošćava, iako ne uklanja, rascep između polaska i njegovog smisla. Kretanje je zadato poreklom i osnovni strah Pavla Isakoviča je da se ono ne ukine (306, 519), jer samo ono garantuje vernost Bakićevom imenu. I sam dolazak u Rusiju posreduje doživljaj vraćanja: ako Pavle hoće da ode tamo gde je već bio, onda mu se „Kijev... jako dopao", jer deluje „poznato", iako je „nepoznat", zato što podrazumeva vraćanje. Kijev je „poznat", jer izgleda „kao neka fatamorgana" (605): dolazak u Kijev znači povratak fatamorgani, a utonuti u fatamorganu znači vratiti se početku. Priroda fatamorgane određena je njenom poznatošću, baš kao što priroda nepoznatog počiva u tome da je ono „kao poznato". *Čovek vere* u Pavlu Isakoviču čini ga nerazumljivim za druge, jer je „vera... onaj paradoks da pojedinac sebe uopšte ne može učiniti razumljivim nekom drugom"[10]. Isakovičevo prisvajanje istorijske paradigme (Bakić) otkriva njegovu zadatost kojom postaje „nosilac transcendentnog svijeta"[11], jer on „kao znak već udaljene, ali još neukinute povezanosti sa transcendentalnim redom nosi u sebi nostalgiju za jednim ovostranim zavičajem koji odgovara idealu, nejasnom ukoliko je upotrijebljen pozitivno, nedvosmislenom u onom što ne prihvata"[12]. U toj perspektivi Pavle Isakovič je moguć kao metafizički junak.

Apostolsko ime

Ako „pisac, uostalom, nije slučajno izabrao za svog glavnog junaka upravo ime apostola Pavla", jer „reč 'apostol' ima jedno skriveno, 'šifrovano' značenje" zato što „u svojoj težnji za moralnom čistotom Pavel Isakovič doista liči na nekog apostola"[13], onda karakterizacijsko svojstvo zaklanja da paralela (Pavle Isakovič/apostol Pavle) izvire iz sakralne perspektive kaluđerskog govora[14]. Sakralno viđenje apostola gradi ideju njegovog *predvodništva*, koje ima obrazloženje u neophodnosti njegovog poučavanja: apostol Pavle nije samo „veliko svetilo", već i „učitelj cele vaseljene"[15]. Tako je Isakoviču i rečeno: „... kako nas sveti apostol Pavao, njegov imenjak, uverava..." U podrazumevanom registru biblijske paradigme, onaj koji vodi morao bi voditi ne samom silom, prinudom ili strahom, već umom i razlogom kao prinudom metafizike koja iz njega progovara. To svojstvo kao da postoji u Pavlu Isakoviču, jer je Kumrija „bila, neobično, odana Pavlu, koji je u toj familiji bio neka vrsta pastira, koji vodi stado". Ako je, međutim, „za tim pastirom ostajao zvek mamuza, a ne glas zvoncadi" (223), onda to unosi distancu u odnosu na etičko zaleđe Pavlovog predvodništva, jer pouka i nauk nisu prirasli njegovom vođstvu. Tom vođstvu nedostaje razlog za druge, iako je samo vođenje prirođeno Pavlu. Svi njegovi argumenti za seobu izviru iz njegove egzistencijalne mogućnosti (zadatost) i nisu *objektivan* razlog za druge: samo objektivan razlog, međutim, prikriva instrumentalizovanje braće koju vodi. Kada taj razlog izostaje, onda se – kao izraz legitimnosti vođstva – prepoznaje samo njihova slobodna volja da „*priznaju* tu harizmu" kojom su vođeni, što „odlučuje o njenoj punovažnosti"[16]. Tako Pavlovo vođstvo postaje problematično, jer ima saveznika samo u slobodnoj volji koja upravlja odlukom njegove braće da ga slede: u graničnoj situaciji, pred Garsulijem, oni od seobe odustaju (176–177), što znači da kod njih ne postoji izvorni egzistencijalni raskol u odnosu na svet, dok Pavle ne odustaje. Oni, dakle, idu gonjeni razlozima zbog kojih bi – poniženi i uvređeni – mogli i ostati. Njihova gurnutost u seobu naglašena je Pavlovim osećanjem griže savesti (391), Petrovim optužbama (416) koje narator potvrđuje (433). Njegova radikalnost u odnosu na njih gradi nelegitimnost njegovog vođstva, jer je njegovo pastirstvo, lišeno razloga za druge, odvojeno od razuma i ogoljeno u svojoj samoći: pastir bez razloga odgovara putu bez smisla. Otud je Pavle „imao glas, koji odjekuje, kao glas pastira, glas kakav se često čuje, u servijskim porodicama, i kad više nisu porodice pastira" (670). Kao što njegovo predvodništvo nije izvorno niti trajno, tako ni autoritet njegovog vođstva, koji je počivao na trošnim osnovama slobode njihove volje, nije od takve građe da bi izdržao njihovo nezadovoljstvo teškoćama koje nastaju u Rusiji (686). Sama paralela sa apostolom Pavlom desakralizuje Isakovičevo predvodništvo otkrivajući da se privid apostolstva gradi tako što junak individualno i za sebe i dalje jeste apostol, dok za druge to više nije. On biva oslobođen metafizičkog zaleđa (koje zadaje put) i preveden u komičnu i ironično-grotesknu perspektivu, jer pokušava da obaveže svet sobom i utisne svoj znak u njega. Dok je metafizika stajala iza njega, taj postupak je mogao biti uzvišen: sada je karikaturalan. Paralela sa apostolom razgrađuje jedan metafizički temelj junakovog lika. Ona, međutim, istovremeno podupire metafizičku osnovu lika kroz usložnjavanje junakove okrenutosti ishodu, jer stavlja u dejstvo *biblijsku simboličnost* junakovog imena: „A Savle koji se zvaše i Pavle"[17]. Ta se simbolika zasniva na podrazumevanom smisaonom obrtu da je „Saul uzdrmao crkvu, a Pavle je prestao sa proganjanjem"[18]. Razgradnja apostolskog imena otkriva njegove temelje, jer značenja helenske reči παῦλα, koja je u osnovu biblijske simboličnosti, naglašavaju paralelizam imena i ishoda Isakovičevog puta: mir, odmor, počinak; prestanak, kraj, oslobođenje[19]. Kretanje ka egzistenciji jeste kretanje ka miru i prestanku: suprotnosmernost između junakovog ponašanja (ne-mir) i značenja njegovog imena (mir) u dosluhu je sa ishodom njegovog puta. Ako ime zadaje put i istovremeno prebiva u njegovom ishodu, onda je kraj izjednačen sa početkom: s one strane sveta postoji *ništa* u koje junak stupa i koje u romanu postoji kao mir i prestanak. Egzistencija je smeštena u izvornoj praznini tog mira. Tu je Isakovičevo pretrajavanje i batrganje u svetu *oslobođeno* zadatosti, tu se obrazuje njegov identitet. Biblijska simboličnost imena artikuliše ishod junakovog traganja *van* sveta, koji je neprekoračiv za Pavlov skok u transcendenciju. Ako je Isakovičevo bivanje zadato ovim *ništa* (smrću), onda determinacija nije samo lišena svrhe, već je cinična: nema junakove posebnosti, izabranosti, predvodništva, jer se ishod bezuslovno

21

poklapa sa svim determinisanim ili nedeterminisanim koračanjima. Isakovič, suprotno biblijskoj artikulaciji a pomoću nje, postaje biće-za-smrt: tim krakom svoje pojedinačne putanje on ostaje metafizički lik. Njegov odnos sa *drugima* otkriva naličje njegovog metafizičkog položaja. On postavlja etičke, nacionalne, psihološke, običajne zahteve i razloge kao bezuslovne i apsolutne, ali oni postoje na pozadini njegove fanatizovane figure. Metafizika njegovog predvodništva, koja crpi svoju razumljivost u oslanjanju na um, prepoznaje se, dakle, u svojoj načelnoj ili prividnoj radikalnosti, kao pokrivanje iracionalnog. Na toj stazi postoji raspadanje metafizičkih osnova lika Pavla Isakoviča. Njegove monologe prati odsutni Đurađ Isakovič, čije pretpostavljene replike odjekuju u Pavlovoj svesti. Načelna suprotnosmernost braće znači za Pavlovu svest načelno (trajno) pounutrašnjivanje misli Đurđa Isakoviča: „zatim je i na Đurđa vikao, iako nikog u sobi nije bilo, a njegov bratučed bio, tako, daleko"; „broj, debeli, broj"; „e moj Đurđe, pa dokle ćemo tako"; „slušali smo carski befel, pokorni, Engelshofenu i Serbeloniju"; „molili smo i presvijetlog principa u Veneciji"; „dvorili smo i pašu u Beogradu", a „Rusi mi kažu da imamo, odsad, da slušamo, i pazimo, šta radimo"; „čuješ li ti to, debeli", „čuješ li" (461–462). Užas usled nacionove predodređenosti na poslušništvo Isakoviču služi kao osnov sa kojeg napada Đurđevu egzistencijalnu pomirljivost sa svetom. Naglašeni apsurd nacionovog poslušništva pretpostavlja postojanje razuma u Pavlovoj artikulaciji koja mu se odupire. Ali, praktične i moralne, a individualne posledice Pavlove metafizike, oblikuju naličje njegove artikulacije: uprkos *prisustvu* bede sunarodnika u Pavlovim očima, „ni kod Isakoviča, sažaljenje, prema tim sunarodnicima, nije dugo trajalo. Kao kod svih, bogatih, ljudi, i udovaca, taj osećaj je u njega bio dubok, ali ga je prolazio. Nikad se nije pretvorio u pravi, neprolazni, oganj ljubosti, prema sapatnicima, nego je bio kolebljiv, kao što se granje, starih, vrba, lako ljulja, na vetru" i „on je jahao, pognute glave, nekoliko sati, za tim svojim sunarodnicima, a posle se vratio" (521). Pavlova metafizika predvodništva nije imoralistička (on se tada ne bi mogao protiviti nacionovom udesu) i zato je njegova nedoslednost pred patnjama sunarodnika upravljena protiv te metafizike: zato što hoće da odgovori idealu saosećanja, Isakovič mora da simulira čin, ali njegovo podražavanje dela i čina („nekoliko sati") obeležava njegovu simulaciju sopstvene istine i njene objave. Pavlovo delimično saosećanje sa sunarodnicima potrebno je njemu kao podloga za privid metafizičke konstrukcije koja se *ne živi*, već *priča:* priča o udesu je zaklon pred nužnim konsekvencama onoga ko u životu treba da odgovori na izazove nacionovog udesa. Priča o udesu je, dakle, bekstvo od svetskog prisustva samog udesa. Nepodudarnost između Pavlovih refleksija o nacionu i njegovog delanja pred slikom bede svojih sunarodnika, pokazuje da je za Isakoviča nacionov udes predmet refleksije, dok je junak u zbivanju sklonjen od posledica tog udesa. Ako je ta sklonjenost njegov osnovni položaj, onda ona nije lični izbor, nego nužni akt. U situaciji kada nema izbora, Isakovič ne upućuje *izazov* samoj nužnosti, već joj se priklanja, jer je refleksija samo način da se nužnost sankcioniše, kada junak nema ni volje ni moći da se izloži posledicama njenog izazivanja. Tako se otkriva da svest i bivanje Pavla Isakoviča imaju čulo samo za Pavla Isakoviča, pa je i nacionov udes samo funkcija tog čula. Otud njegovo destruiranje Đurđeve egzistencijalne pomirljivosti odjednom otkriva njenu relevanciju koja podriva same osnove Pavlove metafizike, jer sluti Pavlovo *ludilo*, koje poništava svaki Isakovičev razlog. Đurđevo zdravorazumsko prokazivanje Pavlovog udovištva kao nukleusa nesreće, signalizira da se ludilo javlja kao proizvod ispremeštanog sistema želja, seksualnosti i moći, kao izraz monomanske svesti koja se sužava. Otud je radikalnost Pavla Isakoviča samo radikalnost sužavanja njegove svesti.

Ime malog junaka

Pavlovi sukobi sa svetom posledica su poremećaja njegove percepcije: kao što je njegov sukob sa Božičem, što i sam oseća (381), zbog egzistencijalne indiferentnosti prema Evdokiji nedostojan proklamovane transcendencije na putu za Rusiju (399), tako su i sukobi u Rusiji zadati pogrešnim premisama njegovog puta. Đurađ Isakovič nije prevashodno najpragmatičniji i najkoristoljubiviji od svih Isakoviča[20], već je druga svest Pavlovog postojanja, koja ga razumeva neapostolski. Ta se svest nužno dotiče

23

i njegovog imena: „... – Paulusa Bachitiusa, kako Đurđe ima običaj da kaže – ..." Pavle pounutrašnjuje tu svest i kao naporednu i kao opozitnu: crtice kojima je u tekstu obeležena izdvajaju je unutar Pavlovog govora, koji ovde ima oblik dvosmernosti jedne svesti. Đurđev običaj da latinskim rečima proprati svoje sudove (239) tajanstveno sledi i narator, što znači da on prisluškuje Pavlovu priču, koja pounutrašnjuje Đurđev govor. Pripovedanje je, dakle, filter kroz koji probija Pavlov govor i njegov adresat (Đurđe), jer Pavlova priča o događajima biva interpretirana od strane naratora: latinske reči Đurđevog govora, kao i Trandafilovog ili Višnjevskovog, samo obeležavaju daleko poreklo samog događaja od kojeg u pripovedanju preostaju različite interpretacije. Ime napisano na latinskom jeziku odslikava Pavlov monomanski govor koji otkriva zadatost i smrt, jer u njemu „ne bira čovek sebi ideju nego obrnuto, ideja fatalno vlada čovekom sa jednom nesavladivom stihijnom snagom"[21], ali to ime istovremeno označava i govor *drugog*, jer omogućava prepoznavanje podrivajućeg značenja unutar samog imena: pored toga što je označeno kao rimsko porodično ime Paulus, ovo ime znači i *mali, malen*[22]. Ako je Pavlov Bakić veliki junak, a njegovo ime temelj razloga da se dosegne egzistencija, šta o Bakiću kazuje monomanska dimenzija Pavlove svesti, koja ne opaža po sebe korozivni smisao Đurđevog govora? Kao što se u svesnoj dimenziji Isakovičevog lika odigrao prenos Bakićevih značenja na Isakoviča, tako se sada inverzno, a istom stazom, prenose potisnuta Isakovičeva značenja na Bakića: svest koja bezuslovnim „jest, jest" potvrđuje svoju rešenost da prenese Bakićevu dušu osporena je u svom osnovnom zamahu, jer Bakić postaje neznatan i mali junak. Otud je Isakovičev napor – umesto metafizičke rezonance – mali pokret na besmislenoj osnovi, jer nema u njemu lukavstva koje bi ukrstilo velikog i malog junaka. Isakovič bi bio ništavan junak upravo zato što je Bakić veliki, jer njegova ništavnost nije samo individualna nemoć za Bakićevu paradigmu, već se upisuje u tu paradigmu. Đurđev govor dosledno ne podrazumeva Bakićevu veličinu, jer je smisaono različito artikuliše: ona u njemu, baš kao i Tekelijina (609), i nije *ta* veličina. Pavle Isakovič nije metafizički, već mali (ništavni) junak kada na Kostjurinovo pitanje „u nekom čudnom razdraženju, odgovori, naduto: „Samo serbski znam!'", zato što – žuri narator da objasni poreklo odgovora – „u familiji Isakoviča se pričalo da je to jednom Joan Tekelija rekao". Smisao Pavlovog odgovora nijansiraće naratorova poenta, koja kao da je došla iz Đurđevih znanja: „A čestnjejši Isakovič – pošašavio – bio je uobrazio, ne samo da u sebi nosi dušu Bakičevu, i nerođenog sina Vukovog, nego i jezik, oholi, kojim je Tekelija, i pred carevima, brbljao" (641). Već je Pavlovo „razdraženje" za naratora „čudno", jer je neobrazloženo situacijom i, sa „nadutim" odgovorom na nevređajuće pitanje, ostvaruje dvostruki učinak: Pavle hoće da naznači u sebi metafizičkog junaka koji prekoračuje svet, ali on ne *izgleda* uzvišen u tom činu, već se čak i ne primećuje, makar kao nepriklada i beznačajan. U *ponavljanju* Tekelijinih reči, čime hoće da pretpostavku o svojoj posebnosti prevede u čin, Pavle ne sluti zamku u tome što je njegov čin neizvoran i drugostepen, jer *seća,* a ne zasniva. Junakova radikalnost moguća je samo u ponavljanju, ali kako on *nije* Tekelija, tako njegovo podražavanje situira metafiziku koju ponavljanje zaziva negde van Isakoviča. To ponavljanje je, dodatno, dovedeno u paralelu sa nekadašnjim pozivanjem na Bakićevu dušu, koje je, odjednom i naknadno, iz srca same situacije ponavljanja, dobilo određenje „pošašavio". Bilo da je rodni čas naratorovog saznanja da je Pavle „pošašavio" *prošao* ili da nastaje *sada,* sâmo saznanje obuhvata i interiorizovanje Bakićeve duše i podražavanje Tekelijinih reči. Ono potvrđuje nekadašnje Trandafilovo iskustvo sa Isakovičem, koji „kao da je umom poremetio" (243). Junak koji je sa umom u sporu prisvaja značenja metafizike, a ne proishodi iz njih: nesporazum sa umom ne može biti samo drugo ime za nesklad sa svetom, jer „šašavost" ospoljava *ludilo.* I dok se Isakovičeva neizvornost ogleda u podražavanju, jer on ne čini za priču, već pričano čini, i otud, ne zna šta čini, iako čini šta zna, dotle narator raskriva naličje Isakovičevog pounutrašnjivanja Bakićeve duše: kada Pavle govori o Bakićevoj duši u sebi, onda postoje različite i neeksplicirane pretpostavke njegovog čina, ali kada narator eksplicira junakovo ludilo kao koren njegovog čina, onda se – u ponavljanju istog iskaza – čita metafizički junak na pozadini malog (ništavnog) junaka i podrazumeva se načelna nepostavljenost Pavlovog otkrivenja u metafizici predvodništva. Jer, „čudno razdraženje" i „naduto" odgovaranje

– u Pavlovoj svesti – hoće da znače, jer se oslanjaju na podrazumevanu relevanciju metafizičkog junaka, ali je sâmo podrazumevanje neopravdano, pošto se ospoljena značenja raspadaju u *ništa:* „Kostjurin se nasmeja..." (641) Iščezla značenja metafizike otkrivaju da smeh i nije u prilici da ubije – „ko želi da najtemeljnije ubije, taj se *smeje*"[23] – metafizičkog junaka, zato što ga ne vidi i ne zna za njega, jer njega i nema. Ali, Isakovičeva radikalnost ostaje moguća: kao što susret početka i kraja omogućava radikalnost zadate egzistencije, tako ništavnost sužene svesti odgovara radikalnoj i monomanskoj strukturi malog junaka. Postoji interferencija ovih pozicija u Pavlu Isakoviču. Kada se metafizički junak prepozna kao mali, onda on od vrhovnog pastira sa primarnim svojstvom *učitelja* postaje „...pedagog! Prokljati pedagog!" (548) Ne samo da je ironično izgovaranje Pavlovog osnovnog svojstva intencionalno dodeljeno Višnjevskom, već je takva artikulacija doživela svoj objektivni smisao i odvojila se od svog tvorca (614). I destrukcija poznog oblika Isakovičevog metafizičkog motiva odjekuje unutar svojih preobraženja, u Višnjevskovim rečima da „put rosijski, međutim, ne vodi u Serviju – da izvini Isakovič – nego u Konstantinopolj, na Bosfor" (525). Ako se ne ide u Serviju, onda nestanak vraćanja preinačava smisao polaska, jer iz tog smisla iščezava metafizički zahtev za poreklom. To nestajanje čini da metafizički junak bude načelno sebi neistovetan, a da mali (ništavni) junak poseduje karikaturalni zahtev. Umesto *učitelja* na delu je „prokljati pedagog", čija prokletost nije uslovljena nekim metafizičkim smislom koji izaziva, već neuklonjivom dosadom jednog groteskno zahteva. Prisustvo malog junaka u imenu Isakoviča sučeljava se sa saznanjem da je on fizički najviši junak u romanu (177). Kakav je prikriveni smisao razlike između Pavlovog imena i njegovog izgleda, ako osnovni zakon Đurđa Isakoviča glasi da „tamo... gde je lepo društvo, tamo je naše carstvo" (605), jer „svud je lepo, gde je lepo društvo. Tamo gde su naši joldaši, tamo je dobro. Ma gde to bilo. Ma u kom carstvu" (534)? „Stari narodi verovali su da bogovi samo na bregovima žive. Kad je čovek na bregu, čini mu se da je bliže neba; oseća se uzvišen, slobodan; planinci, više nego iko, ljube svoj zavičaj. Nigde se toliko ne spominje ona poslovica ,Gde je dobro, tu je otačastvo!', kao u nepreglednim ravnicama severne Nemačke..."²⁴ Razlika između Pavla i Đurđa saglasna je razlici između planine i ravnice, visa – otud je Pavlov „put u Rosiju vodio... u visinu" (583) – i niza, egzistencije i sveta. Kao mali junak Pavle je sveden na Đurđevu meru: poništen je zavičaj onome kome je „tuđinstvo teže nego narodima koji u ravnici žive"²⁵. Kada se Đurđev zaborav zavičaja (725), koji je zaborav počela i „materinog mleka", prepozna u *malenosti* Pavlovog života, uprkos njegovom pamćenju i pričanju, tada se Isakovič svodi na egzistencijalnu karikaturu. Tako je duša heroja postala „nepokretna, zatvorena i u sebi dovršena", a „način bivstvovanja u vanjskom svijetu može se izraziti samo u neodgovarajućim pustolovinama, koje samo za vlastitu, manijačku zatvorenost ne posjeduju u sebi nikakvu moć opovrgavanja"²⁶. Otud „maksimum u doživljajno dostignutom smislu postaje maksimum u besmislu: uzvišenost postaje ludilo, monomanija"²⁷, jer je „najčistiji heroizam morao postati groteska, a najčvršća vjera ludilo kada su putovi ka njegovom transcendentalnom zavičaju postali neprohodni"²⁸.

Đurđe Isakovič

Tajanstvenost i nepoznatost imena u Rusiji otkriva strah Đurđa Isakoviča pred Rusijom, jer kad Pavle „dodade, da mu je Volkov rekao da će, možda, moći videti caricu, u Rosiji, koja ove godine ulepšava svojim prisustvom Moskvu, a stanuje u dvorcu koji se zove Golovin", onda Đurđevo – „neveselo" – pitanje glasi: „Kud li ta imena nađu?" (415) Đurđevo „neveselo" predomišljanje o smislu koji sakrivaju imena u Rusiji otkriva da neuporediva pojedinačnost tih imena – dvorac Golovin – postaje supstitucija za Rusiju kao takvu, i mera *smisla* njene nepoznatosti koja stvara strah. Strah Đurđa Isakoviča nastaje zbog slutnje da njihovo nepripadanje Rusiji nije samo spoljašnje, već da je to nepripadanje smislu koji u njoj postoji. Ako je on van tog smisla, koji Rusija – u njegovoj svesti – mora imati, gde je on? Da li se može pripadati prostoru (Rusije) a da se ne pripada njegovom smislu (Rusije), da li to nepripadanje smislu vodi izopštenosti u prostoru? Osnovanost Đurđeve brige pokazuje saznanje da se „najgore... provela Vlaškalinova kučka, Moča". koja se „zvala tako, od milošte, u Titelu, jer se ceo dan skitala oko čamaca, i vraćala, uveče, sva mokra. U Kijevu je njeno ime značilo: mokraću. Za njom su trčala deca – vičući njeno ime – sa štapovima. A jurili su je i svi garovi, u predgrađu, koje se zvalo Podolija, iako je sirota životinja bila, od duga puta, sva čupava, prljava, iznemogla" (571). Dok su ruska imena Isakovičima u Austriji izgledala čudna, dotle u Rusiji izranja nešto nepoznato iz prividne poznatosti imena koja su doneli iz Austrije. Tu je poreklo straha Đurđa Isakoviča: ako oni nose u svojim imenima pripadanje austrijskom svetu, kuda će oni sa tim imenima u ruskom svetu, jer ponovo postoje u suprotnosti u odnosu na svet. Skitnja i mokrina Vlaškalinove kuje postoje u „milošti" njenog prostora, jer samo kučka Moča biva zaklonjena i zaštićena tim imenom u Titelu. U Kijevu, međutim, ona je prokazana baš tim imenom, jer novi svet upisuje svoj *preteći* – strah Đurđa Isakoviča – smisao u njeno postojanje. Posebnost imena, kao posebnost identiteta, otkriva da stara determinacija imena gradi nerazumljivost njegovog značenja u novom svetu. Ontološka nezasnovanost nacionovog identiteta kuca u temelje vlastitih imena. Kada Moča od mokrine postane mokraća, onda ona pokazuje nakaznost napora da se identitetom i imenom dokuči smisao Rusije, jer je ime najkraća staza do spoznaje o razdvojenosti između novog sveta i starog – preseljenog – smisla. Otud u graničnoj situaciji preseljenika nacionov udes zadire u zakon posebnosti, koja mora promeniti ime, jer je izazov starog smisla novom svetu neprekoračiv. Đurđe Isakovič – kao najzabrinutiji pred nepoznatošću ruskih imena – prvi je razumeo da je prisvajanje novog smisla (identiteta) moguće samo identifikacijom sa novim svetom: nije on u Rusiji samo „počeo da svom imenu dodaje Zeremski" (622), već je postao „Georgije Isakovič Zeremski" (664). U času kada je identitet iskliznuo i pojedinac – imenom – štrči u novom svetu, strah pred tajanstvom imena zahteva da se sopstveno ime dovede u rezonancu sa smislom Rusije: u Đurđevom htenju „da bude kao Rusi što su" (720) odjekuje savet Višnjevskog da treba da se „pretvore što pre, u Ruse" (525). Promena najposebnijeg otkriva da je novi smisao *posebnog* u tome da se ono poništi. Ime Đurđa Isakoviča menja se da bi on izbegao Močinu sudbinu. Ime izaziva, jer sudbina izaziva: sudbina je, međutim, sveobuhvatna, a u imenu samo Đurđe postoji, pa promena posebnosti otkriva da postoji tako malo sudbine u njegovom pogledu. Tajanstvena nedozvoljenost govori nacionovim imenima i u Austriji, jer „đeneral koji je nosio ime Puvala, počeo je da jede slova svog imena, i da ga piše: Puhalo. Stidljivo." (661) Ako izmena imena[29] obuhvata i stari i novi svet, zašto ići *tamo* gde je ime osumnjičeno kao i *ovde?* Relevantnost Đurđevog pitanja pokazuje njegova misao da „mi, Isakoviči, nigde nismo bili srećni" (200) kojom prekoreva Pavla što hita u seobu *uprkos* osnovnom znanju o Isakovičima[30], jer „imamo da biramo, ili da postanemo papisti, ili moskalji" (200). Kada Pavle Isakovič na *završetku* romana ponavlja da Isakoviči „nikad sretni nisu bili", jer su se „uvek... selili" (786), onda ono protiv čega je Đurđe od samog početka bio i što se imenuje kao ludost prirođena Isakovičima (310, 604) postoji u Pavlovom znanju kao definitivni znak njihove nesreće (557, 716). Đurđe zna, dakle, isto što i Pavle, ali ima egzistencijalno pomirljiviji stav prema tom znanju, jer njegova konsekvenca iz predodređenosti Isakoviča za nesreću počiva u *prihvatanju* sveta i umanjivanju nesreće (543), kad već ne može da je otkloni. Pavle, međutim, hoće da ukloni nesreću, jer je ne prihvata kao nesreću, već kao grešku sveta i saznanje o sopstvenoj pogrešci (740) nije saznanje koje utiče na njegov zahtev da se svet, a ne on, promeni. Đurđeva predviđanja o seobi (433) se potvrđuju, jer on nema iluzija o istini nacionove seobe, pošto zna svet: u sudaru sa onim što je van sveta, kao odluka Đinđe Zekoviča, Đurđe greši (439), kao što izgleda komično u sijanju svog imena kada Ana počinje da se ponaša mimo sveta (621). Tako neizrečeno pitanje Đurđa Isakoviča o nesvrhovitosti seobe sija u njegovom nezadovoljstvu ruskim imenima, jer je opasnost od koje se beži – imena su refleks opšteg udesa – prisutna i u tamnoj senci imena ruskog dvorca. Prilagođavanje vlastitog imena nastaje kao Đurđev odgovor na saznanje poniklo u vreme njegove slutnje. Ako je odricanje od imena spaslo Đurđa Močine sudbine, onda je i njegov strah postao bezrazložan, pošto je tu sudbinu samo ime moglo dozvati. Ne postoji, dakle, Đurađ Isakovič koji može progovoriti u Zeremskom, jer ta usta više ne znaju za taj govor, pošto ne znaju za svoje ime. Ako on govori isto što i pre promene imena, to više nije isto, jer kad dvoje rade isto, nije isto. Tek kada se oslo-

29

bodi imena, on pripada svetu, jer ga ne izaziva i ne budi sumnju: ono što je čuvalo posebnost počinje da otvara vrata sveta. Junakov nepovratni korak iz posebnog u obuhvatno nije tako veliki, jer obuhvatno počinje tamo gde se napušta sopstveno ime.

Imena

Pavle nema mogućnosti da promeni sopstveno ime, jer nesklad u njemu proishodi iz protivrečnosti između metafizičkog i malog junaka. Ako je on i jedno i drugo čak i unutar samorazumevanja, onda je njegov sudar sa svetom konsekvenca njegove unutrašnje podele: Isakovičev poduhvat *jeste* istovremeno i metafizički i ništavan, umesto da se samo kao takav *vidi*. Kao da to zna i njegovo ime, čije se značenje prelama zavisno od etimona koji se u njemu prepoznaje: između metafizičke zadatosti (Šaul) i karikaturalne malenosti (paulus) ono smešta dvosmislenu mogućnost (παῦλα) apostolske nedostojnosti i činjenice smrti. U vremenu zbivanja junak je Pavel (175), Pavle (274), Paul (299), ali to nije njegova posebnost, jer postoji Đurađ (175), Đurđe (176), Jurat (664), Georgije (664) u njegovom bratu, kao što postoje i Trifun (175) i Trofim (705) u čoveku koji „traži u Kijevu svoju decu". Vreme zbivanja univerzalizuje sve sadržaje koje ime junaka, kroz njega samog i njegovu svest i njegov cilj, posreduje. Poetički dosluh i posredovane podudarnosti između različitih sadržaja koje i ime i lik poistovećuju u Pavlu Isakoviču otkrivaju, dakle, „veze koje priključuju jednu sudbinu jednoj ličnosti"[31].

PAVLOVO PREOBRAŽENJE

„Pavla Isakoviča ne shvataju dovoljno.
To je vrlo ozbiljan lik, čitava studija
ljudi, psihologije, on je druga genera-
cija onih koji su se, kao Vuk, samo tu-
kli."[1]

U kom se času dogodilo Pavlovo preobraženje, koje je bilo „velika promena", jer je obuhvatilo „i... narav... i dušu", pa i „osmeh" junaka, koji se počeo smešiti „bezumno" (583)? Sama zabeleška o preobraženju dolazi posle Trifunovog pucanja u Pavla: „Video je – tako mu se pričini – sebe samoga, kako izide iz sebe samoga, i odlazi i nestaje za Trifunom, za kolima, za dugim redom kola." (581) Spoljašnjost Pavlovog udvajanja obeležena je *izlaženjem* iz sebe i *stupanjem* u drugo od sebe. Sugestija „tako mu se pričini" relativizuje zamah junakovog priviđenja, otkriva privid u spoljašnjem liku „velike promene". Jer, ona je u korespondenciji sa junakovim predvodništvom: čas Trifunovog pucnja obeležio bi poslednji sekund Pavlovog vođstva i onaj koji je vodio u seobu izašao je iz Pavla i uputio se – kao neko ko sledi, a ne vodi – „za dugim redom kola" svojih sunarodnika. Sámo vođstvo bilo bi, dakle, ono što je gradilo junakovu dvostrukost: raskidanje lanaca vođstva oslobađa Pavla za njega samog. Ali, „bežeći od sebe samoga, i žene koju je na putu u Rosiju susreo, Isakovič je... otišao, od gospože Evdokije, bez zbogom" i „krio se od nje, i kad se vratio u Vijenu", jer „kad je izišao iz svoje familije, tuđina ga je bila sasvim zbunila" da „nije više znao šta je dobro, a šta zlo" (474). Ako je već Pavlov odlazak iz familije korak u nerazlikovanje dobra i zla, onda bekstvo iz tog imoralizma, koje je istovremeno i povratak familiji, čudno postoji kao bekstvo od sebe, jer bi trebalo da bude povratak sebi. Nije, dakle, Isakovič dvostruk zbog vođstva, jer je i van njega takav, kao što je nagovešteno već u Budimu (247).

31

Aba

Kao što čas Trifunovog pucnja obeležava Pavlov *izlazak* iz sebe, tako i čas bekstva od Evdokije otkriva bekstvo od sebe. Dok obeležava Pavlov raspad, pucanj zaklanja da to i nije taj raspad, jer junakova dvostrukost i ne pripada „velikoj promeni" koja je primećena sa „polaskom u Rusiju": „Tek što je Sunce bilo granulo, Isakovič je isplatio račune u svom traktiru i sišao, u kola, koja su po njega bila došla.

Gostioničar je bio pospan i klanjao se i molio ga da izvini, što mu je kurtka oprana, ali se nije osušila. A blatnjava mu je ostala i aba, crvena. Isakovič je odbaci od sebe i ona ostade, u Guldenpergu, kao što ostaje koža zmijska, kad zmija kožu menja." (506) Sam polazak, koji je povratak familiji i Rusiji, morao bi biti junakov povratak sebi; *tada* Pavle odbacuje svoju *abu* gestom za koji je narator našao paralelu u zmijskom presvlačenju. *Aba* je učestali motiv Pavlovih budimskih i bečkih dana: ona nije samo neophodni deo putovanja, već sa sabljom čini *nužni* prtljag oficira (246). Ona prerasta u meru junakovog siromaštva (279), tako da njena značenja prisvajaju junakovo samorazumevanje, a ne postoje u značenjima sveta. U času kada ospolji junakovu iracionalnost, jer je Pavle „bio... zaogrnut svojom abom, iako je bilo toplo" (305), *aba* otkriva svoje poreklo u ogrtaču Simeona Piščevića: „Prebacim ogrtač (odsad ću često spominjati ogrtač, jer on nije potreban samo za kišu nego i još za ponešto) i pođem s mojim prijateljem u grad"[2]. Ako je „kiša" mogući razlog zbog kojeg će junak poneti ogrtač, onda je „ponešto" razlog zbog kojeg je ogrtač neophodan naratoru. Ogrtač, koji neprekidno[3] prati Piščevićeva odlaženja u rusko poslanstvo, tako da je on „metnuo ogrtač na sebe, iako je napolju bila vrućina", mogao bi naglasiti junakovu izuzetnost unutar okruženja, što je načelno svojstvo junaka autobiografije, jer je „u autobiografiji istina činjenica potčinjena istini čoveka"[4]. Ali, ogrtač postaje – naporednom upotrebom reči „ogrtač" i „carski dvor" – narativni uzrok preteće posete policijskog službenika, koja može otkriti ilegalni boravak junaka u Beču: „A možda sam i straži pao u oči što sam kroz carski dvor uvek prolazio u ogrtaču i kad nema kiše". No, time što dvosmisleno otkriva junakovu skrivenost, ogrtač *postaje* metafora u Piščevićevim uspomenama, jer uvek postoji u situacijama skrivanja: sindikus Baljević „stigao je noću i skrio se kod svog šuraka, gde je i ceo sutrašnji dan proveo, a kasno noću, kad sam sa slugom u kući bio sam, upadne mi najednom jedan nepoznat čovek u ogrtaču, kazujući da ima sa mnom nešto važno da razgovara nasamo"[5]. *Ponavljanje* situacije sa *nepoznatim čovekom* koji je u opasnosti i *ogrtačem* čini irelevantnom junakovu motivaciju, jer ogrtač postaje znak skrivanja i opasnosti onoga koji ga nosi. Kada junaku budu potrebni skriveni ljudi, oni će zakonomerno doći u ogrtaču: „... kasno uveče, došao mi je jedan poljski oficir u nemačkoj uniformi, uvijen u ogrtač, inkognito... da se nasamo razgovorimo"[6]. Ustaljeni znaci situacija sa ogrtačem (jedan nepoznat čovek/jedan poljski oficir, kasno noću/kasno uveče, da razgovara nasamo/da se nasamo razgovorimo) obeležavaju metamorfozu junaka od časa kada se krio u ogrtaču do časa kada upravlja kretanjem ljudi pod ogrtačem. Metafora ogrtača je u načelnoj suprotnosmernosti u odnosu na značenja koja junak pronalazi u ogrtaču, jer dok mu se „odelo... napilo vode i vuklo... na dno", kada „jedva se duša držala" u njemu, „još sam bio srećan što mi ogrtač oko vrata nije bio zakopčan te ga je voda s mene svukla, inače bi me taj ogrtač, otežao od vode, sigurno zadavio"[7]. Junakovu predstavu da je ogrtač mogao biti razlog njegove smrti preoblikuje ravnoteža sila koja prebiva u metafori ogrtača: kao što ga je otkrio, iako je on hteo da ga sakrije na putu ka carskom dvoru, ogrtač ga je sada spasio umesto da ga potopi. Njegova logika nesaglasna je junakovim planovima sa njim, jer metafora ogrtača i ne pripada junaku: *ono* iza ogrtača je perspektiva zbivanja u kojima se ogleda junak.

Ako intencionalna neadekvatnost Piščevićevog ogrtača stvara svoju semantiku, šta aba Pavla Isakoviča krije u svojoj semantici? Pavle kad ulazi u Božičevu kuću „steže sablju, i svoju, ogrnutu abu" (477), kao što i kad izlazi uzima „svoju abu i sablju" (494) i korača „ogrnut svojom abom, sa fenjerom u ruci" (504): da li odbacivanje abe, posle pokušaja ubistva, obeležava čas kada on napušta atribute vojničkog (viteškog) načela[8]? Njegov čin je dvosmislen zato što je uporediv: „Stariji franceskan, Gabrič, ispriča mu, onda, da šizmatici greše i ne znaju da je sveti Mrata,

33

zapravo sveti Martin. Bio je to konjanik, kao i kapetan što je, i dobar svetac, dao je pola svog ogrtača, siromahu, kad ga je sreo i video da nema abu." (407) Ako je paralela sa svetim Mratom uspostavljena na pozadini viteškog načela – „bio je to konjanik, kao i kapetan" – onda Pavlovo odbijanje da stupi u „pehotu" znači istrajavanje u paraleli sa svecem, koji je kućna slava. To odbijanje je – saglasno svečevoj ulozi zaštitnika[9] – ostajanje pod svečevom zaštitom. U fratrovom govoru to bi bilo ostajanje pod Mratinim ogrtačem, a Pavlovo odbacivanje abe obeležilo bi njegovo poistovećivanje sa siromaškom, jer i on postaje neko ko nema abu. To je, onda, po priči o Mrati[10], njegov poziv za svečevom zaštitom, koja bi posvedočila izabranost i predodređenost puta u Rusiju[11]. U fratrovoj priči Pavle je, međutim, eksplicitno (konjanik) paralelan sa svecem, a implicitno (aba) sa siromahom: on *baca* kao što svetac daje, ali *abu,* koja siromahu nedostaje; gest je svečev, ali je predmet siromahov. U toj priči, dakle, postoji supstitucija abe ogrtačem, iako ne znače isto[12], a to i narator zna, jer abu naziva i gunjem (659). Ogrtač, dakle, ima moći da abu nadoknadi, jer narator razgrađuje par sablja/aba tako što na mestu abe postavlja ogrtač (311). Pavlovo odbacivanje abe ima – u njegovoj paraleli sa svecem, tamo gde se radi o izabranom i svesnom gestu[13] – *smisao* odbacivanja ogrtača, koji je „*identifikacijom,* i simbol onoga koji ga nosi. Dati svoj ogrtač znači dati sebe. Kad svijeti Martin za siromaha odsijeca polovicu svog ogrtača, to je više od materijalnog dara: gesta simbolizira milost koja pokreće sveca"[14]. Pavle Isakovič ponavlja svečev gest kao svoj čin, ali je taj gest za njega *suprotan* osnovnom smislu koji podrazumeva, jer Pavle nikome ništa ne daje niti na koga svoj znak prenosi, već se samog znaka lišava. Ako je aba bila njegov simbol i zaštita (znak njegove viteške slave u njoj prisustvuje), onda se Pavle svečevim gestom odriče smisla koji je slavi uzajmljen: odricanjem od abe kao da se odriče onog sveca čiji je ogrtač (aba) znak. Čas u kojem se odriče smisla svetog Mrate jeste čas u kojem se ospoljašnjuje rascep u Pavlu Isakoviču: ako „dati svoj ogrtač znači dati sebe", onda Pavle izlazi iz sebe. Dok siromašak bez abe zaziva svečevu milost, Pavle Isakovič ozbiljno, plahovito, uobraženo, darivajući – gestom sveca – odbacuje tu milost i, polazeći u Rusiju, stupa u svet. Ako zaogrtanje ogrtačem „simbolizira povlačenje u sebe i u boga, korelativno odvajanje od svijeta i njegovih iskušenja, odricanje od materijalnih nagona"[15], onda je odbacivanje ogrtača uklanjanje snage i smisla svetosti, njenog bogoprisustva, u korist svetskog iskustva. I dok njegovoj promeni u *individualnoj* ravni pripada i to što je u Rusiji Pavle „zavoleo pehotu" i bio „gotov da ide iz konjice u pehotu" (745), dotle je odbacivanje svetog Mrate *epohalan* znak za nihilističko iskustvo pripovedanja: bogoprisustvo izostaje u poenti fratrove priče o svetom Mrati. Smisao i posledica darivanja ogrtača – dolazak Hrista u svečev san – *izostaju* iz fratrove priče u korist naglašavanja zemaljskog milosrđa. Fratar je, dakle, ispričao događaj iz života svetog Mrate bez religijske i metafizičke poente da se svecu Hrist javio u ogrtaču. To je, međutim, naslikano na freskama u Asiziju[16], koje se u *Ljubavi u Toskani* pominju kao freske „o životu sv. Martina"[17]. *Sekularna* varijanta milosrđa otkriva da nihilističko iskustvo pripovedanja oblikuje smisao fratrove priče. To iskustvo nadahnjuje i Pavlovo pitanje mlađem fratru: „zar, zbilja, veruje da Bog ima tako veliko uvo, da može čuti u istom trenutku, tolike, na celom svetu, koji molitve šapuću, mrmljaju i viču", pošto „ceo njegov nacion je, stolećima, molitve molio": „Pa, je li Bog čuo?" (407) Samo pitanje je, međutim, *epohalni* odjek čuvene poslanice patrijarha Čarnojevića: „Dokle ćeš nas, Gospode, zaboravljati do kraja... zašto spiš, zašto lice tvoje, Bože naš, okrećeš od nas?"[18] Kao što fratrova priča o svetom Mrati omogućava čitaocu da uoči njene izostavljene elemente, tako i poslanica šifrovano upućuje na svoje postojanje u Pavlovim rečima. Jer, narator *posredno* omogućava u Pavlovom poređenju „kao brod, koji talasi bacaju po moru, na pučini, naš nacion luta" (238) da se prepoznaju glasovi poslanice u času kada eksplicira da je patrijarh Čarnojević „kukao da je njegov nacion, na burnom moru, u mračnoj noći, lađa, koju oluja ljulja". U času kada to pročita, čitalac je upućen da retroaktivno prepozna u Pavlovom monologu *tuđ* – kolektivni ili individualni – glas. Nastavak naratorovog tumačenja patrijarhove poslanice omogućava da se taj isti glas prepozna i u Pavlovom pitanju o bogu, koje je upućeno fratru, jer patrijarh je „videv kako nacion

luta, a Gospod ne pomaže, posumnjao bio, u svojim pismima, u Boga" (618)[19]. *Sumnja* koja nadahnjuje Pavlovo pitanje nije, dakle, *individualni* čin, već trag onog ontološkog i epohalnog iskustva koje pripada naratorovoj interpretaciji saznanja da „nema onoga što nas savetuje i od tuge što nas oslobađa"[20].
Svetsko iskustvo aktivira potisnuta značenja svečevog imena, jer „sv. Mrata upravlja vucima i upućuje ih za vreme Mratinaca kuda treba da idu i čiju stoku da kolju"[21]. U tom iskustvu, dakle, dominira elementarna i demonijačka priroda svetosti, koja je bila prikrivena bogoprisustvom: i ona dalekosežno podrazumeva ogrtač, jer „ogrtač je... personifikacija smrti i... našeg vampira, koji uvek ide sa svojim ogrtačem, pokrovom na ramenu"[22]. Iako roman eksplicira samo značenja sveca, u Pavlu Isakoviču naporedno prebivaju značenja demonijaštva i smrti. Smisao odricanja od sveca jeste raskidanje lanca koji opasuje junaka, ali ne dovodi do samoslobode, jer Pavle Isakovič postaje *drugi*. Veza sa prvim u njemu je neuklonjiva, jer je sva novina u *povlačenju* od njega. Sam pokušaj naznačava u junaku načelnu razdvojenost koja pripada preobraženju, jer odricanje od ogrtača ne donosi oslobođenje od njega, već druga značenja ogrtača. Aba je odgurnuta da bi *drugi* bio doveden do smisla, ali preobraženje zadržava oba smisla junakovog samstva, jer ono obrazuje samstvo kao takvo. Odbacivanje abe i raskrivanje *drugog* u Isakoviču, posledice su pokušaja da se Pavle *ubije:* iako ga je svetac zaštitio od smrti, on ga je lišio svog smisla. Ubistvo nije uspelo u zbilji, ali jeste u simboličkoj ravni: ono ga je oslobodilo smisla koji je pripadao ogrtaču i u Pavlu se prepoznao *drugi*, koji ima svoj zahtev, kao što ima i svoje lice, narav, dušu, i osmeh koji je bezuman. Ograničavanje svečeve zaštite oslobađa Pavla za bezumlje: dok svečeva značenja – u poslednjoj konsekvenci – moraju znati za um, jer su bogoprisustvo, dotle *drugi* nastaje na njihovim razvalinama, jer biti bez uma može se zvati ludilom. Ako pokušaj ubistva jeste rađanje drugog u Pavlu, onda lajtmotivsko pominjanje abe priprema pitanje o smislu njenog odbacivanja, kao što učestalo registrovanje Pavlovog *preobraženja* naglašava postojanje drugog u njemu. Velika promena nije uklonila smisao onoga što je aba pokrivala, već je raskrila njegov drugi smisao.

Pavlov potpis

Da li je prisustvo svetog Mrate utisnuto u onih „nekoliko linija" Pavlovog potpisa koje liče na „staze u bespuću" pored kojih je „guščije pero... zabeležilo nekoliko kovrdža, kao da neke divlje guske odlaze, u maglu" (391)? Ako Pavlov potpis u pismu ili izveštaju „obeležava ili produžava potpisnikovo bio-prisutan u jednom prošlom sada koje će, dakle u jednom sada uopšte, ostati jedno buduće sada u transcendentalnoj formi osadašnjenja", onda „ovo opšte ostajanje pri sadašnjem je na neki način urezano, ubeleženo u sadašnju punktuaciju i forme potpisa, uvek evidentnu i uvek pojedinačnu", jer „u tome je ona enigmatska originalnost svih parafa"[23]. Guske koje besputnim stazama odlaze u maglu imaju obuhvatan i opšti smisao, jer i Varvara kaže da je „pošla... sa njima, kao što guska pođe u maglu" (697), dok Višnjevski to govori za srpske preseljenike (521). Motiv gusaka u magli obuhvatna je metafora koja pripada svima, pa pripada Pavlu samo tako što obeležava njegovo usvajanje onoga što važi za sve, poput rode ili sablje koje odslikava izgled prvog slova njegovog potpisa, jer ni roda (selidba) ni sablja (oficir) ne pripadaju *samo* njemu. Ako u svakom potpisu postoji veza između epohalnog duha koji se utiskuje i individualnog pečata koji postoji kao neuporediv, onda guske u magli kao da ne obeležavaju neuporediv trag Pavlovog potpisa. I grof Harah (169) i Garsuli (209) i Agagijanijan (628) imaju „kaligrafski rukopis", baš kao što zajedničko svojstvo Garsulijevog i Pavlovog potpisa oblikuje duh epohe: kao što je Garsuli „stavio potpis, sa mnogo kovrdža" (209), tako je i Pavlov rukopis „pun... kovrdža" (391) koje se javljaju i „na kraju" njegovog potpisa. Guske u magli pripadaju kovrdžama koje iskazuju epohalni duh u Pavlovom potpisu, što potvrđuje naratorova beleška da je to potpis „po španskoj etiketi – uobičajenoj, u to vreme, u austrijskom, oficirskom, svetu" (391). Jer, i Garsuli je „stavio potpis, sa mnogo kovrdža, kao što je to, tada, bilo uobičajeno, u austrijskoj vojsci, po španskom ceremonijalu" (209). Kovrdže u Pavlovom potpisu – u kojima se sluti odlazak guski u maglu – deo su, dakle, epohalnog shvatanja kruga i vijugave linije, koji mogu biti u bliskim korespondencijama sa Pavlovom sudbinom, ali i sa Garsulijevom, koja se temeljno razlikuje: „Građenje života u obliku vijugave linije vodi dakle porazu, ne zato što cilj nije ostvaren, već zato što cilja i nema. Vijugava linija ne vodi nikuda. Ona je hijeroglif bez značenja, škrabotina, složen, ali beskoristan pokret. Neverna krugu, nepravilna, krajnje ekscentrična, ona se zapliće u svoje mreže, iscrpljuje mnoštvom obrta i zavojnica, završava kao reka kojoj je dosadilo da se deli i zaglibljuje u nekoj delti. Česta pustolovina u osamnaestom veku je iscrpljivanje nestalnosti, prekid aktivnosti kojoj je, posle neprekidnog vrćenja u krug, dosadila njena omama, i koja se zaustavlja bilo gde."[24] Ako guske u magli nisu samo znak nacionove, već i epohalne – osamnaestovekovne – sudbine koja je otisnuta u kovrdžama španskog ceremonijala, onda je naratorova svest koja ih vidi kao „staze u bespuću" saglasna osamnaestovekovnom znanju da „vijugava linija ne vodi nikuda". Toj liniji ravnopravno mogu pripadati i Pavle i Garsuli.

Analogija između „guščjeg pera" kojim Pavle piše i gusaka u njegovom potpisu mogla bi naznačiti neuporedivi trag potpisa, jer guske u potpisu *oglašavaju* da je Pavle usvojio smisao svetog Mrate – krsna slava bi bila posrednik tog pounutrašnjivanja – kao neuporedivi žig sopstvenog potpisa. Kao što se sveti Martin prikazuje „na konju u vojničkoj odori kako mačem siječe svoj plašt da njime ogrne prosjaka", tako se on „na renesansnim slikama obično... prikazuje u biskupskoj odori, katkad sa guskom kraj sebe ili u rukama", jer se „priča kako je guska otkrila njegovo skrovište u kojem se skrivao pred stanovnicima Toursa, koji su ga tražili da ga izaberu za svog biskupa"[25]. Ako guska *oglašava* prisustvo Martina, onda potpis objavljuje prisustvo Pavla, kao što je prisustvo Direrovog prezimena i porekla otisnuto u njegovom monogramu[26]. Guska koja objavljuje svečevo prisustvo iz Pavlovog potpisa *ne može* – i zato je ona neuporedivi trag tog postojanja – postojati u kovrdžama Garsulijevog potpisa. Svetac nije, dakle, za Pavla običaj ili usvojena dužnost, već unutrašnji zakon. Guske pripadaju Mrati, koji pripada Pavlu: one su najosobenija veza između njih. Kada se odriče sveca – unutar preobraženja – Pavle se odriče gusaka koje u potpisu utiskuje: ako je potpis on sam (zbog potpisa na Ševičevoj listi otići će u zatvor), onda guske u njegovom potpisu oglašavaju da se on odriče samog sebe. Otud preobraženje omogućava Pavlovu osnovnu dvosmislenost, kojom potpis prestaje da bude samo „priznavanje nekog duga, jemstvo za trampu, žig jedne predstave", jer „kreće ka izopačenosti, krajnosti smisla, ka tekstu"[27].

Smrt oca

Kao što je odricanje od svetog Mrate ospoljilo Pavlove veze sa *vukom*, tako se ono nužno dotaklo njegove poslednje veze sa Vukom Isakovičem: „Vuk je tad živeo, u penziji, u Mitrovici, a slabo je u familiju izlazio. Izlazio je još samo u manastire, da razgovara sa svetim Stefanom Štiljanovićem, a nije više mario za svog sveca, svetog Mratu. Nije više mario ni za Isakoviče i nije njihova pisma ni čuvao. Patio je od bolesti, koja se tada zvala zaguš. Video je da mora umreti, ostareo, onemoćao, a neće nikad ugledati Rosiju." (604) Odlučujući zapis o Vuku Isakoviču dolazi u času kada Isakoviči stupaju u Rusiju. Vukovo odricanje od krsne slave, koje on dosledno proširuje i na odricanje od Isakoviča i familije, otkriva da Pavle nije *proizvoljno*, već svrhovito „adoptiran" od Vuka. Jer, ako se krsna slava prenosi sa oca na sina, onda se Pavle, kao „nerođeni sin" Vuka Isakoviča, odriče oca u času kada odbacuje svečev ogrtač[28], kao što se Vuk odricanjem od slave odrekao sina kojem nema šta da prenese. Ako je usvajanje svetog Mrate bilo za Pavla Isakoviča pounutrašnjivanje onoga što nadoknađuje očevo odsustvo, onda je svetac metonimija za Vukovo prepoznavanje – koje se u svetu očituje u opštim posrednicima: familija, nacion, krsna slava, Rusija – na očevom mestu u Pavlu Isakoviču. Ako Vuk prestane da se interesuje za Pavla kada ovaj stupi u Rusiju, a Pavle se odriče Vuka (abe) „sa polaskom u Rusiju", onda velika promena obeležava uklanjanje Vuka sa očevog mesta u Pavlu Isakoviču. Posledice tog čina nužno derogiraju Pavlovo predvodništvo (što njegova braća pokazuju), jer je ono njemu – i za Trifuna (432) kao starijeg i za Petra (632) kao mlađeg – „od Vuka ostalo". Međusobno odricanje Vuka i Pavla *preko* svetog Mrate rukovođeno je različitim motivima, pa ishoduje suprotnosmernim posledicama. Dok je Vukova smrt, za Pavla, najjadniji oblik smrti, jer Vuk umire u postelji –

dakle: „ružno, ostareo, krezub, usranko" (463) – a njegov cilj ostaje obeležen određenjem „nikad", dotle Vuk svetog Mratu, koji ga nije doveo do Rusije, zamenjuje svetim Stefanom Štiljanovićem, koji kao „legendarna ličnost"[29] objavljuje bogoprisustvo ne u tuđini ili Rusiji, već tamo gde Vuk umire. Vuk Isakovič, koji „čekao je smrt, sa jednim tihim gađenjem od ljudi, pa i familije" (604), raskida vezu sa svetim Mratom koji označava njegovu vezu sa zemaljskim i krvnim, i uspostavlja vezu sa onim svecem koji u njemu stavlja u dejstvo *spiritualni,* a bliski, smisao. On, dakle, u ime transcendencije kida svoje veze sa imanencijom. Okret Štiljanoviću naglašava značenje ne-odlaska u Rusiju za Vuka Isakoviča, koji se pred licem smrti, u sijanju onog „nikad", odvaja od najizvornijih zemaljskih veza u pravcu transcendentnog imena. Pavlovo odbacivanje svetog Mrate (koje je protivrečno, jer se slava pominje i u Rusiji) nastaje zato što put u Rusiju ne dozvoljava lažnog oca, već samstvo koje ostvaruje svoju volju, a ne vrši očev zavet. Pavle, međutim, dovodi Vuka do Rusije, jer je *usvojen:* kako to razumeti? Lanac koji Pavla označava je preobražen: odbacivanje Vuka u korist Rusije preobražava junaka u isti čas kada Rusija obnavlja Vukova značenja na mestu Pavlovog oca, jer je ona Vukov zavet. Pavle je, dakle, moguć u Rusiji samo kao Vukov zavet i „nerođeni sin", iako je u njoj tek kada to više nije. Dvostrukost Vukovog prisustva uslovljava raspadanje Pavla Isakoviča na sebe i na drugog.

Dok je Rusija bila van misli Pavla Isakoviča bilo je dovoljno da je „dobio naređenje od svog poočima Vuka Isakoviča da se oženi, pa se oženio" (194), jer je očevo mesto u njemu bilo neprikosnoveno. U Rusiju, međutim, stiže tek kada odbaci abu, što smisaono senči očevo mesto: promena očeve neprikosnovenosti ogleda se u preinačenju nekadašnjeg naređenja u amanet, jer je Vuk Isakovič pismom „javljao da je bolan, i da želi, pre nego što umre, da čuje, da Pavle ne hoda kao pas, po svetu, nego da se oženio", što je „amanet, i poslednje, što mu je poočim tražio" (707). Iako amanet ima manje naglašen naredbodavni smisao, on svojim nevidljivim zaleđem predstavlja obavezu višeg reda, jer se oslanja na pretke koji u njemu prisustvuju. Odbiti amanet, dakle, dalekosežnije je raskidanje sa očevim mestom u sebi nego bilo kakvo odbijanje naređenja. To što se Pavle „poslednji put javio, poočimu, Vuku Isakoviču, na dan Svetog Stefana Štiljanovića, miljenika Isakoviča, među svetiteljima, na nebu" kao da ide u susret amanetu, jer se Pavle javlja na dan onog sveca koji je istisnuo svetog Mratu iz postojanja Vuka Isakoviča. To bi značilo da se Vukovo odricanje od krsne slave i familije kroz *novu* okrenutost Štiljanoviću nije dotaklo njegovog mesta u postojanju Pavla Isakoviča, koji je „obećavao... da će ispuniti svaku Vukovu želju", pa će se i oženiti „opet, čim nađe neku dobru priliku" (745). Ali, promena koja je zadesila očevo mesto je nepovratna, pa je „u jednom svom pismu, Pavle... pisao, Isaku Isakoviču, da starog poočima njihovog, Vuka, Isakoviča, treba zavaravati, reći mu da će se Pavle, u Rosiji, oženiti i familiju nastaviti, ali da je istina da on, Pavle, na to, više, nikako, ne misli" (784). Zapis na *završetku* romana otkriva osnovnu dvosmislenost koju je omogućilo preobraženje Pavla Isakoviča: kao Vukov sin, on sledi očev čin (odriče se svetog Mrate) i potvrđuje oca u sebi (oženiće se), ali upravo kao Vukov sin, on se odricanjem od Mrate odriče – krsna slava je posrednik – i Vuka na očevom mestu, pa je „istina" da na ženidbu „više, nikako, ne misli". Kao veran Vuku, on ga zavarava, a kao onaj koji Vuka odbacuje, on se ne ženi. Amanet ne obavezuje, jer oca više i nema, pa nema ni onoga *iza* amaneta na čemu izrasta sama mogućnost oca u Pavlu Isakoviču. Kada je Pavle ponovio svečev gest, on je odbacio Vuka i njegovu usmerenost transcendenciji u korist odlaska u Rusiju. Otud Vuk odbacujući sveca ide *više,* postaje spiritualan u svom zahtevu i, paradoksalno, egzistencijalno pomirljiv, dok Pavle kada odbaci sveca ide *niže* i postaje, kao egzistencijalno nepomirljiv, iracionalan i nagonski u svom odbacivanju. Čas u kojem se to zbiva – „u Rosiji u Pavlovom snu" – nije im zajednički sam po sebi, već i po bezuslovnosti koja ga prati, jer su u njemu – raskinuvši sve veze sa familijom – potpuno sami.

Demon i apostol

Ako Pavlova aba „ostade... kao što ostaje koža zmijska, kad zmija kožu menja", onda preobraženje obnavlja potisnuti simbolički registar junakovog samstva, jer je Pavle bio „čovek, koji nikad nije bio zadovoljan u onoj koži, u kojoj je, nego kože menja,

41

kao zmije. Kao vuk dlake. A ostaje isti" (761). Demonstvo Pavla Isakoviča jeste demonstvo zmije i vuka u njemu, koje je prećutano pre preobraženja, jer vuka „ne treba pominjati, naročito noću, a kada se to učini, onda ga obično nazivaju drugim, zaštitnim imenima"[30], kao što i zmiji „ime... se ne spominje" i „mesto imena upotrebljavaju se eufemizmi"[31]. Njegovo odbacivanje abe jeste trag zmijinog svlaka i vučje dlake, koju ostavlja, jer „dlaka vuka služi kao hamajlija"[32], a i zmijin „svlak se nosi uza se kao hamajlija"[33]. Sama njegova istovetnost nalazi se *iza* tih tragova, jer su i vuk i zmija iznutra protivrečni simboli: kao što „simbolizam vuka, kao i mnogi drugi, ima dva aspekta: jedan je okrutan i *satanski*, a drugi je povoljan"[34], tako „sveti tekstovi kršćanstva svjedoče o dvama aspektima"[35] zmijinog simbola. Ono što je u njima neproblematično jeste *promena* kroz koju se čuva i afirmativni i negativni pol u njihovom smislu. Samo *to* bezuslovno pripada Pavlu Isakoviču: kao junak koji ima odsutnog oca, on je vođen čudnim spletom želje i zmijsko-vučijih promena. Njegovo iščašenje iz sebe samog, koje mu omogućava da bude sam sebi istovetan u svetu kao pozorju tog iščašenja, zapisano je kao povlačenje iz sebe. Ono ostavlja *trag* da je junakova istovetnost sa sobom trenutna i lažna, jer se obrazuje u odsustvu onoga što mora da je istovetno. Sâmo odsustvo obeležava mogućnost istovetnosti sa sobom, kao što vučja dlaka sluti vuka, ali nije on. Pavle postoji u sudbini preobraženja: njegove promene naznačuju povlačenje od istovetnosti koja se podrazumeva, da bi one bile moguće. Prividni kompromis koji počiva u preobraženju radikalno ukida mogućnost da se iz njega izađe: dok nemogućnost istovetnosti može da stvori ne-istovetnost kao ono što će samstvo prigrliti, dotle mogućnost istovetnosti u preobraženju dovodi *isto* i *drugo* unutar samstva, koje jeste tako što nije. Nema, dakle, istovetnosti u samstvu koja nije dvosmislena. Pavle Isakovič ostaje isti samo tako što je zatvoren u preobraženje. Jer, ako bi onaj iz Temišvara ponovio svoje bekstvo u Rusiji, onda izostajanje bekstva u Rusiji zna samo za priču o bekstvu koja potvrđuje preobraženje. Njegove pretnje da će tajno do carice (761) ili da će Rusiju napustiti (679) samo su, dakle, sećanje na onog iz Temišvara i izmaštano postojanje u istovetnosti, koja – preobražena – nema više moći za čin i dejstvo, jer nema više moći za izvorno samstvo. Nemoguće je obrazovati istovetnost tamo gde ona tek seća na sebe, jer Pavle nije onaj iz Temišvara, iako taj jeste on: granica između njih obeležava preobraženi višak koji je stigao u njega. Pavlovo preobraženje temeljnije je od Vukovog: umesto da uspostavi samoistovetnost u Stefanu Štiljanoviću, Pavle ostaje istovetan sebi u sopstvenom preobraženju. U toj istovetnosti koja je moguća kroz preobraženje susreću se u Pavlu Isakoviču metafizički i mali junak kao ontološke mogućnosti njegove sudbine. Kada transcendencija počinje da se pretvara u Rusiju, zbiva se *preobraženje* racionalne u iracionalnu mogućnost Pavla Isakoviča, jer je koherentnost racionalnog zaleđa njegovih postupaka očuvana samo dok postoji privid ili mogućnost transcendencije. Kada se transcendencija objavi u Rusiji, svi postupci izmeštaju svoj registar u pravcu iracionalne osnovanosti. Dok njegov zahtev postoji kao osnovan, dotle njegovo ludilo ima oblik opšte katastrofe u koju sama egzistencija zapada, ali kada se raskrije da je zahtev lišen osnova, to ludilo – u obliku nesrazmerne dominacije želje – postaje samo individualna činjenica unutar sveta. Uslov da svet bude pozorje užasa jeste postojanje transcendencije, kao što uslov da Pavle bude karikaturalan u svojoj neprilagođenosti jeste ostvarenje transcendencije. Transcendencija *objektivizuje* metafizičku mogućnost Pavla Isakoviča u svetu, koji *objektivizuje* ništavnost Pavla Isakoviča po sebi.

Pavlovo odbacivanje abe *ponavlja* u inverznom smislu sopstveni sakralni obrazac: konvertitetstvo apostola Pavla. Veze Pavla Isakoviča sa apostolskom paradigmom oblikovane su dvosmislenim egzistencijalnim mogućnostima junaka: kada se nalazi u rezonanci sa transcendentnom osnovom svog postojanja (metafizički junak) kroz Pavlov lik prosijava apostolska paradigma, a kada korača po svetu (mali junak), onda se nalazi u – blasfemičnoj ili neutralnoj – inverziji u odnosu na apostolsku paradigmu. Ako se njegov polazak u seobu shvati kao prisustvo „odisejskog zova u njemu"[36], onda je seoba u korespondenciji sa saznanjem da „na istim mestima po Sredozemlju na kojima je po predanju boravio Odisej, vide se često i tragovi prvih hrišćanskih zajednica, njihovih katakombi i pominje se da je tu sv. Pavle propovedao, ili se iskrcao"[37]. (Crnjanski je godine 1923. zapisao da „u staro doba kažu iskrcao se na ovoj obali sv. Pavle, onaj Pavle, či-

43

je je tamne i mutne poslanice toliko voleo John Locke, da je uvideo u duhu svome, 'mnoge uzroke njinih nejasnosti' "38.) Otud „metafora se nameće: sv. Pavle je bio Odisej na početku novog veka"[39]. To što je apostol postao „propovednik i putnik"[40] *inverzno* korespondira sa Isakovičevim propovedanjima, kao što, osećani još u *Ljubavi u Toskani,* „zanos i patetika"[41] apostolovih propovedi i poslanica pripadaju načinu postojanja Isakovičeve reči, iako se u romanu čitaju u skladu sa njegovom osnovnom dvosmislenošću. Tragovi apostolovih putovanja jesu njegove *poslanice,* dok se o Isakovičevim putovanjima saznaje iz njegovih *pisama;* apostol sâm više puta govori o sopstvenom preobraćanju, a u romanu se ponavljaju elementi Pavlovog preobraženja; apostol priča o prošlim događajima sopstvenog života, a narator prisluškuje Pavlovo pričanje o događajima koji su prošli. Ne samo da elementi apostolske paradigme učestvuju sa različitim značenjima u egzistencijalnim mogućnostima Pavla Isakoviča, već umesto da kao Savle koji „je imao u sebi Pavla"[42] stigne do svoje apsolutne mogućnosti, Pavle Isakovič kreće se unazad i preobražava u ono što je trebalo da napusti. Kao što je logika poricanja njegovog predvodništva uslovljena nestankom apostolskog znaka u njemu (njegovim korakom *niže* za razliku od Vuka koji ide *više*), tako zatvor u koji se smešta na kraju romana nema zastrašujuću pretnju mučeničke (apostolske) smrti poput Garsulijevog zatvora na početku romana. Taj – ruski – zatvor je znak karikature i blasfemije koja je obuzela metafizičku (apostolsku) paradigmu u njemu. Nema mučeničke smrti u tom zatvoru, jer sa stanovišta paradigme više i nema ko da umre.

Sen i senka

Pavlovo preobraženje koje zahvata sami osnov junakovog postojanja (njegovu metafiziku), stavlja u dejstvo njegovu *senku,* jer junakova rascepljenost skriva u njegovim dubinama simboličku vezu „zmije i *sjena* koja se također smatra *plodonosnom dušom* i Don Juanom... gde se *sjena* pojavljuje kao simbolički dvojnik zmije"[43]. Pavle ima svest o postojanju sena u sebi: „Kad noć večeras padne, tamna, prostreće se kao meki dušek, za kirasira, a za trkalište tih husara. Dok se samo dohvatim konja, trkaću se sa njima sve do Bačke. Sve u krug, da izlude po barama. Neće znati da kažu jesam li spreda, zdesna, sleva. Dok se samo nebo ospe zvezda konjokradica. Ja sam čovek senovit, Šokice, ne boj se, ali što kažeš za ženidbu, ko će mene za ženika. Nesreća se za mene privezala. To bi bila moja ženidbina." (208) Isakovičeva senovitost prevodi se u fizičku činjenicu njegovog bekstva: ako će progonitelji ići „sve u krug, da izlude po barama" i ako „neće znati da kažu jesam li spreda, zdesna, sleva", onda će se oni – u potrazi za njim koji je *senovit* – okretati oko sebe, što ih dovodi do zarivanja u sopstveno biće, jer pounutrašnjuju smisao progonjenog. Njihov okret oko sebe, a ne oko njega, nastaje zbog potrage za senom, jer se sen odvaja od onoga čiji je, i spasava ga, pošto se sen ne može uhvatiti. Ali, sen nije samo junakovo spasenje, jer kao što omogućava bekstvo, tako onemogućava ženidbu. Prisustvo sena u osnovi Pavlovog udovištva nosi obeležje nesreće, koja je junakova „ženidbina": ako sen, omogućavajući junakovu neuhvatljivost u bekstvu, jeste beleg nesreće u njemu, onda je on to samo kao nešto što ga spasenjem (bekstvom) tek sprema za nesreću. „Čovjek senovit zove se onaj koji izgubi svoj sjen pa kao lud tumara po svijetu bez sjena, kao i sjen bez njega."[44] Čovek postaje *senovitim* u času otkidanja sena od njega, jer ga to uvodi u ludilo prepoznato u obliku tumaranja. Progonitelji koji ne znaju „jesam li spreda, zdesna, sleva" pripadaju značenjima sena koji progone, jer stupaju u *tumaranje*. Potraga za senom, međutim, izrasta u *njihovu* potragu, koja će ih dovesti do toga da „izlude". Oni počinju da nalikuju onome koga progone, jer ne gone njega, već njegov sen, koji otvara moć sena u njima. Ako je Pavle determinisan gubljenjem sena, onda je ludilo – koje mu je time zadato – ime nesreće za koju je vezan. Sen odjednom hoće da prisvoji značenja preobraženja Pavla Isakoviča, jer prati njegovo raslojavanje: Pavlovo nadolazeće tumaranje i ludilo zadato je gubljenjem sena. Sen prisustvuje u preobraženju tako što se podrazumeva: dok on sebe i junaka shvata kao *dvoje*, dotle je on znak demonijačke i htonske sile u samom junaku. Iracionalna i potisnuta dimenzija Isakovičevog lika zatamnjena je senom: ako „senovite životinje, to jest životinje u kojima se inkorporirala duša nekog čoveka"[45] postoje u Pavlu kao nosiocu duše Pavla Bakića, onda je čas usvajanja Bakićeve *persone* u Isakovičevoj sve-

45

sti neotklonjivo naznačio potisnuto prisustvo Isakovičeve *senke* u tom usvajanju.

Učestala javljanja motiva sena u romanu nalaze se u prikrivenoj napetosti sa Pavlovim samorazumevanjem u senovitosti. Kada se Pavle – „uplašen, brižan" (240) – kreće „kao neka sen" (305), on nije sen, jer je on, ali nije ni on, jer sobom donosi značenja sena. Svojim nalikovanjem na sen, Isakovič u isti mah podrazumeva i značenja sena kao značenja *drugog,* i odvaja se od sena kao takvog. Ako „kraj njega korača, samo njegova sen, koja ga prati" (338), onda se kolebanja u značenjima sena dotiču junakovog puta: ako je njegovo tumaranje zadato odvajanjem od sena, koji je smisao putovanja sa njim? Ako je sen sa njim, zašto su *dvoje,* a ne jedno na tom putu? Šta se dogodilo sa rascepom? Tumaranje ima oblik unutrašnjeg svojstva, jer mu pripada međusobno traganje junaka i sena: sen nije izgubljen, jer *tu* prati junaka, ali je van junaka, pa nije *tu* u njemu. Ako je „samo" sen pored njega, onda on nije prvenstveno znak njegove usamljenosti, već rascepljenosti: koračajući pored junaka, sen kao da naglašava ženskim rodom kojim se iskazuje – *njegova* sen – da je stopljen sa senkom. Jer, „sen se identifikuje sa senkom, ali u narodnim verovanjima ta dva pojma nisu isto: sen je nevidljiv, a senka se vidi; na sen se ne može stati, a na senku može; sen je muškog roda, a senka je ženskog... sen je dvojnik duše, a senka je dvojnik tela i predmeta u prirodi"[46]. Ako je senovit onaj ko izgubi sen, a to znači dušu, onda senka kraj njega podseća da nema duše u njemu: sen je ili u samstvu, ili je otišao iz njega. Veza između duše i sena kao da je veza između apostolske svetlosti i njene tamne pozadine u Pavlu Isakoviču: „... čovjek, koji svoju dušu proda đavlu, gubi sjenu. Budući da više ne pripada sebi, on više ne postoji kao duhovno biće, kao duša. Nema više demona koji u njemu stvara sjenu. On više nema sjene, jer više nema ni bića"[47]. Ako se u otkidanju od sena prepozna đavolova atribucija, onda rascepljeno biće Pavla Isakoviča postoji bez duše: odvaja se samo od sebe. Prateći Isakoviča u stopu sen hoće da se preruši u senku, da se vrati u samstvo, ukine rascep. Čudno je naglašavanje da „za njim neće ostati, tu, ni njegova senka" (272), jer *kako* bi i mogla ostati? Ako ga je senka „jedina pratila, na celom tom putu, verno" (307), onda je samorazumljivo da i ona ode sa junakom, ali kao da može postojati i nešto što ostaje: *to* podrazumeva žal zbog odlaska i senke. Ona – time što je *jedina* – kao da u obliku junakove usamljenosti otkriva njegovu dvostrukost: ako je ona njegov „duplikat"[48], onda svedoči da ima svrhe u tome što je Pavle zapisan kao „tobože... dupli Isakovič" (175). Kao dvojnik tela, senka udvostručava junakovo prisustvo i doziva dvojnika duše. To je ona primarna moć sena, moć ostajanja iza junaka, koja je otkidanje od njega. Sen bi, dakle, mogao ostati iza Pavla. Ako je Pavla senka jedina pratila, na celom tom putu, verno, „kao i ta uspomena na pokojnu ženu" (307), onda – pošto je senka vidljiva – značenja nevidljivog pratioca pripadaju uspomeni na umrlu ženu: dva pratioca obeležavaju Pavlovu rascepljenost spoljašnjom i unutrašnjom. Uspomena na mrtvu ženu svojim svojstvom nevidljivosti doziva junakov odsutni sen[49]. Pavle je, dakle, praćen jedino senkom tek kada to nužno podrazumeva i sen. Kada narator identifikuje sen i senku, njihova značenja se razilaze u toj identifikaciji: ako je Pavle čovek senovit, onaj koji je izgubio sen, *šta,* onda, njega verno prati na putu kada se poistovete sen i senka? A ako je, pak, senka isto što i sen, onda ga ona ne prati na tom putu, ili on nije čovek senovit. Veza između sena i senke postoji kao duplo dno Pavlovih preobraženja čija je objava u tumaranju. Pavle se, dakle, sve ubrzanije vrti u svojim unutrašnjim i spoljašnjim krugovima kroz međusobna utiskivanja sena i senke, tako da ne zna da li se nalazi „spreda, zdesna, sleva" (208) u odnosu na samog sebe.

Svet senki

Šta u odnosu na Pavlovo preobraženje znači prisustvo senke u postojanju *drugih,* jer gospožica Berghamer, izbačena na mračno stepenište, „i ona je na zidu imala ogromnu svoju senku" (336)? Naglašeno *i* utvrđuje srodnost u *senci* između gospožice Berghamer i Pavla Isakoviča, koja se motivacijski može prepoznati u usamljenosti i zlom udesu[50]. Ali, obostrano svojstvo tumaranja sluti ishodišnu istovetnost dva samstva: Pavle Isakovič postaje srodan gospožici Berghamer tek kada prisustvo senke označi njihovo tumaranje kao ono što daje sveobuhvatnu dimenziju njegovoj rascepljenosti, jer sluti svetskoistorijski odjek u preobraženju Pavla Isakoviča. Ako su svi ljudi u lazaretu „bili sasušeni, kao skeleti, a tamni i žuti u licu, sa bledilom, kao u samrtnika" i „kretali su se kao seni, kraj zidova", onda se samrtnik u skeletu, kao biće koje nema sebe, kreće ne samo kao sen, već je to što među njima „niko nije znao kud idu" (365) samo posledica nekog sveobuhvatnog udara koji ih je zadesio, jer sen i tumara kao lud. I Joka Stana Drekova se, u oku Pavla Isakoviča, „u sumračju kapije, u lazaretu, pretvorila u senku" (397) pod pritiskom značenja koje je potčinilo svet: ona nije dobila senku, niti ju je senka pratila, već je postala senka[51], kao što se i Pavle ponekad kretao. Raspad Kumrijinog postojanja na život sa Trifunom i život posle njega podrazumeva da je lajtnant Vulin „prati... kao senka" (452), jer želji koja u njoj plamti odgovara dvojnik tela u lajtnantu. Senka je, dakle, i projektovanje samstva unutar sveta i pounutrašnjivanje svetskoistorijskog udesa unutar samstva. Senka kod *drugih* je korespondentna Pavlovom samorazumevanju kroz senku, jer njeno univerzalizovanje pretpostavlja temelj sveta: „Nije samo zbrka i zamršenost granja i stabala bila čudna, u toj šumi, nego i senka svega toga, na tlu, kud je konj prolazio. Čitav jedan svet senki, na travi, u šipražju, koji nikad dotle nije bio zapazio." (586) Začuđenje nad svetom prelazi u začuđenje nad njegovom senkom, jer je svet senki tek otkriven. Pavlov pogled u vlastitu unutrašnjost, u času kada se susreće sa svojom senkom, otvara Isakovičevo oko za svet. Ako je on imao senku, pa ipak nije video svet senki, onda ga samo preobraženje može učiniti sposobnim da vidi čudnu istovetnost između senke koju ima i sveta u kojem postoji. Ako je „čitav jedan svet senki" *odjednom* otkrio, iako ga „nikad dotle nije bio zapazio", onda je otkriće omogućeno preobraženjem. Gest preobraženja – odbacivanje abe – i prethodi otkriću sveta senki. Kao da je aba bila koprena na očima koje nisu videle „čitav jedan svet senki" – i apostolska paradigma poznaje slepilo neposredno posle obraćanja[52] – i kao da je ona onemogućavala junakovu istovetnost sa svetom preko „sveta senki". To nije više puka zlokobnost seni gospožice Berghamer, već *senovita* osnovanost sveta. Kada odbaci abu, Pavle Isakovič vidi – kroz dva sveta koji korespondiraju sa njim i sa senkom – svoju istovetnost sa svetom koji je svet senki. Otud je moguće – i nemoguće – da se svet otkrio u egzistencijalnoj mogućnosti junaka, jer dok ljudi u Pavlovom sećanju postoje kao senke (600), dotle „sve što se događalo, u toj sobi, videlo se kao senke na zidu. Kad bi neko na stolovima premeštao sveće, sve bi se te senke premeštale na zidu, kao da su zazidana bića, pretvorena u ljudsku senku" (726). Ono najposebnije u Pavlu Isakoviču dotaklo se – u preobraženju – onog najobuhvatnijeg u njemu. Kao što je on „čovek senovit", tako se i svet – metaforom o zazidanim senkama, koje simbolizuju smisao žrtve i smrti[53] – prepoznaje kao senovit, jer se sa tumaranjem individualne senovitosti „slaže i ono što se pripovijeda i misli da se pri velikijem građevinama može sjen čovjeku uzidati pa čovjek poslije da umre"[54]. Svet se zida na onim senkama koje ispunjavaju i prate Pavlovo tumaranje. Ljudi se pretvaraju u senke u najskrovitijem uglu Pavlovog sećanja (600), jer je „Pavle... docnije, sećajući se" susreta sa Đurđem „samo" sliku senki po zidu „pamtio" (726). Premeštanje senki po zidu srodno je, međutim, čudnoj isprepletanosti senki u šumi, koja otvara oko za dotad nevidljivi „svet senki". Nije, dakle, Pavlovo preobraženje samo individualni udes, već njegovo pamćenje samo senki – u zaboravu stvari – ima rezonancu u ontološkoj mogućnosti sveta.

AURA MRTVE ŽENE

„Prema mišljenju piščevom nije primećena glavna tema druge knjige *Seoba*, ljubav prema ženi koja je umrla."[1]

Iako je Pavla *tek* nakaza Garsuli podsetila na mrtvu ženu, jer „mu se činila, kao doživljaj beznačajna" (194), njen povratak u obliku priviđenja, koje „mu se učini tako jasno, da je poželeo da joj priđe, pa se diže, podnadulim nogama, zaraslim u čizme", a „dabogme, kad je učinio dva-tri koraka, omama očiju i ljudskih misli nestade" (196), nije beznačajan događaj. Mrtva žena lako – kao priviđenje – prelazi granicu između svog zemaljskog postojanja, koje je Pavlova prošlost, i svog prisustva u Pavlovom sadašnjem životu. Dok to što se „skamenio... od te slike u zatvoru, i te uspomene", obeležava potpuni zamah samog preokreta u njemu, dotle to što mu se „činilo... da čuje njen šapat i da oseća njenu ruku, koja ga, po potiljku, miluje" (197), označava da u priviđenju postoji *telo*, jer nisu čula obmanula Pavla, već mrtva žena u njemu *dela*. Ako na javi čula mogu samo da nagoveste prisustvo priviđenja, onda je u Pavlovom *snu* sačuvana stvarnost priviđenja, koje u san prodire zahvaljujući junakovom *sećanju*, iako ga preinačava. Kada san preoblikuje sećanje, onda on oblikuje prisustvo mrtve žene u unutrašnjem i spoljašnjem svetu Pavla Isakoviča.

Mesečina i plavo

Ženina strast prema mesečini – iz nekadašnje jave, sećanjem – postaje u snu njeno nalikovanje na mesečinu, jer je ona „bleda, kao da je na njoj ostala mesečina, koju je toliko volela" (267). Identifikacija mrtve žene i mesečine (465), koja istrajava (560, 589, 597) uprkos preobraženjima mrtve žene u Pavlovim snovima, obuhvata i snevača, jer „Pavle je u snu, sad... pamti kao mesečinu" (269). Prodor sećanja kao jednog prošlog sveta u san kao naličje sveta vrhuni u osvajanju lica sveta: ako se "po sećanju hoda kao po mesečini" (312), onda san, obeležen mesečinom, sluti Pavla Isakoviča kao *mesečara,* što – pored objašnjenja njegovih postupaka na javi – otkriva da on pripada strasti mrtve žene. Tako marginalno svojstvo sećanja izrasta u determinantu sna i samstva. Objavljena u mesečini, mrtva žena prekoračuje samu prekompoziciju sećanja unutar sna, jer postoji u dvosmislenosti sopstvenog delanja: san, ali i samstvo. Njeno prisustvo – mesečinom – u samstvu "simbolizira pasivni ali plodni princip, noć, vlagu, podsvijest, imaginaciju, psihiku, san, prijemčivost, ženu", ona je "zona osobnosti noćna, nesvjesna, sumračna zona naših tropizama, naših instinktivnih nagona" i ono *"iskonsko* koje drijema u nama, živo još u snu, u prikazama, u imaginarnom i koje oblikuje našu duboku senzibilnost"[2]. Samstvo, dakle, stvara mrtvu ženu onako kako biva stvoreno od nje: dok Pavle pokušava da se u njoj iznutra zasnuje, ona hoće da se njime ospolji. Dvostrukost samstva podrazumeva, pored mesečine, prisustvo *plavog.* Kao što je u času njihovog poznanstva bila obučena u "plavu, svilenu krinolinu" i "imala kecelju, isto tako plavu" (195), tako se kao priviđenje pojavljuje "u tom providnom, plavom mraku zatvora" (196). Ako to što je Pavle tih i žalostiv ima istovetnog udela u njegovoj hrabrosti kao i to što je plavokos (193), jer fizičko i duševno svojstvo zajednički aktiviraju njegov simbolički registar, onda pojava priviđenja pripada plavom koje kao svojstvo ne obeležava mrak koji boji (234), već Pavlovo postojanje u njemu. Jer, oko kojem se brdo "plavelo" (262, 303) i duh na koji noć spušta zavesu od "plavog velura" (290) samo su upravljani osnovnim doživljajem: "Sa druge strane Save, njegova planinska Servija ostala je, da se vidi još samo kao, plava, čista, nebesa" (402). Plavo je poslednji oblik Serbije u Isakovičevim očima, kao što je plavo beleg uspomene na mrtvu ženu čija grobnica je imala "plavi, limeni, krov" i "malo kube na krovu" (464). Otud i pristizanje u Rusiju pripada moći plavog, jer iako je "Isakovič... provodio dan za danom u snegu" i "u belom, u ledu", taj put je bio "u plavetnilu", jer on "juri, juri, nekud, u sneg, u daljinu, u radost neku, u nebesno plavetnilo na vidiku" (603). Korak u Rosiju je, dakle, korak u Serviju (koja je ostala u očima kao *plava*

51

nebesa) i u blizinu ženinog groba (na čijem su kubetu ista ta – *plava* – nebesa). Pavlovo plavetnilo nije tek nebesko, već su mu oči „bile poplavele, tako, da je to plavetnilo moralo da se učini ljudima, neprirodno, ludačko" (746), jer sva oneobičavanja plavog ogledaju se u njemu, nestaju iz prirode u kojoj su bila samo čudesna i sijaju u Pavlu kao svom duhovnom licu: ludilo. Bezumni sjaj u njegovim plavim očima koje pilje u caricu ima nešto ledeno (769): to je plavetnilo koje je jurio i ugledao u snegu, i koje je u svom vraćanju Pavlu saznalo za sebe kao bezumno. Posle bezumnog sjaja u Pavlovim očima nebesno plavetnilo mora – viši stepen – postati „bezumno plavetnilo" (775), jer je boja neba nedovoljno plava za Isakoviča, koji se nalazi na granici uma. Ako plavo sumpsumira značenja Rusije i Servije kao *idealna* značenja, onda i plavo u kojem se prepoznaje mrtva žena obeležava *ideal:* dalekosežnost ideala prepoznaje se u preobraženjima plavog u svesti i očima Pavla Isakoviča. Veza između mrtve žene i Pavlovog puta u Rusiju jeste veza na osnovu *ideala.* Udaljavajući se, međutim, od svetskog spomena na mrtvu ženu (grob), Pavle joj postaje sve bliži u sebi. Njegovo razočarenje Rusijom obeležava neprikosnoveni trijumf mrtve žene u njemu.

Ideal i želja

I dok prikriva svoju idealnost prekompozicijom Pavlovih sećanja, ideal mrtve žene – mesečina i plavo – čuva je istrajnim prisustvom u Isakovičevim snovima. Kako san ne dozvoljava svetsko prisustvo ideala mrtve žene, ideal se objavljuje bezopasno po sebe i razorno po junaka. Jer, mrtva žena *živi* kroz ideal; ona reguliše saobraćanje junaka i sveta; ona nije *živa,* ali jeste *tu;* ona je *bila,* ali dela. Idealnost ideala nikad ne staje na kamen iskušenja, jer se sva iskušenja ideala odvijaju u zbilji, a ne u samstvu. Ideal podjarmljuje junaka i – za razliku od Servije ili Rusije – ne gori u sopstvenom plamenu, jer je junakom zaštićen. Slobodan u *snovima,* ideal korača strelicom koju je utisnula želja. Protivrečnost između smeha i suza, koja je ono „najstrašnije" iz sna sanjanog „u Rabu" (267), sluti da je za samstvo tajanstvenije *ko* se smeje, od toga *čemu* se smeje. To što je mrtva žena „providna" vezano je metonimijskim lancem sa *plavim* i otkriva prisustvo ideala u njoj. To što, međutim, „leži kraj njega, polugola... i šapuće mu" (267) beleži prisustvo želje u snu: „tek sad je, u snu... susreo u tim očima, neku ljubav, koju nije razumeo, i koju je tek sad, kad je više nije bilo, shvatio", a koja je „bila... žeđ, koja ju je morila, godinama" (268). Ako „tek sad" obeležava da je značenje sna stiglo u Pavla, kao što zbivanja kojih se u snu seća nikad nisu stigla u njega, onda je Pavle otvoreniji za san, nego za svet. Ako su njene oči „suzne kad bi uživala dugo, u zagrljaju" (268), onda Pavle „tek sad" prepoznaje njenu seksualnost: san koji donosi to prepoznavanje završava sa suzama u Pavlovom oku, nagoveštavajući da se „tek sad" Pavle prepoznaje u žeđi koja je pripadala njegovoj ženi. Ta žeđ stvara njenu nerazumljivu ljubav kao inverznu najavu njegove „tek sad" ljubavi. San je alibi za želju Pavla isakoviča, jer prikriva da rad želje u Pavlu stiže do novih – kao starih – saznanja o mrtvoj ženi. Ako želja mrtve žene – uprkos tkanju o njenoj prošlosti – označava preobučenu Pavlovu želju, onda mrtva žena goni Pavla njegovom željom. Kako ona u liku mrtve žene hoće zadovoljenje u Pavlu, onda nužno urasta u ideal, jer samo on zavodi samstvo. Ona je ležala „ne kao u bračnoj postelji, nego kao mrtva u zagrljaju" (271), ne zato što za san i jeste mrtva, niti zato što „kao mrtva" predstavlja nagoveštaj budućeg udesa u vremenu koje sećanje oblikuje u snu, već zato što je saznanje o njenoj seksualnosti moguće kao preokrenuti vid Pavlove seksualnosti tek kad je ona mrtva. Iako san ne spominje Pavlovu, već njenu seksualnost, on u simfoniji čulnog rastrojstva i raspusnosti svadbe koje se seća dva puta (268, 271), ironično i upućujuće naglašava simbol muške polne moći. Mrtva žena je u snu željna Pavla, jer u Pavlu postoji želja: obe želje ostaju uskraćene. Ideal projektuje mrtvu ženu kao predmet Pavlove želje, jer tako samstvo ostaje zatvoreno u svojoj unutrašnjosti, a želja se sukobljava sama sa sobom i njen cilj postaje sámo samstvo. Ideal preokreće težnju želje: kada se Pavlov pravac želje uputi ka mrtvoj ženi, on je nepovratno nezadovoljen, a samo kada ostaje u značenjima nezadovoljene želje on spasava ideal. Pravac želje preusmerava se od sveta kojem hita, jer prisvaja idealna značenja: želja može ostati nezadovoljena samo kao želja za mrtvom ženom, jer samo takvo zadovoljenje omogućava idealna značenja. Ideal i želja postoje u kolopletu

53

međusobnih onemogućavanja, jer dok želja nužno stremi idealu zato što je želja za idealnim predmetom želje, dotle ideal nužno hoće da kontroliše želju zato što ga ona može poreći. I kao što njeno lice pokazujući ženu koja voli „bezumno i nemo" (590) otkriva poreklo bezumnog plavetnila koje prosijava iz Pavlovih očiju od časa kada je ugledao priviđenje u zatvoru, tako njeno golo telo, iako seća na Evdokiju, otkriva ko je predmet želje. Jer, ni „posle onog ludog, nehotičnog švalerstva, prema gospoži Božič, u Beču" njegovi „snovi" ne samo da „nisu prestali", već „naprotiv, njegova mrtva žena posećivala ga je, u snu, sve češće, sve lepša, sve primamljivija u telu, sve strasnija, u toj noćnoj ljubavi, od koje je bio, na slepoočnicama, počeo da sedi, a o kojoj nikom nije smeo da govori" (596). Ako se ona u snu *menja*, onda to obeležava nužne mene u junaku: kako je san zaštićeni prostor telesne ljubavi, o njemu se na danu i u svetu ne govori, jer je izvor njegove sramotnosti za Pavla u tome što ideal postoji u obliku vernosti onostranoj seksualnosti. Ona je utvara i varka i njihov koitus je nezamisliv za dan, ali je *ona*, pa je koitus stvaran, jer je „bila.. tako divna, tako strasna, u toj ludoj ljubavi, u snu, da se Isakovič stideo, da je ludeo, premirao kad se probudi ujutru" zato što je „bio... užasnut tom potpunom sličnošću, istovetnošću, sna, i jave" (596). Pavle upada u ludilo, jer je prihvatio zakon koji želju poriče. On je „premirao kad se probudi ujutru" ne zbog stida, već zbog *straha* pred zakonom, koji zapleteno i protivrečno izrasta iz ideala, pa je isto samstvo autentično stanište i zločina (mrtva žena kao želja) i kazne (mrtva žena kao ideal). Ubistvo bilo čega u samstvu jeste samoubistvo. Skok u zločin vodi kazni, ali zastajanje pred zločinom jeste kazna: otud je samstvo potčinjeno zakonu koji stvara dnevno ludilo. Ono *isto* u danu i noći, što užasava Pavla, jeste zakonomerno ponavljanje želje (mrtva žena kao noć) u idealu (mrtva žena kao dan): „Bila je došla i počela da ga grli i ljubi, pa se uz njega pribi, a on oseti, iznenađen, da više nisu na zemlji, nego lete.

Leteli su, nad dolinom Ondave, nad stenama Beskida, daleko iznad Duklje, a taj let je bio tako prijatan, nečujan, lak, kao da nisu imali krila, a nisu morali krilima ni maći. Dizali su se u visinu." (597) Let bez krila koji vodi u visinu, „prijatan, nečujan, lak" i „u nekoj toploj mesečini" (597) potvrđuje prisustvo ideala unutar Pavlovog sna, dok milovanja mrtve žene nagoveštavaju samu želju, koja vodi u bezumlje. Jer, „Pavle, u snu, primeti da su zagrljeni, da ga ona miluje, u nekom bezumlju, a on oseća, preneražen, samo to, da lete, i da nisu više na zemlji. Strah, koji je osećao, potmulo, da će sa njom da se strmoglavi, u mračnu dolinu Ondave, koja je bila, dole, u sve većoj dubini, prestade, kad vide njene oči. Bila je od uživanja zabacila glavu." (597) Dok let u visinu može biti i najsnažniji izraz muške moći koji poseduje njegova seksualnost, dotle odlazak sa zemlje u doživljaju *preneraženosti* vodi idealu, jer se Pavle plaši (bezumlje) zatočenja u želji unutar leta ka idealu. Drugi njegov strah je strah od pada, čije „potmulo" osećanje sluti vezu sa seksualnošću: strah od *strmoglavljivanja* prepoznaje „mračnu dolinu" kao osnovni simbol ženske moći. Pavle nosi u pamćenju to značenje „mračne doline" od dana u kojem je, pred Evdokijom Božič, „morao... da zabada nos u njene gole grudi, sa tamnom dolinom, u kojoj je video senku, nežnih, crnih, malja" (377). Strah od strmoglavljivanja jeste strah od doline koja ukida moć njegove seksualnosti. Protivrečna je priroda njegovog straha, jer ako i visina i pad bude strah, onda samstvo između želje i ideala i nema gde da se skloni: mrtva žena, dakle, i kao ideal i kao želja vodi junakovoj izloženosti, njegovom strahu. Mrtva žena – koitusom otkrivenim u Isakovičevim snovima – tematizuje raspon i moć seksualnosti u Pavlu Isakoviču. Svoju zadatost transcendencijom on, dakle, projektuje u ideal mrtve žene sačinjen od želje. Kao što je moć želje osnovna moć Isakovičevog sna, tako je moć ideala ono što zadovoljava potrebu želje za transfiguracijom. To da njena, zabačena od uživanja, glava nije *istinska,* jer je u snu – i seća na Evdokijinu glavu (377) – ne sprečava *istinsko* uživanje Pavlovo, čija dvosmislena istinitost vrhuni na kraju sna: smeh i suze. Ako je „bio... utučen, jer se, posle onog sna, o svom venčanju, probudio u ludom smehu, pa mu se činilo da postoji neki svet koji nije više java, ali ga snovi još uvek u taj svet vraćaju", iako u taj svet „više, na javi, povratka nema" (275), onda san kao odlazak u svet koji nije java, prikriva paradoksalno bivanje u onostranom. Ako smrt prisustvuje u snu, jer Pavle snom stiže u nepovratno, onda smrt prebiva u srcu želje. Ako Pavlu, međutim, na javi nema povratka u svet snova (i smrti), *kome* pripada „ludi smeh" u času njegovog buđenja? Ako se Isakovič, ne opazivši da je na javi, smeje nečemu iz snova kao neko iz snova, onda svet snova pretrajava u njegovom smehu na javi. Ako se, međutim, java smeje onome što je bilo u snu, onda to iz sna prodire u nju njenim smehom. Kako, međutim, na javi nema povratka svetu snova, onda „ludi smeh" nije Pavlov na javi, već je Pavlov iz sna, jer se san *demonski* smeje kroz Pavla na javi. Rascep junaka na san i javu zakonomerno podrazumeva njihovu korespondenciju kroz „ludi smeh", jer je ludilo površina i oblik njihovog neprekidnog razgovora u Pavlu Isakoviču. Nevidljivost mrtve žene važi za javu, jer „ta žena – nevidljiva više među živima – živela je sa njim, sad već godinu dana, u snu, kao nešto lepo, što se čini tim lepše, jer je nepovratno" (633–634). Mrtva žena je u Pavlovim snovima *lepa* kao nešto što postoji, jer je podloga za ono lepše od njega, što izrasta iz nepovratnog. Nevidljivo i nepovratno pripadaju životu koji traje u snu: Pavle, koji je zaljubljen u snu, postoji van jave, jer ljubav u snu pripada javi, nevidljivo i nepovratno, kao ludilo. To da se „u snu, ponova zaljubio u svoju pokojnu ženu" (634) otkriva da san – vođen strelicom želje – ne ponavlja, već preinačava činjenice sećanja, jer šta se ponavlja u snu ako „taj brak nije bio iz ljubavi" (194)? Ako „ponova" zaljubljenost ponavlja ono što nije bilo, to nije samo zato što prepoznaje neko ništa koje ponavlja, već zato što otkriva da je samstvo naseljeno snom umesto svetom. Ne preinačava san svet da bi sačuvao sebe kao san, već da bi smisao sna u junaku potčinio smisao sveta. San osvaja samstvo tako što u njemu važi umesto sveta, ali i tako što ga gura da smisao sna protegne na sami svet: snu nije dovoljno samstvo, već hoće svet. Pavle je, dakle, oruđe sna za osvajanje sveta. Otud „ponova" zaljubljivanje nema paralelu u Pavlovom sećanju, već u njegovoj stvarnosti: „iako je nedavno imao jednu drugu" (634). Ako je „druga" nedavno objavljivanje želje, onda njeno potiskivanje iz ljubavi izmeštene iz jave, može biti u korist ideala koji prebiva u mrtvoj ženi. Otud zakon mrtve žene oblikuje samstvo u svetu, jer se borba između ideala i želje ospoljašnjuje kroz Pavlove odnose sa svetom. Zakon mrtve žene, koji pokušava da i u samstvu i u svetu osigura dominaciju ideala, jeste nasilje, jer počiva na potčinjavanju želje. Uspostavljanjem zakona, u času kada Pavle stupi u svet, osnovno pitanje borbe ideala i želje postaje spoljašnje: postoji li samstvo? Želja, koja protivreči idealu i podstiče ga, gradi Pavlovo dvojstvo, jer zaplišće samstvo u protivrečnost sa idealom. Dok podriva ideal, želja zadaje samstvu ideal kao zakon. To je staza na kojoj ideal svoju nesigurnost u poziciji unutrašnjeg zakona samstva (dijalektika ideala i želje)[3] hita da potvrdi u sigurnosti junaka u svetu (mrtva žena kao Pavlov znak u svetu).

Zakon

Kada Pavle ne želi „ženu, koja toliko liči na ženu koja je umrla" (291), on obeležava da sličnost između Evdokije i mrtve žene nije konstantna, već da raste: od lica „koje mu se učini poznato" (251) Evdokijino lice počinje „toliko" da „liči". Promena junakove percepcije obeležava Evdokijinu sličnost sa mrtvom ženom kao sličnost koju junak stvara. Dinamizam sličnosti odgovara dinamizmu kojim se mrtva žena menja unutar njegovih snova. Ali, ako „na putu u Rosiju, nije bilo za ženu mesta" (291), onda put u Rosiju, kao i mrtva žena, ne dozvoljava *ženu* u svetu, jer – sa njom – zadati i zajamčeni smisao puta doživljava svoju blasfemiju. No, kao da cela metafizička konstrukcija učvršćivanja ideala Rusijom podrhtava od želje koju žena u svetu budi u idealu (276), jer „Isakoviču se, to veče, ta bestidna, luda, strasna, a lepa žena, dugo priviđala" i to „kao da je došla, i, na njegovu postelju, legla" (290). Motivacijski nagoveštaj nadolazeće Evdokijine posete Pavlovoj sobi postoji kao ostvarenje Pavlove želje, koja je izneveravanje Rusije, jer je Rusija spletena sa mrtvom ženom, i osporavanje apostolske paradigme metafizičkog junaka: on ne može da se odupre Evdokiji, jer je želi. Ako je želi, onda nije metafizički junak. Ali, ako je želi, onda je to, istovremeno, nužno, jer je želja zadata mrtvom ženom. Otud je on nužno u svetu i, zato, mali junak. Dok Evdokijino prerastanje u mrtvu ženu obeležava Pavlovo registrovanje želje koja grabi svom cilju, jer „učini mu se providna i ličila je na njegovu mrtvu ženu, onakvu kakva mu je dolazila" (298), dotle to da je ona „polugola" i sa kosom „kao neka crna, divlja, griva" (298) obeležava da je koitus sa mrtvom ženom moguć kao koitus sa Evdokijom. Jer, Evdokija, koja je već narastajućom sličnošću sa mrtvom ženom postala *telo* ideala koji prikriva Pavlovu želju, dovodi Pavla u željenu (san) koitalnu situaci-

57

ju: kao što on hoće da ta situacija pripada mrtvoj ženi ("učini mu se" ideal), tako ona nužno pripada i Evdokiji (želja). Uspostavljena veza deluje povratno, jer kada se Evdokija otkrije u sadržajima mrtve žene, ona neopozivo ulazi u Pavlove snove[4]. To da je Evdokijina volja nadjačala Pavlovu volju (301) označava da je ona imala tajnog saveznika u njegovoj želji: nemoć da se samstvo objavi u volji (idealu) svedoči o ne-idealnom poreklu njegove volje. Blasfemija koitalne situacije, nastala Evdokijinim priznanjem da je Pavle „neka vrsta belog zeca", stvara „neki, ludi, bes" u njemu, jer naglašavanjem *svetske* dimenzije koitusa Pavlu se „činilo... da se sa svojom mrtvom ženom, zbog ove upaljenice, zauvek rastaje, da je nikad više neće, ni u snu, moći videti" (301). Evdokija dvosmisleno poriče Isakovičevu artikulaciju snova: dok je u zbilji koitus banalan i junak nedostojan metafizike onoga što je *isto,* ali nije *jedno* (put i mrtva žena), dotle u snu koitus podrazumeva spajanje ideala (mrtva žena) i želje (Evdokija). Prevođenje sna u svet ne samo da obesmišljava i prepoznaje junaka u grehu i stidu, već ga uprosečnjuje i banalizuje. To što i svet prodire u san[5], jer „Pavle je sve manje sanjao svoju pokojnu ženu, a sve više gospožu Evdokiju", ne dotiče se junakove svesti, koja zna da njih dve „predstavljaju anđela i đavola u njegovom životu", jer je „jedna... bila sušta nevinost i stidljivost, druga bestidnost" i „jedna nežnost, druga je, sva, pokazivala pohotu" (630). Snovna atribucija podrazumeva ideal u mrtvoj ženi, jer ona postoji „u providnoj haljini", „u pozadini", „u snu", ali ta atribucija zna i za Evdokiju na mestu želje, jer je ona „lepa, obesna i gola" (630). Otud svesna atribucija zna da mrtva žena predstavlja „anđela", jer je „nežnost", „sušta nevinost i stidljivost", dok Evdokija predstavlja „đavola", jer je „bestidnost" i „pohota". Mrtva žena – i u snovima, i na javi – objavljuje *ideal* u nužnoj paraleli sa Evdokijom koja objavljuje *želju:* njihovo međusobno prirastanje otkriva da san pounutrašnjuje svet isto onako kao što ideal objavljuje zakon u svetu. Postojanjem Evdokije zakon se, dakle, vraća tamo odakle se i objavio, jer je ona u isti mah i „pohota" i prirasla mrtvoj ženi. Ona je ospoljašnjena želja Pavla Isakoviča, kojom upravlja mrtva žena. I dok prepoznavanje anđela u mrtvoj ženi doziva apostolsku paradigmu Pavla Isakoviča, dotle đavo u Evdokiji obeležava unutrašnju i spoljašnju destrukciju te paradigme. Tu se Evdokija – svojim imenom i sveprisutnim kalendarom – prepoznaje u *preina-*

čenoj i negativnoj paraleli sa prepodobnom Evdokijom, koja je bila „najpre velika razvratnica, a potom pokajnica, isposnica i najzad mučenica". To što Evdokijina „bestidnost" i „pohota" podrivaju smisao apostolstva u Pavlu, označava da njen lik *inverzno* sledi svoj obrazac. Jer, kao što Pavlov dolazak u Budim, koji obeležava početak preokreta u Evdokijinom životu, postoji kao preokret i u životu prepodobne Evdokije, jer „došav poslom u grad on odsedne kod jednog hrišćanina, čija se kuća dodirivala sa kućom ove Evdokije", tako i susret Pavla i Evdokije ima elemente ironično pročitanog obrasca: „kada je on noću počeo po običaju monaškom čitati Psaltir i neku knjigu o Strašnom Sudu, Evdokija ga čuje, i s pažnjom stane osluškivati njegove reči sve do kraja" tako da „strah i užas obuzme je... da je ostala budna do svanuća". Ne samo da ambijent (noć, svanuće) u kojem se zbiva preokret u životu prepodobne Evdokije preinačeno postoji u odnosu između Evdokije i Pavla, jer „ona je... sve dok nije svanulo, uživala i ponavljala da je u njenoj kući sve spremno da sa njim provede ovo leto" i da je „tu želju... imala još kad joj je u Budimu ušao u kola" (379), već i njihov susret na pozadini preokreta koji se odigrao u životu prepodobne Evdokije zaseca u sami osnov apostolske paradigme: Isakovič postaje banalan. Evdokijin lik u romanu napušta svoj obrazac upravo kad stigne do preokreta, jer ona, umesto da napusti „pohotu", otkriva – kao determinantu svog preokreta – snagu i moć koitalne situacije, u kojoj joj je Pavle „nebesa otvorio" (301). Napuštanje obrasca u momentu preokreta u Evdokijinom liku obeležava karikaturalno oblikovanje lika u odnosu na obrazac, jer umesto što „sveta Evdokija bi posečena mačem", kao primer „kako jedan sud nečistoće može da se očisti, osveti i ispuni skupocenim nebeskim mirisom"[6] u romanu je „Joan Božič... udario ženu nogom u trbuh", a zatim je „izbacio... na ulicu, pa se gospoža vratila ocu" (629). U romanu se, dakle, artikuliše svetska, a ne sveta dimenzija obrasca Evdokijinog lika. Tu dimenziju naglašava Đurđe Isakovič u svojim rečima koje prethode pričanju o susretu Pavla i Evdokije, iako su vremenski mlađe: „Naš je Paja išao, kao udovac, kao smrznut, ali pravim putem, do Budima. A ta Evdokija, upaljenica, ušla je kao đavo, i proleće, u njega, i htela da ga skrene s puta." (253) Ne samo da je precizno označen *đavo* sa svojim svojstvom ("upaljenica") nasuprot apostolu ("udovac") i njegovom svojstvu ("smrznut"), već je precizno ocrtan smisao

Evdokijine sudbine za svet Pavla Isakoviča: ako Evdokija treba da skrajne Pavla sa „pravog puta", onda ona mora da banalizuje apostolsku paradigmu koja je Pavlu uzajmljena. Ona stoji, dakle, na *suprotnoj* strani od ideala u Pavlu Isakoviču: njena sličnost sa mrtvom ženom jeste način da se ona pronađe na mestu želje u snovima i svetu Pavla Isakoviča. Postoji, međutim, razlika između Evdokije i žena kojima je želja odvukla Pavla posle smrti njegove žene. On sam naziva taj poriv u sebi „živinstvom" (516), što pokazuje da je za želju u njemu neophodan ideal, jer tek sa idealom ona tvori ono što u Pavlu Isakoviču *zadaje* mrtva žena. Sama želja je „živinstvo" koje ne može dotaći Pavla, jer je ideal mrtve žene u njemu neprobuđen. Ako nije moguće dotaći istinsku želju samstva – onu koja mu izvorno protivureči – bez doticanja njegovog ideala, onda Evdokija, koja to dotiče, kada metaforično pita Isakoviča „šta traži u njenim očima", naslućuje svoju granicu, jer joj Isakovič, „sa prizvukom podsmeha" i pretvarajući njenu egzistencijalnu metaforičnost u doslovnost, reče „da je lepa, ali da bi bila još lepša, kad bi imala krupne, zelene, oči, a trepavice boje pepela" (377). To što Pavle govori „ni sam ne znajući šta govori" sluti da neka sila u Pavlu to *mora* reći, a da on koji oseća tu silu nije svestan njenog *smisla,* iako je sam govor nezaustavljiv. Evdokija, iako „lepotica" (251), nije dovoljno lepa, jer „krupne, zelene, oči, a trepavice boje pepela" otkrivaju da značenja ideala nedostaju i izmiču toj lepoti. Ako je Pavle to kazao „ko zna iz kog pakla ljudskih uspomena" (377), a u času junakovog govora Crnogorka iz lazareta nije još uspomena, onda u paklu sećanja kojima je podvrgnut stoluje ideal mrtve žene kao ime i oblik (Joka Stana Drekova) onoga što onemogućava Evdokiju u svetu. Pavle prvo poriče najmanji dodir sa *tom* ženom, što u dodiru otkriva strelicu Isakovičeve želje i implicira značenja koitusa. Posle tih reči, međutim, Pavle ženu prevodi u nepostojanje: „Ne postoji ta žena... Ne postoje trepavice boje pepela" (378). I dok Jokino nepostojanje treba da sugeriše Evdokiji konačno nestajanje suparnice sa horizonta, dotle ono za Pavla znači pridruživanje Joke Stana Drekova idealu koji ju je i prepoznao kao Pavlovu želju: nepostojanje *takve* žene svedoči o Pavlovoj želji za njom. Evdokija to ne razume, pa iako sluti izvor, imenuje oblik: „neka drolja sa zelenim očima i trepavicama boje pepela" (378). Evdokija nema moći da ovlada Pavlom, jer ne razume da ideal zadaje želju onako pro-

60

tivrečno kao što želja oblikuje ideal: kao što se ona nalazi u srcu Pavlove želje, jer postoji u hipotetičkoj sličnosti sa idealom, tako Joka Stana Drekova – koja ide u hipotetički nepovratno i nepostojeće – postoji u idealu, jer dovodi do želje[7]. Pavle je dosledan: ako je Joka Stana Drekova u svetu suprotnosmerna u odnosu na Evdokiju kao želju, onda se ona kao ideal mora premestiti u nepostojanje, gde može da porekne Evdokiju. Otud Crnogorka iz lazareta postoji na mestu ideala, koje je nedostajalo nevidljivom radu zakona mrtve žene unutar Pavlovog sveta. Paradoks tog mesta je da ona ne izaziva u Pavlu niti sećanje na mrtvu ženu, niti nosi sa sobom opasnost da on osramoti familiju, što sve pripada Evdokiji (381): ideal u svetu ne obnavlja onu idealnost koja ga zadaje, već postoji kao želja. Jer, Isakovič samo prema njoj otkriva želju, ali je ta želja lišena svog idealnog zaleđa u njemu. Samodovoljnoj želji u njemu pripada misao „da bi to bila žena, vredna zagrljaja i ljubavi, prava, tvrda, a mora biti strasna, slatka, divna", kao i to da „nije mogao da odvoji pogled sa njenih grudi, sa njenog tela, a podizao ga je do njenih očiju, sa tim čudnim trepavicama". Ta želja čini, međutim, da Pavle u svetu govori „kao poluđeo" i „kao da sanja" (366). Oba ta svojstva pripadaju svetu kada se okonča snovno prisustvo mrtve žene: ako on sanja na javi, onda svojstvo *mesečara* u svetu odgovara buđenju iz sna o mrtvoj ženi kada bi se on ponašao „kao da se san nastavlja", jer nastavljajući san u svetu on postaje mesečar. Pavle, takođe, „pomisli da će s uma sići" (597) kada sanja ono što ugledavši Joku misli na javi. Crnogorka iz lazareta neutrališe, ostvarujući ideal iz sna o mrtvoj ženi, zaštitni ogrtač mrtve žene u Pavlu Isakoviču: Pavle *pada* u položaj da „govori kano čoek bezuman", koji „mahnita" (366), jer je njegova želja *ospoljašnjena*. Podsmeh Jokinih reči, koji ima svoju folklornu podlogu u stihovima „očima je zažmurio/ dok je babu poljubio"[8], da je Pavle od onih „koji bi zažmurio, pre nego što bi babu poljubio" (366) oblikuje Isakoviča kao banalno i groteskno lice u svetu. Tamo gde san potčinjuje svet, jer utiskuje ideal, svet postaje san i nema više njihove dvosmislenosti u Pavlu Isakoviču. Dok je svaki put kada se želja probije do sveta ideal obezbeđivao junaku pribežište u sećanju na mrtvu ženu (otud su Pavlova sećanja česta), sada ostvareni ideal dovodi junaka u položaj ogoljene želje. Ako se samo u odnosu na mrtvu ženu i Joku Stana Drekova Isakovič postavlja *aktivno*, onda Crnogorka iz lazareta poništava onaj osnov koji Pavla preko sna povezuje sa metafizičkim junakom. Jer, oslobođen mrtve žene u svetu i u želji, on je nezaštićen zakonom i počinje da postoji u jednoznačnosti ljubavi, koja, međutim, ne dozvoljava auru metafizičkog junaka: „Isakovič onda pođe dalje, jer se oko njega bila načinila smejurija" (366). Ali, dijalektika zakona počinje da preokreće Isakoviča u pravcu ideala u času kada on dolazi „da joj kaže" i „ponovi" da bi nju „da može, poneo... kao kap vode na dlanu" (397). U tom času on nije smešan, ali *svesno* problematizuje metafizičkog junaka u sebi: ako „na putu u Rosiju, nije bilo za ženu mesta", *ko* bi, onda, „da može" Joku Stana Drekova „poneo...kao kap vode na dlanu"? Ako put u Rusiju isključuje ženu, onda u ovom momentu Joka Stana Drekova isključuje metafizički smisao puta. Između puta u Rosiju i Joke Stana Drekova *drugi* u Pavlu Isakoviču saopštava svoj izbor, čije je tamno mesto sam oblik uslovljenosti: „da može". Taj oblik nije prikriveni poziv Joki, jer eksplicirana želja ne prikriva poziv, kao što ne racionalizuje moguće odbijanje. Uslovljenost tvrdnje ima poreklo u unutrašnjem ograničenju, jer Pavle nema moći da prekorači zakon, odmakne se od mrtve žene i svojih snova: uslovljenost tvrdnje je inverzni povratak zakonu. Pavlovo odbijanje da iskorači iz zakona, njegovo „da može", otkriva isto mesto Joke Stana Drekova unutar zakona i unutar samstva: kao krajnja tačka ideala ona uvek iznova problematizuje zakon samstvom i samstvo zakonom. Paradoks da Joka otvara mogućnost destrukcije mrtve žene u Pavlu (što je destrukcija i puta u Rusiju), jer mrtva žena ne posreduje u Pavlovom doživljaju Crnogorke iz lazareta, bio je ipak prividan, jer Joka Stana Drekova na javi oblikuje jedan pol (i njegovo dvojstvo) podzemnog rada mrtve žene unutar Pavlovih snova. Ona ostaje ideal, jer je Pavlu nedostupna, kao što mu je nedostupna i mrtva žena, jer je otkriva — kao ideal — tek posle njene smrti. Joka ne može u san Pavla Isakoviča, jer je mesto ideala zauzela mrtva žena, za razliku od Evdokije koja u san može, jer tamno mesto želje traži nju. Joka je, dakle, ospoljašnjeni ideal[9], kao što je Evdokija ospoljašnjena želja: i kao što u Evdokiji želja mora imati ideal da bi se prepoznala u zakonu, tako u Joki ideal mora skrivati želju da bi ga zakon obuhvatio. Ono neuporedivo u Crnogorki iz lazareta, što izmiče radu zakona, senči Pavlovu neostvarenu i graničnu mogućnost odbijanja i mrtve žene i metafizičkog junaka. Situacija zakona, koja se u snu izgradila impliciranjem ideala i želje u mrtvoj ženi, pretvara se u svetsku situaciju Pavla Isakoviča. Mrtva žena u njegovim snovima, preko brojnih posredovanja, raspada se u svetu na dva pola: ako je Joka Stana Drekova obuhvaćena zakonom mrtve žene u Pavlu Isakoviču, onda je ona najudaljenija tačka svetskog puta koji počinje sa Evdokijom. Između ovih tačaka, u kojima se ospoljašnjuje zakon mrtve žene, razapeta je mreža egzistencijalnih posredovanja u koju su ulovljene druge žene[10].

Incest

Privlačnost Teklinog smeha, koji se „kao žubor nekog šedrvana, u vrućini, dopao... umornom Isakoviču" (255) i koji podrazumeva metafizičko poreklo Pavlovog konstantnog „umora" (251), izvire iz Tekline istovetnosti sa mrtvom ženom, jer je „njihova veselost bila ista" (257). Pavle, dakle, pripisuje svojstva mrtve žene i Tekli, jer otkud, inače, njihova objava u njoj? Smeh je oblik u kojem postoje i Pavlova želja za Teklom i ideal koji je čini nedovoljnom. Kada Pavle pomisli da ga je „snebivanje da, na mesto svoje umrle žene, dovede drugu ženu" zadržalo da dovede Evdokiju u Rusiju, on čuje „kroz san, i neki smeh, srebrni, devojački, i šapat... Mušmule! – hteo bi ti mene, serce!" (755) Teklin smeh, kojim se „kroz san" prepoznaju Pavlovi prividni razlozi, jeste smeh mrtve žene. To što je smeh „srebrn" čini ga bliskim idealu, jer u času kada ulazi u Rusiju, koja je prirasla idealu, Pavla je „u toj jurnjavi, pratio... srebrn, glas, zvoncadi" (603): apostolska paradigma „zvoncadi" saobrazna je sa Teklinim smehom, čija je srebrnost „...nalik... na čistoću savjesti, nakane, iskrenosti i ispravnosti djelovanja"[11]. U svim značenjima srebra paralelno postoji i Teklina opsednutost Pavlom i Isakovičeva zadatost idealu mrtve žene. Ako „uz srebro ide vjernost"[12], onda u srebrnom (Teklinom) smehu odjekuje opomena mrtve žene, jer ga samo ona može podsećati na vernost. Kako je „kroz san" naglašeno da je smeh „devojački", to seća Tekline proročke pretnje (300), čiju istinitost Pavle sluti, jer „više nije bio željan u životu, ni žena, ni strasti, ni čulnih slasti, nego veselosti" (752). Razlika između Tekle i Evdokije jeste razlika između veselosti i

63

„čulnih slasti". Ta razlika postoji i kad Pavle, ugledavši nesreću Grete Berghamer, počinje u mislima da je vidi „u smehu, u veselosti" (336), jer je – besmisleno, karikaturalno, blasfemično, tragično, apostolski – oseća „kao svoje, samo svoje" i „kao što je osećao svoju mrtvu ženu", ali dosledno razlikuje: „a ne Božičku" (337). Veselost, dakle, pripada nečemu što transfigurira želju, čineći je mogućom za Pavla. Tekla je posebna stanica na Pavlovom putu od Evdokije ka idealu, jer svojom velošću nagoveštava dimenziju koja je udaljava od samodovoljnog ispunjenja želje u Evdokiji. U podsmešljivosti njenog prekora „kroz san" svesno se raskriva želja: ako on u Rusiji želi nju, a ne Evdokiju, onda bi i sakrosanktno mesto mrtve žene popunio uprkos „snebivanju", ali ne Evdokijom, već Teklom (mrtvom ženom). Otud Tekla – dimenzijom veselosti, koja je metonimija za mrtvu ženu – pokušava da osvoji mesto Crnogorke iz lazareta u svetskom Pavlu Isakoviču. On se njenog smeha seća kad mu misli „iznenada, odoše, kao u neki žbun jasmina, u mesečini" (477), što je svojstvo mrtve žene koje Joka ospoljašnjuje. Poenta srebrnog smeha da „ne mož ti imati sve", ne samo što seća da on ne može u romanu jedino imati Joku Stana Drekova, već prepoznaje Teklino nametanje na Jokino mesto. U času kada prepozna želju kao ono što Pavle pokriva sećanjem na mrtvu ženu, Tekla razgrađuje Isakovičevu etičku pozadinu i zaseca u samu apostolsku paradigmu: tada se stavlja u dejstvo obrazac koji, imenom i kalendarom, u romanu postoji kao preinačeno tumačenje legende o Tekli devici. Roman podrazumeva odlučujući momenat legende: Teklino preobraćanje u Hristovu veru od strane apostola Pavla, jer je „ona odustala od veridbe i posvetila svoje devojaštvo Bogu"[13]. U romanu preinačeno postoje oba momenta: devičanstvo i venčanje. Kao što Pavle Isakovič i u bulkama i u traktiru *odbija* (ideal) da *razdeviči* Teklu, ostavljajući je u mogućnosti koju joj je namenio obrazac i, implicitno, istrajavajući u apostolskoj paradigmi, tako on dosledno odbija i mogućnost da se njome oženi, što je na drugi način poštovanje mogućnosti da se ona objavi u Hristu. Koji je učinak njegovih odluka? Umesto da je Pavle, kao znak preokreta u njenom životu naznačio put ka Hristu, on je uspeo da – suprotno obrascu – otvori u Tekli svetski put (želja), jer njen otac „kad se iz aresta vratio, zatvorio je... u neki manastir papežnika, jer je čuo da i ona, za nekim oficirima, jurca" (475). Blasfemija apostolstva u Isakoviču pečati se njenim *prisilnim* situiranjem u manastir koji u romanu ima smisao zatvora, a u prepisci je sa smislom pećine iz legende o Tekli: osnovna razlika je u smeru, jer u legendi odlazak u pećinu postoji kao Pavlov putokaz u njenom preobraćenju, dok je u romanu odlazak u manastir inverzna konsekvenca Pavlovog odbijanja. Kao što je Isakovič izazvao želju u Tekli, tako je uklonio devičansku mogućnost obrasca: otud je i apostolska paradigma onemogućena u njemu. Poenta u ironičnom prinačenju obrasca jeste transformacija saznanja da „obožavanje Svete Tekle bilo je široko rasprostranjeno u ranim vekovima i njeno svetilište... je bilo omiljeno mesto hodočašća"[14] u poslednji glas o njoj, po kojem „ljudi idu u tu kuću, kao na ćabu, ali ne zbog Evdokije, već ćerke njene radi" (751). „Kao na ćabu" je eksplicitan odgovor na egzistencijalnu mogućnost obrasca: Teklino preobraćenje, ponašanjem Pavla Isakoviča, odvelo ju je na stazu na kojoj se razaraju osnovni elementi obrasca, jer je Isakovič probudio želju u Tekli, umesto da tu želju zatomi. U romanu nema, dakle, ni apostola ni svetice. Samo dok Teklina koherencija izvire iz življenja svetovnih konsekvenci obrasca, dotle Pavle ostaje mahnit u podražavanju obrasca u svetim, a ne svetskim razmerama. Zakon mrtve žene podrazumeva razlike u *stepenu* seksualnosti koje postoje između likova. Otud Tekla u odnosu na Evdokiju izražava manji prag seksualnosti, jer postiže samo to da Pavla „zagrli, obema rukama, i poče da ljubi, kao da je u gospože Evdokije učila", a on je „odgurnu i htede da otvori vrata" (387). Želja u Tekli, koju Pavle odbija, prigušena je njenom veselošću, koju on hoće: utoliko je izazov želje u Tekli za Pavla manje snažan, ali nije nedelotvoran, jer se prepoznaje u retroaktivnom smehu nad prividnim razlozima o mestu mrtve žene. Želja u Isakoviču i u Tekli zna za sebe, a Teklinim nametanjem – kao i Evdokijinim – želja pokazuje put do sebe u Pavlu. Ali, Tekla veselošću pripada idealu, koji je zaustavlja, a poljupcima želji, koja ne prekoračuje ono što Evdokiju ne zaustavlja. Kao što Evdokija ne može na mesto ideala, jer je na mestu ispunjenja želje (koitalna situacija), tako je Teklina želja osujećena Evdokijinim zaposedanjem mesta želje. Ako ona ne može na to mesto, jer je želja već otkrivena u Evdokiji, onda Pavle precizno

65

imenuje da je između njega i Tekle ne mrtva žena, već Evdokija (752). Tekli preostaje mesto *do* ispunjenja želje, što je, po zakonu mrtve žene, obasjava dalekom svetlošću ideala. Pavlovo postojanje između majke i ćerke nosi mogućnost da nagovesti mnogo radikalniji oblik incestuozne situacije: kao što Tekla (majka/ćerka) uvodi u tu situaciju, tako ona otkriva njeno poreklo u zakonu. Pavle se ne odupire nagoveštajima te situacije, već ih podnosi, jer iako Kumrija i on „nikad nikakav pogled požude nisu izmenjali – ili im se to bar tako činilo", ipak se njen „crveni jezik sad valjao na njegovim ustima, tako ludo, a njene su ga ruke milovale po licu, tako toplo" (454). Narator posredno registruje njihovu svest o „požudi", koju Kumrija motivacijski sakriva u razdražljivoj ojađenosti napuštene žene (451), dok njeno ponašanje, rušeći pretpostavljene moralne odrednice njihovog odnosa, senči Pavlovu dvosmislenost u incestuoznoj situaciji. Kao što u odnosu na Kumriju izgleda kao da Pavle nema moći da se odupre, tako u času kada je Varvara „pala... na Pavla", „bila ga... zagrlila" i „počela... kao neka njegova žena, da ga ljubi", on „se nasmeja u prvi mah, ali je odmah zatim odgurnu i dreknu" (412). To što Varvarino kršenje moralnih odrednica biva, za razliku od Kumrije, prokazano i, sa dvosmislenom zadrškom osuđeno, ocrtava nit koja njih dve u Pavlu razdvaja. Ako je uprkos njihovoj istovetnoj objavi želje Pavlova reakcija različita, onda to implicira njihovu egzistencijalnu razliku na njegovom putu ka ospoljašnjenom idealu. Jer, Pavle nema snage da se odupre Kumriji na isti način kao što nema moći da odgurne Evdokiju: ne samo da je Evdokija „Pavla... sećala na gospožu Kumru" i to svojom snagom (253), koja njenu moć tematizuje u polju želje, već dok Kumrija priča „Pavlu se... za trenut, pričini da mu to majorša Božička govori" (447). Dok je Kumrijino prepoznavanje u Evdokijinim značenjima osvetlilo *isto poreklo* Pavlove nemoći prema njima, koje ispunjava smisao želje u njemu, dotle Isakovičeva moć da odgurne Varvaru otkriva da ona prebiva na drugoj obali reke koja deli želju i ideal: Pavlova trenutna neodlučnost u njenom odgurivanju obeležava i da je Varvara najbliža želji i da joj je, ipak, nedostupna. Tu je osnov incestuozne situacije: Pavle prepoznaje želju koja goni Varvaru, ali i ideal koji zaustavlja njega. Kada je naziva „suludnicom" zato što ga ljubi – narator nemilosrdno ponavlja, iako „nervira to pomalo, biva čak i dosadno"[15] – „kao neka njegova žena", Pavle otkriva da je oseća unutar svoje želje, ali i da oseća da je u njemu, za osvajanje Varvare, sama želja nedovoljna. Već na samom početku Pavlovog puta, koji je i iskušavanje zakona, Varvara, međutim, otkriva da postoji u želji, koju guši paradoksom da će mu biti „kao sestra, mesto moje Katinke" (206). Taj paradoks je nemoguć u svetu, jer mesto mrtve žene podrazumevalo bi da mu je žena, ali je moguć za nju, jer značenja sestre pokrivaju želju. Tako i zakon oblikuje svet: ne objavljujući se u samodovoljnoj želji, Varvara biva očuvana za ideal, jer „kao sestra" doseća se ideala (prikriva incest), a kao mesto mrtve žene prati strelicu želje. Dvosmislenost Varvarinog postojanja u svetu oblik je pojavljivanja zakona mrtve žene u Varvari. U retorskom pitanju, kojim priprema ponavljanje Kumrijine misli o nekadašnjoj mogućnosti udaje za Pavla, „zašto da krije – zašto bi to bilo sramotno" (696) postoji njena slutnja da to jeste – i pred samim Pavlom – sramotno: ona, u novoosvojenoj samosvesti svog pitanja, hoće da sankcioniše ono što je sramotno. Ako ona „Pavla, voli kao da ima u sebi još jednu Varvaru" (696), onda dve Varvare u Varvari odslikavaju nemoć da njome vlada samo želja, jer joj je ideal inkorporiran postojanjem *druge* Varvare. Ideal obeležava onu Varvaru koja ne ostvaruje, a omogućava, incestuoznu situaciju. U njenom *ponavljanju* Kumrijinih reči prepoznaju se delovi prošlog života kao naknadno pronađeni razlozi za naklonost prema Pavlu, ali je to isti mehanizam kojim Pavle konstruiše naknadnu ljubav u razlozima iz prošlog života: zakon mrtve žene kontaminira, lišavajući ih vremena, različite sadržaje života. Samo ponavljanje, međutim, ocrtava razliku između Varvare i Kumrije, jer Varvara, koja u sebi ima još jednu Varvaru (ideal) nikada ne može postojati u samodovoljnosti želje, kao Kumrija: ona neće napustiti muža, iako time preti, niti će ga poniziti, jer zastaje pred onim što Kumrija prekoračuje. Dok i Kumrija i Evdokija odlaze od muža, jer je to nužna konsekvenca ospoljašnjavanja želje, Varvara je imanentno onemogućena, jer je zakon mrtve žene zaustavlja *pre* ospoljašnjenja želje i *pre* poricanja ideala. Kao što je to za nju *nužno*, tako je Pavlovo odgurivanje u toj nužnosti potvrđuje. Kao što, međutim, Varvara hoće da se na mestu mrtve žene prepozna „kao sestra", jer je u svetu jedino tako moguće prikriti i ospoljiti želju, tako i Pavle hoće da je poljubi sa nekim višim smislom, koji on projektuje u poređenje „kao da svoju mrtvu ženu ljubi" (560). Kada zakon i u Pavlu Isakoviču prepozna Varvarino pripadanje mrtvoj ženi (idealu) kao ono što onemogućava njeno zaposedanje mesta mrtve žene (željom), onda njen „čudni osmeh" podrazumeva potpunu nemoć kojom Varvara postoji: kao što je nemoćna da mesto mrtve žene zaposedne, tako je nemoćna i da od njega odstupi[16]. Izvornost njene osujećenosti daje joj, međutim, snagu da Pavla, zato što je na obali ideala, privlači, jer je „bilo... nečeg šašavog u toj nežnosti" kojom Pavle „Varvaru gleda" ili „mazi" (611). Ako niko ne može Pavla da istovremeno i privuče (ideal) i da ga osvoji (želja), onda je upravo to zakonom zadato, jer ga mrtva žena, koja to može, zadaje. Otud je čar osvajanja Pavla (željom ili idealom) čar borbe sa mrtvom ženom: čar *njenog ponavljanja* u njemu. To da je Varvara „priznala... šapatom, Ani, da je tada, u Kijevu, kao luda, bila sanjala, da se – ako joj muž... umre – uda za Pavla" otkriva Varvarin snovni *pronalazak* da Petrovom smrću nastupa istovetnost između Pavla i nje, koju *udaja* sankcioniše. Taj pronalazak prikriva, međutim, da paradoks udaje za Pavla „koga je kao brata, koga nije imala, već davno, volela" (676) jeste konsekventno ostvarenje želje da Pavlu bude „kao sestra, mesto moje Katinke". Varvara u snu vidi drukčiju ljubav od one koja se bratskom naziva, što zna i Ana (329), ali je „znala... da je to nemoguće, a ipak je to bila pomislila" (676). Ako je pomislila, onda nije sanjala; a ako nije sanjala, odakle joj znanje da je, posle Petrove smrti, *to* nemoguće? Petar, naprotiv, kao da zna da je baš *to* moguće, jer traži da, ako umre, Varvara ne ide Pavlu u kuću „da ime moje ne sramotimo" (678), već Đurđu ili – što sasvim rasvetljava – Trifunu, koji je, isto kao i Pavle, u Rusiji *sam*. Varvara, međutim, zna za svoje izvorno osujećivanje u dohvatanju i ideala i želje, i za svoju izvornu nemoć u osvajanju mesta mrtve žene, koju, zbog pripadanja idealu, Varvara ni u snu ne potiskuje: mrtva žena mu „reče... da ga ona voli, a da ga voli i Varvara" (715). Već u tome što san nije doneo mrtvu ženu kao izmaglicu u kojoj se prepoznaje Varvara, on je naznačio supstancijalnu razliku između Varvare i Evdokije. Priroda te razlike raspoznaje da dolazak i nežnost mrtve žene ne protivreče, već objavljuju Varvarinu ljubav, jer je mrtva žena u snu pojačana u svojim značenjima Varvarom, koja neopozivo pripada smislu ideala u Pavlu Isakoviču. Ako je Varvara poslednji ženski lik koji ima fizički dodir – kao putokaz želje – sa Pavlom, onda između njenih poljubaca i potpune nedodirljivosti Joke Stana Drekova postoji dodir koji, ne podrazumevajući želju, naznačuje Pavlovo kretanje ka ospoljašnjenom idealu: Đinđa Zekovič postoji u romanu kao lik u Pavlovom snu, koji je ispričan „bratencima... tek onda kad je taj san postao kao java" (329). Njen lik, stvarajući paralelu između Pavlovog sna i njihovog susreta u svetu, kao da prati Pavlovo premeštanje iz unutrašnjeg u spoljašnji svet, koje je vezano za junakova preobraženja. Dok je u snu, u kojem ona brani svog muža koji je ubio Garsulija, Pavle moralno inferioran, dotle je na javi, gde se ona brani od Pavlovih prekora zbog boravka u Trifunovoj kući posle muževljeve smrti, on neko ko je moralno osuđuje. Ali, tamo gde je moralno nadmoćna „ona mu drsko doviknu" (327) i još se „više beše pomamila" (328), dok – na javi – pred Pavlom koji je „grmeo, da se uvukla matorom čoveku u nedra i otima oca deci, a ženi muža" (438), ona je „žena tiha, razumna, da se kroz suze smešila i pričala" (438). Pavlov san je, dakle, naslutio ubistvo koje vrši Zekovič, kao i razgovor sa njom, ali nije nagovestio *razliku* u njenoj moralnosti prisutnu u tom razgovoru. Razlika u njoj je implicirala apostolsku paradigmu u njemu, jer je umesto „drolje" u Đinđi video „jagnje" (437). Kako je razgovor između njih dat u Pavlovoj priči, onda on otkriva na kojem mestu zakona Pavlova percepcija vidi Đinđu. Njeno prihvatanje sopstvene krivice u razgovoru, koje oponira njenom odbijanju muževljeve krivice u snu, otkriva da načelo moralnosti u Đinđi menja Pavlov sud o njoj u odnosu na san. Ispod tih razumevanja, pak, postoji istovetnost njihovih međusobnih odnosa i u snu i u svetu. Kao što mu u snu „ona... priđe bliže, a iz nje izbi neka toplota i milina" (327), tako i u razgovoru „iz nje izbija neka toplota i milina" (437); dok ga u snu „ona pomilova po licu" (328), u razgovoru mu je „prišla... i pomilovala ga" (439); ako u snu čuje „Pobogu da si mi brat!" (328), onda njene reči iz njihovog susreta moraju glasiti „Po bogu da joj je brat" (439). Odnos između nje i Pavla, koji je *istovetan* i u snu i na javi, naglašava svoje ishodište u Pavlovoj percepciji iz sna, *kojom*

69

on naseljava svet: u toj percepciji preovlađuje moralno načelo, koje je potčinjeno kretanju ka idealu unutar zakona mrtve žene. Đinđa Zekovič dela po zakonu koji ustrojava Pavlove odnose sa ženama. Njeno prisustvo u idealu očituje njen paralelizam sa Kumrijom: ako Đinđa, uprkos prvom utisku (436), izgleda kao Kumrijina kći (445), a Kumrija liči na Evdokiju, onda je Đinđa s druge strane načela želje u Pavlu, a na onom mestu gde je Tekla u odnosu na Evdokiju. Ako je Joka Stana Drekova sámo mesto ideala u svetu, onda je Đinđa onoliko udaljena od Joke Stana Drekova u načelu ideala u svetu, koliko je udaljena Tekla od Evdokije u načelu želje. U snu postoji mrtva žena kao ideal i kao želja. U svetu postoji junakov put koji, svojim postojanjem u snu, zadaje mrtva žena. Na tom putu postoje *likovi ideala* (Joka, Đinđa, Varvara) i *likovi želje* (Kumrija, Tekla, Evdokija). Pavlov put u svet nije, dakle, ništa drugo do objektivacija onoga što se u njegovom snu već odigralo: kao što je koitalna situacija moguća impliciranjima želje i ideala u snu i kao što podriva apostolsku mogućnost Pavla u svetu, tako je incestuozna situacija omogućena delanjem zakona mrtve žene, kojim i ona podriva apostolski smisao Pavla u svetu. Njegovo *ludilo*[17] je samo konsekvenca nužnog razrešenja u svetu, jer je čitav iracionalni registar predodređen: prevođenje sna u svet omogućava da smeh sna postaje suza na javi, ali i da razrešenja u svetu odgovaraju snu, makar postojala kao ludila u svetu. Preobraženja samstva u sebi jesu njegova raspadanja u svetu. Neprekidno prelamanje različitih stadijuma Pavlovih preobraženja otkrivaju način postojanja zakona mrtve žene u svetu.

Petar i Trifun

Istorija Petrovih sukoba sa Pavlom nužno je istorija sukoba oko *žene,* jer sva komunikacija između braće postoji kroz Pavlov nejasni odnos prema Varvari. U *prvom sukobu* Pavle, nemotivisanošću svog gneva (420) koji je skriveni oblik njegove želje, *napada* Petra, koji povezuje apostolske kao svetske sa predvodničkim kao unutarfamilijarnim ambicijama svog brata: „Ako si se postavio za kvartir majstora preselit nas u Rosiju, nisi se valjda, za teftiš, ženama našim odredio! Da nećeš od muža da braniš ženu?" (419) Kao što Petrovo derogiranje Pavlovog apostolstva odjekuje u njegovom identifikovanju „kvartir majstora", tako njegova reč „teftiš" naglašava neosnovanost Pavlovog presuđivanja unutar familije. Jer, ako „na teftišima se gube i drugi ljudi osim hajduka koji se nađu da su krivi, a globljavaju se gotovo svi"[18], onda najdublji sloj Petrove destrukcije Pavlovog apostolstva može se pročitati samo prepoznavanjem onog smisla koji podrazumeva reč „teftiš". Jer, ta reč postavlja Pavla na mesto *Turčina* koji prisilno hoće da sudi i globi unutar familije. Sam Pavle prikriva taj sloj Petrovog prekora – što znači da se kontekstualno taj prekor ne može potpuno razumeti – tako što poslovicom[19] da Petar njega vidi kao „potutkača" kojeg „glava ne boli" (421) afirmiše samo njegov spoljni oblik. I Trifunova reč „da njemu više, u kući, poredník ne treba" i zato „o toj Mahalčanki dosta" (432) korespondira sa Petrovom rečju „teftiš", jer poredník označava nekog „koji je sa stokom pored koga"[20], što znači da Pavla uklanjaju sa pratećeg mesta unutar života njegove braće. To što Petar i Trifun opisuju Pavlovo predvodništvo *istovetnim* izrazima potvrđuje da Pavle postoji u njihovim životima samo preko čudnog odnosa sa njihovim ženama. I dok Petra u Pavlovoj amnestiji Đinđine odgovornosti (437) pogađa ona implikacija te amnestije koja bi mogla dotaći Varvaru, jer on prati prikrivenost Pavlove želje, dotle se njihov *drugi* sukob, u kojem Petar napada Pavla (616–617), odvija povodom Trifuna. To je dalekosežno, jer je u trećem njihovom sukobu (731) u kojem je Petar skoro nasrnuo na Pavla, skriveno Trifunovo prisustvo: Pavle samo *ponavlja* Petru ono što mu je već Trifun rekao. Petar, međutim, *prihvata* Trifunovo „Bog ti je dao ženu kao lepi cvet" i njom „kao nikog među nama usrećio" (723), ali Pavlove reči da „nikom Bog, među nama, nije takvu ženu dao" (731) izazivaju u njemu besnilo i očaj. Razlika koju Petar prepoznaje između Pavla i Trifuna diktirana je prepoznavanjem prikrivenog rada Pavlove želje. Uprkos korespondenciji između Petrovog imena i njegove biblijske pozadine, svojstvo *kamena* ne postoji u egzistencijalnim mogućnostima Petra Isakoviča, ali ne zato što se njegov lik stalno opisuje kao nezreo i detinjast, već zato što je moralna čvrstina u njemu lišena apostolske volje i moći[21]. Trifunov sukob sa Pavlom samo je, međutim, stepenica na njegovom koračanju u imoralizam, koji mu oblikuje celovito postojanje: Trifunova *početna* egzistencijalna situacija izražava se „čudnovatom, bezbrižnom, melanholijom" (212), očima u kojima se „okupljala ona beskrajna voda, koja, na kraju krajeva, sav svet potapa" (216) i on bi se nemotivisano „katkad... smeškao" (218), što je čini paralelnom sa Pavlovom *završnom* situacijom. Trifun, međutim, tu situaciju prekoračuje pomoću žene (Đinđa), pucanja (Pavle) i seobe u Rusiju: on imoralizmom svojih postupaka spasava unutrašnju egzistencijalnu celovitost. Pavle, međutim, dospeva u melanholiju od koje se Trifun uklonio na *istovetnim* stepenicama: žena (Evdokija), pucanje (Trifun) i seoba u Rusiju. Njegova egzistencijalna celovitost raspada se, dakle, u istim situacijama kroz koje se Trifunova izgrađuje, pa je njihov sukob tačka presecanja dve suprotnosmerne egzistencijalne putanje.

Udovac i čičizbeo

Saznanje da Pavle „nije bio ženskar, i nije mnogo mario za žene" (197), iako su „svi... Isakoviči" bili čuveni po oku za žene (212), naslućuje da smrt njegove žene pojačava nezainteresovanost za žene (252), jer oblikuje udovištvo kao željenu situaciju u svetu. Usamljenost je, otud, samo jedan oblik udovištva, koji korespondira sa nesrećom (201) i junakovim samorazumevanjem u njoj (716), jer je udovištvo i privlačnost (276) i tajanstvena moć čiji izvor nije sloboda u svetu, već seksualnost (282). Ako je sila kojom Pavle privlači žene u romanu prikrivena sila seksualnosti, onda je njena prikrivenost znak da udovištvo zna za sebe kao nešto sazdano od slabosti, „laži i pritvorstva" (385). Ako Pavle „ne ume da vlada nad ženama" (385), onda on laže, jer krije slabost pred ženama. Ako im ne vlada, on im se predaje, ali postoji kao laž i slabost onoga što se daje. To što ga žene zaposedaju otkriva da su zaposele laž, jer čudesna praznina – u kojoj se laž i pritvorstvo skrivaju sa seksualnošću u udovištvu – nastupa kada se on osvoji. On nema moći za ljubav – „ne voli... iskreno" (385) – iako podrazumeva želju. Ali, ako je on nesreća za *druge* (385), onda je udovištvo u sukobu sa svetom, jer napadi sveta na udovištvo tematizuju ono zlo u Pavlu Isakoviču koje svet hoće da ukloni. Ako je Pavlu u udovištvu „bilo dobro" (592), onda svet napada na snagu i privlačnost udovištva koje su svetu opasne, jer udovištvo radikalnije raskida sa svetom nego što bi ono htelo da se to prepozna. Postoji moć koju udovištvo stalno krijumčari – Tekla je zove „pritvorstvom" – u junakovoj unesrećenosti. Jer, ne idu samo žene Pavlu, nego i on ide ženama, pošto „udovac trči za svakom suknjom, kao kad kučke repom mahnu" (631). Petar artikuliše podtekst svetskog stava o Pavlu, koji kazuju i Julijana Višnjevski (690), i Vuk (707), i Kostjurin (641). Kao što nije samo Pavle proganjan, već i on udovištvom proganja, tako je udovištvo dvostruki greh, jer je „protiv Boga i ljudi" (714). Udovištvo je ime – to su, svojom ugroženošću, osetili i saopštili Joan Božič i Petar Isakovič – za Isakovičevo ospoljašnjenje želje i, zato, svet hoće da osujeti Pavlovu želju uklanjajući udovištvo. Ako su „svi željni... da se veza između njega i njegove mrtve žene prekine" (714), onda svet hoće da ukloni moć koja izvire iz Isakovičevih ne-svetskih dubina i stvara demonijačko privlačenje žena (747). Ne samo da Pavle tom moći koja je skrivena u udovištvu privlači žene, već je udovištvo – kao prikrivanje želje – postalo *tehnika* njegovog osvajanja: samo kad ne istupa sa udovištvom (mrtvom ženom), on je (Joka Stana Drekova) lišen moći osvajanja. Ako je želja istovremeno i moć udovištva, onda ga ona ispunjava sadržajima *donžuanstva,* jer je ta moć *veština,* koliko i načelo, ona se podrazumeva, kao što se i stiče. Pavle Isakovič postoji, svojom fiksiranošću za udovištvo, u neočekivanoj donžuanskoj situaciji. To što on brani svoju vezu sa mrtvom ženom koja je udovištvo, čini da on brani svoje donžuanstvo: svetski napad na ideal on pravilno razume kao napad na svoju želju, jer pročitava zakon. Njegov ideal izaziva svet željom koju utiskuje zakon: Pavlovo udovištvo je *preokrenuto,* kao i njegovo donžuanstvo. Ono je greh protiv „Boga i ljudi" samo kao donžuanstvo, jer kao demonijaštvo otpada od boga, a kao *delo* i *čin* (Petar, Božič) razara moralni registar sveta: „reklo bi se da se dva suda mešaju i da je zaludno praviti razliku između božanske i ljudske pravde, pošto je druga samo maska ili odraz prve"[22]. Pavlovo istrajavanje unutar preobraženja koja udovac sluti u donžuanstvu obeležava to što do kraja – uprkos svetu – ostaje sam, jer „Don Žuan je optuženi koji odbacuje optužbu"[23]. Udovac je doveo donžuanstvo u svet isto kao što je ono oblikovalo

73

razlog postojanja udovca. *Ponovljeni* napadi žena na Pavla odgovaraju *ponovljenim* osvajanjima žena, koje se udovištvom (donžuanstvom) dovode do eksplozije njihovih želja. Kao da monotonija, kao i ponovljivost i predvidljivost ženskih motivacija, sugerišu zakonomernu istovetnost donžuanstva i Pavlovog udovištva, jer kao što se u donžuanstvu sve ponavlja, tako se i u svetu sve ponavlja. Isakovičevo dalekosežno zatvaranje donžuanstva u udovištvo imanentno onemogućuje junaka. „Sav beskraj strasti, ali ujedno njenu beskrajnu moć, kojoj niko ne može odoleti... divlji zov želje, protiv koje bi svaki otpor... morao biti uzaludan" ne mogu postojati *individualno,* pošto „elementarno dinamičan život demonske snage i neodoljiv", koji je „idealnost", jer ne postoji kao „ličnost, nego kao sila" čini da Pavle bude „u sukobu sa svetom koji ga okružuje"[24]. Ali, Pavlu ova protivrečnost donžuanstva u udovištvu treba, jer prkošenjem svetu on pokušava da se postavi u lik viteza koji je izraz metafizičkog junaka. Donžuanska sukobljenost sa svetom dodirna je tačka sa viteškim prkošenjem svetu. No, „ako vitez ima prava reći da onaj ko ne prkosi celom svetu da bi spasao draganu ne poznaje višešku ljubav"[25], onda Pavle kada udovištvom prkosi svetu otkriva sebe u *viteškoj* perspektivi, dok donžuanstvom koje smešta u udovištvo podriva tu perspektivu. Otud Pavle u svom prkosu nije samo onostran, nego i besmislen, jer međusobno prirastanje metafizičkog i malog junaka ima isti oblik (udovištvo) i istu posledicu (ludilo). Donžuanstvo se u Pavlu bori sa moralnom osetljivošću, koja je trag apostolske paradigme, jer „ako bismo mogli pomisliti da neki čovek živi bez dodira sa etikom, onda bi on mogao otprilike reći ovo: imam dara da postanem neki Don Žuan"[26]. Imoralizam donžuanstva (udovištva) sunovraćuje metafizičkog junaka u Pavlu Isakoviču, jer ga lišava etičke aure. Pavlovo razlaganje sopstvene etičnosti, koje se ubrzava dolaskom u Rusiju i naglašava u moralnom relativizovanju postupaka gospože Femke, obeležava unutrašnji raspad metafizičke samoočevidnosti junaka. Etički indiferentizam Pavla Isakoviča u času kada drugim očima vidi lice i istinu sveta, neopozivo, a retroaktivno, prevodi junakovo postojanje u banalnost. Kada njegovo ludilo baštini demonstvo donžuanstva u udovištvu, ono izaziva boga, jer „vernik ili nevernik, on je u svakom slučaju u sukobu sa Nebom, pošto je napao predstavnike ljudskog zakona"[27]. Kada, međutim, njegovo ludilo samo *simulira* izazov u udovištvu, ono osvedočava banalnost sveta koji izaziva. Udovištvo – u sukobima sa svetom – prelazi čudnu transgresiju iz metafizičke determinacije idealom u svetsko polje želje i moći. Donžuanstvo u svetu parodira napor da se mrtva žena postavi kao prepreka za junakovu ženidbu, jer se u svetu „priča" da je Pavle „obećao", „verio", „prevario" (754–755). Uzvišeni motiv njegovog udovištva postaje banalan, jer usta sveta, „predstavljena čitavom skalom društvenih instanci, od kralja do slugu"[28], provlače kroz uzvišeni motiv svetski smisao: u trivijalnoj uzbuđenosti i užasu sveta pred čudom udovištva preokreće se Pavlova sudbina. Otud je mogućnost tragičnog junaka u donžuanstvu saobrazna mogućnosti njegove parodije. Poslednja tačka na tom putu je Pavlovo ogledanje u čičizbejstvu: nije dovoljno da metafizički junak *prati* u stopu po Kijevu ženu koju zna kao „svodnicu" (556), a imenuje kao „kurvu" i „podvodnicu" (691), već je nužno da se iskaže onaj smisao, koji je tom pratnjom naslućen: „čičizbeo" (757). On, po zakonu mrtve žene, postaje „kavaljer u službi neke dame", jer je čičizbejstvo „običaj koji dopušta da udata žena može imati jednog ili više ljubavnika"[29]. Pronalazak čičizbejstva na dnu ljubavništva upućuje na promene koje zahvataju ljubavnika: ponudu Evdokije Božič da plati njegov put, odbio (480) je sa besom (482), jer kao metafizički junak *pre* preobraženja odbija da stupi „u spolni odnos sa ženom koja ga za to plaća ili mu za to uzvraća nekom drugom materijalnom korišću". Ako su „takve žene redovno... bar delimično izdržavale svog 'pratioca', a često su ga i potpuno materijalno obezbeđivale", pa je i dobio zbog dužnosti „da u društvu došaptava svojoj dami razne prijatne reči... naziv 'cicisbeo' (lat. *cicisbeare* – šaptati)", to je bilo u duhu vremena, jer je „ta... pojava bila u Francuskoj i Italiji moda sve do sredine XIX veka"[30]. Pavlovo odbijanje da bude čičizbeo gospože Božič ne samo da nije sprečilo naratora da ga tim imenom dariva, već se to odbijanje javlja kao prolegomena za to imenovanje. Kako on nije ljubavnik gospože Julijane Višnjevski, onda je sámo imenovanje drugo lice njegovog ljubavništva u groteskmoj dimenziji udovištva (donžuanstva). Pošto je odbio da se – u vezi sa Evdokijom – prepozna kao čičizbeo, on je – u ne-vezi sa Julijanom – okom sveta koje je

75

usvojio i narator, tako prepoznat. I odbijanje i prepoznavanje čičizbea u Pavlu međusobno se podupiru, jer imaju poreklo u udovištvu (donžuanstvu). Promene u kojima se Pavle otkriva (ideal, Evdokijin ljubavnik, želja Femke, Tekle, Kumrije, Varvare, čičizbeo) ne obeležavaju samo svetsko razumevanje udovištva niti skidanje etičke aure, već su konsekvence *izbora* da se bude metafizički junak. Čičizbeo postoji u tom izboru, a njegovo groteskno lice pripada licima Pavlovih preobraženja.

Završetak romana

Završetak romana nagoveštava prevrat unutar dijalektike želje i volje u Pavlu Isakoviču, koji ima oblik rascepa između prve i druge polovine junakovog života. Jer, poslednja glava romana *preinačava* pripovedačko znanje koje se htelo postaviti pre završetka romana. Iako je „druga polovina života tih Isakoviča bila... dublja, dirljivija, nego prva", a „mi tu drugu polovinu života Isakoviča ne znamo" (739), poslednja glava romana, međutim, *zna* da „pakao, pakao ljudski – Evdokije, Tekle – možda su, zaista, bile i tu, uz put, kojim je prolazio, u Rosiju, ali taj pakao nije mogao više da zaustavi čoveka, kad prvu polovinu života prevali", jer „u drugoj polovini života ljudskog, volja i misli bili su jači" (784). Identifikacija Evdokije (Tekle) sa paklom označava želju, jer kada u Evdokijinom zagrljaju *želi* Joku to mu dolazi iz „pakla ljudskih uspomena" (377). Ako u drugoj polovini Pavlovog života vladaju volja i misli, onda je njena „dirljivost" preokretanje smisla prve polovine i trag prigušivanja želje. Naporednost između želje za Evdokijom i želje za Rusijom (247) određuje u prvoj polovini Pavlovog života dominaciju želje, što neminovno podrazumeva slabost volje (405). Suprotnosmernost između želje i volje podrazumeva preobraženja koja u Pavlu zakon mrtve žene sankcioniše. Sam zakon oblikuje junakovu slabost pričom o gospodarenju želje u njemu: Tekla misli „da se Evdokija zatrčala, pa se ljuti. Nije Isakovič kao drugi materini kurmaheri. Taj kapetan liči na preblagog Josefa, kako su ga naslikali. Koga Putifarka, žena udata, preže. 'I ti si, dušo, ovog prezala, a nisi primetila da je šeret!' " (355) Biblijska pozadina poređenja podrazumeva i Evdokijin/Putifarkin napad na Pavla/Josifa i Pavlovu slabost (želju) u odnosu na Josifa i Božičev napad na Pavla[31]. Osnov Isakovičeve *slabosti* u odnosu na Josifa (želja) gradi i posredni smisao poređenje: „Ona ga uhvati za haljinu govoreći: lezi sa mnom. Ali on ostaviv joj u rukama haljinu svoju pobježe i otide"[32]. Kao što je ostavljena haljina dokaz nepostojeće Josifove krivice, tako Pavlovo svesno odbacivanje abe objavljuje naknadnu i inverznu odluku da krene putem Josifovog odbijanja: on taj put nije sledio, iako je Tekla naslutila, u svom neznanju, postojanje tog puta u njemu. To je put volje, pred kojim želja mora ustuknuti, jer odbacivši abu Isakovič bira poricanje slabosti, koja mu onemogućava paralelu sa Josifom. Njegovo bekstvo od želje je bekstvo od proročanstva da će ga dobiti žena „koja mu se o vrat obesi", jer je „slabotinja", koja „ne bira žene", već ga one „biraju" (355). To bekstvo otkriva junakovo preobraženje u volju, kojom poriče prethodni stadijum sopstvene sudbine. Kako se na biblijskoj pozadini prepoznaje da je to *naknadno* delanje, onda je Pavle Isakovič izvorno onemogućen da se prepozna u josifovskoj poziciji. Tekla je osetila da je on načelno različit od biblijske pozadine u koju se smešta, jer je „šeret". To da se *našalio* sa Evdokijom obeležava da postoji ne-biblijsko, svakodnevno lukavstvo kojim želja u njemu stiže do Evdokije. Ako je odbacivanje abe bilo znak odlaska u Rusiju, sada mu prirasta značenje odbacivanja želje (Evdokije). Kao što je do tog odbacivanja želja pripadala Rusiji, tako joj, preobraženjem, sada pripada volja. Ako se u Rusiji sustiču Pavlova želja i volja, onda se znanje završetka romana suprotstavlja radu zakona u Pavlu Isakoviču. To što Evdokija postaje „pakao, pakao ljudski" ne znači da je Isakovič dosegao apostolsku paradigmu, jer nadjačavanje volje i misli u njemu jeste *naknadno* i nemoguće samoprepoznavanje u toj paradigmi, koje je nastalo na umoru želje. Ako bi apostolska paradigma bila smeštanje junaka u volju za nešto što je željom bilo poreknuto, onda *smrt želje* ne omogućava paradigmu, jer je želja ostala njena unutrašnja destrukcija. Dok volja i misli odjekuju Isakovičem, oni prirastaju uz saznanje koje proishodi iz bezuslovnosti da „niko nikad nije izbegao svoju sudbinu" (634), da su „trebali... svi da se pomire sa svojom sudbinom" (784). Između sudbine i osnažene volje u Pavlu postoji saglasnost, jer se snaga volje iskazuje u mirenju sa sudbinom. Otud je volja samo volja za sudbinu u kojoj kao da se matrica zakona mrtve žene sve više umara. Uporedo sa znanjem da je Pavle bio „pri kraju te zime, opet, onaj stari" (785) u kojem se može slutiti dominacija želje, završetak romana donosi uvid kako se Pavlu „u Bahmutu, učini, da je jedan život završio, pre nego što su došli", dok „sad živi jedan novi, i, od početka" (786). Taj uvid sluti neopozivu smrt želje u njemu, iako rad zakona još traje u Pavlu Isakoviču: prepoznavanje Evdokije kao „pakla" obeležava definitivno odricanje od želje kao sopstvene spoljašnjosti, jer je ona zgasnula u životu kojim vladaju volja i misao. Završetak romana, međutim, „iz jednog pisma prote Buliča" (785) prepoznaje Volkovljevu artikulaciju nacionovog udesa – „ne znaju da žive u sadašnjosti, u našem vremenu" (473) – kao komplementarnu Isakovičevom osnovnom svojstvu da „živi u prošlosti" (785). Poslednja glava romana pominje, dakle, zakon mrtve žene da bi ga poništila, jer smrt želje nužno zaustavlja rad zakona: dok se Pavle povlači iz sveta, jer nestaje u volji i misli koje se mire sa sudbinom, volja za sudbinu postoji kao metonimija volje za smrt. Smrt je, dakle, prisutna u onom radu koji je želja htela da odslika u idealu, jer je u smrti Pavle Isakovič stigao idealu i vratio se mrtvoj ženi. Otud je moguće da „kraj svih tih, vrlo čudnih, rekla-kazala, o Evdokiji i njenoj ćeri", koje obeležavaju svetsko tumačenje Pavlovog ideala[33], poslednja glava romana zna „samo to, da je, u svojim pismima" Pavle molio da „ono plavo kube, od olova, na ženinoj grobnici... čuvaju i opravljaju", jer je „ono... bilo vidno, izdaleka, iznad poljana u žitu" (784). Suprotnosmernost između Evdokije i mrtve žene razrešava se u apsolutnom prvenstvu simbolike plavog kubeta, jer se zna „samo to", dok je sve ostalo potonulo u nesigurnost „rekla-kazala" neznanja. Završetak romana ne *ponavlja* samo simboliku ženinog groba (464), već uspostavlja paralelizam između *plavila* kubeta na tom grobu (ideal) i *smisla* ka kojem se Pavle u seobi kretao: petersburška kubeta „vide se, izdaleka, iz veće daljine, nego što čovek može da zamisli, i oko da vidi. Plave se i zovu ga, a znaju da su oni pošli... i išli, išli... prema tim kubetima, prema toj vodi, prema toj reci, prema tom moru... prema toj varoši, koja je ostvareni san, onoga, na čiju su reč, svi oni pošli" (764–765). Ako se kubeta vide iz veće daljine no što je doseže pomisao ili oko, onda njihov van-perceptivni smisao obuhvata i to što se kubeta *plave*. Iako nevidljiva, kubeta su *ta* i nijedna druga, a njihovo *plavilo* pripada simboličkom registru, koji kazuje da „od svih boja plava je najdublja", jer je „najmanje materijalna boja: u prirodi se obično prikazuje kao da je sačinjena od prozirnosti, to jest od nagomilane praznine, praznine zraka, vode, kristala ili dijamanata"; „plava boja dematerijalizira sve ono što se u nju uhvati", jer je „put u beskonačnost, gdje se zbiljsko pretvara u imaginarno", a kao put sanjarenja ili sna „plava boja nije od ovoga svijeta"[34]. Stigavši u plavo Rusije, Pavle Isakovič je plavo svoje unutrašnjosti ostvario u svojoj spoljašnjosti, koja ga, odmah, vraća plavom ženinog groba, u kojem prebiva njegova unutrašnjost. Plava kubeta pripadaju idealu, koji završetak romana suprotstavlja svetskim glasinama o radu želje u Pavlu. Ali, završetak romana zna da plavo kubeta nije više plavo nedogledne i nemišljene daljine, jer je „farba na tom kubetu počela... bila da se krnji i ljušti, i da opada, pa mu je Isak javljao da treba novaca, da se to opravi" (784). Novac kao nužan uslov *plavila* kubeta, koje je Pavlu bilo „znak, izdaleka, da ima nešto neprolazno u ljubavi", što se „ne može odseliti" (784), obeležava da plavo zbilje ne prelazi po sebi u plavo imaginacije, već da plavo imaginacije biva prevedeno u plavo sveta. Postoji svet u plavom, kao što smrt prebiva u idealu. Ako se neprolazno u ljubavi ne može odseliti, onda je seoba ne samo tautologija nad nepomerljivim, već oblik tautološkog rada zakona u Pavlu Isakoviču. Pavlovo znanje da se ljubav ne može odseliti obeležava njegovo postojanje u idealu, koje znači zatiranje seobe i zakona, jer smrt želje neminovno zaustavlja rad zakona. Seoba i zakon su postojali u unutrašnjem i spoljašnjem svetu Pavla Isakoviča kao *simulacije* neprolaznog u ljubavi koje, međutim, postoji samo kao ono što se ne seli. Trijumf ideala – završetak romana – ne goni više Pavla ni u zakon, ni u seobu, jer je stigao kubetima kojima se uputio. Kubeta koja odatle vidi samo su blasfemija osnovnih – plavih – kubeta, jer se moraju prevesti u svetski smisao novca i farbe. To što mu se mrtva žena „pre... javljala, samo u snu", a „sad mu se javljala, u mislima", odnosno „i na danu" (785) obeležava da mrtva žena postoji u volji i mislima kao znak smrti želje, trijumfa ideala i ukinuća zakona. Volja za sudbinu kao volja za smrt poklapa se sa voljom za ideal. Ideal, koji je nedostupan *drugima,* jer su je „svi..." polako, čak i Varvara, zaboravljali" (785), prostire se i na dan: Pavle, u ludilu, ubija želju tako što san postaje svet. Uklanjanje želje je dosledno: kao što završetak romana ne zna ništa o pomešanosti mrtve žene sa licem i telom Evdokije u Pavlovim snovima (785), tako on zna za Pavlovo osećanje da bi život u Rusiji – koji je „ličio na život, koji su u Temišvaru vodili" – „da je ona sa njim, bio sasvim drugi" (785). Ako, međutim, različitost života zavisi od mrtve žene, a ne od seobe, onda je seoba problematizovana smislom koji mrtva žena ima u Pavlovom životu. Ako je tek život sa njom „sasvim drugi", onda je seoba pokušaj da se umakne životu u kojem nema mrtve žene[35]. Na završetku romana sakralna značenja ideala postaju proporcionalna smrti želje: junak se bezostatno stapa sa idealom, koji je pretrpeo iskušenja želje i rad zakona. Ideal ne stvara zakon, zato što rad zakona stiže do njega: smrt želje.

SKRIVENA CARICA

Šta podrazumeva reč *međutim* kada – u poslednjoj glavi romana – spaja saznanje da je „carica... bila lepša nego ikad" sa predvidivom i očekivanom poentom da je Isakovič „nestao, u snegu, i neće moći, nikad, da je vidi" (786), iako je želeo da joj „napuni uši, pričom o svom nacionu, koji čeka na nju, u Turskoj, u ropstvu, plačući" (740)? Kada reč *međutim* naznači prikrivenu korespondenciju između nedodirljivih saznanja, ona obeležava da je priča o Elisaveti Petrovnoj postala – u poslednjoj glavi romana, kada je poznat ishod audijencije – nužan uslov pripovedačke refleksije. Samorazumljiva irelevantnost priče o carici unutar završetka romana pripada „narativnom *izobilju*", koje pripovedanje „toliko obasipa 'beskorisnim' detaljima da donekle podiže cenu narativne informacije"[1], jer „ako u narativnoj sintagmi ostaje nekoliko stranica bez značenja, šta u krajnjoj liniji znači... ta nemoć značenja"[2]?

Priča o Elisaveti Petrovnoj

Već prve dve rečenice priče o Elisaveti Petrovnoj objavljuju *jezgro* kontrasta koji će svoj apartni izraz dobiti u saznanju o caričinoj lepoti: dok jednu značenjsku osu tvori saznanje kako je „imperatrica pak... bila... te zime... naročito vesela" i „željna života", dotle drugoj značenjskoj osi prirasta priča da je „Pavle toliko želeo da je vidi, da joj serbske molbe protumači" (786). *Ponovljivost* Pavlove motivacije, u kojoj vlada sklad između nacionovog udesa i junakove odanosti poreklu (592), otkriva da unutar zamršenog toka misli koje ponovo vode imperatrici postoji čvorno mesto Pavlove projekcije: carica ga *mora* čuti. Kao da ni-

81

je u njenoj moći da izabere ili odbaci, već samo da ga čuje. Projekcija o imperatrici osnov je projekcije Pavla Isakoviča o susretu sa njom. Ta projekcija ostala je netaknuta Višnjevskovom prevarom u obliku audijencije. Glas da je carica „naročito vesela" sluti, međutim, napuklinu u Isakovičevoj projekciji, jer naglašava karakterizacijsku različitost između carice i Pavla, koji nije nimalo „veseo" (752). Taj glas snaži egzistencijalnu razliku između nje koja „voli igru"(415) i njega koji „ne igra" (352). Njeno svojstvo da je „željna života" rasvetljenije, međutim, obeležava ontološku pukotinu između carice i Pavla, jer daje precizan smisao Pavlovom odbijanju da prihvati mesto šefa misije u Tokaju koje nudi mogućnost da upozna caricu. Isakovič, naime, „reče, pognute glave, da se njemu ne živi već odavno" (518). Kada odbije da „živi nekoliko godina, na ovom svetu, kao kralj" (518) Pavle radikalizuje ranije osećanje da mu je život „dosadio" (241) i premešta smisaoni naglasak sa *stepena* Višnjevskove ponude ("kralj") na ontološku nemogućnost njenog *kvaliteta* ("ne živi"). Ta nemogućnost pripada i paraleli sa Elisavetom Petrovnom, jer iz nje izvire raskol između veselosti i tumačenja serbskih molbi. Pavlova projekcija morala je predvideti tu nemogućnost komunikacije sa caricom, jer je on prečuo šapat Višnjevskove ponude da živi „na ovom svetu", što signalizira njegovu predatost *onom* svetu. Otud je *nužno* da sa „izmišljene audijencije" – koja je za njega u tom trenutku prava audijencija – ode nezadovoljan, jer *drugi* svet nije prepoznao svoj lik u *ovom* svetu. Zato je, međutim, razrešenje audijencije kao lažne, uprkos poraznom učinku po Pavlovo postojanje u Kijevu, spasavanje ontoloških osnova njegove projekcije: to što ga *ona* nije čula znači samo da to nije bila ona, jer ona *mora* čuti. Prve rečenice priče o Elisaveti Petrovnoj, na završetku romana, koje oblikuju rastojanje između „črezvičajnih balova" na kojima je Simeonu Piščeviću bilo tako lepo[3] i tamne želje da se „serbske molbe protumače",povezuju tu priču sa krajem priče o slučaju-komedijantu: „Iako je carica Elisaveta primila nekoliko serbskih oficira, zaista, u audijenciju – slučaj, komedijant hteo je da je nijedan od Isakoviča ne vidi svojim očima" (787). Ako je carica „primila nekoliko serbskih oficira", i ako se – po najskromnijoj proceni – preselilo „dve-tri hiljade" (781) iseljenika, onda je doslednije tražiti udeo slučaja kod onih *nekoliko* koji su caricu videli, nego pretpostavljati da postoji svrha u komedijašenju slučaja da je baš Isakoviči nisu videli. Postojanje te svrhe zadato je već samom rečju slučaj, pošto „ako znate da nema nikakvih svrha, onda i znate da nema nikakvog slučaja, jer samo pored nekog sveta svrha reč 'slučaj' ima neki smisao"[4]. Ako je svrha komedijašenja upućena, dakle, Pavlovoj želji (739), onda prisustvo komedijašenja u njenoj unutrašnjosti ima obuhvatniji domašaj od tragičnosti njenog neispunjenja. Jer, da li je u tome što caricu nisu videli „svojim očima" sakrivena sugestija da su je videli *tuđim?* Tuđe oči su slikarske, graverske i pričalačke, ali i prikazivačke i teatarske: videvši je u teatru – „maskerade, fajerverke, iluminacije... komedije... komadi... farse" (786) – u kojem glume i ne znajući, jer misle da je život, oni određuju načelo sveta *kroz* osnov situacije da su *nju* videli. Dok saznanje da se susret uzmeđu Pavla i carice odigrao „samo u onoj, glupoj, oficirskoj šali" aktuelizuje priču o audijenciji, dotle dvosmislenost zapisa da je „Pavle... caricu doživeo" (787) smisaono *perspektivizuje* priču o audijenciji, jer je povezuje sa upitnom funkcionalnošću priče o Elisaveti Petrovnoj u poslednjoj glavi romana. „Je li u priči sve funkcionalno? Ima li sve, do najsitnijih detalja, značenje? Može li priča da bude sasvim raščinjena u funkcionalne celine? Ima bez sumnje mnogo tipova funkcija... jer ima mnogo tipova međuodnosa. Bitno je samo da je priča uvek sastavljena od funkcija: sve, na različitim stepenima u njoj ima značenje."[5] Ako priča o Elisaveti Petrovnoj postoji na završetku romana zbog aktuelizovanja saznanja pretposlednjeg poglavlja, onda je kazivanje o carici po prvi put u romanu lišeno originalne svrhovitosti. Jer, pripovedanje o Elisaveti Petrovnoj *pre* audijencije motivacijski korespondira sa Pavlovom željom da bude primljen u audijenciju. Pripovedanje o carici u *toku* i *neposredno posle* audijencije počiva na pripovedačkom interesu za spekulacije o sudbini Višnjevskog kao inspiratora audijencije. Priča o Elisaveti Petrovnoj postaje na završetku romana, međutim, motivacijski nesvrhovita, jer nijednu *činjenicu* ili *red stvari* u prošlim zbivanjima oko Pavla Isakoviča i carice ne preinačava. Poređenje slike carice iz Pavlove audijencije sa slikom Elisavete Petrovne u poslednjoj glavi romana, otkriva, međutim, da se na završetku romana stavlja u dejstvo podrazumevani registar obe slike, koji se sastoji od prethodnih saznanja u pripovedanju. Saznanje poslednje glave romana po kojem „niko nije smeo da priča o sladostrašću, koje, u toj ženi, bukti" (787) ne ponavlja samo prethodno saznanje da je imperatrica „bila lepa, a čuvena sa snage, o kojoj se pričalo, šaputalo" (558), jer se nalazi van sašaptavanja o njoj koja su motivacijska nagoveštavanja audijencije, već ga povezuje sa načelom koje Elisaveta Petrovna objavljuje: „željna života". U romanu postoji svest o međusobnom preinačavanju i ponavljanju vesti o carici, jer „prvi ljubavnik... bio je, kako rekosmo, prost kozak" (642), što hita da obnovi u pamćenju „da je prva njena ljubav bio jedan običan kozak, koji je lepo pevao" (638), ali i *dodaje* onome na šta podseća: „ako je verovati istoriji" (642). Istorija kao mogući izvor i utoka pripovedanja o Elisaveti Petrovnoj otkriva, nasuprot pripovedačkom znanju i u saglasju sa njegovom sumnjom, da nije „prva njena ljubav" (638), već „ljubav do groba" (642) bio pevač[6]. Rusko oponašanje Versaja[7] odjekuje u znanju romana kroz poređenje „kao što je Dvor majmunisao Versaj" (642), poput Berlina koji je „posle ratova Fridriha počeo... da majmuniše Pariz"[8]. Na završetku romana ne postoje, međutim, odjeci brojnih istorijskih vesti o carici[9], što obeležava *selekciju* u kojoj je sačuvano da se „šaputalo... samo kako se, na njenim balovima, po njenom naređenju, muški oblače u ženske haljine, a žene u kostim muški", i da je „najekstravagantnija bila... u tome, ako je verovati istoriji, knjeginja Rumnjancev" (787). Sačuvana vest nema za cilj da potvrdi svoju prethodnicu po kojoj se carica „pojavi... katkad, kao matroz, iz Holandije, a, katkad, kao franceski mušketar" ili „kao kozak, koji se zove hetman" (415), već da nazre njeno poreklo, jer „one su joj, katkad, od šale, oblačile husarski mundir njenog muža i gospoža Kumrija pretvarala se onda u stasitog, lepog, oficira" (225). Knjeginja Rumnjancev ne oblači se, dakle, po caričinom naređenju u muški kostim zato što je to zahtev balova, plemstva, dekadencije ili otmenosti, već zato što to naređenje – kao i imperatricina ljubav prema „maškaratama" (415) – dolazi iz zakona svakidašnjice i sveta, koji, kao znak želje za životom, obuhvataju celokupnu društvenu pozornicu carstva. Carica koja ponavlja – ili obrnuto – Kumrijinu gestu otkriva identitet različitih postojanja u *istovetnoj* strasti, koju društvene konvencije raspoređuju na različitim nivoima: Elisaveta Petrovna, Rumnjancev, Kumrija[10]. Istovetnost sa onima koji su na najudaljenijim tačkama društvene lestvice obrazuje načelo na kojem lestvica počiva: iz životnog načela proishodi nestajanje caričine izuzetnosti u paraleli sa Kumrijom i egzistencijalna pomirenost sa svakidašnjicom. Ako samo *to* od svih znanja o Elisaveti Petrovnoj teži da obnovi završetak romana, onda je njegova selekcija podrazumevanog registra pripovedanja o carici upravljana saznanjem o egzistencijalnom udelu caričine „lepote" u Pavlovom audijencijskom neuspehu.

Audijencija

I posle prvog i posle drugog caričinog pitanja narator naglašava da ih Pavle razume (770), jer hoće da otkloni mogućnost da nesporazum njihovog dijaloga izvire iz Pavlovog neznanja ruskog jezika kojim govore. Narator, dakle, ima potrebu za *apsurdom* same situacije ne-razgovora dva sveta u kojoj carica pita *jedno* − „suprugu i svoju decu", „misli li da se ženi, ponova" (770) − a Isakovič, koji na *to* odgovara, preoblikuje *to* − „sam na svetu", „crn pečat na čelu pokazuje nas" (770) − u *drugo* samog pitanja. To što su caričine rečenice jednostavne, kratke, vesele i vedre, dok su Pavlovi odgovori dugi i patetični, svečani i s one strane svake veselosti i vedrine, otkriva da oni govore različitim *egzistencijalnim* jezikom. Karakterističnu preopširnost Pavlovih odgovora naglasio je još grof Kajzerling: kada na svoje pitanje da li „bi SVI serbski oficiri... krenuli kad bi mogli" čuje Pavlovo „svi" dopunjeno informacijom da bi krenula „i čitava sela", grof Kajzerling naglašava „da ga TO nije pitao" (350). Isakovičeva preopširnost je, dakle, oblik njegove egzistencijalne neadekvatnosti, koja se ismejava u razgovoru sa caricom. Pavlova „zanemelost", kao znak egzistencijalne dimenzije razgovora između Pavla i carice, obeležava čas u kojem se carica podsmehuje njegovom jeziku-egzistenciji, jer kulminativni momenat razgovora suočava Pavla sa njenim direktnim preuzimanjem njegovih reči koje vraća u dijalog sa parodičnim smislom. Kada Pavle to da je „sam na svetu" oblikuje u patetičnom poređenju „kao usamljeno drvo" (770), onda carica stilizuje svoje novo pitanje tako što parodira svet kome se „ne živi već odavno", jer ga „upita, veselo,

85

pa kad je tako, što ne ode i izabere neko usamljeno drvo, na obali Dnjepra, pa se ne obesi, na neku visoku, usamljenu granu" (770–771). Usamljeno drvo, rečeno Pavlovim jezikom-egzistencijom, jeste junakov doživljaj i projekcija sebe u svetu, čiji autentični trag očuvava i njegov potpis u kojem „veliko slovo P, u Pavlovom inicijalu, izgleda kao neki bagrem, na koji su navukli omču" (391). Carica ga, dakle, veselo – svojim jezikom-egzistencijom – upućuje na rigoroznu konsekvencu koja je sakrivena u njegovom životnom načelu. Ta konsekvenca zahtevana je od samog junaka u njegovom vraćanju – kroz svet – samom sebi. Elisaveta Petrovna, parodirajući Pavlove reči, ne poriče samo ontološku mogućnost koja *takav* doživljaj, jezik i svet gradi, već stavlja u dejstvo Pavlovu izvornu nedoslednost i lažnost u odnosu na samog sebe. To što je Pavle „zanemeo" (770) ne znači da između jednog srpskog oficira i carice ne može doći do razumevanja u audijenciji, već da ne-razgovor Pavla i carice pripada ontološkoj nemogućnosti korespondencije sveta kome se „ne živi već odavno" sa svetom koji je „željan života", jer je audijencija egzistencijalna zamka. Kao što eksplicitni izraz Pavlovog sveta postoji u pripovedanju *pre* audijencije, tako i eksplicitni izraz caričinog sveta ne postoji u njoj, već na završetku romana: njihov neosvešćeni susret u „oficirskoj šali" donosi, međutim, caričin nalog da „ima da nastavi život" (771), jer carica u „oficirskoj šali" *dela* po logici Elisavete Petrovne koja je „željna života". Ako caričino „strogo" pitanje „da li je on knjaz" prepoznaje njegov društveni ambijent, onda je Pavle „preneražen", jer, na ivicama svesti, oseća, i zato „odgovori zbunjeno" (771), da izazov društvenog miljea neprikladno stavlja u dejstvo metafizičku artikulaciju sopstvenog kao nacionovog udesa. Postavljanje tog pitanja otkriva koliko je Višnjevskom stalo da Pavla ponizi, kao i sa koliko preciznosti narator gradi motivaciju tog poniženja: Pavla je imenovanje knjazom „bilo opeklo" još kada ga je Kostjurin „u šali, slučajno" tako nazvao, jer je „to bila glupa šala Ševičeva, koji je bio, tako, nazvao Pavla" (650). Carica, dakle, namerno i sa ciljem postavlja pitanje u kojem *ponavlja* ono što vređa Pavla i kada mu se nenamerno spomene[11]. To što „knjaževi Isakoviči nisu" ne znači da oni nisu vredni, jer „u njegovom nacionu, samo su Raškoviči knjazi", a vrednost Isakoviča proishodi iz toga „da su i oni bili na Kosovu" (772). Kosovski zavet postaje argument društvene identifikacije, koju garantuju dokazi „u čitulji, u koju su mrtve svoje zapisali" (772): Pavle prećutkuje da su tu čitulju sa kosovskim dokazima prodali (318). On je „van sebe" (772), jer iskazuje paradigmu kosovskog zaveta, ali izgleda kao „van sebe", jer u svakidašnjici otelotvoruje neprikladnost grča metafizičke kompenzacije. Kao što upotreba kosovskog zaveta u junakovoj svakidašnjici otkriva da Pavlovo izlaženje iz sebe znači poricanje sveta zbog smisla i prisustva kosovskog zaveta, tako njegovo postojanje u svetu – u času kada ga je iznutra napustio – gradi iskrivljenost lika čije stahje „van sebe" nije uzvišeno, već groteskno. Spoljni tragovi ne-razgovora između carice i Pavla – njen neprekidni smeh i njegovo stanje „kao van sebe" (772) – jesu lajtmotivi audijencije. Smeh carice i Voroncova je *signal*, jer prati sve one koji su to veče bili sa Pavlom. Njegovo motivacijsko poreklo – nijedan od učesnika „oficirske šale" ne može da bude potpuno ozbiljan – pokriva egzistencijalno jezgro smeha, koji kao da okuplja *unutar* audijencije nekadašnje metafizičke razgovore Pavle Isakoviča. Kao što se „Trandafil... Isakoviču smejao", jer „sve mu je to smešno" kada „treba decu izroditi" i „treba živeti veselo" (242), tako je carica u audijenciji, uz smeh, od njega tražila da „ima da nastavi život" i „da pravi decu" (771), što je dosledno Elisaveti Petrovnoj, koja je na završetku romana, bila „naročito vesela" (786). Pavlovo patetično pripovedanje *ab ovo* – kao odgovor na pitanje „zašto se seli" – o tome „kako su Serbi, na Kosovu, carstvo izgubili, kako je car Lazar poginuo, ali Miloš rasporio Murata i kako su oni Isakoviči, u Austriju prešli, i kako žive sad u Sremu" podrazumeva čulo za epsku paradigmu kosovskog zaveta, ali „sekretar ga prekide", jer svet nije mesto tog zaveta: „To je intjeresno, kaže, ali to su već čuli! Gospodin Nikolaj Černjev, premijer-sekretar, ne može više oka da, zbog njih, sklopi. Počeo je da sanja Murata i cara Lazara, na Kosovu. To su već čuli." (341) Prepoznat kao noćna mora prvog sekretara ruske ambasade u Beču[12], Lazar – svetac, velikomučenik i car – postaje karikatura.

U romanu postoji *sistematsko* destruiranje kosovskog zaveta: kada Engelshofen – izrazom „nekog Kosova" (210) – obezvređuje svetskoistorijski oreol same bitke, on naglašava da srpsko insistiranje na tom oreolu stvara praktične i svetske poteškoće, čak i kad u svetu izaziva smeh (648). Hteti zavet u svetu znači – to je izvor praktičnih poteškoća za generala – težiti da se svet promeni: zavet je, dakle, *oblik* da se iz reaktivnog odbijanja sveta pređe u aktivno zaposedanje sveta. Neuspeh tog poduhvata počiva u tome što svet *prerađuje* moć zaveta, jer umesto „da se neko pročuje u nacionu, jer se rvao od Kosova" dešava se „da neko postane viđen, slavan, poštovan, zato, što je, celog svog života, prodavao sveće, ukrašene likom cara Lazara, od voska" (258). Moć se, dakle, preselila iz egzistencijalne obrečenosti caru Lazaru u njegovu tržišnu eksploataciju, jer se promenilo ontološko iskustvo sveta, koji ne doziva, već *prerađuje* transcendenciju. Kao što „u svetu u kome sve ide na preradu, jedina herojska uloga koja je još ostala jeste – biti najjače sredstvo za čišćenje"[13], tako u svetu koji ne poznaje ontološke mogućnosti za kosovski zavet, njegova moć je izvedena iz *novca* koji se nagomilao prodajom voštanica ukrašenih Lazarovim likom. Umesto da je svet upravljan transcendencijom, ona je naseljena svetom. Zahtev za zavetom u svetu znači pad u karikaturu. Naratorova ironija nad hipertrofijom nacionovog identifikovanja sa kosovskim zavetom – „prvi prijem kod novog, rosijskog, posola pripovedao se, u Engelbirti, kao prvi zračak nade, posle Kosova" (354) – pokazuje da nestanak transcendencije nije za svet otkriće nekog tragičnog *ništa* koje tek nadolazi, nego davnašnje ponavljanje smrti transcendencije. Pretvaranje tog *ništa* u transcendenciju – kosovski zavet – ne izaziva, ne uzbuđuje niti uznemiruje svet, već stvara nesanicu, glavobolju i dosadu, pošto je „najgore" to što su „dojadili... već Kostjurinu, izjavama, da Rusi treba da svete Kosovo" (525). Sudbina zaveta kao svetska sudbina nužno je karikaturalna, jer je lišena ontološkog osnova. Otud je nihilistička konsekvenca jedina moguća konsekvenca zaveta, pa „kad budu pošli, da svete Kosovo, u rosijskoj armiji, na čelu njihovom jahaće neki Višnjevski, kukavica, lažov i bludnik" (711). Nasuprot Pavlovom metafizičkom razumevanju zaveta (764), koje progovara u njegovoj odlučnosti da pođe u audijenciju, sam zavet se – u istoj situaciji – može razumevati nihilistički pragmatično, kao predmet koji ne obavezuje, nego se, od strane organizatora audijencije (765), *upotreljava* (prerađuje) da bi se Pavle namamio u klopku. Kao što je kosovski zavet nedelotvoran već u razgovoru sa Volkovom, tako je on nedelotvoran i u audijenciji. Ali, kada Pavle govori o Isakovičima „kako su... u Austriju prešli, kako su postali oficiri, kako su na Franceza i Prajsa išli, kako su..." (341), onda učestalo *kako* njegovog pripovedanja signalizira da epska paradigma pripovedanja o caru Lazaru nije predodređena temom, već govorničkom perspektivom. Ako Pavle postoji unutar te paradigme, onda je njegov govor načelno određen njenom perspektivom i, bez obzira na svoj sadržaj, osuđen na *raspadanje* i nedelotvornost – Volkov ga je ponovo prekinuo (341), kao što ga je carica ismejala (771–772) – u svetu. Otud se oficiri koji Pavla vode u audijenciju nužno „smeju": kao što se Rakič „mnogo... to veče smejao", tako se i „Miškovič... smejao, a kroz smeh i nakašljavao" (767). Dok se „Pavlu... činilo da su, tako, stajali, dugo, nepomično", dotle se „smeh... u predsoblju, orio" (768). Slika se razložila, jer je na jednoj strani Pavle, a na drugoj *smeh*. Neobično je da se *svi* smeju, jer samo pet godina kasnije, čekajući da bude primljen kod *iste* carice, Simeon Piščević svedoči: „Moram priznati da sam osetio malu jezu kad sam onuda prolazio. Hodnik je bio uzan i mračan, a u njemu nikog osim onih stražara koji su stajali s fenjerima podaleko jedan od drugog. Inače – mrtva tišina."[14] Kao da je smeh *neuporedivo* svojstvo Pavlove audijencije, koje postaje zastrašujuće kada se dočepa smisla junakovog postojanja: „Voroncov onda pokaza, prema vratima levo, upirući prstom, a zatim pritisnu Pavla, za vrat, i reče mu: Na koleno!" Kao što se *sada* očekuje ulazak carice, tako naredna rečenica trajnim glagolima *zaustavlja* sliku, jer „Isakovič onda kleče pa je klečao i čekao". Umesto da u iščekivanjem ispunjenoj sceni narator „uvede" caricu, on zapisuje poentu da je „smeh, odnekuda, još i tad... dopirao" (768). *Smeh*, registrovan u dramatičnoj sceni iščekivanja, prisvaja njena značenja, jer više nije bitno ko se smeje, pa se *smeh* odvojio od individua i postao *bit* situacije: ako se već zna da se Pavlu „ne živi već odavno", onda je *smeh* lice sveta koji je „željan života". A ako „sve, što se sa njim zbi, od prvog mu plača, do njegovog dolaska u Rosiju, eto, dobiće, u toj audijenciji, svoj smisao" (766), onda čas u kojem Pavle vidi *ca-*

ričin smeh obeležava ontološku nemogućnost njegove projekcije: *ona* ne samo da ne mora da ga čuje, već *karikira* to što od njega čuje. Toj nemogućnosti poslednja glava romana ide u susret: ne samo što Elisavetu Petrovnu, koja je „naročito vesela" i voli – istorija potvrđuje naratora[15] – „igranke koje traju do zore", prepoznaje u *caričinom smehu* iz audijencije, već prepoznaje i nadindividualni smeh iz predsoblja Pavlove audijencije u bezbrojnim „maskeradama" davanim na dvoru koji je „bio... toržestveno osvetljen" (786). Pitanje o ženidbi postavljeno je Isakoviču u audijenciji zbog brojnih Pavlovih nesporazuma sa Višnjevskim u razgovoru o ženama (514–517), jer je audijenciju organizovao Višnjevski i on je sigurno posmatra[16]. Ono smera da ponizi Pavlovu ljubav prema mrtvoj ženi, čije spominjanje nije izazvalo caričinu pažnju, već posredni podsmeh, što je *suprotno* Piščevićevoj audijenciji u kojoj *ista* carica pokazuje saosećajni interes za smrt Piščevićeve žene[17]. Ali, *osnov* tog pitanje postoji na završetku romana kada Isakoviči čuju „da se carica sve više predaje udovoljstvima stola, i goji" i, čak, „da provodadžiše i svojoj poslugi", pošto „svakog, u svojoj okolini, udaje i ženi" (787). Saznanje o njenom apetitu – koje potvrđuje istorija[18] – naglašava paralelizam između dve nezavisno opisane slike u kojima *isto lice* obavlja *istu funkciju*, što znači da postoji jedno težišno mesto te funkcije, koje gradi istovetnost težišta tih slika. Motivacija sa Višnjevskim zaklanja, dakle, da u audijenciji kao takvoj, pitanje o ženidbi mora biti Pavlu postavljeno, jer carica koja „svakog, u svojoj okolini, udaje i ženi" *ista* je ona carica koja Pavla pita „misli li da se ženi ponova". Pavlovo poniženje odjednom postaje zakonomerno i lišeno svih pojedinačnosti njegove sudbine: on je ponižen u onome što je najunutrašnjije u njemu, ne zato što je tako hteo Višnjevski, već zato što zakonomernost po kojoj postoji to najunutrašnjije u njemu *zahteva* – u komunikaciji sa caricom – to poniženje. Pavle spaja ono najposebnije sa onim najobuhvatnijim u svojoj sudbini. Priča o Elisaveti Petrovnoj na završetku romana otkriva u kakvoj je audijenciji Pavle bio, ali i da je slika te audijencije stvarna i zakonomerna, jer postoji „glupa, oficirska šala" u kojoj je, međutim, „Pavle... doživeo caricu". Osnovno saznanje priče o Elisaveti Petrovnoj nema za cilj samo da naglasi Pavlov neuspeh u svetu, već da prepozna ontološku nemogućnost projekcije koja je do tog neuspeha dovela. Da nema priče o Elisaveti Petrovnoj na završetku romana, onda bi da je Pavle video caricu, razrešenje audijencije čuvalo mogućnost egzistencijalne promene, a da je Isakovič zaista bio u audijenciji, onda bi se „užas" zbog neuspeha zaklanjao „zadovoljstvom" da je caricu video (772). Osnovno saznanje moguće je, međutim, samo u dvosmislenosti situacije u kojoj je carica i privid i istina, a audijencija i šala i zbilja. To što je Pavle u „izmišljenoj audijenciji" video *pravu* caricu, kao da je predviđeno već dvosmislenim i istinitim naslovom poglavlja u kojem se o susretu pripoveda: „Čestnjejši Isakovič kod imperatrice" (743). Jer, „izraz 'čestnjejši' obojen lakom ironijom, uspostavlja odstojanje između čitaoca i objekta umetničkog oblikovanja"[19], što nagoveštava *izmišljanje* audijencije i šalu, dok sintagma „kod imperatrice", govorom delfskog boga koji niti šta kazuje, niti šta krije, nagoveštava *pravu* caricu.

Lice smešnog čoveka

Istovetnost imena žene „koja je, one noći, izigravala personu imperatrice" (778) sa imperatricinim imenom, sugeriše da isprepletanost rečenica o carici i audijenciji unutar priče o Elisaveti Petrovnoj podrazumeva *dvosmislenu* prirodu same priče, jer su rečenice o pravoj carici praćene rečenicama o njenom *dvojniku* u audijenciji. Iz potpuno sekundarnih, irelevantnih, ali ponovljenih saznanja u priči o Elisaveti Petrovnoj, na završetku romana uspostavlja se semantička veza sa sudbinom Višnjevskog kao posledicom audijencije i elementom njenog obuhvatnog smisla u romanu: „Zna se da je i ona mislila, o ljudima, kao njen ministar Petar Ivanovič Šuvalov: da se nijedan čovek nije rodio anđeo!

Ali da li je, i kako je, kažnjen Višnjevski, Pavle, i Isakoviči, nikad nisu čuli." (787) Završetak romana obnavlja spekulacije o Višnjevskovoj kazni, iako je neminovnost Višnjevskove katastrofe potvrđena: „ma kako bilo, i ako se izvuče, Višnjevskom je odzvonilo" (778). Tu neminovnost ne podriva imperatricino znanje da „Šuvalovi otvoreno zastupaju mišljenje, da se, ni jedan čovek, nije rodio, bez nekih pogrešaka", niti sećanje da se carica „prvi put, nikako nije moglo nagovoriti da potpiše smrtne kazne", jer

„sad, međutim, potpisuje, mirno", pa je „jezik... izgubila i bivša žena Bestuševa, koja je bila stranog porekla, Saksonka" (778). I pre završetka romana, dakle, mišljenje Šuvalova, koje je u ironičnom dosluhu sa saznanjem da „kancelarija Šuvalova zna sve tajne" (778), može da relativizuje drakonski oblik kazne – „usekovanja jazikov" (778) – ali ne dovodi u sumnju dalekosežni domašaj kazne, jer „ako se izvuče", Višnjevskom je „odzvonilo".

Završetak romana, međutim, identifikuje onoga čija misao „da se, ni jedan čovek, nije rodio, bez nekih pogrešaka" otkriva čudan dosluh između ontološkog i policijskog razumevanja ljudskog greha: ako Petar Ivanovič Šuvalov, kao neko od koga „sad u vojsci sve zavisi, pa i sudbina Srba" (628), zna „da se ni jedan čovek nije rodio anđeo", onda se Višnjevskov prestup može utopiti u sveobuhvatno znanje o ljudskoj grešnosti. Kada završetak romana *ponovi* ono saznanje koje relativizuje Višnjevskovu kaznu i *prećuti* eksplicirani neminovnost te kazne, tada on demonstrira interpretativnu selektivnost svog rukopisa, koji konstruiše osnovnu dvosmislenost priče o Elisaveti Petrovnoj. Izvesnost Višnjevskove kazne u poslednjoj glavi romana nije osporena ni po sebi, niti zbog toga što je Pavlov udes tragičniji ako izostane kompenzacija u obliku te kazne[20], već je *zatamnjenje* vesti o toj kazni uslovljeno pripovedačkom nužnošću da se ne razori dvosmislenost priče o Elisaveti Petrovnoj na završetku romana, koja čuva paralelizam između priče o oficirskoj šali i saznanja o audijenciji kod „carice svih Rosija". Da je u romanu Elisaveta Petrovna odlučivala o kaznama za audijenciju, ona bi postala deo zbivanja oko Pavla Isakoviča: kada ostane van tog zbivanja, ona čuva paralelizam između sebe i svog dvojnika u samom zbivanju. Kada je audijencija samo oficirska šala, onda je ona pripovedački dvosmislena, jer prvo jeste, pa nije audijencija: ona, dakle, *gradi* šalu u kojoj je Pavlovo ponašanje tragično za njega, a komično za posmatrače, što znači da je šala *iznad* ovih kvaliteta, iako ih podrazumeva. Kada je, međutim, audijencija, pored šale, *i* audijencija, onda je ona ponovo pripovedački dvosmislena, jer prvo nije audijencija, već je samo šala, pa, na završetku romana, jeste audijencija: ona, dakle, iskazuje nihilističko znanje romana, koje je nesvodljivo na Isakovičev udes. Pripovedačku svest o toj nesvodljivosti otkriva priča o Elisaveti Petrovnoj u svojim irelevantnim znanjima, jer ako „sve to" što ta znanja donose, „nimalo, nije uticalo na sudbinu Isakoviča u Rosiji" (787), a ako bi razlog postojanja priče o Elisaveti Petrovnoj na završetku romana bio u motivacijskoj vezi između nje i sudbine Isakoviča, zašto je, onda, „sve to" pripovedano kada „nimalo, nije uticalo na sudbinu Isakoviča"? „Sve to" implicitno propituje funkcionalnost pripovedanja o Elisaveti Petrovnoj unutar poslednje glave romana: preispitivanje sopstvenih rečenica implicira samosvest završetka romana, koja promišlja pripovedano zbivanje i obeležava raspad ili otpočinjanje pripovedanja unutar refleksije završetka romana. Otud „sve to" oblikuje smisao priče koji je nesvodljiv na sudbinu Isakoviča. Dvosmislenost audijencije postoji i za čitaoca, jer uprkos prethodnim nagoveštajima njegova iluzija verodostojnosti nije potpuno ugrožena. Dugotrajnost motivacijske pripreme audijencije, koja počinje u Austriji (415), da bi se dolaskom junaka u Rusiju počelo govoriti da će carica „ovog leta, doći do Kijeva" (701), *inverzno* razgrađuje mogućnost audijencije, jer i Višnjevskova pretnja da će Pavla „strpati u arest, za uvredu Veličestva" (711), što je posledica audijencije (777), i Trifunov nagoveštaj Pavlu „da mu Višnjevski sprema prevaru" (727), naslućuju *prirodu* audijencije. Ali, ako to što „Višnjevski priča da predstoji skora poseta carice u Kijevu" može čitaocu, kad već ne može Pavlu, biti dalekosežno upozorenje, onda to što „Vitković mu reče da o tome, sad, prvi put, čuje, ali da isključeno nije" (759) ima snagu objektivnog zasnivanja moguće zamke, jer Vitković nije Pavlov neprijatelj. Ako čitalac na osnovu nagoveštaja zna ili sluti ishod, onda je audijencija pripovedački dvosmislena – kada je šala – samo za Pavla, jer prvo jeste, pa nije audijencija. Za čitaoca, međutim, audijencija postaje dvosmislena na završetku romana, jer ono što je on od početka prozreo kao nešto što nije audijencija, pokazuje se kao nešto što jeste audijencija. Dok se mogućnost tragičnog u smislu audijencije odsudno vezuje za metafizičko ili ništavno poreklo *junakovog* udesa, dotle nihilistički osnov audijencije – kontamirajući *smeh* i *strah* sa komičkim elementima (prerušavanje, opsesija, licemerje) koji stvaraju i razaraju *iluziju*[21] – omogućava njenu značenjsku umnogostručenost: tragično, komično, ironično, groteskno. Otud, audijencija nije samo „razrešenje u razmerama istinske tragike" ni u odnosu na svoju prethodnu mogućnost u srpskom romanu[22], kao što u njoj ne postoje samo „sve crte jednog stvarno grotesknog pozorišta"[23]. U priči o Elisaveti Petrovnoj u poslednjoj glavi romana, pripovedanje o Pavlovoj audijenciji prikriva motivacijsku disfunkcionalnost same priče, ali je u isti mah i čuva od mogućnosti da direktno saopšti da je slika Pavlove audijencije *stvarna*. Sámo pripovedanje brine, dakle, o svojoj dvosmislenosti, jer mu je stalo da eksplicitna negacija mogućnosti da je Pavle video caricu postane dvosmislena afirmacija saznanja da ju je doživeo. Jedino dvosmislenost situacije obezbeđuje da carica u audijencije ne bude lažna, već skrivena carica. „Jednostavna veza uzastopnih činilaca ne konstituiše priču: treba da te činjenice budu organizovane, to jest, napokon, da imaju zajedničke elemente. Ali, ako su svi elementi zajednički, nema više priče, jer nema više ništa da se ispriča. No, transformacija predstavlja tačno sintezu razlike i sličnosti, ona spaja dva čina, a da oni ne mogu da se identifikuju. Više od 'jedinstva dve strane' ona je jedna radnja sa dvostrukim značenjem."[24] Otud događaji u audijenciji, samo jednom odigrani, postoje u *šifrovanoj* interpretaciji nihilističkog znanja završetka romana.

Ako je audijencija paradigma svih neuspeha Pavla Isakoviča u svetu, onda se njena interpretacija u poslednjoj glavi romana dotiče onoga što junaka goni u audijenciju. Ontološki osnov Pavlove projekcije dolaskom u Rusiju razlučuje se na „bivstvujuće i samo bivstvovanje", jer „bivstvovanje nije ništa bivstvujuće, ono je samo bivstvovanje, koje nije ništa određeno, ono je ono drugo bivstvujućeg, iako je uvek bivstvovanje bivstvujećeg"[25]. Nije, dakle, razlog Pavlovog udesa u mogućnostima sveta, nego u Pavlovim ontološkim osnovama (projekcija). Svet nije odgovoran za taj udes, ne zato što ne učestvuje u njemu, jer mu on doprinosi, već zato što Pavle *bira* unutar tog sveta. Otud kraj audijencije obeležava okončano *delovanje* Pavla Isakoviča, koga su naznake njegove zadatosti dovele do katastrofe, koja, međutim, na završetku romana, ne podrazumeva jedino tragičnu rezonancu. Jer, katastrofa problematizuje lik Pavla Isakoviča s početka romana, kada je kod njegovog imena „hofkrigsrat fon Maler bio... izričito napomenuo da je adoptiran od obersta Vuka Isakoviča", a „adoptiran, Pavel je tobože bio dupli Isakovič i naročito ga treba pomilovati, ako je to moguće" (175). Ako Pavla *naročito* treba pomilovati, onda njegovo postojanje, čija značenja u svetu izviru iz Vukovih značenja, ima *naročiti* smisao. Vukovo usvajanje, kao rodno mesto Pavlove *naročitosti,* istovremeno mu obezbeđuje i *prednost* u svetu i oblikuje ga kao onog koji ostvaruje Vukovu želju za odlaskom u Rusiju, jer je prisvaja. On, dakle, bira u toj dvostrukosti, koja opstaje u odrednici „tobože... dupli Isakovič", jer eksplicira i njegovu pojedinačnost ("tobože") i njegovo dvojstvo ("dupli"). U momentu kada roman počinje, on je bio posednik najboljih šansi u svetu, jer su jedino kod njega te šanse bile *naročite:* to su, međutim, samo šanse *jednog* u njemu. Odluka da odbije najbolje šanse jeste dosledno metafizička, jer je *naročita:* to je, dakle, *drugi* u njemu. Varka je, dakle, da je imao izbora, iako on bira svoje odluke, jer određen dvosmislenošću, on je izabran. Tako početak romana eksplicira Isakovičevo svesno stupanje u rang metafizičkog junaka, što nužno znači i njegov odlazak u zatvor, koji naratorovo „dabogme" (177), ma i ironično, zapisuje kao doslednost u metafizičkom izboru sopstvene sudbine. Početak u Rusiji neminovno donosi novu, a istu ponudu: „Pavlu ponudiše da stupi, pravo, u rosijski puk, ali je odbio" i „propustio... sreću" (615). *Posle* toga mu, međutim, Kostjurin poručuje „da za takvog krasaveca imam uvek premeštaj, u husarski puk, u Sankt-Peterburgu", što izaziva sunarodničku „zavist" (640), iako Pavle ni tu ponudu ne prihvata.

U prvom sporu sa Kostjurinom Pavle se „napravio smešan" (646) uprkos istinitosti svojih reči o značaju pištolja za uspeh pucanja, zato što istina tih reči nije i istina njegove situacije. Đurđe to shvata (647), jer uviđa istinu koja Pavlu izmiče: Pavlov spor sa generalom menja, međutim, svoj izgled u času kada se Pavle *naročito* istakne u jahanju prepona. Njegov drugi spor sa Kostjurinom sledi za njegovom naročitošću u konjičkom jurišu, ali njegovo ismejavanje generalovog pitanja počiva na doživljaju kojim je u generalov lik smestio sve svoje neprijatelje (672). Raskol između tog doživljaja i svetske logike samog pitanja otkriva „da je egzercir, u rosijskoj vojsci, ne samo zato da se čuje komanda, nego isproba i karakter i narav oficira", kao i „poslušnost oficira, prema starijem, ma kakva on stavljao pitanja" (673). Pavlova moralna nadmoć u tim sporovima, kao i njegova veština i hrabrost, doživljavaju epilog u Kostjurinovom pitanju *posle* audijencije: to što general „tupo, nekim glasom, kao iz groba... zapita kapetana" pokazuje da nema nikakvog Kostjurinovog likovanja ili zadovoljstva zbog Isakovičevog poniženja. Ako mu se general uopšte ne sveti, onda on ni prethodna pitanja nije postavljao da bi Pavla ponizio ili mu se podsmevao, što znači da je Pavlov doživljaj njegovih pitanja bio neistinit i pogrešan. Početna pretpostavka generalovog pitanja – „da li je u austrijskoj vojsci učio" – iskazuje, međutim, pamćenje o Isakovičevoj apologiji Austrije u Rusiji. Odsustvo zluradosti u tom pamćenju oblikuje *poentu* njihovih ranijih sporova: kako onaj koji je naučio kako se u Austriji puni pištolj, nije naučio ništa „o prevarama"? Nije cilj generalu da Pavla ismejava, jer je „dreknuo, da se ne treba smejati", pošto „ovaj čovek, tu, nevino optužen, može izgubiti glavu" (777), ali njegova završna reč „o prevarama" oblikuje Isakoviča kao smešnog čoveka u svetu, uprkos tome što mu se Kostjurin ne podsmeva i saglasno tome da je Pavle tragičan u času kad je smešan.

Kao da ponovljena Kostjurinova ponuda o premeštaju u Sankt-Petersburg – koja pokazuje da svet nije njemu sklon samo tamo gde ga Vuk preporučuje (Austrija), već i tamo gde sam ide (Rusija) – hoće da izmeri snagu *jednog* u Isakoviču, koja istrajava u metafizičkim samoočevidnostima, a završava u audijenciji i zatvoru. Audijencija obeležava poslednji stepen preobraženja metafizičkih u ništavna svojstva Pavla Isakoviča: on u njoj postoji kao onaj *drugi,* čije je rastojanje od *prvog* istovetno sa rastojanjem između njegovog držanja pred Garsulijem i njegovog lika „kao u bunilu" (771) u audijenciji. I dok na početku prebiva u zatvoru zbog doslednosti metafizičke odluke da odbaci naročite šanse u svetu i mora iz zatvora da beži, dotle, na kraju romana, sedi u zatvoru kao ismejana luda megalomanske i monomanske projekcije, koja je videla caricu u Kijevu kada Elisaveta Petrovna u gradu nije ni bila. On biva otpušten mirno, jer kao što junak beži iz zatvora, tako se luda iz njega pušta. U liku Pavla Isakoviča na početku romana predominiraju svojstva metafizičkog junaka, a na završetku romana, predominiraju svojstva ništavnog junaka. Šifrovana interpretacija audijencije u poslednjoj glavi romana ne obeležava, međutim, samo krah metafizičkog i trijumf ništavnog junaka u Isakoviču, već je i lice metafizičkog, a krah ništavnog junaka u svetu.

METAFIZIČKI I NIHILISTIČKI JUNAK

Kornet Marko Ziminski

Saznanje, *ponovljeno* u poslednjoj glavi romana, o Pavlovom odlasku iz Mirgoroda sa ruskim trupama koje će grof Fermor povesti ka Berlinu, pita: „Da li je negde podigao, visoko, po svom običaju, sablju, i pošao pred svojom konjicom, nemo, prvo u laki trab, zatim u galop, da najzad polegne po konjskom vratu i juri prema neprijatelju? Čudnim slučajem, papiri su sačuvali fakt, da je, posle bitke, u kojoj su tučeni Francezi, novi saveznici Marije Terezije, u junu mesecu, ruska armija odgovorila pobedom, tridesetog avgusta, kod mesta Gros-Jegerndorf.

U toj bici, istorija je sačuvala ataku jednog serbskog – sad rosijskog – husarskog, švadrona, na prajsku pešadiju u jednoj vetrenjači.

Opisan je juriš koji je vodio mlad kornet, junački.

Pao je sa konja mrtav pred vetrenjačom.

Zvao se – kaže dokument – Marko Ziminski." (789–790) Precizno ponavljanje detalja Pavlovog juriša (193) na završetku romana nije svodivo na motivacijsko obrazloženje o junakovom običaju, jer ponovo akcentuje poseban smisao koji Pavle pripisuje samom jurišu. „Običaj" podrazumeva dosluh između juriša i junakovog samorazumevanja, jer „ako treba mreti, na ovom putu, Isakovič je hteo da pogine slavno, pri jurnjavi sa goniocima, na konju, sa pištoljem u ruci, za Rosiju" (243). Juriš odslikava poimanje smrti, unutrašnji smisao tog događaja. Zato što zajamčuje *smisao smrti*, juriš privlači Isakoviča: on je, dosledno, važan deo jednog od retkih Pavlovih poluuspeha u Rusiji (671). No, na završetku romana to značenje juriša nije odsudno vezano za glavnog junaka, jer se slika juriša i ne odnosi na Pavla. Pridev „čudan" određuje „slučaj", koji je sačuvao sliku juriša, tako što ga lišava i potencijalne *slučajnosti*. „Čudan" prepoznaje svrhovitost onoga šta određuje, jer prirodu „čudnog slučaja" iskazuje, na primer, to da se Isakoviči „nikad nisu sreli, prilikom rosijskih večerinki" sa Višnjevskim, iako je on bio „čest gost kod Kostjurina". Ako čudan slučaj „kao da je udešavao, volšebno, da dođe, kad oni odu, da ode, malo pre, nego što oni stignu" (689), onda volšebnost koja je prirođena čudu slučaja kao da hoće da se postavi za njegovu svrhu. O toj svrsi brine i „fakt" o ruskoj pobedi kod mesta „Gros-Jegerndorf", jer nevolja sa njegovom faktičnošću počinje podsećanjem da se mesto Ziminskove pogibije ranije u pripovedanju vezivalo za drugo ime: „Spazio bi, iduće godine, kako stoje, nepomično, i on, i oni, u serbskom, novoserbskom, polku, br. 35, dok, uz kikot truba, kraj njih, polazi prvi švadron, na juriš, prema jednoj vetrenjači, oko koje se skuplja, kao sa neba, prajska konjica. Kod mesta zovomaja Corndorf.

Gde sa konja pada, mrtav, kornet Marko Ziminski.

Dok na brežuljku blistaju prajski oklopnici." (545) Ovo saznanje o mestu pogibije Ziminskog ima u svesti i bitku kod Gros-Jegerndorfa, jer je određuje kao bitku, koja se odigrala godinu dana pre poslednjeg juriša Ziminskog (544). Pošto *ponovljeni* opis smrti Ziminskog donosi datum bitke kod Gros-Jegerndorfa bez pominjanja godine, onda on posredno upućuje na prethodno vremensko situiranje te smrti, iz kojeg se *slučajno* može dokučiti baš *godina* bitke kod Gros-Jegerndorfa. Potpuni datum bitke (30. VIII 1757. godine) gradi se, dakle, na intencionalnom korespondiranju između *ponovljenih* saznanja, što usložnjava prepoznavanje vremena i smisla smrti Marka Ziminskog. Iz naratorovog posrednog zahteva da se istovremeno raspoznaju u čitaočevoj svesti dva – u pripovedanju – daleka iskaza koji konstruišu datum bitke, nužno sledi uvid u nesklad između naznačenih podataka o smrti Ziminskog[1]. I ako završetak romana zna da je poraz Francuza osvećen pobedom kod Gros-Jegerndorfa, onda istorijsko znanje obaveštava da je taj poraz prethodio bici kod Corndorfa[2]. Dogodilo se, dakle, dvostruko premeštanje: ne samo da je poraz Francuza, koji je prethodio bici kod Corndorfa, imenovan za prethodnika bitke kod Gros-Jegerndorfa, već je Marko

Ziminski prvo poginuo kod Corndorfa 1758. godine, a potom kod Gros-Jegerndorfa godine 1757. Vremensko suprotstavljanje zbivanja otkriva da je mesto Ziminskove pogibije osumnjičeno upravo „faktom" koji su sačuvali „papiri" *čudnim slučajem*. Nestabilnost istorijskih saznanja je pozadina za protivurečje u pripovedanju: u prvom pripovedačkom saznanju o Ziminskovoj smrti *oko* vetrenjače se okuplja *prajska konjica*, dok na završetku romana ostaje zapisano da je veličanstveni juriš Marka Ziminskog bio na *pešadiju* koja se nalazila *unutar* vetre- njače. Svrha „slučaja" koji ovako zapisuje mora prebivati u namernom i neskrivenom protivrečju, kojim fakt želi da ospolji sopstvenu ne-faktičnost.

To kako je poginuo Marko Ziminski implicitno odgovara na osnovnu želju Pavla Isakoviča, koji je „govorio... sebi da je, eto, našao u životu utehu", jer je „ostao... konjanik, a put ga, makar i zaobilazno, ipak vodi u Rosiju", što znači da „na kraju krajeva, pomisli, ako bude i poginuo, poginuće na nekom slavnom, konjičkom jurišu – kojima se Rusi behu pročuli u to vreme – a neće umreti, ružno, ostareo, krezub, usranko, kao što će se desiti kupecima i tergovcima, i sindikusima, u Rumi, Mitrovici, i Oseku" (463). Želja koja se presvlači u utehu determiniše junaka gubitništvom, padom i osuje ćenošću. Uteha se nalazi u *smislu* smrti koji je zajamčen jurišem i suprotstavljen obesmišljenoj smrti koja neminovno pripada trgovačkim životima. Podeljenost je usidrena u Pavlovoj svesti, jer – u prepirci sa Trandafilom – on naglašava da „narod, tamo dole, u donjem Sremu i Slavoniji, pita za cara Lazu. Ne ume trgovati, ali ume mreti." (242) Suprotstavljenost između „trgovati" i „mreti" izvire iz smisla koji bi da se osigura smrti, jer izvire iz njihovog razumevanja kosovskog zaveta (733): ako se „trguje", to ne određuje samo život, no i smrt, koja je tada dalekosežno različita u odnosu na utešno „umeće smrti". U osiguranju smisla smrti, Pavle kao jemca pronalazi narod, kojem je suprotstavljen isti narod: razlikovanje se vrši u odnosu na smisao smrti, a ne po staleškoj pripadnosti. Nije, dakle, trgovac manje vredan zato što živi kao trgovac, nego zato što kao trgovac umire. Pavlova svest razumeva smisao smrti kao emanaciju narodnog smisla. Otud dolazi njegovo istrajno (258, 344, 426) odbijanje obesmišljene smrti, koja pripada trgovcima. Ali, Pavlovo pronalaženje utehe u smislu smrti istovremeno je odbrana pred načelom koje je istureno na sami početak junakovih razmišljanja: „Kao što to biva, na putu, Isakoviču se život činio, sad, kao neka vetrenjača na vetru" (463). Ako je smisao puta u Rusiju garant utehe i osujećene želje Pavla Isakoviča, onda uteha, kao ugrožena od simbola vetrenjače, mora istraživati smisao poređenja života sa vetrenjačom. Za Evdokiju Božič „njen muž je ostario davno, ali eto brblja i sad ženama ono što mu je, možda, pre dvadeset godina, i pristajalo, ali što je sad smešno. Ponavlja laskave reči, čak i ćerci domaćina, ponavlja, kao što vetrenjača maše krilima, i kad je prazna, na vetru." (281) Prazan rad vetrenjače pokazuje odsustvo svrhe u nakaznosti Božičevih postupaka: gađenje nad njim prekriveno je praznim radom vetrenjače, koja ne ističe majorov imoralizam, već nesvrhovitu prirodu njegovih pokušaja. Nije, dakle, Joan Božič odvratan zato što je nemoralan, već zato što je nemoćan („ostario davno"): njegova odvojenost od vlastitog čina unosi grotesknu sliku u percepciju kojom dominira slika vetrenjače na vetru. Simbol vetrenjače u romanu, međutim, poseduje i drugi oblik, jer je Valdenzer „spustivši ruku na ruku Isakoviča... priznavao da mu se, pri samoj pomisli da može izgubiti krov nad glavom, pre nego što ćer uda, u glavi vrti, kao vetrenjača" (297). Zlokobnost je imanentna značenjima vetrenjače: ako gubljenje krova nad glavom i izmicanje tla vodi unutrašnjem raspadu samstva, onda prisustvo vetrenjače označava čas najveće nezaštićenosti. Život, pročitan u simbolici vetrenjače, vodi groteskonom (praznom i nemoćnom) činu i tragičnom gubljenju sopstvenog temelja: on porađa situacioni ili egzistencijalni haos. Užasna nepodnošljivost života više je od života kao vetrenjače, jer ima težinu sopstvenog razloga i stavlja u dejstvo snage samstva. Vetrenjača, međutim, nije nasuprot, već s one strane svakog razloga, jer rastače život kao takav. Pred vetrenjačom nema isturanja Rusije kao želje, niti energije Pavlovog juriša koji osvaja prostor, već ima samo utehe koja je nadoknada za osujećenost. Nepodnošljiv život ima moć za želju, kao i za samoubistvo, dok vetrenjača razara željnost kao takvu: ako Pavle Isakovič predaje smisao svoje utehe – svoje poistovećenje sa nacionom – *jurišu* i smislu smrti koji on jamči, koji je, onda, smisao te predaje?

Smrt Marka Ziminskog ogleda se u tragičnim i groteksnim značenjima vetrenjače. U oba spominjanja njegove pogibije, iako zapisi međusobno protivreče, mesto na koje Ziminski juriša je vetrenjača: smrt se zbiva u direktnom sukobu *juriša* i *vetrenjače*. Već prvi opis kornetove smrti zna za dvosmislenost: „... uz *kikot* truba, kraj njih, polazi prvi švadron, na juriš, prema jednoj vetrenjači". Čemu je upućen „glasan, zvonak, neobuzdan smeh"[3] truba? Juriš, zatočnik smisla smrti, pročitava se *kikotom:* hod smrti se lišava, tokom tog pročitavanja, svog svetskoistorijskog smisla. Bitka nije pozornica međudejstava snage i moći, rešavajućeg udara, jer je *vetrenjača* na koju se juriša, svojim groteksnim značenjima, u dosluhu sa kikotom truba koji označava početak juriša. Izgled vetrenjače je, međutim, zasenčen, kao da sluti ili prikriva kolebanje njenog smisla: „... vetrenjači, oko koje se skuplja, kao sa neba, prajska konjica". Dve su mogućnosti čitanja smeštene u poređenju „kao sa neba": ako se čita u okviru doslovnog smisla poređenja, onda prajska konjica dolazi naglo, brzo i iznenadno, ali, za čitanje simbolike poređenja, postoji i motiv nebeskih konjanika koji brane vetrenjaču. U paralelnom položaju nekorespondentnih mogućnosti čitanja prekida se nagovešteno potkopavanje smisla smrti koji oličava juriš, jer „sa konja, pada, mrtav, kornet Marko Ziminski", „dok na brežuljku blistaju prajski oklopnici". Smrt Marka Ziminskog nosi odlučujući žig „prajskih oklopnika", koji je pečati kao istorijsku i junačku pogibiju. „Prajski oklopnici" određuju značenja Ziminskove smrti, jer potiskuju groteksna značenja vetrenjače kao mesta pogibije: oni, motivacijski, korespondiraju sa Pavlovim nipodaštavanjem obesmišljene, kao trgovačke, smrti. Percepcijom koja ustrojava opis Ziminskove smrti dominira Pavlovo pronalaženje utehe: postoji, dakle, i „slavni konjički juriš" i život koji nije kao vetrenjača.

Ponovni opis Ziminskove smrti na završetku romana počinje u saglasnosti sa uspostavljenom shemom prvog opisa te smrti: „U toj bici, *istorija je sačuvala*..." Ponavljanje afirmiše aksiologiju Pavla Isakoviča, jer upozorava na ono što prekoračuje sudbinu Ziminskog kao događaj: ta sudbina postoji kao smisao, jer istorija jamči za slavu tog juriša, koji dosledno zapisuje kao „junački". Premeštanje smisaonih akcenata unutar opisa smrti Marka Ziminskog nastaje opažanjem da nema prajske konjice *oko* vetrenjače, već postoji – to je novina u ponovljenom opisu – prajska pešadija *unutar* vetrenjače. Nestao je latentno ironijski nagoveštaj o dolasku konjice „kao sa neba", zato što se promenio i objekat napada: ne juriša se više na konjicu oko vetrenjače, već na vetrenjaču u kojoj je pešadija. Kao da je ironija prestala da bude potencijalna zato što je postala aktuelna. Da bi Ziminski jurišao na vetrenjaču bilo je neophodno da se konjica pretvori u pešadiju: umesto pozadine na kojoj se ocrtava sukob vojski i međudejstva sile i moći, vetrenjača postaje osnovni akter u zadatim poljima moći. Ironijski *obrt* stavlja u dejstvo smisao „kikota truba" iz prvog opisa Ziminskovog juriša i sumnjiči uspostavljenu i eksplicirani shemu o istorijskom beleženju junačkog juriša mladog korneta na prajsku konjicu. On, dosledno, menja i poentu ponovljenog iskaza: „Pao je sa konja mrtav pred vetrenjačom". Ako u prvom opisu Ziminskove smrti, „prajski oklopnici" senče značenja vetrenjače, onda se, u ponovljenom opisu kornetove smrti, na njihovom mestu zatiče vetrenjača kao ono što daje odlučujući pečat: to i nije bio sukob između dve vojske u kojem juriš daje smisao kornetovoj smrti, već je to sukob juriša i vetrenjače u kojem telo onoga koji se žrtvuje ostaje u polju pobedničkog simbola. Jer, ako je i nužno reći da je Ziminski vodio juriš na vojsku u vetrenjači, onda *ponovni opis* njegovog pada ne pred vojskom, već pred vetrenjačom, označava simbol vetrenjače kao *ishod* sukoba: zajamčeni smisao smrti neotporan je u odnosu na obesmišljenu smrt. Latentna značenja prvog opisa – ponavljanjem – izrastaju u *odlučujuća* značenja sistema koji su stvorili opisi smrti Marka Ziminskog. Ako je „kikot truba" iz prvog opisa dobio svoj razlog u jurišu na vetrenjaču, onda eksplicitno određenje tog juriša ("junački") mora nastati tek unutar ponovljenog opisa Ziminskove smrti, jer samo tada „junački" juriš ostvaruje *naličje* smisla smrti: nemoć pred vetrenjačom. Promena u opisu Ziminskove smrti, koja je obeležena odlučujućim pečatom koji vetrenjača utiskuje u ponovni opis te smrti, jeste nužna. Jer, dok bi prvi opis mogao zasnovati ironiju samo u liku Marka Ziminskog, dotle samo ponovni opis njegove smrti, u kojem saglasno nadi Pavla Isakoviča istorija preuzima jemstvo smisla smrti, može ironijsko destruiranje *juriša* postaviti kao događaj svetskoistorijskog domašaja. Lik Marka Ziminskog postaje tek deo tog ishoda. Sam juriš nije opisan, jer se on nužno oslanja na svoj obrazac: „... navali na prvu vetrenjaču pred sobom i kad je udari po krilu, vetar ovo okrenu sa tolikom silinom da se koplje izlomi na komade, konj i konjanik behu oboreni i vitez se podobro otkotrlja po zemlji."[4] Smrt Marka Ziminskog, tek kada se premeste smisaoni akcenti u ponovnom opisu njegove pogibije, postaje *donkihotstvo*. Ako je „istorija... sačuvala" taj smisao kornetove smrti, onda sav tragizam otpora životu koji je kao vetrenjača[5] nestaje u ironiji i grotesci obesmišljene smrti. Lik Marka Ziminskog, kada se prepozna u donkihotstvu, preinačava i svoj strukturni položaj u romanu i svoju karakterizacijsku deskripciju.

Pripovedanje o Marku Ziminskom razvija se iz motivacijske okolnosti da gospoža Božič prikriva posete Pavlovoj sobi u Engelbirti svojim dolascima familiji Ziminski (380). No, motivacijski razlog je nedovoljan da podrazumeva detaljnu karakterizaciju lika Marka Ziminskog, koja upućuje na nesvodivu bitnost ovog lika u romanu. Marko Ziminski ispoljava svojstvo koje je Pavlu prirođeno, jer on ne samo da poučava Isakoviča, već ga i optužuje za kršenje moralnog načela. Ako to govori o radikalnosti Ziminskovog pripadanja onom načelu u kojem Pavle Isakovič želi da se objavi, onda osetljivost zbog Isakovičeve nemoralnosti sumnjiči Pavlovu projekciju sopstvene moralnosti. Lik Marka Ziminskog postoji, dakle, kao lik koji oličava neostvarenu egzistencijalnu mogućnost Pavla isakoviča, jer je Ziminski egzistencijalno dosledan svom osećanju moralnog načela i u toj tački on emanira *donkihotstvo* koje ne pripada Pavlu Isakoviču[6]: „To je bio čovek tek uzeo dvadesetu, koji je hodao po Engelu, jer je već davno čekao pašport, i dani su prolazili, a novaca mu je nestajalo... Nije hteo da odustane od selidbe u Rosiju, iako je Austrija, tog leta, bila počela da deli zemlju onima, koji odustanu. Pa ne samo grunt, nego i penziju i plemstvo." (394) *Osiromašeni i gladni* Ziminski (393) ne napušta *ideju* o odlasku u Rusiju uprkos kompenzacija koje nudi svet. On, protivrečno Pavlovom naknadnom saznanju da „u drugoj polovini života ljudskog volja i misli bili su jači" (784), već u dvadesetoj godini svedoči o zamašnoj snazi volje u poricanju sveta, jer je njemu i *mogućnost* dovoljna da bi obavezivala na dosledno življenje. Nije potrebno otelotvorenje ideje u postojanju, jer je dovoljna njena mogućnost, zato što je Marko Ziminski – sam po sebi – telo te ideje. On je, dakle, *vitez vere*, jer postoji u

„nerazlikovanju bivstvujućeg od bivstvovanja, u nerazlikovanju ideje i suštine od bivstvovanja"[7]. U toj tački otkriva se njegova razlika u odnosu na Pavla Isakoviča. Kao što se Pavlu „taj njegov rođak bio dopao", tako je, za razliku od svih sunarodnika u Engelbirti, „Marko Ziminski, međutim, jako... voleo Isakoviča" (394). Ono istovetno u njima vidljivo je i sa spoljne strane, jer kao što je Marko Ziminski „bio jedini oficir, koji se među tim serbskim oficirima, u Engelu, nije smejao" (393), tako je i Pavle, dok su ti oficiri „uveče, sve zaboravljali, svaku brigu i patnju, pa su, noću, udarali brigu na veselje... i onda kraj njih, ćutke, namrgođen, prolazio" (394). Natprirodna ozbiljnost oba lika kao da, izdvajajući ih iz zemaljskih poslova njihovih sunarodnika, pretpostavlja njihovu istovetnost. Ali, svojstva *viteza vere* onemogućavaju tu istovetnost. To se, takođe, vidi sa spoljne strane: dok je „jego blagorodije Pavel Isakovič bio nespretan samo sa ženama", a „u vojenim stvarima bio je spretniji" (443), Marko Ziminski „činio se velika šeprtlja i zadocnjavao je na paradama. Dugmeta bi mu se, pred paradu, začudo, otkidala, uvek ponova, iako se zaricao da mu se to nikad više neće dogoditi. Morao je u poslednjem trenutku, na sebi, da ih prišiva". Ziminski je bio „dobar konjanik, hrabar oficir, a srce od čoveka. Za drugove bi bio i dušu dao" (394). Izgled Marka Ziminskog, eksplicirano svojstvo *velike šeprtlje* i, dosledno, njegova hrabrost i dobrodušnost one su distinktivne crte koje ga nepovratno odvajaju od Pavla Isakoviča: njegovo *donkihotstvo* dosledno je u postojanju onom načelu kojem se on zavetovao[8]. Pavle Isakovič, u perspektivi te doslednosti, izgleda kao simulacija načela koje svojim postojanjem hoće da dozove: ako postoji raskorak između njegovog ponašanja (tamo gde je slično Ziminskovom) i njegovog svojstva (tamo gde se odvaja od Ziminskog), onda on ne preokreće samo druge, već i sebe. Njegova nedoslednost načelu biće za Ziminskog razlog da ga nepovratno odbaci, jer dok je „Pavle... do danas, bio gorostas u njegovom oku, bor, koji ide pravo, a ne silazi s puta nikom. Časno. Neustrašivo", dotle mu „sada... taj rođak liči na šamšulu. Kad mu se pomenu saputnice, koje mu dolaze u posetu, laže! Liči mu na onog kalcana, o kom se priča da je milostinju skupljao, pa kod neke rišćanice, u selu Ribarici, noćio. A u tefter zapisao: Selo Ribarica. Pisala Rišćanica: trubu sira i čabar platna." (396) Samo u paraleli sa likom Marka Ziminskog biva raskriveno dno dvosmislene prirode Pavla Isakoviča i njegov raspon od čoveka „koji ne silazi s puta nikom" do mlitavog, pokvarenog i plašljivog čoveka koji „laže". Svojim određivanjem Pavla kao „kalcana", Ziminski cilja na Isakovičevo apostolstvo, jer reč „kalcan" ima ironično i šaljivo značenje za kaluđera i monaha koji nije takav kakav bi trebalo da bude[9], što odgovara smislu u kojem je upotrebljava i narator u romanu (269). Pavlova dvosmislenost pripada tragičnom i grotesknom smislu njegove sudbine, koji Marko Ziminski ne može uvideti, jer mu je čulo za opažanje onoga što je dvosmisleno sahranjeno u radikalnoj odanosti sopstvenoj ideji. Otklon u odnosu na eksplicirana svojstva Pavla Isakoviča osnovni je strukturni razlog za postojanje lika Marka Ziminskog. Ali, na završetku romana, karakterizacijska deskripcija lika Marka Ziminskog stremi drugoj semantičkoj rezultanti: „velika šeprtlja" *mora* da pogine pred „vetrenjačom". Jer, kao „što je ludi Don Kihot po etičkoj čvrstini i duhu često nadmoćan nad svojim razumnim protivnicima"[10], tako etički superiorni maksimalista Ziminski, kao telo ideje, i dosledno smislu sudbine metafizičkog junaka, mora da u smrti pred vetrenjačom ispolji svoju neprilagođenost. Svet u kojem je neprilagođenost metafizičkog junaka smešna i groteskna nužno je nihilistički svet. Marko Ziminski potvrđuje zakonomernost Pavlovog straha od obesmišljene smrti, jer samo zbog tog straha, iako siromašan i gladan, ne odustaje od seobe u Rusiju i, istovremeno, dela tako da „ne silazi s puta nikom": „Časno. Neustrašivo." Ziminski je, dakle, zakoniti kraj metafizičkih pretpostavki koje su zadale postojanje Pavla Isakoviča. Njihovo nepoštovanje omogućava da, u paraleli sudbina dva junaka, iskrsne razlog zbog kojeg je vitez vere iznad tragičnog heroja. Otud: kao što motivacijski razlozi pominjanja Ziminskog nisu dovoljni za zasnivanje karakterizacijskih deskripcija o njegovom *donkihotstvu*, tako ni *specifičnost* osobina Ziminskog nije moguće potpuno objasniti svodeći je na prikazivanje sudbina pojedinaca „privilegovanog naciona" ili na problematizovanje samorazumevanja glavnog junaka, jer je sve to moguće i drukčijim karakterizacijskim postupcima. Samo ovakva deskripcija, međutim, može razoriti Pavlovu ideju o zajamčenom smislu smrti. Dok ugovorenost iskaza o Ziminskom sa iskazima o Pavlu Isakoviču prepoznaje prisustvo vetrenjače (obesmišljenu smrt) u „slavnom konjičkom jurišu" Pavla Isakoviča, dotle ozbiljnost tom prisustvu jamči „istorija".

U nihilističkoj paradigmi Ziminskove smrti, nesporazum oko imena mesta njegove pogibije je zakonomeran, jer je nesigurnost imena mesta logična sa stanovišta sigurnosti *istorijskog* rukopisa. Obesmišljena smrt, naime, destruira smisao smrti i u najmanjoj tački: samo je zajamčenom smislu smrti važno ime mesta pogibije, jer on zna za načelo koje leži u temeljima tog događaja. Praznina načela u životu nalik vetrenjači ne razume pogibiju kao svetskoistorijski slom načela: otud ime mesta pogibije i nema šta da označi, sačuva ili zajamči. Ime je nebitno, jer samo po sebi ne govori ništa. Pamćenje istorijskog rukopisa i ne zna kako ime glasi, jer relativnost imena izvire iz relativnosti pogibije kao takve. Tako su „za Petra... imena bitaka i mesta, koja je Vitkovič pominjao, iz krimskog rata, postala... bila šale, i nadimci. Kad bi Petar pomenuo reč Stavučan, ili Bahčiseraj, to nije značilo mesto gde su Rusi ginuli, u turskom ratu – nego Vitkoviča", jer „Vitkovič je bio: Stavučan", a „Petar se tome – kako bitke postaju komedijanti – grohotom smejao" (627). Ako su bitke kao komedijanti samo deo rata koji je komedija, onda je značenje sačuvanog juriša samo uprizorenje osnovnog komedijašenja: ako su imena celih bitaka temelj za njihovo pretvaranje u komedijante, koji je smisao (zapisivanja) juriša u njima? Prisustvo obesmišljene smrti u sudbini Marka Ziminskog – vetrenjača i donkihotstvo – prepoznaje se promenama smisaonih akcenata u ponovnom opisu te smrti na završetku romana, jer tu izrasta drukčija perspektiva od one koju nude strukturna, motivacijska i karakterizacijska obrazloženja ovog lika u romanu. Kada Ziminski svesno i voljno poriče Pavlov doživljaj da je život kao vetrenjača, onda on, nihilističkom dimenzijom koja čini smešnom i groteskonom pogibiju sa idejom, paradoksalno afirmiše Pavlovo izneveravanje ideje. Jer, ako ideja dovodi do tačke do koje se i bez nje stiže, onda je Pavle Isakovič vešto izmigoljio. On, koji je hteo potvrdu u ravni smisla smrti i tragedije, dobio ju je u naličju svoje težnje: obesmišljena smrt. Izostajanje tragedije u smrti Marka Ziminskog neuporedivo osvetljava preobraženje Pavla Isakoviča u malog junaka. Ono što on poriče jeste ono što njega potvrđuje.

Petar plemeniti Vuič

Među imenima srpskih oficira koji se sele u Rusiju, nabrojanih u gotovo istovetnom poretku i u Pavlovom (433–434) i u naratorovom (564–578) pripovedanju, *samo* će jedan oficir biti doveden u vezu sa Pavlom Isakovičem. To je Petar plemeniti Vuič, sa kojim je „kod skela, Isakovič... dugo razgovarao" i kojeg je Višnjevski ocenio *istovetnom* odrednicom kao i Pavla u jednoj rečenici: „Bundžije su to" (577). Narator prikriveno senči istovetnost Pavla Isakoviča sa Petrom plemenitim Vuičem u još dva momenta: kao što Pavle Isakovič hoće „u rosijskom poslanstvu" da pokaže „da se svoje bivše uniforme ne stidi, i da će se novom, rosijskom, uniformom ponositi" (340), tako Petar plemeniti Vuič odbija Višnjevskove „savete i naređenja", jer je on „još austrijski oficir, plemić, a rosijski oficir će postati – po svojoj slobodnoj volji – tek kad stigne u Kijev" (576). I: kao što je Pavle Isakovič rekao da „oni idu u Rosiju ne za činove, ni za porcione novce, nego zato da ratuju" (344), tako je Petar plemeniti Vuič „odbio... svaku, ponuđenu odštetu" i „nije, jedan viši, čin primio", već je „tražio... ratnu raspodelu" (578). Lik Petra plemenitog Vuiča nalazi se, dakle, u relevantnim korespondencijama sa ontološkim zaleđem lika Pavla Isakoviča, baš kao i lik Marka Ziminskog. Samo, dok Petar plemeniti Vuič *dela* u skladu sa delanjem Ziminskog, dotle on ne dela iz istih razloga kao Ziminski, koji poseduje nadu u smisao smrti. Petar plemeniti Vuič, međutim, dela *uprkos* svakoj nadi u smisao smrti, jer ne očekuje ništa: on dela na dosledno nihilistički – ne i imoralistički – način. On je drugi egzistencijalni pol koji su mogle ostvariti metafizičke pretpostavke lika Pavla Isakoviča, jer u svemu što čini, Vuič odgovara Pavlovoj projekciji na jednom radikalnom stepenu Pavlovih zahteva. Dok Ziminski odbija plemstvo zato što njegova projekcija ima veću težinu od plemstva, dotle Petar plemeniti Vuič, iako već plemić, „neće da bude plemić, među takvim plemićima" (577): on odbija, dakle, da *ostane* plemić zato što se promenio smisao plemstva. Pavlov ludački osmeh pojavio se u času kada se Isakovič egzistencijalno približio delatnom i nihilističkom poricanju sveta Petra plemenitog Vuiča. Pavle je – posle bekstva – „počeo da jaše malo mirnije, pravcem prema Severu, gladan, žedan, usamljen, ali sa nekim ludim osmehom na usnama" i *tada*

„opsova one koji posle naše smrti ostaju za nama" (235–236). To je korespondentno sa Vuičevom reakcijom na to što je u Martonošu „polovina rešila da ide, a polovina da ostane", jer Vuič reče: „Bem ga, ko ostane" (577). Radikalizam te reči čini je upamćenom, pa se „ta njegova reč... pročula, po Banatu, i postala uzrečica", jer ona nije afektivni izliv, već Vuičev „odgovor, filosofičeski, na sve nesreće, koje prate njegovu naciju, i njega lično, a tako će odgovoriti i kad mu budu rekli da mu je samrtni čas došao" (577). Kada Pavle Isakovič, u graničnoj situaciji, potpuno nemotivisano psuje one koji ostaju posle smrti, onda on dodiruje nihilističkog junaka u svojoj sudbini, da bi tu mogućnost napustio u času kada stupi u pregovore i kompromise sa svetom, jer hoće da ostvari sopstvenu i nacionovu važnost u svetu. Vuič, međutim, ne traži od sveta ništa, njegova interpretacija nacionovog udesa nema pretenzija da obaveže svet i odjekne u njemu, kao što to hoće Pavlova interpretacija. Vuič, međutim, hoće da udalji svet „prezirom", što je dosledno nihilističko činjenje, koje „ne samo što kaže *ne*, što hoće *ne*, nego... i čini *ne*"[11]. Isakovič se, međutim, na počecima svog putešestvija, nalazi na granici takvog činjenja i iskustva i, otud, samo on i Vuič imaju o čemu da „dugo" razgovaraju, kao što se – u ravni metafizičkog junaka – samo on i Ziminski mogu razumeti. Dok je Ziminski Pavlu blizak po *nadi* koja vodi u Rusiju, Vuič mu je blizak po iskazanom prkosu u odnosu na svet. Ali, Pavle nije *dosledan* ni u odnosu na tu nadu, niti u odnosu na taj prkos, jer oni zahtevaju ostvarenje njegovih metafizičkih pretpostavki, koje je nemoguće zbog njegove egzistencijalne dvosmislenosti. Vuič povlači radikalnu konsekvencu iz svog znanja o svetu, dok Ziminski povlači radikalnu konsekvencu iz svoje vere u smisao smrti. Isakovič može samo da povremeno *simulira* doslednost nekom načelu: njegova priča o tome da je „u Karpatima, napustio svaku nadu" (593), kao bledi odsjaj Vuičevog stava da „sve mu je svejedno" (577), jeste privremeni ustupak nihilističkom junaku u sebi, posle kojeg sledi strmoglavljivanje u situaciju da postoji „u godini 1753, oktobra meseca, deset molbi kapetana Isakoviča, za audijenciju kod carice" (761). Dok je u poziciji nihilističkog junaka Pavle psovao „živote mučenika i žitija svetaca" (236), dotle će u času kada se od tog iskustva udalji, u halucinantnoj raspravi sa Vijenom afirmativno prisvajati te živote i žitija (318). U žitiju Jovana Zlatoustog Pavle je čak i „uživao", iako je znao da mu je Višnjevski tu knjigu poslao „da mu se naruga" (715). Koliko je Pavle egzistencijalno daleko od Ziminskog, toliko je daleko i od Vuiča: razlika između Ziminskog i Vuiča očituje se kroz Pavlov lik, jer Isakovič ne može da razočara Vuiča kao što je razočarao Ziminskog. Vuič, naime, njega i ne vidi kao ideal, za razliku od Ziminskog, jer za nihilističkog junaka na mestu ideala ne postoji ništa.

Istorijski rukopis

Smrt Marka Ziminskog, pored odlučujuće paralelnosti sa ontološkim mogućnostima lika Pavla Isakoviča, podrazumeva na završetku romana i posredne podudarnosti sa unutrašnjom svrhom istorijskog rukopisa kao takvog. Smrt Marka Ziminskog postoji kao *donkihotstvo* samo u skladu sa *individualnim* smislom junakovog postojanja. Ona, međutim, unutar istorijskog rukopisa postoji i u obliku ostvarene sile i moći, jer „đeneral Nikolaj Ivanovič de Preradovič komandovao je konjičkim gardijskim pukom, koji se u bici, kod mesta Austerlic, proslavio" (791). *Slava* ovog konjanika kao da je posledica izbegnute smrti u kornetskom činu Marka Ziminskog, jer istorijski rukopis čuva trag moći kao „imena đenerala, i onih, koji su, u Rosiji, postali feldmaršali i grofovi" (792). Tako se paralela između Ziminskog i Preradoviča — slava u jurišu — oblikuje kao paralela između života koji postoji ili ne postoji u moći. Ta paralela posredno uspostavlja paralelu — preko sudbine Preradoviča — između Ziminskog i Tekelije: „Tekelija je postao feldmaršal na Kavkazu i činio se naslednici Elisavete, Katarini II, kao Petar Veliki. Tako je rekla Potemkinu!" (792) Tekelijino izdvajanje unutar pripovedanja o pojedincima privilegovanog naciona u dosluhu je sa *selekcijom* istorijskog rukopisa, koju Pavle podrazumeva pod „slavnim konjičkim jurišem", zbog koje Ziminski ne odustaje od Rusije. Da li je, dakle, u moći sačuvan smisao smrti? Vlada li moć istorijskim rukopisom? Pominjanje Tekelije korespondira u romanu sa tom selekcijom kroz podrazumevanje Pavlovog doživljaja Tekelije: „Da nije bilo Tekelije, Savojski ne bi bio, iduće godine, mogao da siđe do Turske" i „da nije bilo Tekelije, Turska bi bila trajala još stoleća." (472) Pavle precizno imenuje Joana Tekeliju u njegovoj ulozi u bici kod Sente: on glas predanja postavlja u osnov svoje projekcije istorijskog rukopisa, jer istorijska nepotvrđenost znamenite uloge Joana Tekelije ustupa pred ozakonjenom vizijom te znamenitosti u predanju[12]. Pavlovo je pitanje – „zar nije nepravda da se ime Tekelije ne zna?" (472) – dvosmisleno, jer se u tome što ono može obuhvatiti i rodonačelnika i porodicu nalazi Joanovo odvajanje od imena porodice, koje počinje da podrazumeva samostalan smisao. Iz austrijske nazahvalnosti, koja istovremeno afirmiše i samostalno značenje prezimena i mogućnost da se odnosi na Joana, jer „Austrija Tekelije nikad nije pominjala" (472), hotimično sledi dvosmislena posledica: „Eno Tekelije sad u Rosiji" (472–473). Upravo odsustvo glagola omogućava dvosmislenost: ako bi se Pavlova tvrdnja odnosila na Joana Tekeliju – eno Tekelije sad *je* u Rosiji – ona ne samo što bi bila istorijski netačna[13], nego bi protivrečila Pavlovom znanju, jer on sam kaže da mu je „pričao... Tekelija, sin kapetana Ranka, a unuk čuvenog Joana" (608). Ako se tvrdnja, međutim, odnosi na porodicu – eno Tekelije sad *su* u Rosiji – onda je najasno zašto Isakovič povezuje istorijski nepotvrđenu[14] nezahvalnost Austrije prema znamenitoj ulozi Joana Tekelije u bici kod Sente, sa odlaskom u Rusiju (709) njegovog unuka Petra? On to na još odsudniji način kazuje pred Engelshofenom i u istovetnoj, a zagonetnoj, formulaciji kojoj nedostaje glagol: „da je Tekelija preveo, kod Sente, kroz baruštine na Tisi, noću, po zvezdama, sve trupe princa Evgenija Savojskog, i omogućio pobedu, a nikad mu ni hvala nisu rekli. Eno sad Tekelije u Rosiji." (425) Čitalac biva naveden da poveže bitku kod Sente sa Tekelijom u Rusiji, jer su to osnovni akcenti u Pavlovom prebacivanju, a ne *koji* od Tekelija tu učestvuje: umesto da ih razlikuje Isakovič ih povezuje. Pavle to čini u dosluhu sa sopstvenom projekcijom istorijskog rukopisa, koji ne dozvoljava zanemarivanje bitnosti u svom beleženju, što postoji i unutar Pavlove projekcije „slavnog konjičkog juriša": slava i moć su trag te bitnosti, prisustvo istorijskog rukopisa, supstitucija besmrtnosti[15]. Sve to bi trebalo da očituje prisustvo imena Tekelije u Rusiji. Završetak romana zapisuje to prezime bez imena kao nedvosmislene veze sa pojedincem, što je konvencija Pavlovoj projekciji o austrijskoj nezahvalnosti, jer se

110

prisustvo prezimena može povezati sa Joanom Tekelijom, koji i jeste jedini Tekelija u pripovedanjima Pavla Isakoviča. No, prepoznavanje Petra Tekelije u rečenici o Tekeliji na završetku romana treba da ispita smisao Isakovičeve rečenice o Tekelijama u Rusiji, i proveri Pavlovo povezivanje dedine i unukove sudbine. Podvizi Petra Tekelije, njegovo kolenovićko poreklo i njegov čin *nisu* odlučili da njegovo ime zapiše istorija, već je to učinila okolnost da je ličio na Petra Velikog[16]. Njegova sličnost sa *drugim*, a ne Pavlova projekcija, odlučuje o svesti koja upravlja istorijskim rukopisom. Naratorovo praćenje Pavlove projekcije otkriva se u činu koji je, sledeći svoj izvor[17], dodelio Tekeliji, koji, međutim, nije bio „feldmaršal", nego „general anšef"[18]. Time što mu je dodelio veći čin, narator je, povodeći se prividno za Pavlovom projekcijom, samo iznutra razorio njen osnov, jer je i veći čin *nebitan* za istorijski rukopis, koji pamti *sličnost* sa Petrom Velikim. Na osnovu te sličnosti on nije morao biti ni general, ni kornet, a mogao je biti trgovac, pa bi ostao zapisan: moć ne prekoračuje u logiku koja upravlja istorijskim rukopisom. Razlog zbog kojeg je Petar Tekelija upamćen ima ironijsku rezonancu u pominjanim bitkama sedmogodišnjeg rata na završetku romana, koje povezuju generala i korneta. Tekelija je u tim bitkama učestvovao, ali to istorijski rukopis prećutkuje, jer je dosledan razlogu zbog kojeg je upamćen Tekelija. Marko Ziminski je, otud, pomenut u tim bitkama ne po junaštvu, nego po *donkihotstvu*. Tekelija, dakle, otkriva dimenziju Ziminskovog junaštva kao *moći:* kao neko ko nije poginuo, već je stigao u sam vrh moći, on, koji je i junak i moć, nije zapisan u bitkama sedmogodišnjeg rata. Sam obrt u poslednjoj glavi romana razorniji je prema Joanu Tekeliji, jer nije upamćen onaj bez koga bi „Turska... trajala još stoleća", a upamćena je *sličnost* sa Petrom Velikim. Biti *sličan* egzistenciji kao da je pamtljivije od same egzistencije. Istorijski rukopis razara Pavlovu projekciju, koja povezuje juriš Ziminskoga i ime Tekelije, na taj način što podvige imena Tekelije na bojnom polju dovodi u srodnost sa saznanjem da je „Simeon Narandžič Zorič postao... ljubavnik te žene i ona je, o njemu, zapisala, u svojim, franceskim, memoarima, nešto, zanimljivo": „dok su drugi, da bi zadovoljili njenu, ljubavnu, žeđ, uzimali afrodizijake, taj Srbin je bio takav, da mu to nije bilo potrebno" (792). Iako istorijski rukopis postaje blasfemičan u odnosu na onoga koji je sprečio da Turska traje „još stoleća", on naglašava istovetnu logiku u zapisivanju sudbine Zoriča i Petra Tekelije: „Svaki stiče besmrtnost na svoj način" (792). Određenje „na svoj način" ne može se odnositi samo na Zoriča i Tekeliju, jer obojica stiču besmrtnost na *istovetnom* osnovu poznanstva sa caricom, a ne sami po sebi. Posredovana slavom generala de Preradoviča, koja je kontekstualno povezana sa Zoričevom i Tekelijinom besmrtnošću, *jedino* smrt Marka Ziminskog, samom faktičnošću istorijskog rukopisa, pokazuje *drugi način* sticanja besmrtnosti. Zoričeva sudbina postaje *naličje* sudbine Ziminskog: ona nije slučajno izabrana u aksiološki najnižoj ravni istorijskog rukopisa, jer narator *previđa* Zoričevu vezu sa Dositejem, iako na završetku romana pominje Dositeja. Zoričeva „besmrtnost" je drugo ime za jamčenje smisla smrti, koji „slavni konjički juriš" treba da osigura. Istorijski rukopis ispunjava svoj nalog tako što ništi svrhovitost: kao što je „istorija sačuvala", tako je „Katarina II zapisala" da „junački juriš" ili onaj „bez afrodizijaka"[19] vode na mesto gde „svaki stiče besmrtnost na svoj način". Prekobrojnost ratova, koji su osnov Pavlove projekcije, prikriva da dok je „dvor... vodio ratove sa Prajskom, pripremao podelu Poljske, hteo je da na presto Saksonije dovede jednog franceskog princa", dotle su „žene, kad bi dan prošao i noć se spustila, preuzimale, i razgovor, i uživanja, iza osvetljenih prozora, po kućama, vrtovima, paviljonima" (502). Otud smislu veka, koji je „sav posvećen uživanju u postelji" (287) i koji se deli na dnevni i noćni deo, pripada da „budućnost nižih oficira nije zavisila, ni u ratu, od junaštva i rana, nego, mnogo više, od nekog poznanstva, sa nekim grofom – od neke gospože, očarane, u postelji" (626). Završetak romana u svom istorijskom rukopisu spaja oba svojstva svetskoistorijske pozornice, jer „budućnost nižih oficira" *pretvara* u besmrtnost njihovih podviga i zajamčeni smisao smrti, a njihovo „junaštvo" i „rane" prepoznaje kao svojstva pogibije Ziminskog. Poznanstvo „sa nekim grofom" nagoveštava da će na završetku romana postojati sličnost po kojoj je Tekelija upamćen, a očarana gospoža „u postelji" upućuje na smisao Zoričeve sudbine. Zato što u Zoričevoj sudbini postoji bezazlenost u moći, ona se karakterizacijski približava Ziminskom, a odvaja od Tekelije: „ali je carica o

Zoriču napisala i to, da nije mogla da se načudi, kako se plemenitost i dobrota, kao tica, ugnezdila u srce jednog vojnika, a to je bio njen 'krasavec Sima!' " (792) Naratorovo[20] „ali" ne može pripovedački da suprotstavi ono što karakterizaciji Zoriča prethodi i ono što za njom sledi, jer Zorič nije subjekat vlastitog života, već njegova spoljašnjost. Njegovo sticanje besmrtnosti nema unutrašnju svrhovitost u moći, a njegovi „plemenitost i dobrota" čine ga paralelnim Ziminskovom svojstvu „srca od čoveka". Otud iste polazne pretpostavke vode – različitim životnim koracima – u istovetne ishode, jer *donkihotstvo* Ziminskovog juriša vodi saznanju o obesmišljenom ishodu Zoričeve smrti. Sudbina slavnog konjičkog juriša na završetku romana otkriva da u smrti nema onoga što je u njoj pronalazio Pavle Isakovič, jer je iskušana istina smrti u svesti istorijskog rukopisa nihilistički otvorena za tragični i groteskni vid tog događaja.

ISTORIJA I PRIČA

„Nemojte da verujete da pisac piše kao u nekoj hipnozi, i da on ništa ne zna. On to – da ništa ne zna – ne može u današnjem dobu, davno već, uostalom."[1]

Učešće čitaoca od odlučujuće je važnosti ne samo za razumevanje istorijskih glasova u romanu, već i za razumevanje poetičkog načela samog pripovedanja. Jer, postoje u pripovedanju tragovi koji omogućavaju sumnju u istorijske informacije i upućuju čitaoca da nasluti njihovu problematičnost: utoliko je u romanu uspostavljen *zahtev* da se čitalac aktivira u rekogniciji istorijskih saznanja koja prima. Roman, dakle, traži da čitalac *posumnja* u podatke, jer ih pripoveda tako da oni – isti – na različitim tačkama pripovedanja, međusobno protivreče: čitaočeva sumnja, koja je nastala iz same logike pripovedanja, mogla bi ga dovesti do saznanja koje mu ne mora biti prirođeno. U rečenici fratra Celestina „da to žali čak i Sveti Otac, koji je čovek prosveščenija" (406), čitalac može naslutiti autorovu ironičnu intonaciju umetničkog oblikovanja, koja je pojačana „korišćenjem starinskih jezičkih sredstava – kao, na primer, onda kad fratar za Svetog oca upotreblјava izraz 'čovek prosveščenija' "[2]. Da li čitaočevu slutnju može onespokojiti to što fratar u narednoj rečenici pominje papino svetsko ime „Lambertini" (406)? Naratorova opomena na specifičnost tog imenovanja je diskretna, ali precizna: „tako je fratar rekao" (406). Ako narator upućuje na papino svetsko ime, onda nije svejedno ko je papa. Da li u unutrašnjoj logici fratrovih reči izraz „čovek prosveščenija" stvara neku nesaglasnost, koju starinski jezički oblik naglašava kao osnov za autorovu ironiju? Izraz „čovek prosveščenija" podrazumeva, međutim, tri momenta: (1) tačno ime pape koji vlada u vreme Isakovičevog razgovora sa fratrima; (2) saznanje da je to „jedan od najučenijih papa, čuveni kanonist"[3], koji je, međutim, bio i „zainteresiran za znanosti svoga vremena, pogotovo za književnost i

114

povijest"⁴; i, odlučujuće, (3) taj papa „vrijedio je kao 'prosvijećeni' i moderan crkveni knez, koji je... bio duhovit i slobodan, te nije prezao pred kritikom crkvenih ustanova i osoba"⁵, pa se čak dopisivao i darivao sa Volterom, što je „škodilo papinu ugledu u javnosti"⁶. Izrazom „čovek prosveščenija" fratar imenuje ono svojstvo koje su u Prosperu Lambertiniju naglašavali njegovi savremenici i koje je postalo neodvojivi deo njegovog imena. Svetovno ime pape neutrališe, dakle, čitaočevu slutnju o autorovoj ironiji, jer i starinski jezički oblik samo ponavlja papin nadimak. To ime unutar fratrovih reči upućuje, međutim, čitaoca na stapanje kulturnoistorijskog horizonta sa horizontom pripovedanja. Postoje, međutim, i istorijske aluzije koje nisu u pripovedanju naglašene kao upitne i čije prepoznavanje potpuno zavisi od čitaoca: na šta upućuje Pavlovo saznanje da je Budim „u njegovom detinjstvu, bio u stanju da carstvu da nekoliko hiljada rascijanskih ratnika" (245)? Čitalac bi morao da godinu Pavlovog rođenja – 1715 – dovede u korespondenciju sa godinom – 1716 – u kojoj je ledi Meri Vortli Montegju putovala od Beča do Carigrada. Reči komandanta Budima o „dvanaest hiljada"⁷ rascijanskih ratnika u njenim pismima sa putovanja, koja su „postala čuvena u engleskoj literaturi", izazvale su i pažnju i sumnju Miloša Crnjanskog⁸, pa je njihov broj u romanu umanjen. Pavlova istorijska analogija da je, kao i on, i „despot serbski, grof Branković, držan... tako, u ovakvim sobama" (316) čitaocu može sugerisati samo tragizam nacionovog udesa. Ali, dubinska analogija, koju izražava sintagma „ovakvim sobama", uspostavlja se prepoznavanjem da se Pavle nalazi na Flajšmarktu (312), jer se Pavle nalazi u istom gradskom delu Beča u kojem je u kućnom zatvoru boravio grof Đorđe Branković⁹. U naratorovoj rečenici „kad rosijski poslanik, u Beču, Voznjicki, nije uspeo da oslobodi grofa Đorđa Brankoviča, Serbi posumnjaše i u rosijskog poslanika", jer „Branković je umro, u zatvoru" (618), čitalac je upućen na sve pre nego na *ime* ruskog poslanika, koji se, međutim, zvao slično, ali – i u onom izdanju knjige o grofu Đorđu Brankoviću[10] o kojem je Miloš Crnjanski 1930. godine pisao[11] – ne i isto: Prokopije Bogdanovič Voznjicin[12]. Naglašeno prisustvo kulturnoistorijske dimenzije u pripovedanju Crnjanskog preinačava smisao Crnjanskovih istorijskih razlikovanja. Ta razlikovanja imaju svoj smisao – unutar promenjenog poetičkog načela – upravo kao razlikovanja: to nisu neke hipotetičke greške irelevantne za samu prirodu pripovedanja, jer postoje u rezonanci sa minucioznim preciznostima istorijskog rukopisa, što znači da priča postoji samo *između* dve mogućnosti istorijskog rukopisa romana. O prepoznavanju tih mogućnosti odlučuje čitalac, jer „aktivnost čitanja može biti određena kao jedna vrsta kaleidoskopa perspektiva, prethodnih namera i sećanja"[13].

Istorijski rukopis

Svetskoistorijska pozornica u romanu postoji unutar dvosmislenog pripovedanja, jer se istorijske figure pojavljuju i u ogledalu sopstvenih reči: „Prajski kralj, Fridrih II, koga je Marija Terezija smatrala za čudovište u ljudskom obliku, postao je bio njen smrtni neprijatelj. Ona ga je videla i u snu, u njegovoj, crnoj, prajskoj, uniformi, sa franceskim trikornom, na glavi, kako je gleda svojim strašnim, ludačkim, velikim očima, koje su bile jasno plave." (346–347) Pročitavanje paralelnosti između svetskoistorijskog događaja i ludačkih očiju gradi *vezu* između dva smisla. Kolebanje smisla unutar istorijskog rukopisa ne signalizira, međutim, tek nesigurnost njegovih izvora ili oblika njegovog formiranja, već istorijsko zbivanje kao takvo suočava sa pitanjem o njegovom osnovu. Ako je – unutar istorijskog rukopisa – znanje o ratu zasenčeno ludačkim očima pruskog kralja, šta čudovišnost njegovog pogleda unosi u istorijsko zbivanje? Pripovedački spoj dve različite percepcije otkriva logiku koja protivreči samorazumljivosti i hijerarhizovanosti činilaca u istorijskom zbivanju, jer događaji – u transfiguracijama istorijskog rukopisa – slute prividnost svetskoistorijskog smisla u sebi. Kada narator naglasi da „među imperatricama, rosijskom i austrijskom, i kraljevima, anglijskim i franceskim, pojavio se bio taj novi kockar, da sa njima igra faraona" (347), onda pojava Fridriha II, uprkos njegovoj volji za moć, ostaje izvorno onemogućena da se prepozna u sudbonosnim posledicama te moći. Jer, narator je motri *iskošenom* percepcijom unutar svetskoistorijske bezuslovnosti: rat koji je kockanje postoji u neizračunljivosti kockarske pretpostavke, koja ograničava sjaj volje za moć u ludački plavim očima pruskog kralja. Narator različito artikuliše ulog „u toj igri": dok vrednosno neutralno opisuje dobitak same „zemlje" prećutkujući stanovništvo, dotle tragično akcentuje vojničke smrti kao „stotine hiljada krvavih vojnika, pretvorenih u lešine" (347). On, dakle, implicitno otkriva odsustvo smisla u zbivanju, koje oduzima sadržaj volji za moć. Njegovo shvatanje istorijskog zbivanja kao da je načelno dvosmisleno, jer obuhvata i kontingentnost istorijskog saznanja: „kralj prajski, na konju, u čizmama, do iznad kolena, nikad nije uspeo da austrijsku imperatricu umiri, očara – on joj je bio odvratan i kao čovek", na način na koji su „muškarci, izvesne vrste, odvratni ženi koja je dobra mati" kao Marija Terezija koja je „rađala decu – šesnaestoro". Otud, međutim, nužno sledi prvorazredna istorijska bitnost da su „ratovi između Austrijske Imperije i Prajske bili... gori nego turski" (347). Raspon istorijskog rukopisa otkriva njegovu nepredodređenost teleologijom svetskoistorijskog rata: logika rukopisa ne izmiče istorijskom zato što to hoće, već zato što istorijsko – unutar rukopisa – izmiče samo sebi. Čitalac će u rečenici kako su se „duž puteva belele... i sušile ljudske lobanje i kosti" (165) teško prepoznati pogled Meri Vortli Montegju na „polja zasuta lobanjama i kosturima nepokopanih ljudi, konja i kamila"[14] koji je Crnjanski transponovao[15]. Ali, ako čitalac prepozna izvor pripovedačkog saznanja, on će uočiti pripovedačku transformaciju tog saznanja u skladu sa saznajnom optikom samog pripovedanja. Jer, tragični smisao slike da su se „duž puteva belele... i sušile ljudske lobanje i kosti" jedini je smisao koji postoji u pismu Meri Vortli Montegju, pošto ona u nastavku zapisuje: „ne bih mogla posmatrati bez užasavanja tako mnoštvo osakaćenih ljudskih tela i razmišljala sam o nepravednosti rata, koji ubijanje čini ne samo nužnim, već i hvalevrednim"[16]. Naratorov pogled se, međutim, u nastavku rečenica koje opisuju sliku sa bojišta premešta na sliku rascijanskog nastupanja „pod komandom austrijskih đenerala, koji su imali velike, troroge šešire, ukrašene nojevim perjem" (165). Ti šeširi otvaraju oku drukčiju, a istovremenu, percepciju „ljudskih lobanja i kostiju", jer oni oblikuju perspektivistički smisao tragične slike kao onaj smisao koji je inherentan pripovedanju. Kada istorijski rukopis u istoj rečenici spoji Engelshofena „koji je sve krečio – i kuće, i štale, i latrine" (167) sa njegovim –

etički nadmoćnim i pripovedački presudnim – mišljenjem „da se tako ne upravlja ljudima i da će te drakonske mere oterati te verne vojnike ćesara, u carstvo rosijske imperatorke" (168), onda on etičku i tragičnu vertikalu nacionove sudbine prespektivizuje karikaturalnim svojstvom onoga ko je saopštava. Ako postoji ista vrednost svetskoistorijskog i partikularnog u istorijskom rukopisu, onda je sámo istorijsko redundantno do neprepoznatljivosti, jer poništava metafizičku artikulaciju svog smisla. Ako parada obeležava vojničko zaleđe Isakovičeve i nacionove sudbine i podrazumeva ambleme moći (konje, juriše, uniforme, oružje) u istorijskom pamćenju zbivanja, onda zapis da je „počela razmeštanjem pisarskih stolova, akata, fascikula... mastionice" (179) otkriva prisustvo ne-junačkog doba u duhu koji pamti zbivanje. Nacion i zbivanje postoje, dakle, u osnovnijoj artikulaciji od tragične, jer se prepoznaju u onome što je bilo zaklonjeno istorijskom važnošću. To što je bilo zaklonjeno postaje drugo lice istorijskog i dolazi do sebe u samom zapisivanju. Ako se istorijsko zasniva tako što pripada nečemu što nije ono samo, onda je njegov smisao u romanu *simuliran,* ali ne zato što postoji kao neprepoznat ili netačan, već zato što kao tačan i prepoznat stvara – u istorijskom rukopisu – razliku u odnosu na sebe. Istorijsko je, dakle, lažno, jer što je tačnije i bliže činjeničnosti, ono postaje višesmislenije, ali ne samo zato što je „činjenica uvek glupa i u svim vremenima je više ličila na neko tele nego na nekog boga"[17]. Istorijsko, naime, otkriva svoj oblik unutar *ironičke samosvesti,* koja je „neko nad tim lebdeće naslućivanje da tu nema mesta za likovanje, neki strah da će možda uskoro doći kraj čitavom veselju istorijskog saznanja"[18]. Toj samosvesti potčinjena su i srpska imena, jer u Austriji „niču... promenjena, imena, Srba" koji se „pretvaraju u Dejovanoviče, Depreradoviče, Deruniče, Debožiče, pa ih mešaju u aktima i molbama", a Volkov naglašava da je „teško... njihova imena, i inače, prepisivati: eto on piše jednoga: Šterba, a Austrijanci pišu to Čorba, pa nije lako reći, jesu li to dva oficira, ili jedan" (344). Promena imena – kao posledica odustajanja od seobe – pečati promenu identiteta, koji, međutim, i promenjena i nepromenjena imena prepoznaje kao istovetno neprozirna, jer nema pojedinačnog izmicanja nacionovom udesu. To što Isakovič ukida dvostruki identitet – Šterba ili

Čorba? – kada prepozna „da mu je to rođak, i jedan isti oficir, i da ga zna" (344) obeležava da postoji naglašeniji pripovedački interes za Šterbino ime[19]. Ono ilustruje kako su „čudnovati... putevi sudbine", pošto „kartografski materijal, koji je Šterba izradio, u to vreme, kod Višnjevskoga... za Kostjurina – ležao je pod prašinom, arhiva, u Kijevu", ali „kad su, međutim – posle sto godina, godine 1849, rosijske trupe ulazile u Mađarsku, da uguše mađarsku revoluciju, ulazile su, preko Karpata i silazile do Arada, tačno po Šterbinom kartografskom materijalu." (575) U prepoznatljivoj biblijskoj aluziji bog je zamenjen sudbinom, što sluti da se – u svesti istorijskog rukopisa – nešto dogodilo sa njim. Nesvrhovitost Šterbinog kartografskog materijala, koji je nastao na putu a „ležao... pod prašinom arhiva", pretvara se u zapretenu svrhu, koja zbivanje određuje neprozirnom pripremom, jer *smisao* Šterbinog materijala postoji u budućnosti, dok je maršruta ruskih trupa godine 1848. iscrtana u njima dalekoj prošlosti[20]. Da li je čudnovatost sudbine kako je razume istorijski rukopis previdela otežavajuću okolnost u presudi kapetanu Terciniju da Pavle Isakovič „može odneti u inostranstvo mnoge tajne ovih, pograničnih krajeva, i fortifikacija u ovom kraju", da „zna dobro i naoružanje", kao i „duh, koji ovde, u slavonskim, pograničnim garnizonima, vlada", što je sve, naravno, „opasno" (232)? Dok logika sveta vidi opasnost za carstvo u poznavanju graničnih fortifikacija kod preseljenika, dotle se u istorijskom zbivanju to poznavanje pokazuje spasonosnim za carstvo. Razlog Tercinijeve osude je lažan u svojoj samorazumljivosti. Ako je čas njegovog ostvarivanja u presudi čas koji je zapisan, onda istorijski rukopis – i rukopis presude, i rukopis koji je ponavlja u romanu – otiskuje samu *laž* kao osnov istorijskog činjenja. Istorijsko je lažno u onom času u kojem je najsudbonosnije ostvareno u svetu. I dok saznanje o Šterbi skriveno postoji – imenom Čorba – na završetku romana, dotle Volkovljevo iskustvo sa zapisivanjem srpskih imena sjaji u poslednjoj glavi romana samo po sebi, jer u njoj se – kao imena doseljenih oficira – spominju Ranko Rodion *de Preradovič* i Georgije i Juri Rodionovič *de Preradovič* (792). To su „promenjena, imena Srba" istovetna sa plemićkim imenima Srba koji su ostali u Austriji i pretvorili se u „Depreradoviče" (344). Beležeći njihova imena, kao bitna imena samog zbivanja, istorijski rukopis beleži sveobuhvatno *ponavljanje* umesto smisla seobe, koja je, međutim, svetskoistorijski događaj u nacionovoj sudbini. Završetak romana na taman način ponavlja saznanje da je kancelar imperatrice „faktičeski rešavao, godinama, sa kojim će narodom Rosija biti u dobrim odnosima, a sa kojim kraljem, u ratovima" (618-619), jer ono što je rešilo sudbinu Isakoviča „voljom, te, njima nepoznate, žene, bili su njeni državni planovi, koje su Šuvalovi, Bestuševi, Rumnjancevi, izradili" (787). Sačuvana je neprozirnost istorijskog činjenja, iako nema njegove neizračunljive pozadine, jer sudbina Isakoviča zavisi od volje *nepoznatog*. Ali, volja „njima nepoznate, žene" na završetaku romana ne podrazumeva u izradi njenih državnih planova samo njihovo ostvarivanje, već i njihovo stvaranje, koje je „faktičesko rešavanje": otud ti planovi i nisu planovi njene volje. Delotvorna volja istorijskog zbivanja – kao ono što odlučuje o sudbini Isakoviča – nije volja subjekta, jer ona nije ni volja caričinih kancelara, pošto „san Minihov, osvajanje Konstantinopolja, gde se očekivala pomoć hrišćana, 20. 000 ljudi, koji će se Rusima pridružiti, napušten je" (788). Nije zapis o napuštanju kancelarovog plana tek registrovanje promena svetskoistorijskih sila i moći, već je obnavljanje pripovedačkog pamćenja o udesu koji je zadesio samog kancelara, jer „Minih, koji je sanjao da za Rosiju uzme Konstantinopolj" i „Osterman, koji je sanjao da Rosiji stvori mornaricu, koja će i švedsku flotu moći tući – završili su u tamnici, u Sibiru, mučeni" (636). Način Minihove smrti otkriva da Bestušev, iako je „faktičeski rešavao", nije subjekt istorijskog i opunomoćenik njegove volje i smisla. Minihov udes je sam po sebi znak zaustavljanja njegove volje i moći pred nekom osnovnijom moći. Propast njegovog plana, koja postoji na završetku romana odvojena od kancelarove katastrofe, obeležava, međutim, zainteresovanost istorijskog rukopisa da ospolji propast svake moći subjekta u zbivanju: ako kancelar hoće da sprovede testamentarni zavet Petra Velikog o osvajanju Carigrada, jer je to put da se postane gospodarom sveta[21], onda vest o napuštanju tog zaveta, obeležava istorijsko onemogućavanje i carske moći, jer je to moć subjekta[22]. Nema subjekta u planovima koji rešavaju sudbinu Isakoviča, jer oni ne pripadaju ni onoj volji u čijem imenu postoje, ni onim moćima čija ih misao stvara ili sprovodi. Ako istorijsko postoji lišeno volje koja ga uzrokuje i izvorno desubjektivizovano, onda istorijski rukopis beleži, dakle, akcidencijalno, jer i ono prebiva u ontološkoj mogućnosti istorijskog. Ne postoji, strogo uzev, nikakva načelna razlika između akcidencijalnog i supstancijalnog u istorijskom zbivanju ili njegovom rukopisu, kao što nestaje svaka načelna razlika između zbivanja i rukopisa. Sámo istorijsko se javlja kao kontingencija, jer je se sastoji od „mnogo malih kontingentnih činjenica"[23]. Rukopis ponavlja istorijsko prisustvo u sopstvenoj nesvrhovitosti kroz selekciju kojom ne razlikuje bitno i slučajno, jer „nema nikakvog 'bića' iza činjenja, dejstvovanja, postajanja; 'učinilac' je činjenju prosto u mislima pridodat – činjenje je sve"[24]. Ponavljanja u istorijskom rukopisu završetka romana naglašavaju akcidencijalno, a ne supstancijalno, načelo u neprozirnosti istorijskog, jer kada istorijsko počiva na nesaznatljivosti ono prebiva kao akcidencijalno, zato što prisustvo bîti u istorijskom nužno jamči njegovu – makar i zapretenu – saznatljivost. U „papiru Elisavete Petrovne", na kojem je „zapisano, njenom rukom: Plamen Ogn", samo akcidencijalno može da opiše bezuzročnu tajanstvenost umesto da nagađa o tajanstvenom uzroku, jer „niko, ni danas, ne zna, zašto, niti šta to treba da znači" (788). Ako bi se danas moglo raspoznati šta to znači, onda bi danas pronašlo daleku svrhu ondašnje nerazumljivosti, dok danas koje samo opisuje ondašnju nerazumljivost sluti nerazumljivost koja jamči zapisivanje s one strane svake svrhe. Samorazumljivost istorijskog rukopisa je prividna i neosnovana, jer je istorijsko problematično ne zato što je akcidencijalno, već je akcidencijalno zato što je problematično. Ako je za istoriju „grof Kajzerling vidljiv... godinama, kroz dokumenta, kao čuven, rosijski, posol", onda to što ona ne svedoči „da li je ostao ćelonja, ili mu je pomogao harputer" (781) obeležava svest istorijskog rukopisa na završetku romana o manjkavostima istorijskog znanja. Jer, vrednosna neravnoteža između poslanikovog čuvenja i njegove ćelavosti ne opravdava istorijsko znanje: ako je u ćelavosti sakriveno nešto egzistencijalno u ruskom ambasadoru, što otiskuje u Pavlovoj svesti kontrast između njegove moći i njegovih svojstava (469), onda je odsustvo egzistencijalnog nužna žrtva istorijskom znanju. Ali, sa stanovišta

121

istorijskog rukopisa romana, istorijsko znanje o poslanikovom čuvenju ostaje bez svog sadržaja odsustvom saznanja o poslanikovoj prirodi, koju ironično otkriva njegova ćelavost: kada je beleženje bitnog, istorijsko znanje je prazno beleženje. Kada istorijski rukopis *jamči* da je „baruna Engelshofena... lako... pratiti, u dokumentima onoga vremena, sve do njegove, svečane, sahrane" zato što „datum njegove smrti tačno se zna" (781), onda bezlični oblik *se zna* nagoveštava poigravanje ironičke samosvesti sa istorijskim znanjem, jer ona ne saopštava koji je to datum: onaj koji to zna sakriven je u ovome *se* i on jamči. To je dosledno, jer *jamčenje* potiče od onoga koji zna da je Engelshofen „krečio sve" – kao što je Kajzerling bio „ćelonja" – što istorijsko znanje ne zna. Poverenje u njegovu garanciju jeste poverenje u ono što istorijskom znanju izmiče: to je poverenje u akcidencijalno koje prebiva u istorijskom rukopisu. Kada, međutim, istorijski rukopis dopuni istorijsko znanje da je Garsuli „ubijen u Trijestu, godine 1764" podatkom da je bio „na putu za Krf" (781), onda on naglašava ono na šta istorijsko znanje i ne pomišlja: nije smrt samo stigla Grka „sa Krfa" (169) u času kada je putovao svom poreklu, već je smisao te smrti u tome što je Garsulija „ubio... sluga" (781), što je i pripadalo „niskom poreklu ovog dvorjanina" (169). Ne postoji, dakle, samo podudarnost između mesta njegovog rođenja i cilja puta na kojem ga dostiže smrt, niti samo podudarnost između oblika te smrti i njegovog porekla, koje je čitavim životom hteo da zakloni, već se moralna niskost njegovog postojanja oglašava u obliku njegove smrti[25]. Kada istorijski rukopis na završetku romana imenuje vladiku Vasilija kao „trona serbskago egzarha" (782), on hotimično zaboravlja da grof Kajzerling – u susret nadolazećem istorijskom znanju[26] – sumnjiči Vasilijevo titulisanje kao nešto neumesno, nedozvoljeno, hirovito i problematično (370). Samo taj zaborav obezbeđuje da *paralelno* postoje i preinačavanja Kajzerlingove sumnje i podrazumevanja njene osnovanosti, koja ironično obuhvata poslednji zapis o vladiki u romanu. Istorijsku netačnost[27] da „Vasilije... nikad nije dobio dozvolu da se iz Rosije vrati u Črnu Goru" (782), istorijski rukopis podupire tačnim saznanjem da je Vasilije Crnu Goru „opisivao kao da je lepa i plodna" (782)[28]. Vasilijev opis je, međutim, osporen već u romanu – istorijskim[29] – izveštajima ruskih oficira „da je Crna Gora golo stenje, siromašna zemlja" (370), što završetak romana ignoriše, ne zato što ide u susret mogućnosti da Vasilije čezne – usled nepostojeće prepreke – za povratkom, već zato što naglašava važnost Vasilijeve *knjige* za istorijski rukopis romana. Opis Crne Gore u toj knjizi – „lepa i plodna" – treba da kontrastno podupre (istorijsku[30]) neistinu da je Vasilije umro „u jadu i bedi". *Mesto* u kojem je ta knjiga objavljena (Moskva)[31] neistinito postaje mesto – „u Moskvi" (782) – u kojem je Vasilije umro, iako je on umro u Sankt-Petersburgu[32]. *Godina* objavljivanja te knjige – 1754 – postaje u transformacijama istorijskog rukopisa na završetku romana neistinita[33] godina vladikine smrti, jer Vasilije nije umro „maja meseca 1754"[34] (782), već 10. marta 1766. godine. Godina Vasilijeve smrti nije, dakle, proizvoljno odabrana od strane istorijskog rukopisa, već je postavljena *nasuprot* istorijskom znanju, jer ona – kao godina Vasilijeve knjige, a ne bilo koja moguća godina – traži da bude prepoznata kao istorijski neistinita. Aluzivna paleta istorijskog rukopisa prepoznaje se u njegovoj odluci da upravo *ta smrt* bude *garancija* „da je Isakovič proveo, i godinu 1754, u Černigovu i Bahmutu i bio živ", jer se to „vidi iz jednog pisma prote Buliča, koji je Isakoviča, povodom smrti vladike Vasilija u Moskvi, pomenuo" (789). Čitalac koji prepozna godinu objavljivanja vladikine knjige kao godinu u koju roman smešta njegovu smrt, opomenut je da Pavlova sudbina počinje da postoji kao trag istorijskog, što znači da hipotetička godina Pavlovog života postaje akcidencijalna. To se događa i sa sudbinama drugih junaka u romanu, jer u naratorovoj rečenici da „prema tom pismu, izgleda, da prota Bulič optužuje Pavla da je u Mirgorod došao, sa jednom, mladom, lepoticom" koja se zove „Tekla, kćer voskara Despotoviča iz Budima" (782) postoji dvosmislenost reči „izgleda": da li tako jeste ili se tako samo čini? Ta dvosmislenost je *signal* da akcidencijalnost vlada istorijskim, pošto je Tekla *unuka*, a ne kći Despotoviča. Kako čitalac ne može prevideti da je Joan Božič otac Teklin, onda mu narator sugeriše da Tekla postaje sopstvena kći u istorijskim tragovima, ali i da „u toj igri prošlosti" (782) akcidencijalnost istorijskog omogućava trajnu dvosmislenost u saznanju ko je kod Pavla došao: Tekla ili kćer voskara Despotoviča? Narastajuća akcidencijalnost istorijskog otkriva nihilističko iskustvo u svesti istorijskog rukopisa na završetku romana.

Šta, dakle, interpretira istorijski rukopis u svom *ponavljanju* istorijskog znanja: „Taj rat, koji se nazvao sedmogodišnji, kažu, izazvali su Englezi, koji su zavideli, na bogatstvu, Francezima. Englezi, kažu, da je taj rat počeo u Americi, gde su Francezi hteli da otmu kolonije Engleza. Marija Terezija pomagala je, u tom ratu, Franceze. A rosijska imperatrica, Mariju Tereziju, protiv prajskog kralja, koji nije bio ljubitelj žena." (783) Postoji alogična struktura ovog opisa svetskoistorijske borbe interesa i moći, čiji vrh obeležava odsustvo motivacije u ponašanju Marije Terezije. To ponašanje neizbežno podseća na pripovedačka tumačenja koja istorijski rukopis u sebi podrazumeva: ako je njen protivnik pruski kralj, zašto ona ratuje protiv Engleza? Ako Mariju Tereziju – u njenoj pomoći Francuzima koji ratuju protiv Engleza – pomaže ruska carica *protiv* pruskog kralja, odakle on? U odnosu na pripovedanje o Mariji Tereziji i Fridrihu II (346–347), istorijski rukopis na završetku romana uvećava perspektivu, jer se njihov sukob – sa svom važnošću i nepomirljivošću – uklapa u obuhvatniji svetskoistorijski horizont. Taj sukob, umesto da je centar, postaje samo refleks, koji je „uzrokovan jednim nizom istorijskih kontingencija"[35]. Dolazak pruskog kralja u sukob moći i interesa Engleza i Francuza, koje pomažu Marija Terezija i Elisaveta Petrovna, zahteva minimalno i logično objašnjenje, jer provocira logiku koja *prethodi* istorijskom znanju o toj moći i interesima. Umesto tog objašnjenja dolazi, međutim, saznanje da pruski kralj „nije bio ljubitelj žena". Izostajanje istorijskog objašnjenja na završetku romana saglasno je ironičnoj nadoknadi tog objašnjenja. Ironička samosvest kuca u temelje istorijskog, jer ga preokreće: rat između Austrije i Rusije protiv Pruske, koji je motivacijska pozadina sudbine Isakoviča i jedino tako relevantan za pripovedanje, ne poseduje objašnjenje u istorijskoj distribuciji moći i interesa, dok rat između Engleske i Francuske, čija eventualna relevantnost za pripovedanje može biti izvedena samo iz prvog sukoba, poseduje *takvo* objašnjenje. Istorijsko znanje postoji na završetku romana kao pripovedački nerelevantno, jer se svetskoistorijska vizija rata kao sukoba moći i interesa oblikuje u *perspektivi* kontingencije. U istorijskom rukopisu preokret koji zahvata značenja istorijskog je svesno i naglašeno trivijalan, banalan, pun jednostavnog humora i doskočice: ako ruska carica hita u pomoć austrijskoj imperatrici, onda se one ne pomažu zato što *one* ne vole pruskog kralja, već zato što on „nije bio ljubitelj žena". Da je pruski kralj „bio ljubitelj žena", onda ne bi bilo razloga za rat koji predstavlja svetskoistorijski događaj. Muškarci i žene u carskim i kraljevskim figurama postoje na svetskoistorijskoj pozornici istovetno kao i moć i interesi: dve mogućnosti koje postoje na mestu *istorijskog* objašnjenja samo *simuliraju* mogućnost takvog mesta. Ako je samorazumljiva sva besmislenost saznanja, koje donosi istorijski rukopis, da pruski kralj „nije bio ljubitelj žena", onda je odlučujuće da to saznanje uništava svetskoistorijske razloge moći i interesa, jer ih ogleda u njihovim protagonistima. Ako krvavi sukobi vojski i bezbrojne ljudske smrti postoje na pozorišnoj sceni svađe muškaraca i žena, onda nestanak maski, kulisa, šminke – u svesti istorijskog rukopisa – prepoznaje sámo istorijsko kao metafiziku mržnje muškarca prema ženama. Ozbiljna i uzvišena tragička igra u moćnom dejstvu svojih zakonitosti („zavideli, na bogatstvu... hteli da uzmu kolonije"), nihilističkim preokretom postaje imoralistička i cinična farsa: dok je tragično u istorijskom znanju bilo uzvišeno i podrazumevalo boga, dotle je nihilističko u istorijskom rukopisu s one strane uzvišenog i boga. Ironička samosvest istorijskog rukopisa postoji kao unutrašnja *perspektiva* istorijskog znanja. Misao da je razlog svetskoistorijskog događaja to što Fridrih II „nije bio ljubitelj žena" nije, međutim, osnovno znanje na završetku romana. Podrazumevani smisao te misli postoji u tome da ona u sebi *ponavlja* percepciju Marije Terezije, kojoj je pruski kralj „bio odvratan" kao muškarac (347). Istorijski rukopis, dakle, u sebi ostvaruje onu percepciju zbivanja, koju istorijsko znanje previđa, jer osećanja Marije Terezije iz registra istorijskog znanja pripisuje Fridrihu II na završetku romana. Cilj tog premeštanja nosioca carskog antagonizma usmeren je na to da sačuva banalnost tog antagonizma od njegovog identifikovanja sa protagonistima svetskoistorijskog događaja: banalnost jeste njegov uzrok, ali je taj uzrok univerzalan. Nema istorijskog subjekta koji može da upravlja tom banalnošću, jer tamo gde bi on delao u zapretenom ili neraspoznatljivom saglasju sa metafizičkim smislom, svet-

125

skim duhom ili lukavstvom uma ne postoji ništa. Istorijski rukopis je, dakle, nihilistički preokret primarnog u sekundarno, supstancijalnog u akcidencijalno[36], koji neprozirnost istorijskog zamenjuje njegovim opisom. Taj opis, međutim, uvek upućuje sam na sebe.

Glasovi u priči

Na završetku romana pokazuje se, u najvećem mogućem stepenu, svest o intertekstualnim vezama unutar pripovedanja. Šta ova svest otkriva u drugim tekstovima i kulturnoistorijskim stvarnostima kao davnim učesnicima priče o Pavlu Isakoviču? Ako zna da je ruski istraživač Vitus Bering otkrio Aljasku 1741. godine, što je desetak godina pre dolaska Isakoviča u Rusiju, da li je čitalac mogao biti zbunjen što je reč „Kamčatka" u pripovedanju pre završetka romana objašnjavala Isakovičima neshvatljivu veličinu ruske imperije? Kada, međutim, na završetku romana narator retorički nagađa koliko je, u trenutku Pavlove hipotetičke smrti, „drveća, tundri, trava, proklijalo, i u Rosiji, pa i na Kavkazu, pa i na Uralu, sve do Kamčatke Dositejeve" (789), onda čitalac otkriva da reč „Kamčatka" ima u pripovedanju i ne-geografski, kulturnoistorijski smisao. Naratorova svest izgovara, dakle, tu reč sa dva glasa. Kamčatka nije samo tačka koja obeležava nezamislivu veličinu ruske zemlje, već i simboličko odredište kraja sveta, zato što iza Kamčatke nema više ničeg. Jer, „mitropolit smirnejski Neofit... da je mogao i vlast imao, bi ga ne u Sibiriju nego u Kamčatku u zatočenije opravio, ili, ko zna, ako ne bi i gore s njim raspoložio"[37]. Kamčatka je, za Dositeja, ne samo veća geografska kazna od Sibira, već najveća geografska kazna uopšte, iako se ruska imperija proteže i dalje od nje, jer su prvo naselje na Aljasci, na ostrvu Kodijaku, osnovali Rusi 1783. godine. Kako od Kamčatke nema, za Dositeja, gde geografski dalje, onda se gora sudbina može doživeti samo u nekom ne-geografskom smislu. Narator, dakle, sledi Dositejevo shvatanje Kamčatke, jer i on govori o veličini ruske imperije koja se završavala Kamčatkom. Već u vreme Isakoviča veličina te imperije prekoračuje Kamčatku, što Isakoviči ne moraju znati, ali što narator zna. On, međutim, podrazumeva da se dalje od Kamčatke ne može ići, jer sledi Dositeja, koji zna da ni strast „tipomanije", iako „neobuzdana", ne prekoračuje dalje od tog mesta: „vtora čast moji 'Sobranija vešti' valja da se izda, da bi znao u Kamčatku poći"[38]. Narator napušta, dakle, svoja znanja o veličini ruske imperije u korist Dositejevog viđenja veličine te imperije koja se okončava Kamčatkom. Njegovo pripajanje Dositeja Kamčatki na završetku romana sluti, međutim, naratorovu ironiju nad tadašnjim – i Dositejevim – znanjima. Ta ironija otkriva postojanje naratorove svesti o saznajnoj ograničenosti Dositejevog uvida, ali i kulturnoistorijsku privlačnost te ograničenosti, jer ona omogućava da se značenja Kamčatke ukrste sa značenjima kraja sveta. Pavle Isakovič je, otud, ostao u Rusiji zato što su svi putevi vodili u Kamčatku kao kraj sveta, pošto mu se pretilo Sibirom, koji je samo tranzitna stanica na putu za kraj sveta.

Crnjanski ne uspostavlja intertekstualne veze svog pripovedanja samo direktno sa *tuđim tekstovima*, već njegovi sopstveni tekstovi postoje kao posrednici u intertekstualnim vezama koje roman uspostavlja. Podrazumevanja naratorske svesti imaju u pripovedanju oblik *prećutkivanja*, zatamnjujući splet intertekstualnih veza koje upravljaju pripovedanjem. Kada Pavle priča kako je ostareli Joan Tekelija posetio Rakocija „u varoši, zovomaja Rodošto" (608), čitalac je upućen ka istorijskom izvoru pripovedanja[39]. Sama Pavlova slika njihovog nekadašnjeg neprijateljstva – to da se Tekelija zaricao da će Rakocija „odrati živa", što je važilo i obrnuto (608) – otiskuje pečat Pavlovog patetizovanja neprijateljstava. Jer, suočena sa istorijskim znanjem o Tekelijinom zarobljavanju od strane Rakocija[40], ona otkriva da je Tekelija razmenjen kao zarobljenik: on, dakle, nije ni bio neuporedive, već promenljive vrednosti. Poenta Pavlove priče da su „dva stara krvnika sedela... i slušala šta more govori" (608) izaziva Đurđevo pitanje „šta more govori", što bi i moralo biti poenta cele priče: Pavle, međutim, samo kaže da to „šta more govori, još ni jedno ljudsko uvo nije razumelo, u mladosti", dok „u starosti, dockan je" (609). Pavle, dakle, ne otkriva to šta je šum mora oblikovao u duhu dvojice krvnika, već ta nesaznatljivost – kako god je čitalac razumeo – ostaje u romanu definitivna. U romanu *Kod Hiperborejaca* prepoznaje se, međutim, *poreklo* susreta Tekelije i Rakocija: „Iznenada, u mojoj glavi, stalno se ponavlja jedna misao. Stalno se ponavljaju reči, koje sam, pre trideset godina, učio: TRAG NJIHOVIH KONJA ZAVEJAĆE SNEG. To kažu transilvanski buntovnici, kad napuštaju zemlju i prelaze Karpate, povlačeći se u Tursku. Oni su otišli i naselili se u Rodošto, na Mramornom moru. Onaj, koji je među njima poslednji ostao, sedeo je na jednom kamenu, pred kućom i, usamljen, slušao šum morskih talasa. Veli, u stihu: EGYEDUL HALGATOM TENGER MORMOLAST... Usamljen slušam mora mrmljanje... Tako piše onaj, koji je poslednji preostao – ali otkud da mi pada na pamet, to..."[41] Govor mora stiže u naratorovu svest posredstvom stiha da *trag njihovih konja zavejaće sneg:* taj stih se javio naratoru kada se našao u blizini misli o sopstvenoj smrti, kojoj su se približili i Rakocaji i Tekelija u času dok slušaju šaputanje mora. Govor mora šapuće, dakle, taj stih u uho staraca koji ga razumeju, jer su blizu smrti, dok mladost, zavedena svojim priviđenjem da je daleko od smrti, ne razume šapat mora. Tekelija i Rakocaji su se pomirili, jer je trag njihovih konja zavejao sneg, pošto „misao na smrt, rađa misao na trag konja, koji nestaje u snegu, kad jahači odu"[42]. Misao na smrt odjekuje šapatom mora i menja smisao prošlih dana u duhu Tekelije i Rakocija. Ali, *ta misao* postoji u naratorovoj svesti u času kada *prećuti* poentu priče o govoru mora. To prećutkivanje jeste onaj glas koji će se retroaktivno prepoznati u pripovedanju: ne samo svojim odsustvom u priči, već i svojim prikrivenim prisustvom u rečenici na završetku romana: „sve je to nestalo, kao neki šapat, pod debelim slojem snega" (783). Sneg koji zatrpava tragove ovde zatrpava šapat mora koji rađa „misao na trag konja, koji nestaje u snegu"[43].

Koji smisao podrazumeva reč „istorija" kada se, na završetku romana, dotiče smisla Aure Borealis? Jer, „istorija je zabeležila, da se, posle sedamnaest godina, od njihovog naselenija, pojavila u Rosiji čudna fatamorgana na nebu. Koja se zove Aura Borealis. Ali istorija ne beleži šta su oni mislili, dok su gledali, tu fantastičnu, nebesnu pojavu. Kakvog je smisla imalo to u njihovom životu?" (793) Polemički akcenat naratorovog glasa pripada istorijskom rukopisu pripovedanja koji se razlikuje od istorijskog znanja: dok narator, unutar svoje svesti, ostavlja tragove raslojenosti *istorijskog glasa,* dotle on prikriva od čega se sastoji taj glas, šta omogućava njegov identitet. Istorija postoji, dakle, kao predmet polemičke distance, ali je zatamnjena priča koja prodire u pripovedanje. Crnjanski je, godine 1924, znao da je život Save Tekelije „roman i istorija" i da „treba pročitati njegovu autobiografiju, napisanu staroslavenski, pa da se svaki zadivi lepotom opisa scena tog života"[44]. On je, prema pismu Vasi Stajiću od 28. I 1928 (9). godine, i u Berlinu „ovih dana čitao... sa uživanjem memoare Tekelijine" smejući se tome što je „Matica pustila one mnoge grcave izraze a izostavila čuda sa ženom"[45]. Reč „istorija" u paragrafu o Auri Borealis podrazumeva, dakle, autobiografiju Save Tekelije: „1770. leto, u zimu tako je crveno nebo bilo ot severa, tako nazivajema Aura Borealis, da se kao ot ognja sve crvenilo i sneg i u domu stolica i astal i sve proče kao usijano gvožđe crvenilo se, koje crvenilo ot severa do po neba se prostiralo, no k jugu sve bleđe." (Sava Tekelija, *Opisanije života*, Prosveta, Beograd, 1966, str. 58.) U roman je inkorporirano *vreme*, jer „posle sedamnaest godina, od njihovog naselenija" tačno je „1770 leto", i *ime*, jer ono što „se zove Aura Borealis" jeste „tako nazivajema Aura Borealis": izmenjeno je, međutim, *mesto* na kojem je ugledana severna svetlost. Ne postoji, takođe, ni njen *opis* u romanu, što su tragovi naratorove interpretacije, koja vidi „čudnu fatamorganu na nebu". Autobiografija ne govori da se nekome nešto priviđalo, da je nekog nešto opsenilo ili prevarilo, već da su zemaljske stvari – usled Aure Borealis – *postajale* crvene sa punom svešću svih posmatrača *zašto* su takve. Nije *neko* video stolicu crvenom, već je ona *izgledala* crvena. Nije, dakle, čudesnost severne svetlosti u tome što izaziva priviđenja, već u istrajnosti kojom obasjava zemaljske predmete. Nema u autobiografiji nikakvog – ni trenutnog ni potonjeg – čuđenja nad takvim likom zemaljskih stvari, već se samo opisuje njihov lik, koji je neobičan i redak, moguć i postojeći. U autobiografiji, međutim, Aura Borealis postoji i na zemlji, dok je u pripovedanju ona samo pojava „na nebu". Ako narator *prećutkuje* njen lik na zemlji, onda on *upisuje* svoje razumevanje smisaonih korespondencija Aure Borealis sa fatamorganom. To shvatanje toliko je predodređujuće da ono ne prenosi ni *izgled* Aure Borealis ni *jezik* kojim se o njoj pripoveda u autobiografiji. Intertekstualna veza između autobiografije i romana počiva na interpretacijskoj samosvesti romana koja potčinjava i njegovu jezičku raslojenost. Naratorov zapis da „istorija ne beleži šta su oni mislili, dok su gledali, tu fantastičnu, nebesnu pojavu", otkriva da je pripovedački interes situiran u refleksiji o Auri Borealis unutar preseljeničkog duha, a ne u *opisu* same svetlosti kakva se pokazala njihovom oku. Dok je narator rečju „istorija" opomenuo čitaoca na prethodno postojanje saznanja koje unosi u svoje pripovedanje, dotle autobiografija, kao poreklo tog saznanja, baca dugačku senku na intertekstualne veze koje sámo pripovedanje ne nagoveštava. Kao što je kapetanu Savi Rakišiću neko opalio „pištolj u lice" da „mu je izgoreo celu desnu stranu lica, zulufe i bradu", pa su „celog... života, posle, u Rakišiča bili obrazi crni, smežurani, modri" (573), tako je Lazaru Tekeliji „jošte kao kapetanu ili majoru u vojski Turčin jedan tako blizu na njega pucao da je tane zuluf mu otnelo, a barut sav u oči i obraz ušao i ceo obraz mu do smrti plavetan ot baruta ostao" (*Opisanije života,* str. 194). U pripovedanju ponovljeni opis pada Andreasa Valdenzera sa merdevina (283, 403) ima opširnu pozadinu u Tekelijinom opisu sopstvenog pada sa merdevina (*Opisanije života,* str. 61). Naratorovo naglašavanje da su „prema običaju onog vremena, i mati i kći, imale... otkrivene grudi, jako" (251) kao da računa na detaljan opis tog običaja kod Tekelije (*Opisanije života,* str. 79). Garsulijevo imenovanje nacionovih težnji izrazom „status in stato" (169), koji doživljava preobraženja unutar različitih glasova u pripovedanju, korespondentno je mađarskim primedbama na nacionov položaj u carevini koji je opisan kao „status in statu" (*Opisanije života,* str. 158). Naratorov izraz „Greci non uniti" (338), koji se varira u pripovedanju, kao da ignoriše Tekelijino nezadovoljstvo zbog toga što se srpski sabornici „nisu potpisali kao dosad Iliričeski narod, nego gr. non uniti" (*Opisanije života,* str. 251). Kada Tekelija nemoguću – i nepovoljnu – pravnu situaciju obeležava formulom „ovo je tući a ne dati plakati" (*Opisanije života,* str. 273), tada ona postoji u pripovedanju kao glas drugog imena, jer „biju nas, a ne daju plakati – što rekao preosvećeni Živanovič, u to doba vladika aradski" (566). Kada Pavle Isakovič pomisli da Božič *uprkos* „sve te, mnogo hvaljene, prosvećenosti, vijenske... ima, svakako, nož, u čizmi, uz nogavicu" (483), što narator dopunjuje saznanjem da je nož „on, Isakovič... imao" (483), onda *kontrast* između prosvećenosti i kultivisanosti i noža ima korespondenta – na nivou intencije – u Tekelijinom razmišljanju o Pavelu Černoviču, jer je ilustracija toga što Černovič „vospitanija nikakvoga" nije imao, upravo to što je „nož skoro do smrti za čizmom nosio" (*Opisanije života,* str. 275). U romanu *Kod Hiperborejaca* priča kako je „Tekelija... šetao u carskom parku Vijene i uštinuo, gde ne treba, carsku princezu", koja „nije pobegla – naprotiv, zahvalila mu se, jednim lepim osmehom", jer je „taj... znao, gde treba uštinuti, i sudoperu i princezu – i jedne i druge vole to, u parku", pošto „iste su u parku"[46], otkriva da je opširna epizoda iz autobiografije podvrgnuta interpretativnom preinačavanju mesta susreta, jer princeze „i u fabriku dođoše za nama, i tako se sastanemo"[47] (*Opisanije života,* str. 162–163).

Naratorovo pitanje o smislu koji je severna svetlost obeležila u životu preseljenika ostvaruje i posrednu vezu sa Tekelijinom autobiografijom: „u 1770. pokazala se repata zvezda na vostoku s repom k severu, to su stari kazali da je zato što je vojska s Turčinom bila" (*Opisanije života,* str. 56). Kao što pojava komete naznačava pitanje o njenom zemaljskom smislu, tako se narator pita o smislu koji iskazuje Aura Borealis u očima onih kojima se Rusija „bila... pretvorila – kako neko reče – u Italiju, plavu, sunčanu, toplu", dakle: „u njihovu fatamorganu" (565). Nije, dakle, Rusija svima izgledala kao Italija, već je bilo i onih koji su *takav izgled* Rusije prepoznali kao nacionovu fatamorganu, dok je u autobiografiji Aura Borealis obasjavala svačiji horizont, jer nije bila individualna ili kolektivna fatamorgana. Izjednačavanje Aure Borealis sa fatamorganom u naratorovoj svesti podrazumeva neodredljivost zamenice *to* koja u tom izjednačavanju obavezno postoji. Nije jasno *šta* podrazumeva zamenica *to* u pitanju „kakvog je smisla imalo to u njihovom životu", jer se smisao može vezati i (1) za samu okolnost da su Auru Borealis videli i (2) za njeno prepoznavanje u smislu njihove seobe. Naslov prvog poglavlja romana – „ali sve je to samo omama ljudskih očiju" – ostavlja zatamnjenim značenje zamenice *to,* jer ona može obuhvatiti ono što u pripovedanju tek dolazi, ali i ono što mu prethodi. Šta god *to* bilo, ono je uvek označeno smislom fatamorgane koju reč „omama" u naslovu samo zamenjuje, jer u pripovedanju postoji poreklo naslova u značenjima fatamorgane: „sve je to samo omama ljudskih očiju, fatamorgana vazduha i oblaka" (165). Smisao Aure Borealis postoji u romanu ukršten sa značenjima fatamorgane nasuprot Crnjanskovom znanju o razlici između nebeskih pojava, jer on zna da postoji „tamo na Severu... ona, borealna, svetlost, u noći, koju sam video"[48], ali i nasuprot autobiografiji, koja u Auri Borealis ne pretpostavlja obavezujući smisao u odnosu na zemaljske poslove. Zbog razumevanja koje *prethodi* pripovedanju, Aura Borealis *postaje* u pripovedanju fatamorgana, uprkos znanju da ona to nije. Smisao fatamorgane predodređuje smisao Aure Borealis, kao što pripovedanje predodređuje smisao kulturnoistorijskog glasa koji inkorporira u sebe.

Mnogostruki smisao reči „istorija" u romanu Crnjanskog otkriva da je poetički osnov njegovog pripovedanja radikalno izmenjen — usled prodora kulturnoistorijske dimenzije u pripovedanje — već u *Drugoj knjizi Seoba*. Narator, za razliku od *Seoba*, računa unutar pripovedanja sa nekim tekstom ili smislom na koji čitaoca upućuje: on očekuje da čitalac njegovo podrazumevanje oseti kao *prećutani glas* pripovedanja, čak i kad ne otkriva poreklo tog glasa. Čitalac mora, dakle, prepoznati naratorovo *prećutkivanje* kao ono što oblikuje samu priču. Kada narator naglasi da Đurđe Isakovič „nije znao, ono, što će, o Petru Velikom, napisati oficir Đulinac" (724), onda on, koji ne kaže šta je Đulinac napisao, unosi to *nekazano* kao deo svesti koja oblikuje Đurđevo ponašanje. Čitalac, koji takođe ne zna šta je rečeno, ima uputstvo da *prećutani* deo naratorovog znanja učestvuje u smislu koji to znanje pronalazi u Đurđevom ponašanju. *Prećutani* glas pripovedanja — bilo da se on neosnovano pretpostavi kao Đulinčevo opominjanje na „blaženu uspomenu"[49] ruskog cara ili da se uopšte ne nasluti — postoji, dakle, u svesti koja pripoveda. Osnovna poetička promena koja je nastupila u pripovedanju Crnjanskog jeste ona koja računa sa promenjenim položajem čitaoca: kao što prećutani glas pripovedanja *učestvuje* u pripovedanju, tako pripovedanje *zahteva* da čitalac uoči prisustvo — ne nužno i poreklo ili smisao — onoga što kao prećutano postoji u smislu pripovedanja. Kulturnoistorijska dimenzija prodire u pripovedanje Crnjanskog, i menja položaj čitaoca u njemu, u smeru koji su naznačili *Tajna Albrehta Direra* i *Ljubav u Toskani,* što znači da se promena poetičkog načela zbiva kontaminacijom esejističke i putopisne refleksije unutar naratorove svesti. Ono što će u romanu *Kod Hiperborejaca* izgraditi sistem kulturnoistorijskih referenata koji je premrežio samo zbivanje i radikalno ospoljio izmenjeni položaj čitaoca, postoji već u poetičkom načelu *Druge knjige Seoba:* priče i povesti – na čije postojanje narator stalno opominje čitaoca potkopavajući samorazumljivi osnov takvih reči kao što je „istorija" – oblikuju i istoriju i priču u ovom romanu.

Jezici priče

Dok prikriveni izvori pripovedanja izazivaju ili uznemiruju čitaočevo očekivanje[50], dotle narator na završetku romana ostavlja čitaocu putokaz ka važnom izvoru pripovedanja: „Samo svest, kod prostog sveta – kod onih koji nisu bili u Rosiju otišli – nije se gasila, kao što se ne gasi vatra u kući, dok u njoj ima živih. Vuk, na primer, priča kako su u Hrvatskoj skupljali novce, da se kupi barut, i puca, na veselje, što su Francezi u Moskvu ušli. Pa su se i sa jednim slepcem našalili, pa su i od njega prilog tražili. A taj hudi siromašak odgovorio: Dobro! Ja ću sad dati. Ali kad stanu otpucavati, onda da neištete od mene!

Kad stanu otpucavati!" (781) Iako je, dakle, narator prećutao *odakle* je stigla priča o otpucavanju, on je imenom onoga ko ju je zapisao uputio čitaoca u traganje za njenim poreklom. Pre nego što se prepozna koji smisao postoji u naratorovom navođenju priče o otpucavanju, mora se prepoznati moguća razlika u njegovoj interpretaciji te priče u odnosu na njen izvor. Ako narator podrazumeva Vukov *Srpski rječnik* unutar svog pripovedanja[51], da li njegova interpretacija priče o otpucavanju striktno poštuje glas svog izvora? „Kad su u Hrvatskoj 1812 godine skupljali novce da kupe baruta da pucaju na veselje što su Francuzi ušli u Moskvu, zaištu u šali od nekaka slijepca da i on što da, a on odgovori: 'Dobro: ja ću sad dati, ali kad stanete otpucavati, onda da ne ištete od mene'." (*Srpski rječnik...*, II, str. 664.) Iako razlike koje postoje između iste priče u *Rječniku* i u romanu mogu *biografski* implicirati da je ona zapisana po sećanju, a ne direktno preneta iz *Rječnika,* one – i tada – pitaju *zašto* razlike između dve verzije postoje baš u tom obliku? Kojom *logikom* ili *razumevanjem* priče o otpucavanju je vođeno naratorovo pamćenje kada tu priču inkorporira u pripovedanje? Naratorovo sećanje postoji unutar predrazumevanja koje je u dosluhu sa postojanjem priče o otpucavanju unutar pripovedanja. Sve razlike između dve verzije priče o otpucavanju upućuju na interpretaciju te priče od strane naratora. On imenicu „Francuzi" iz *Rječnika* usklađuje sa svojim ustaljenim pripovedačkim oblikom „Francezi", ali njegovo zamenjivanje ijekavskog oblika „slijepca" ekavskim oblikom „slepcem" postoji u suprotnosti sa nemotivisanim prisustvom ijekavskih oblika u ekavskom pripovedanju naratora. Zašto narator napušta ijekavski oblik tamo gde imenuje sam njegov ijekavski izvor? Naratoru je bilo neophodno da „slijepca" iz priče u *Rječniku* dodatno odredi kao „siromaška", što ne postoji ni u priči o otpucavanju niti u sinonimnim korespondencijama te dve reči u *Rječniku*. Razlika između dve verzije u upotrebi interpunkcijskih znakova otkriva da je naratorovo inkorporiranje priče o otpucavanju iz *Rječnika* dosledno *interpretativno*, jer nije naratoru stalo da priču iz *Rječnika* samu po sebi situira unutar svog pripovedanja. Njegov cilj je da toj priči postavi smisaone akcente na onim mestima koja su u prepisci sa njegovim pripovedanjem. Odlučujuća interpretativna razlika između dve verzije priče o otpucavanju jeste razlika u vršiocu radnje *otpucavanja:* dok *Rječnik* priča da su novce skupljali da bi pucali *oni* koji te novce skupljaju, dotle narator obezličava one koji pucaju, jer priča da su novci skupljani da se puca, a ne naglašava ko to čini. Ta razlika nužno stvara drugu, jer u *Rječniku* slepčev odgovor – „kad stanete *otpucavati*" – podrazumeva *njih* koji novce skupljaju. Siromahov odgovor u naratorovoj interpretaciji – „kad stanu otpucavati" – postoji kao zatamnjen: on se ne može posredno odnositi na one koji će pucati „na veselje", pod uslovom da se oni razlikuju od onih koji priloge skupljaju, što nije naznačeno u verzijama priče o siromahu, niti je samo u sebi logično. Kada ostavi neimenovanim aktere pucanja, taj odgovor omogućava da se smisao *otpucavanja* prenese na one koji su u Moskvu ušli (Francuze). Slepac iz priče u *Rječniku* cilja na one koji mu novac traže, dok siromašak u romanu cilja na one koji su u Moskvu ušli. Prilikom inkorporiranja priče iz *Rječnika* u pripovedanje dogodila se, dakle, promena adresata, jer je siromahovo *kad vi stanete otpucavati* postalo *kad oni stanu otpucavati*. Iako već ta razlika otkriva sudar dve logike u priči o otpucavanju, narator ispisuje komentar priči koju unosi u pripovedanje, jer – u izdvojenom paragrafu, koji obeležava promenu govornog subjekta u odnosu na priču iz *Rječnika* – ponavlja upravo promenjeni deo priče iz *Rječnika*. Sama promena je, dakle, trag smisla koji je pripovedanju neophodan u priči o otpucavanju: *kad stanu otpucavati* sa uzvičnikom, koji priča iz *Rječnika* ne poznaje, kao deo govora drugog govornog subjekta, obeležava, dakle, pripovedačko tumačenje i smisaonu preakcentuaciju priče koja je u pripovedanje uneta. To preakcentovanje je u odlučujućoj vezi sa naratorovom potrebom da naglasi *izvor* svog pripovedanja. Naglašavanje čini od *Rječnika* knjigu koja je prepoznata – na završetku romana – kao podrazumevana knjiga naratorovog pripovedanja. Da bi se raskrio smisao preakcentovanja priče o otpucavanju na završetku romana, nužno je prepoznati skrivene tragove *Rječnika* unutar pripovedanja, jer se tako naslućuje načelo po kojem *Rječnik* učestvuje u pripovedanju.

Postoji interpretativna strategija pripovedanja koja upravlja artikulacijom inkorporiranih poslovica. I kada „zajmi gotove modele"[52] narator ih potčinjava onoj logici pripovedanja – a ne samo logici upravnog ili prepričanog govora svojih junaka – koja preinačava neke od poslovica. Njegovo podražavanje iluzije da su junaci romana mogli govoriti u narodnim poslovicama prijanja uz slavenoserbske ili ruske reči njihovog upravnog ili prepričanog govora. Ono što, međutim, naglašava prisustvo *Rječnika* u govoru junaka ili u naratorskim govorima jeste ijekavski oblik pojedinih reči u ekavskom okruženju, koji, iako je u govoru junaka moguć kao normalna činjenica (207, 235) a u naratorovom govoru postoji kao apartna činjenica teksta, šifrovano upućuje na svoje poreklo u *Rječniku*. Kada Petar Isakovič kaže da „neimanje, štono kažu, nemir je od svijeta" (206), onda ijekavski oblik „svijet" šifrovano naglašava prisustvo poslovice u pripovedanju, dok „štono kažu"[53] upućuje na prethodno postojanje poslovice u *Rječniku* (I, 579). Kada Joan Božič kaže „šta će starcu djevica" (254), onda ijekavski oblik sugeriše svoje poreklo u stihovima koji u *Rječniku* (I, 188) ilustruju reč „djevica": „Pjevala tica pjevica/Što će starcu đevica". Narator koji ne navodi Božičeve reči u njihovom upravnom govoru, već ih prenosi unutar svog govora, ne uzima oblik „đevica" iako taj oblik postoji u sintagmatskom sklopu iz *Rječnika* koji inkorporira u pripovedanje. On, međutim, ne ekavizuje samu reč iz stiha, već uzima oblik „djevica", kako glasi reč koju stih u *Rječniku* ilustruje, jer se tim oblikom približava jezičkoj osnovi sopstvenog pripovedanja, ali i ostaje dovoljno odvojen od nje unutar pripovedanja da bi implicitno naznačio jezičko poreklo Božičevih reči. Brojno prisustvo poslovica u pripovedanju[54] ne poriče *Rječnik* kao njihov izvor, iako one postoje i u Vukovoj zbirci narodnih poslovica. Jer, deo izreka ili reči koje poznaje pripovedanje postoji *samo* u *Rječniku,* kao što i jedino identifikaciono upućivanje u romanu na Vuka upućuje *samo* na *Rječnik,* dok poslovice koje poznaje pripovedanje – pored Vukove zbirke narodnih poslovica – postoje *i* u *Rječniku.* Samo je, dakle, *Rječnik* implicitno naznačen unutar pripovedanja, kao što samo u njemu postoje i one poslovice koje se nalaze u Vukovoj zbirci, ali i oni izrazi, stihovi ili reči kojih u toj zbirci nema. Poslovica iz *Rječnika* (II, 1060) „um za morem, a smrt za vratom" ima u pripovedanju dva oblika: dok se u Pavlovoj rečenici „um je naš za morem, a smert naša, možda, za vratom" (362) relativizuje bezuslovnost poslovice ovim „možda", dotle fratar Celestin uklanja relativizovanu mogućnost smrti i slavenoserbski oblik te reči, jer kaže da je „um ljudski... za morem, na putu, a smrt nam je za vratom" (407). Ako čitalac ne prepozna poslovicu u Pavlovom govoru, on će odnos između dve verzije poslovice razumeti samo kao odnos njihovih govornih subjekata i kontekstualnih pritisaka[55]. Kada prepozna poreklo Pavlove reči u *Rječniku,* on će u njoj oslušnuti *odjek* neke prethodne ili predodređujuće misli, što umnogostručava interferenciju smisla koji stvara poslovica u pripovedanju. „Dobra sentenca je suviše tvrda za zub vremena i ni sve hiljade godina ne mogu da je prožderu, iako ona u svako vreme služi kao hrana: otuda je ona veliki paradoks u literaturi, neprolazno usled promenljivog, jelo koje uvek ostaje cenjeno, kao so, i nikad ne postaje bljutavo"[56].

Teklino upozorenje Pavlu da je Evdokija „ajmana" (385) predstavlja za čitaoca iskušenje. Reč „ajmana" u *Rječniku* (I,33) nosi dopunsko određenje „u Bačk.", što otkriva da narator u Teklin govor smešta odjek one reči koju je ona mogla čuti ili iz vremena ili iz prostora koji pripadaju detinjstvu njene majke: „tetka Rakička, u Vukovaru" (385). Reč „ajmana" ima dva značenja u *Rječniku:* njeno drugo značenje upućuje na reč „bitanga" koja bi negativnom afektivnošću Teklinog govora o majci mogla biti prepoznata kao Teklino imenovanje Evdokijinog svojstva. U tom imenovanju postojao bi, međutim, veći naglasak na onome ko govori (Tekla) nego na onome o kome se govori (Evdokija). Prvo značenje reči „ajmana" podrazumeva reč „ajvan", koja upućuje u *Rječniku* (II, 1085) na značenja reči „hajvan": kako ta reč označava „živinče, zvjerku", onda Tekla njome iskazuje iracionalnu prirodu i animalno svojstvo svoje majke, što odgovara njenom upozorenju da Pavle „ne bi trebao da se šali sa Evdokijom", već treba da strepi od njene iracionalne nepredvidljivosti, jer „to je stvorenje ludo" (385). Iako *Rječnik* implicira prvo značenje Tekline reči u pripovedanju, ni on ne može potpuno ukloniti ono značenje te reči koje je u pripovedanju manje verovatno, zato što jedan deo značenja trajno prebiva u čitaočevom očekivanju. Prisustvo poslovica u Đurđevom govoru može individualizovati njegov lik, jer kao što njegova poslovica „Svi su bolesni, osim kilavoga braje" (416–417) postoji u *Rječniku* (I, 80) i kao što je u *Rječniku* (I, 81) zapisana i njegova životna formula da „ono mi je brat, ko mi je dobru rad" (176), tako te poslovice po pravilu imaju opscenu konotaciju[57]. Njegova poslovica da su „pijanoj snaši mili i đeverci" (429) postoji u *Rječniku* (I, 690) u obliku u kojem reč „đeverci" biva zamenjena rečju „đeveri", dok u Vukovoj zbirci narodnih poslovica piše, kao i u romanu, „đeverci", ali u toj zbirci piše i „snašici"[58], što ni u *Rječniku,* ni u pripovedanju ne postoji u tom obliku[59]. Kada Đurđe Isakovič ismejava to kako se „papežnici krste, pre jela" (412), on kaže: „Mi, šizmatici, gladni, pa metanišemo od gladi, a oni, Šokci, ubokci, pa im svrbi brada od gladi!" (413) Đurđe Isakovič poslovicu „Šokci ubokci, Vlasi siromasi" (II, 1039) doslovno ponavlja u njenom prvom delu, dok njen drugi deo transformiše u oblik „šizmatici, gladni": on, međutim, smisao poslovice o istovetnosti Šokaca i Vlaha (ubokci – siromasi), kao i njene zvučne paralelizme, razgrađuje u korist svesti o njihovoj različitosti. Upravni govor Đurđevih reči otkriva da nije slavenoserbski jezik bio povlašćeni jezik komunikacije junaka romana, već da je jezička umnogostručenost romaneskne reči došla iz izmešanosti govornih žanrova u kojima su se priča i govor junaka oblikovali, jer „svaka reč za onog koji govori postoji u tri aspekta: kao neutralna i ničija reč jezika, kao *tuđa* reč drugih ljudi puna odjeka tuđih iskaza i, najzad, kao *moja* reč jer pošto imam sa njom posla u određenoj situaciji, sa određenom govornom namerom, ona se već prožima mojom ekspresijom"[60]. Leksička heterogenost pripovedanja posledica je, dakle, poetičkog načela koje artikuliše različite izvore pripovedanja, pa transformiše i naratorovu želju da stvarno ili prividno iskaže vreme u kojem govore njegovi junaci.

Dok reč „dur" u Petrovom suprotstavljanju Pavlu postoji u *Rječniku* (I, 219) na isti način kao što u *Rječniku* (I, 692) postoji i poslovica „što piljiš... ko štrk u jaje" (429), dotle Petrova ljutita preporuka Pavlu da on i Trifun sačekaju „da iz Kijeva odemo, pa se igrajte fusa po Kijevu, koliko vam drago" (632) nije objašnjena od strane naratora, kao što je bila objašnjena Garsulijeva aluzija na igru „zvonara" u zatvoru (174). Ona se može shvatiti samo iz *Rječnika* (II, 1083), jer fus je „(u C.g.) igra u kojoj jedan drugome dodajući zapaljenu slamku govore ‚fuso' – ‚lepe' – ‚zovi' – ‚koga?' – ‚omrčena do tebe', pa u čijoj se ruci ugasi slamka, onaj je kao nadigran i nadjenu mu ružno ime". Smisao Petrove aluzije postaje proziran tek kada se uoči kako njena opšta upućenost na *Rječnik,* tako i položaj motiva iz *Rječnika* unutar Petrove aluzije: dodavanje zapaljene slamke kao Pavlova i Trifunova igra s vatrom međusobne mržnje, sama igra kao ono što je nedostojno dalekosežnosti i dramatike njihovog dolaska u Kijev, ružno ime kao ono što neminovno proishodi iz njihove igre i od čega Petar hoće da se ukloni. I Petrova reč, u upravnom govoru, Varvari o bogatstvu njenog oca – „otac ti je, Šokice, sriće ti, šta ćeš, ali nije carevac" (733) – zahteva objašnjenje iz *Rječnika* uprkos naratorovom pojašnjenju da je „za Petra Isakoviča samo... ratnik bio ceo čovek" (733). Iz toga što Stritceski nije vojnik može se samo delimično otkriti stepen prezira u neizrečenom smislu Petrove aluzije, koja počiva na saznanju da „carevac je carevac, ako neće imati ni novac" kao što, iako ima novac, Stritceski nije carevac, jer „magarac je magarac, ako će imati i zlatan pokrovac" (II, 1096).

Reč „štalara" koja označava „kravu koja se drži u štali" (II, 1146) predstavlja *višeglasnu* reč pripovedanja, jer je upotrebljavaju i Trifun (435) i Kumrija (452) u *istovetno* negativnom stavu prema učestalosti Kumrijinih porođaja. Iako međusobno suprotstavljeni, oni *zajednički* – tom rečju – ne označavaju samo uzrok porodične katastrofe, već i motivaciju svojih neverstava. Dok ta reč može biti shvaćena kao trag njihovog prethodnog i zajedničkog života, koji im je unifikovao i jezik i misli, dotle je ona i naratorov znak da u toj reči skriveno postoji njihova egzistencijalna – a ne stečena – istovetnost. Kada Kumrija odredi Đinđu Zekoviča kao „mužaticu" (447), onda ona podrazumeva drugo značenje te reči – „djevojka koja se s tuđijem čovjekom drži" – u *Rječniku* (I, 523), koje nosi i geografsko određenje „(u vojv.)". Seksualno poreklo njenog gađenja na mogućnost da se vrati Trifunu prepoznaje se u rečima da joj se „priviđa ta poleguša, gola, uskakavčena" (448), jer reč „uskakavčen" podrazumeva u *Rječniku* (II, 1071) sliku koja omogućava takvu motivaciju: „legavši na leđa skupiti malo noge da se kolena izdignu, kao u skakavca kad stoji". Tu reč u istom smislu upotrebljava – samo sa drugom atribucijom – i Pavle Isakovič (461). U času kada, posle Višnjevskovog pokušaja silovanja, teši Varvaru, Pavle čudno karakterizuje Višnjevskog: „Ne može nas ni Višnjevski, što prčevinu miriše i imperatricu hvali, da zadrži." (557) Pavlova karakterizacija Višnjevskog spaja disparatna svojstva sa negativnom namerom: nisko svojstvo Višnjevskog – „što prčevinu miriše" – dovedeno je u vezu sa njegovim svesnim i visokim svojstvom da „imperatricu hvali". Ali, u svom doslovnom smislu nisko svojstvo Višnjevskog jeste nejasno: ako reč „prčevina" označava „jaretinu"[61], šta znači Pavlova reč da Višnjevski miriše jaretinu? Iako bi to moglo biti neko bizarno i nepoznato svojstvo Višnjevskog, ne samo da je neproziran razlog zbog kojeg ga Pavle ovde naglašava, nego ono nema nikakvog smisla u vezi sa visokim svojstvom Višnjevskog s kojim obrazuje Pavlovu tvrdnju. Ako bi se nisko svojstvo Višnjevskog razumelo ne-doslovno, onda bi reč „prčevina" imala opsceni smisao, jer bi se shvatala kao metafora koja proizilazi iz trećeg značenja glagola *prčiti se,* koje znači „pariti se, sparivati se (o životinjama)"[62]. U bilo kom opscenom smislu postojala, ta reč je Višnjevskovo svojstvo samo po tome što pripada njegovoj težnji, pa tako i njemu kroz tu težnju, a nikako njegovo svojstvo koje je u njemu samom oslobođeno bilo kakve težnje. Svaki mogući ne-doslovni smisao te reči nalazi se, međutim, u potpunoj korespondenciji sa poreklom te reči u *Rječniku* (I, 847), jer se ona objašnjava sintagmom „udara na prčevinu". Ova sintagma sadrži i naratorovo *miriše (udara)* i *prčevinu*, ali ona poseduje i određujuće *na*, koje prčevinu prepoznaje kao svojstvo subjekta rečenice (Višnjevskog), a ne kao predmet njegove težnje: nije svojstvo Višnjevskog težnja da bude jarac, već je svojstvo Višnjevskog da on jeste jarac. Ako Pavle kaže da *Višnjevski na prčevinu miriše*, onda to svojstvo Višnjevskog odgovara i situaciji u kojoj ga Pavle naglašava i Pavlovom ogorčenju na mogućnost postojanja sveta u kojem takav čovek imperatricu hvali. Nisko svojstvo Višnjevskog naglašava da je on čovek *prčevit*, što znači pohotljiv i što se kaže ne samo za jarca, nego i za muškarca[63]. To što u *Rječniku* (I, 847) reč „prčevit" označava samo jarca ne sprečava da se u njenom nemačkom ekvivalentu *nach Begattung riechend* prepozna ono svojstvo Višnjevskog koje Pavle podrazumeva u sintagmi *na prčevinu miriše*, što znači da Višnjevskog identifikuje kao jarca u naglašeno imoralističkom i animalnom smislu. Kao da je greškom u kucanju ili neuočenom štamparskom greškom, jer „štamparske greške su kao stenice u malim, pariskim, hotelima, besmrtne"[64], izostalo *na* u Pavlovim rečima „što < na > prčevinu miriše". To izostavljanje postalo je pravilo za sva izdanja romana, iako razrešenje smisla Pavlove rečenice daje sam narator petnaest redova ispod Pavlovih reči kada kaže da je Pavle „grešio, što je mislio da je Višnjevski običan jarac matori" (557). Narator, dakle, sledi onaj smisao reči „prčevina" koji nudi *Rječnik*, jer je *Rječnik* njegov jezički izvor u Pavlovoj karakterizaciji Višnjevskog: on ne metaforizuje svojstvo Višnjevskog, već ga imenuje. Kada Pavle svoje postojanje odredi tvrdnjom da su „njegovi... puti nedohodi" (300), onda on ponavlja stihove iz *Rječnika* (I, 578) „ti su puti nedohodi", kao što svojom poslovicom „tu i tutilo" (472) ponavlja poslovicu koju poznaje *Rječnik* (II, 1027). Kada narator hoće da iskaže trajanje epske paradigme u nacionu (477), on upotrebljava stihove iz *Rječnika* (I, 170) „Gud te gusle Milošu za dušu!", kao što kada hoće da oblikuje prisustvo karikaturalne dimenzije nacionovog udesa, on stihove iz *Rječnika* (II, 1132) „švaler bio, pak se oženio/a švalerka ostala devojka" smisaono preakcentuje u oblik: „švaler bio, batine dobio! A švalerka ostala devojka!" (506) Promena cilja na neuspeh Pavlovog švalerstva, koji ne poznaje *Rječnik*, jer to što je švalerka ostala devojka, obeležava podsmeh onih koji pevaju takozvanom švaleru, ali i *iskušanu* posledicu u batinama koje donosi neuspeh njegovog švalerstva. Dok je u stihovima iz *Rječnika* predmet podsmeha „švalerka", dotle se u pripovedanju Pavle situira na njeno mesto, što je jezički trag svetske destrukcije njegovog apostolstva.

Šta narator objašnjava pričom da su tobožnji Crnogorci prepoznati tako što se „jedan takav transport... potukao, u birtu, nasred Mitrovice, a tukli su se tako, da se čak na sokak, štono kažu, čuo čvalik batina", pa se „ispostavilo da su to Sremci" (453)? Objašnjenje predstavlja interpretaciju reči „čvalik" iz *Rječnika* (II, 1112) u tri momenta: (1) njegovo „štono kažu" upućuje na poreklo onoga što će reći, kao i svest da se to i jezički preuzima; (2) naratorova sintagma „čvalik batina" postoji u istom smislu i obliku kao i u *Rječniku;* (3) napomena u *Rječniku* da se ta reč čuje „u Srijemu" postaje jezički detektor u pripovedanju da su oni koji se tuku Sremci, jer upravo reč koja se govori u Sremu jeste korespondentna sa identitetom koji se otkriva u tuči. Sremci se, dakle, tuku i kroz *posledice* tuče (njen obim i pažnja koju ona izaziva) prepoznaju, ali oni se tuku tako da se to u pripovedanju iskazuje onom reči koja se govori u Sremu. Kao što bi se u zbivanju otkrilo da su Sremci i bez te reči u pripovedanju, tako narator bira upravo tu reč da iskaže njihovo prepoznavanje kao Sremaca. Kada narator hoće da situaciono učini funkcionalnom sintagmu iz *Rječnika,* on onda ponavlja i pridev i imenicu i glagol, čiji smer menja: otud „da ne plače u podstrešja tuđa" (I, 724) postaje poenta rečenice u kojoj „kad bi čovek sreo čoveka sa imenom Ađanski, počeo bi da se cmače, plače, pita: Zar nas još ima iz Ade, da plačemo u podstrešja tuđa?" (566) Kao da narator prema reči „podstrešja" gradi – iako upotrebljava i reč „nadstrešnica" (555) – reč „nadstrešja" (478) koje u *Rječniku* nema, jer u njemu postoji reč „nadstrešnica" (I, 542). Naratorovo naglašavanje da se „u Rumi... govorilo: otobolio usnu kao logovski am" (603) ponavlja poslovicu iz *Rječnika* (I, 661), ali njeno geografsko određenje „(u vojv.)" precizira određenjem „u Rumi"[65]. Priča o Đurđevom uvetu koje je „kao rovašeno", jer mu je „krmača... odgrizla pola uveta" (615) kao da je nastala iz dopunske odrednice glagola „rovašiti" u *Rječniku* (I, 891): „n. p. kr-

141

me". To da je naratoru više stalo do toga da iskoristi mnogostrukost jezičkih mogućnosti *Rječnika*, nego da individualizuje govor svojih junaka[66] otkriva njegovo preuzimanje reči koje geografski ne odgovaraju ni osnovnoj jezičkoj dimenziji naratorskih glasova niti govorima junaka: reč „šišobrk" (493) određena je u *Rječniku* (II, 1140) kao reč „u. C.g.", ali u pripovedanju postoji u ustima mitropolitovog rođaka, kao što se naratorovo „munitvi" (727) u *Rječniku* (I, 524) vezuje za primorske govore, dok u pripovedanju alternira već upotrebljenoj reči „prevara" (727). Tragovi *Rječnika* u pripovedanju mogu se razlikovati u tri momenta. Postoji (1) jedan *siguran* znak na završetku romana za prisustvo *Rječnika* u pripovedanju[67]. Postoje (2) tragovi u kojima je prisustvo *Rječnika verovatno* i može se rekonstruisati iz sintagmatskih sklopova koji se prenose u pripovedanje ili iz stihova koji u *Rječniku* objašnjavaju ono što pripovedanje afirmativno ili negativno podrazumeva. Postoje i (3) tragovi koji prisustvo *Rječnika* u pripovedanju čine *mogućim*, ali ne nužnim. Jer, ne postoji u rečima koje predstavljaju moguće tragove *Rječnika* u pripovedanju nužnost koja bi gonila da se u tim rečima bezuslovno prepozna *Rječnik*, iako *Rječnik* prepoznaje te reči u sebi. Kroz upotrebu *Rječnika* u pripovedanju ne odjekuje samo naratorova briga za psihološku ili istorijsku uverljivost jezika kojim njegovi junaci govore, već poslovice i sintagme iz *Rječnika* u govoru Isakoviča kao da su deo sistema različitih jezika koji tvore pripovedanje. Ruske reči pripadaju međusobnom saobraćanju osoblja ruske ambasade, koje se, međutim, pomoću nemačkih reči sporazumeva sa Pavlom Isakovičem. Mimetičku uslovljenost pripovedanja potkopavaju već iste reči unutar naratorskih glasova i glasova junaka, jer se one nemotivisano sele iz jednog u drugi govor[68]. To ih oslobađa motivacijskih i individualizacijskih uslovljenosti i osamostaljuje unutar jezika pripovedanja. Jezička izukrštanost javlja se kao poetička posledica načela pripovedanja. Leksički sadržaj *Rječnika* omogućava da nosilac značenja pojedinih iskaza u pripovedanju bude značenje poslovice ili reči iz *Rječnika*, koje sam kontekst smisaono rasvetljava ili zatamnjuje. Čitalac se, dakle, nalazi pred istovetnom jezičkom preprekom u razumevanju iskaza u romanu, kao i u odnosu na slavenoserbske ili rusizirane reči u pripovedanju. Vukovska jezička tradicija postoji u pripovedanju, dakle, na skriveniji način od slavenoserbske, ali ima istovetno odlučujući učinak na smisao pojedinih iskaza. Slavenoserbska leksika – arhaičan jezički fond – nema privilegovano mesto u jeziku pripovedanja ili upravnom govoru junaka, kao u *Seobama*[69], već privilegovano mesto u pripovedanju ima jezička mnogostrukost i kakofonija kao takva. Ako je Crnjanski „u strukturi *Seoba* promenio odnos prema slovenizmima" zbog „prevrednovanja jednog dela jezičkog nasleđa"[70], onda je prisustvo vukovske jezičke tradicije u *Drugoj knjizi Seoba* znak promene u poetičkom načelu[71]: ne postoji prvenstvo nijedne jezičke tradicije, jer postoji interferencija između svih jezičkih tradicija u pripovedanju. Otud reč „čestnjejši", i kao autofunkcija[72], zadržava ironični smisao. Narator se u pripovedanju koristi „jezikom ne predajući mu se potpuno, ostavljajući ga kao polutuđ ili potpuno tuđ, ali ga istovremeno primorava da na kraju krajeva služi njegovim intencijama", jer „ne govori na određenom jeziku od kojeg se u ovoj ili onoj meri odvaja, već kao da govori kroz jezik, donekle očvrsnut, objektiviziran, odmaknut od njegovih usta"[73]. Narator uspostavlja *razliku* unutar pripovedanja između upravnog govora junaka i njihovog govora koji on identifikuje pomoću odrednice *kaže*. To *kaže* samo prividno podražava prisustvo navodnica, iako i ono – kao i navodnice – obeležava smenjivanje govornih subjekta. Na onim mestima u pripovedanju na kojima postoje navodnice obeležava se naratorovo *izgovaranje* (zapisivanje) direktnog rečeničnog oblika reči njegovih junaka. Odrednica *kaže*, međutim, obeležava prisustvo tuđih reči u času njihovog inkorporiranja u naratorski glas, što nužnim načinom otkriva da *kaže* ospoljava naratorovu preakcentuaciju (interpretaciju) tuđih reči, jer ih on postavlja u sopstveni rečenični poredak. Sámo pripovedanje poseduje svest o toj razlici: „Isakovič pognu glavu, pa reče: on i njena mati vezani su lancima ljubavi. (Isakovič reče: ljubostju koju samo Bog možet po moei smerti da raspečati!)" (389) Nema naznake u pripovedanju da rečenica u zagradi predstavlja narednu Pavlovu rečenicu, koja dolazi *posle* prve rečenice, već njeno postojanje unutar zagrada nagoveštava da je prva rečenica naratorova depatetizujuća interpretacija Isakovičevog govora, koji rečenica u zagradama donosi u njegovom originalnom obliku. Nije, dakle, osnovna razlika između naratorovog govora i govora junaka leksičko-jezička, već *perspektivna:* lanci ljubavi trag su smisla koji je različit od smisla ljubavi koju bog i smrt uokviruju. Narator, dakle, ne prepričava reči svojih junaka, već je njegovo *kaže* znak da on te reči interpretira. Njegove reči su samo *odjek* reči njegovih junaka, ne i njihov pravi *oblik*, jer se ne razlikuju samo leksički, već i semantički: to što junaci kazuju *nije* ono što narator pripoveda da oni kazuju. To narator ne samo da zna, već tu *razliku* i stvara: odbijanje preseljenika da budu „pavori" (185) uzrok je seobe u Rusiju. Reč „pavori" obeležena je kao njihov izgovor onoga što se Garsuliju prevodi kao „bauern, paor" (185). Kada narator na završetku romana kaže da su „ta imena... svojim naseljima, davali serbski pavori" (792), onda njegovo ponavljanje njihove, a ne njegove, reči upućuje da su oni postali ono što nisu hteli da postanu. Njihova reč prodire u naratorski glas koji joj menja smisao. Upitomljavanje naciona, njegovo prelaženje iz pobune u prilagođavanje, omogućava trajnost imena njihovih naselja, uprkos ne-junačkoj smrti koju donosi. Tako njihova reč obeležava naratorovu interpretaciju seobe. Leksičko mnoštvo nastaje, dakle, u pripovedanju usled interpretacije različitih jezičkih i kulturnoistorijskih stvarnosti, a ne kao znak njihovog prisustva, jer se te stvarnosti uvek prelamaju kroz naratorovu svest. Upravni govor junaka doživljava svoju interpretaciju u pripovedanju tek unutar kontekstualnog pritiska u koji se smešta originalni rečenični oblik. Kada pripovedanje odrednicom *kaže* omeđuje – mnogo češći – govor junaka, ono ga interpretira, jer ne postoji *oblik* onoga *šta* junaci govore, već je taj oblik propušten kroz naratorovu interpretaciju onoga šta oni kazuju. Ako između čitaoca i zbivanja postoji naglašeno prisustvo pripovedanja, onda jezička stvarnost zbivanja ne prodire u jezičku stvarnost pripovedanja, niti joj se nameće, već u njoj *odjekuje.* Pripovedanje, dakle, samo kontaminira u sebi različite jezičke i kulturnoistorijske stvarnosti bez namere da ih međusobno diferencira, pa je prisustvo *Rječnika* u pripovedanju potčinjeno osnovnom poetičkom načelu koje nije bezuslovno mimetičko.

Koji smisao stvara naratorova promena u adresatu slepčevog odgovora u priči o otpucavanju? U *Rječniku* slepac glagolom „otpucavati" što znači „kasnijim pucanjem, razbiti prvo pucanje"[74] cilja na one koji se sa njim šale, jer im uzvraća uvredu koju su mu naneli. Kao što njihovo pucanje „na veselje" obeležava njihovo poistovećivanje sa slavom francuskog trijumfa i, istovremeno, beskorisno i nesvrhovito delanje sa stanovišta osnovne svrhe baruta i pucanja, tako slepac u svom odgovoru menja smisaoni raspored oba svojstva njihovog pucanja. Njegovo „sad" označava pristanak da udeli svoj prilog onome čemu se sam ne veseli, ali njegovo vezivanje otpucavanja sa onima koji „sad" pucaju pokazuje da on uzvraća uvredu, jer njihovo pucanje ne vidi kao konačni trijumf, već kao uvod u nadolazeće otpucavanje. Sad ću vam, *kaže*, dati novac da trošite barut na veselje, ali kada vam barut bude bio potreban da odgovorite na nadolazeću pucnjavu onih na koje pucate, kada dođe čas da otpucavate, onda ne tražite od mene novaca, jer vi sad samo pucate, a doći će vreme *kad* bi trebalo da otpucavate. Narator u romanu premešta vršioca radnje otpucavanja iz *Rječnika* u skladu sa svojom namerom da ono što je u slepčevom odgovoru bilo *podrazumevano*, postane u pripovedanju *eksplicitno*. To da će Francuzi morati da otpucavaju na pucanje što će *iza* Moskve doći nije primarni, već sekundarni interes slepčevog odgovora u *Rječniku*, zato što on hoće da uvredi one koji se sa njim šale, pa francusko otpucavanje vidi kao oruđe te uvrede. Slepčev primarni cilj u pripovedanju nije, međutim, da uvredi one koji se sa njim šale, već da iskaže svetskoistorijski horizont otpucavanja, pa tako eksplicitni cilj slepčevog odgovora iz *Rječnika* (oni koji pucaju „na veselje") postoji u pripovedanju u bezličnom obliku „da se kupi barut, i puca". Sad ću vam, *kaže*, dati novac da se puca, ali kad Francuzi počnu otpucavati, onda nećete imati zašto da pucate. Naratoru je, dakle, slepčeva zainteresovanost za svetskoistorijski horizont pucanja i otpucavanja potrebna kao trag *srpske* svesti unutar ne-srpske okoline. Ta svest je poslednji problesak one privilegovanosti koja je utuljena u Austriji i izgubljena na putu za Rusiju, zato što toj privilegovanosti pripada – i karikaturalno i uzvišeno – nacionovo samorazumevanje u svetskoistorijskoj ravni.

NACIONOV UDES

„To nije bio narod koji se selio. Selio se jedan element vojnički, koji nije hteo da bude seljak. Ništa tu nije tako božanski kako to izgleda."[1]

Tragedija i zatvor

Zašto završetak romana imenuje kao „novo... da su Isakoviči morali slušati, te zime, u Mirgorodu, u štapskvarterama, da su posle njih, sad, na redu, selidbe u Rosiju, Vlaha, Bugara, Grka", jer je „počelo... bilo uspostavljanje moldavskih, bugarskih, grečeskih, konjičkih pukova" (783) kada je Trifun još u Austriji čuo „da Rusi nisu uspostavili samo dva, serbska, husarska, polka, nego da se formira i jedan hungarski, jedan moldavski i jedan gruzinsku polk", što Pavle još tada „tiho, potvrdi" (433)? Pavlova nelagodnost zbog doseljavanja drugih naroda u Rusiju ne izvire iz straha da će veličina činova i porcionih novaca biti umanjena, već iz slutnje da je to oduzimanja nacionove *posebnosti* koju je seoba objavljivala. Ako nacionova odluka o seobi u Rusiju postoji na temelju uskraćivanja „privilegija" u Austriji, onda nacion postoji samo u darovanim značenjima tih „privilegija", koja pokušava da spase seobom u Rusiju. Seoba je, međutim, uprosečnjavanje naciona, jer njegov odlazak u nju da se ne bi izgubilo značenje „privilegija", svršava se dolaskom u mesto gde „privilegija" – ni kao obećanja, ni kao garancija – nema. Dok je odbijanje da budu kao drugi moglo u Austriji biti pojačano pozivanjem na istorijsku posebnost zapisanu u „privilegijama", dotle je to odbijanje u Rusiji nemoguće, jer se nema na šta osloniti. Otud je unutrašnja nemoć seobe razlog Pavlovog „tihog" potvrđivanja, jer odsustvo „privilegija" postoji na kraju seobe podstaknute njihovim očuvanjem. Seobe drugih naroda univerzalizuju prosečnost nacionove sudbine i razrivaju njegovu posebnost, koja se htela očuvati u obliku „privilegija".

Seobe drugih naroda ukrštaju se sa nacionovim zahtevom za Novom Servijom i sudbinom generala Horvata. Višnjevski osnivanje pukova drugih naroda vidi kao nešto suprotno osnovnom nacionovom zahtevu, jer dok „Srbi traže novu Serviju", dotle je „taj prokleti Horvat" (526) uspeo „da dobije gramatu, da može osnovati, u Rosiji, svoj novi vengerski polk" (527). Razlika između srpskog *traženja* i Horvatovog *dobijanja* kao da je nijansirana time što je on „čak predložio, da se osnuje, i zasebni, moldavski, makedonski, blgarski i albanski gusarski polk" (527). Njegov zahtev cilja, dakle, na ukidanje srpske posebnosti, koje u Višnjevskovom *čak* postaje sudbinski važno. Jer, Horvatovo traženje nalazi se u dosluhu sa *interesom* svetskoistorijskog zbivanja i on će „dobiti što traži, jer zna svoju cenu" (527), dok u nacionovom razumevanju svoje cene odjekuje razilaženje sa smislom koji postoji u svetu. Sudbina Srba u Rusiji, kao sudbina svih drugih preseljenika, u opreci je sa nacionovim zahtevom za Novom Serbijom (526), koja je znak posebnosti. Zahtev za Novom Serbijom je znak nacionovog preziranja svetskoistorijske nužnosti da „treba praviti karijeru, hvatati mesta, govoriti ruski, zaboraviti Serviju" (526). Ako Višnjevski preporučuje put prepoznavanja u moći kao drugo ime za uklanjanje nacionove posebnosti, onda nacion koji traži Novu Serviju jeste isti onaj nacion koji se ne odriče „privilegija". Njegov zahtev za Novom Servijom hoće da svoju nemoć u svetu pretvori u moć svoje posebnosti: on, dakle, neće svetsku moć, već svoju moć unutar sveta. Višnjevskovo ogledanje nacionove sudbine u moći generala Horvata preinačava se na završetku romana. Već saznanje da su u Sankt-Peterburgu „čitali šematične spiskove đenerala Horvata de Kurtiča, koji je, na papiru, već bio stvorio, jedan makedonski i jedan bolgarski, husarski puk, pa je sad okupljao i pehotni" (786), ironično obeležava da svet izmiče moći generalovih planova. Završni podatak o generalu – „Horvat je negde završio, u zatvoru" (791) – na vrednosno neutralan način *ponavlja* da „je Horvat, čovek silovit, počeo da globi i uzima novac od svojih oficira, pao... pod istragu i završio u arestu" (736) i pečati *strmoglavljivanje* generalove moći u svetu. Naratorovo određivanje generala – „čovek silovit" – pojačava Višnjevskovo saznanje da general neće Novu Serbiju, već svetsku moć. Dok nacion u projekciji ukorenjenosti hoće da se ispolji u moći, dotle Horvat u projekciji moći odbacuje ukorenjenost. Ali, generalovo poricanje ukorenjenosti nije osnažilo privid njegove moći, jer je njegovo pristajanje na moć sveta kao izvor vlastite moći trajno odredilo zavisni karakter njegove moći. Unutrašnja slabost nacionovog zahteva nije, dakle, određena Višnjevskovom idejom o pristajanju na moć sveta, jer i to pristajanje ne spašava od zatvora, već njemu vodi, kao što Nova Servija vodi nacionovoj katastrofi u svetu. Dok je prva vest o generalovom „arestu" dovoljna da skrši Višnjevskovu projekciju, dotle njeno ponavljanje na završetku romana naglašava vezu nacionove sudbine sa značenjima zatvora.

I dok u Garsulijevoj pretnji nije pomenut zatvor (175), dotle ime utamničenog „Joanoviča" (462) pripovedački naknadno prepoznaje zatvor u tvrđavi na Šlosbergu kao simbol u koji vodi nacionov zahtev: kao što bi srpski oficiri u Engelbirti, koji su vođeni zahtevom da odu u Rusiju, u njemu bili „živi sahranjeni", jer „iz tog zatvora, u tvrđavi, na bregu, iznad Graca, retko se ko vraćao" (346), tako je Evdokija Božič pokušavala da „izmoli milost" da majora Božiča, protivnika seobe u Rusiju, „ne odvedu u Grac, na Šlosberg", jer odatle „povratka nema" (355). Ne odvodi, dakle, njih u zatvor seoba, već njihova predodređenost za zatvor poseže za seobom. To što je „na moljakanje Isakovičevo, sekund-sekretar grofa Kajzerlinga pristao... da Pavle prenoći u Gracu, i Šlosberg vidi" otkriva da je Pavlovo zastajanje u Gracu bilo neophodno Pavlu, ali i nepotrebno Volkovu, jer je „bilo... ugovoreno... da će, ako se Isakoviču, u Gracu, nešto desi, rosijski posol prati od Isakoviča ruke, kao Pilat" (457). Ako je narator mogao, sa stanovišta motivacije, Pavla dovesti pred Šlosberg i bez „moljakanja", zašto je izabrao ovu mogućnost? Dok Pavlova opsednutost nacionovim udesom uslovljava „moljakanje", dotle narator ironično artikuliše Isakovičevu opsednutost, jer „za Isakoviča, magnet je bila, na tom putu, ta tamnica" na isti način kao što je „u to doba, u Neoplatensi... omladina... pevala pesmu, u kojoj se kaže da je draga magnet, za švalera" (458). Ako tamnica *magnetski* privlači Pavla, onda njegovo „moljakanje" nije svesni akt, već je uslovljeno nadindividualnim silama, jer su veze zatvora i naciona uspostavile tragično prisustvo kobi zatvora u nacionu. Narator, međutim, senči Pavlovu težnju tako što metafizičkog junaka pred licem sopstvene i nacionove sudbine destruira u ontološkoj mogućnosti njegovog zahteva, jer pesma omladine relativizuje Pavlovu viziju nacionovog udesa. Ta pesma pokazuje da nema zajamčenog smisla nacionove sudbine, već da je taj smisao mnogostruk. Motivacijska irelevantnost Isakovičevog „moljakanja" ističe ne-motivacijsku bitnost njegovog doživljaja zatvora i nagoveštava novi temelj samog doživljaja koji je u prepisci sa Pavlovom mnogostrukom okrenutošću tamnici. Dok Pavlova tragična artikulacija nacionove sudbine kroz idealizaciju svojstava (461) zatočenika Šlosberga krivotvori nacionov udes, jer zaboravlja da je među njima uvek moguć i Joan Božič, dotle ono što je izgubio u obuhvatnosti, Isakovič nadoknađuje *dubinom* svog uvida: „Služili smo, verno, hrišćanstvo, austrijsko, neki Veneciju, drugi Tursku, pa se pročusmo, je li, i nagizdasmo. Sve je to naše slavno Serbstvo obično ajlukdžijstvo. Pa je l' nam je provrila pamet? Ej, hej, ima nas u arestu, čak u Ajfi, kažu. I Egiptu. Svud mi krivi!" (461) Ako je nacionova posebnost *najamništvo*, onda načelno nema nikakve strasti u nacionu prema onome šta čini, jer sve što čini čini samo dok traje najam: šta znači Pavlova reč „verno" kada opisuje nacionovu službu? Biti veran u najmu znači poštovati *ugovor* o najmu: otud je vernost neka vrsta *poslovnosti*, jer je bolji najamnik onaj koji je poslovniji. No, Isakovič vernost postavlja kao ontološku zalogu nacionove posebnosti: on nacionovu *privrženost* služenju ne iskazuje kao privrženost samom životu, kojem je svejedno kome se služi, jer se služi u najam. On nacionovu sudbinu prepoznaje u strasnoj težnji da se ukoreni u privrženosti koju pretpostavlja kao svoj smisao. Kako smisao koji prebiva u privrženosti uvek izvire iz predmeta privrženosti, onda nacionu uvek ostaje samo praznina privrženosti i promena njenog predmeta. Biti *privržen* služenju znači obavezati se posredovanju koje služenje ostvaruje, postojati u nečemu što nije supstancijalno, nego funkcionalno. Ontološki zamah naciona je, dakle, nesupstancijalan, jer nacion postoji samo u stalnoj strasti za ukorenjivanjem. Otud je taj zamah nužno u manjku života i višku njegovog obezvređivanja. Kako nacion ne služi da bi živeo, već hoće da se utemelji u služenju, on svoje – niotkuda traženo – shvatanje vernosti doživljava kao zalogu identiteta. Sam identitet je, kao puko *ponavljanje* služenja, koje je lišeno ontološkog osnova, prazan. Pavlovo saznanje nije svedeno na partikularno svojstvo naciona, jer Srpstvo — napisano velikim slovom — ne znači „karakteristične osobine srpskog naroda", već srpski narod kao takav[2]. Iako služenje obeležava svrhu naciona, ono, međutim, nije problematično u svetu zbog svoje egzistencijalne praznine, već zbog nacionove krivice, koja je ospoljena zatvorom u kojem se sustiču sunarodnici na različitim mestima u svetu. Kada nacionova nesposobnost da služenje doživi kao ono što omogućava život, i njegova želja da se utemelji unutar služenja stvore svetsku sumnju u nacion, nastaje nacionova krivica kao objektivna, jer se nacion ne odriče smisla koji je projektovao u služenje. Samo „slavno" u „Serbstvu" jeste nacionovo razumevanje, preinačavanje i kompenzacija sopstvenog udesa, kao što je samo „obično" u „ajlukdžijstvu" ono što vrednosno destruira nacionovo služenje. Nemoguće je da „Serbstvo" bude „obično", jer ni „ajlukdžijstvo" ne može biti „slavno".

Rasutost nacionovih kostiju sugeriše njegov udes i njegovu krivicu: „Kažu da nećemo da se smirimo. Gde da se, debeli, smirimo? Pa nismo to mi, ja i ti, koji nećemo da se smirimo, nego kosti naše, što iz zemlje iskaču. Iz Italije i Franceske, iz Prajske i Niderlandije, a sad ćemo tome da dodamo i Rosiju." (462) Kosti su simbol nacionovog udesa, jer svedoče o odsustvu njegovog središta i o usredištenju u praznoj privrženosti. Ali, takve kosti i stvaraju nesmirivanje koje je nacionova krivica u svetu, a čiji je ishod zatvor: kao što niko nije nacionove „kosti prelio", tako niko nije njegove „arestirane pomilovao" (462). Zahtev za Rusijom obeležava nacionovu utemeljenost unutar metafizičkog, a ne životnog, smisla služenja. Ni Višnjevski ni Horvat to ne razumeju: nacion ne služi zato što mora, jer život to od njega zahteva. Tada bi bilo svejedno *kome* i *kako* služi, jer služi životu, iz kojeg ne ide, dok se ovako stalno seli. Nacion *mora* da služi zato što to hoće. Vernost u služenju ima smisao metafizičkog znaka koji poseduje nacion, a nije životno balansiranje u međudejstvima moći. Zato što prebiva u metafizici vernosti, nacion ne shvata da *vreme* upravlja služenjem, pa hoće da služenje upravlja vremenom. Kada iscuri pesak „privilegija", nacion se prepoznaje u višku vernosti koji mu je darovalo služenje. Taj višak čini seobu nužnom, jer strast služenja hoće da iznova utemelji nacion. Postoji svetski smisao nacionovog služenja, kao što postoji i nacionovo razumevanje tog služenja. Kako služenje ne vodi poništenju naciona, što je (pretvaranje u Ruse) preporučivao Višnjevski, već nacionovom očuvanju, onda dolazi do poistovećivanja služenja *tuđem* i očuvanja *svog*. Nacion se seli kada se ispolji unutrašnja kolizija unutar tog poistovećivanja, jer je on prenosi u svet, koji hoće da promeni. No, kada se seli, nacion u sebi nosi izvornu privrženost služenju i sve se u svetu ponavlja. Nacion je antinomičan: nužnost služenja i nužnost sopstvenosti oblici su pounutrašnjivanja nacionovog udesa. Taj udes – i kada se razabere u svojoj dvosmislenosti, kao u Pavlovom monologu – ne može da se ukine, jer samopotvrđivanje naciona zahteva njegova sopstvenost, kao što njegov opstanak traži služenje. Ospoljašnjivanje sukoba između služenja i sopstvenosti vodi u zatvor, koji je oblik nacionovog razmimoilaženja sa svetom.

Nužnost služenja gradi tragičnu artikulaciju nacionovog puta u Rusiju, koja se javlja u motivacijski nagoveštenoj (342) pretnji da „Rusi mi kažu da imamo, odsad, da slušamo, i pazimo, šta radimo" (462). Kada Višnjevski tvrdi da je nesreća Srba u tome što „govore svima i svakome da su došli, zato, da Serbi ostanu" (525), onda on opisuje nacionovu nesreću, koju ne razume: ako je dolazak istovetan sa služenjem, onda je on zadat identitetom naciona. To je „nepametno" (525), ali je nužno: otpor „pameti", koja je suprotstavljena nacionovoj nužnosti, vodi zatvoru, koji je logičan kraj – „neki su već zagatili vrata u Sibiru" (525) – nepametnog zahteva za Novom Serbijom. Višnjevski previđa postojanje zatvora unutar naciona, koji Sibir samo pokazuje u svetu. Ako je Horvat – u neprozirnoj motivaciji – i tražio Novu Serviju da bi zadovoljio nacionovu nužnost, onda Božič nije ništa od toga ni pomislio, pa ipak „teško da će Božič izići iz aresta, koji je, mora reći, zaslužio" (750). Ako su obojica hteli svetsku moć, a ne nacionovu posebnost, onda su otišli u zatvor dosledno toj moći, ali i toj posebnosti: nije, dakle, pretvaranje u Ruse dovoljno da se umakne nacionovoj nužnosti. Saznanje o Horvatu na završetku romana oblikuje, dakle, zatvor kao metaforu nacionove nužnosti. Generalova katastrofa postoji, očišćena od svojih motivacijskih objašnjenja na završetku romana, kao imanentno prisustvo zatvora u nacionu. I Šlosberg preinačava pripovedački smisao Pavlove „tajanstvene želje" da ga obiđe u času kada tu želju osvetli generalov krah kako ga telegrafski zapisuje završetak romana, jer *postaje* slika nacionove nužnosti u čijem je središtu zatvor. Generalov krah pokazuje, suprotno mislima Višnjevskog, da volja za moć ili život ne može prekoračiti nacionovu nužnost, što je dosledno Pavlovoj seobi koja vodi od jednog ka drugom zatvoru, iako *smisao zatvora* prebiva samo u Isakoviču. Paradoksalnost nacionovog zahteva u svetu istovetna je sa paradoksalnošću njegovog udesa u kom su „doseljenici... tražili svoju zemlju, zasebnu teritoriju, u toj tuđoj zemlji" (736). Ta paradoksalnost zatamnjuje smisao Nove Serbije, jer su „te servijske gomile mislile... pri prelazu, da će, duž Dunava, dobiti svoju, svoju, zemlju, koju će braniti svojom krvlju, nadenuvši Banatu ime Nove Servije" (509). Paradoks da se *dobija* ono što je *svoje* otkriva da između njih i tog imena postoji neka neprelazna razlika: ako zemlja nije njihova, odakle oni dolaze? Ako su došli sa svoje zemlje, kako je ova zemlja u koju su došli njihova? Podeljeni između svojih zemalja, oni ne mogu imati osnov i za zemlju sa koje idu i za zemlju na koju dolaze. Tek skrivanje imena zemlje sa koje idu omogućava novo ime koje potvrđuje „svoju zemlju", a ona, međutim, i sama ima dva imena: Banat i Nova Serbija. Ime Nove Serbije je, dakle, izvedeno i „nadenuto": konstruisano i *drugo*. Kao što ono ne pripada toj zemlji u koju su došli, tako ni nacion u njoj ne pronalazi „svoju zemlju". Postoji praznina u smislu tog imena koja ispunjava prostor na koji se ono proteže. Ako ime – za njih – ne izrasta iz tog prostora, onda utvarnost njegovog izvođenja iz sebe samog ne počinje saznanjem da ono ne pripada prostoru koji imenuje, već završava u tom saznanju. „Nadenutost" imena trag je njegove utvarnosti, jer su i u Rusiji „tražili svoju zemlju... u toj tuđoj zemlji". Ime se ne prepoznaje u onom šta imenuje, jer prostor koji naseljavaju u Rusiji *nije* Nova Serbija, već se samo tako zove (509). Sumnja u postojanje Nove Serbije, nastala u času prelaska na tu zemlju, obnavlja se svakim prelaskom, jer ako je i Banat postao, iako nije bio, Nova Serbija, zašto bi ona u Rusiji bila nemoguća? Njena mogućnost postoji u nepostojanju koje je imperativno za nacionovo delanje, jer „Srbi, stalno, traže, za sebe, zasebnu teritoriju, serbsku provinciju, novu Serviju" (526). Ako je delanje zahtev za Serbijom, onda bilo da je ono zahtev za *novom* kao starom Serbijom, ili za Novom Serbijom (Banat), ono uvek stremi praznini tog imena koje ništa ne obeležava. Ako se u tuđoj zemlji ne može ukoreniti, već samo nastaniti, onda nacion hoće da prekorači svoj udes (samodovoljnost služenja) pronalaženjem svoje u tuđoj zemlji, jer taj zahtev miri služenje i identitet. Kako on, međutim, protivreči izvornoj nepomirljivosti između služenja koje nema svoj stalni, već promenljivi predmet, i identiteta koji hoće da se pronađe u nekom osnovu, onda se paradoksalni nacionov zahtev – koji stapa svoju sa tuđom zemljom – preinačava u tragičnu krivicu. Zato što mora da projektuje u služenje ono čega tamo nema, jer mora da uspostavi identitet, nacion dolazi u raskorak sa svetom u kojem služenje nema *njegovu* rezonancu. Tada se njegov zahtev za služenjem pretvara u zahtev za promenom sveta i postaje krivica koja iznuđuje kaznu. Kao da narator zna da ta krivica nema poreklo u svetu, već u nacionovoj unutrašnjosti, jer „oni su ne samo ruku cara Lazara hteli da sele, nego su mislili da se i zemlja cara Lazara može seliti" (736). Naratorova distanca nije samo ironična, već je neutralna dijagnoza nemogućeg položaja naciona u svetu: kao što je za nacion taj položaj fundamentalno tragičan, tako za svet taj položaj ima patološki oblik. Ludilo naciona nije uslovljeno neistinitom osnovom njegovog zahteva, jer je taj zahtev za svojom zemljom osnovan na istini, niti neadekvatnošću tog zahteva u svetu, jer je zahtev jedino u svetu moguć. Ludilo naciona je upravo ludilo te istinitosti i te mogućnosti: da bi svet razumeo nacion, neophodno je da svet postane ne istinit ili moguć, već nacionov. Ludilo sveta jeste normalizacija (racionalizacija, shematizacija) nacionovog ludila, jer počiva na distribuciji moći, a ne na bezuslovnosti ludila. Ontološki osnov misli o seljenju Lazareve zemlje izvire iz paradoksalnog zahteva za poistovećivanjem unutrašnjeg sa spoljašnjim svetom naciona. Ali, upravo to poistovećivanje i uklanjanje ontološke razlike unutar nacionovog udesa vodi uništenju nacionovog osnova, jer je baš ono svetska kazna: „Za vreme Napoleonovih ratova, čak je bilo i takvih slučaja, da je jedan član familije ratovao na austrijskoj i francuskoj strani, a drugi na ruskoj", jer „serbski pukovi postadoše austrijski" (781). Završetak romana zapisuje raspadanje naciona kao takvog, kao rezultat samog nacionovog zahteva da prekorači sopstvenu zatvorenost u antinomiju služenja i identiteta. Ratovanje u suprotstavljenim vojskama, međusobno ubijanje, otkriva da se nacion poistovetio sa svojim služenjem. Ako je nacion identitet strasno razumeo u služenju koje ga je potvrđivalo i kojim je hteo da obaveže svet, onda poistovečivanjem spoljašnjeg i unutrašnjeg sveta u svom udesu, nacion stiže do jednoznačnosti sopstvenog određenja koje ga je uništilo. Imperativni i nužni oblik nacionovog samopotvrđivanja dovodi do samouništenja naciona. Završetak romana, *ponavljanjem* saznanja o nacionovom udesu u vremenu „Napoleonovih ratova", objektivizuje Pavlovu viziju „slavnog Serbstva". Jer, oni koji se sele u Rosiju su „znak, da je jedna velika armija zauvek sahranjena" i da oni koji „su se posle pojavili, kao vaskrsli, još jednom, u austrijskoj vojsci, za vreme Napoleonovih ratova" i o kojima se „govorilo kao o čudu i tada" nisu više bili isti, jer „to više nije bio narod", već „regimente najamnika i slugeranja", koji „više nisu znali, šta je to otadžbina" (660). Nacion, koji je hteo da prekorači svoju zatvorenost u dijalektiku služenja i identiteta, doveden je u prazninu svoje strasti: nestaju određenja naciona, jer služenje guta identitet. Sakrivanje identiteta u služenje bilo je, sa stanovišta naciona, početak gubljenja identiteta i nacionova krivica u unutrašnjem svetu njegovog udesa. Prekoračivanje u prostor van služenja vodilo je krivici u spoljašnjem svetu nacionovog udesa, koja ishoduje zatvorom. Nacion je, dakle, zatvoren sa *obe* strane: kao što je njegov unutrašnji greh u očuvanju identiteta služenjem, što dovodi do uništenja naciona, tako je nacion u svetu postao plaćenik, ne ni zatvorenik. Kao što on ne traži *svoju zemlju,* jer ne zna šta je to otadžbina, tako nema u njemu osećanja neistovetnosti sa sobom, jer je sve nestalo u času kada je nestao nacion. Ako je najamništvo oblik uništenja naciona – njegovo stalno projektovanje supstancijalnog u funkcionalno – onda je Pavlova artikulacija nacionovog udesa, u svojoj opsednutosti Šlosbergom, oivičila tragični raspon tog događaja.

Karikatura i denuncijacija

To da je Pavla već Rakosavlevič u Budimu upozorio da „ima... i među sunarodnicima – špijuna i ulizica" (238) kao da iskazuje čuđenje i zaprepašćenost nad tim iznenađujućim saznanjem, jer Isakovič podrazumeva nacion kao monolitan. Ako ne postoji istovetnost unutar nacionovog samorazumevanja ni u odsudnim tačkama života i smrti, onda to što su majora Joana Božiča „bili denuncirali njegovi sunarodnici" (244) obeležava nacionovo raslojavanje. I dok je Rakosavlevičevo naglašavanje „sunarodnika" krilo distancu u odnosu na Pavlovu viziju nacionovog udesa, dotle Božičevo razumevanje tog udesa ospoljašnjuje distancu, jer „prema njegovom mišljenju, carstva su sva jednaka – zemlja kao zemlja, jedna kao druga. Ni naš nacion, koji Pavle toliko veliča, ne zaslužuje suze čoveka. On je više dobra video od tuđina, nego od svojih sunarodnika. Pravo da kaže, sve zlo na njega dolazilo je, uvek, od sunarodnika." (254) Pavlovo razumevanje nacionovog udesa zatamnjuje, na počecima romana, „denuncijanstvo" unutar naciona. Ako nema izuzetnog carstva, jer su sva carstva jednaka, onda ni nacion, koji hoće da mu bude prirođeno značenje „privilegija", nije *poseban*. Nesaglasnost između Austrije i naciona postaje izvorna onemogućenost naciona, jer u njemu prebiva ono što ga osujećuje. Dok Isakovič podrazumeva kako nacion afirmiše pojedinca, dotle Božič vidi pojedinca kao ugroženog *zlim* delanjem naciona. Nacionova nesaglasnost sa svetom u prepisci je sa njegovom nesaglasnošću sa sobom, jer spoljašnja nesaglasnost lomi nacionovu istovetnost sa sobom pred odsudnim pitanjima života i smrti. Ako je „neprilika... i on, Kopša, zbog tih oficira, imao", jer ga „mnogi... oficiri, koji mu uzimaju novaca, na zajam, posle, denunciraju" (309), onda je potkazivanje oblik ontološkog služenja koje je u srcu nacionovog udesa. Jer, potkazivanje, koje podrazumeva onog kome se dostavlja, postaje oblik osvete usredsređen u *tuđoj moći,* što podrazumeva sopstvenu bestemeljnost koja zahteva – krug se zatvara – služenje. Denunciranje je, međutim, karikaturalni oblik služenja, jer služenje ima – u Isakovičevom duhu – egzistencijalnu i herojsku osnovu, a karikaturalnost prebiva u samosvrhovitom mehanizmu služenja, lišenom herojske osnove. Služenje i denunciranje su dve strane nacionovog udesa, što *tuđe oči* vide: „Otkud da ta mitropolija, u Beču, rovari, protiv onih koji se sele. Tužaka Ševiča, za neke dugove, denuncirala je Preradoviča, a nekoliko je oficira, zbog tih denuncijacija, po zatvorima." (343) Zatvor kao istovetno ishodište služenja i denunciranja sugeriše da je Pavlova definicija sunarodnika protivrečna: ako je „sunarodnik, iz istog sela, miliji, katkad, srcu, od rođenog brata" (343), onda postoji greška u bratskoj privrženosti, koja baca senku na istinu o sunarodniku[3]. Kada Pavle prepoznaje „pustinju" u odnosima „čak i sunarodnika" (254), onda potonje saznanje o njihovoj bliskosti otkriva da njegova interpretacija sunarodništva postoji usled redukcije smisla nacionovog udesa. Volkov, međutim, otkriva da nacionovo nezadovoljstvo Rusijom (343) ne samo da poništava Pavlovu misao o nacionovoj „privilegovanosti", već potvrđuje znanje Joana Božiča da su sva carstva ista. Ali, Volkov zna da nezadovoljstvo Rusijom nije osnovno nezadovoljstvo naciona, jer „što je najgore, teško je sa njima" pošto „svaki želi od drugoga bolji biti", pa je „opšti porok serbski: zavist" (343). Nacion je, dakle, osnovni uzrok nacionovog nezadovoljstva, kao što je međusobno suprotstavljanje oblik, a „zavist" ime njegovog samouništavanja: još gore je „bilo to što su se, i pobratimi, kad bi se posvađali – po lepom starom, serbskom običaju – međusobno denuncirali" (355) Rečenično odvajanje „i pobratimi", koje je slično ranijim sintagmama „i među sunarodnicima", „čak i sunarodnici", podrazumeva Isakovičevu projekciju o bliskosti sunarodnika. Ako su sunarodnici bliži od braće, onda najbliži među njima hoće da su kao braća i postaju *pobratimi*. Kako u odnosu među braćom postoji nešto slomljeno, pa su i sunarodnici bliži, onda je ishod pobratimstva zakonomeran: denunciranje po običaju čija *starina* otkriva da mu je osnov u nacionu, u identitetu koji postoji kao služenje. Ironija *lepote* običaja pridolazi, međutim, iz distanciranosti naratorovog znanja, koje je saglasno *tuđim* interpretacijama nacionovog udesa. Međusobno potkazivanje sunarodnika u Engelbirti, kojima – i bez denunciranja – preti hapšenje, nije racionalnog porekla, već je samorazaranje u kojem se potvrđuje da je pakao denuncijacija autentično nacionov pakao. Božiča su „denuncirali... njegovi sunarodnici", a naratorovo naglašavanje „opet" samo je posredni način da se naglasi kako se denuncira stalno, jer i Božič „nije dužan ostao", pošto „denuncira svakoga" (381). Obuhvatni smisao denuncijacija ne dozvoljava mogućnost žrtve. Kada narator u nabrajanju svojstava Pavlovih sunarodnika iz Engelbirte u istoj perspektivi posmatra njihovu spremnost na denunciranje i klevetanje sa osobinama kao što su plahovitost i izmučenost (394), onda on sugeriše da onaj ko denuncira nije – po tome – različit u nacionu. Denuncijacija je karikaturalno obeležje njihove zajednice, koje odgovara nacionovom identitetu obrazovanom unutar služenja. Kada Pavle ostavi bez odgovora Kajzerlingov predlog da mu protumači zašto je „mnogo... među njima, denuncijanata" (469), onda to nagoveštava njegov nov uvid u prirodu nacionovog udesa: „Naučih, debeli, u Vijeni, među sunarodnicima, razliku, imeđu dobra i zla! Ponosa i izmeta! A odsad, ako, u mraku, sa sunarodnikom, ma kud budem pošao, sve ću natraške ići!" (507) Dalekosežni domašaj Pavlovog usvajanja Božičevog razmišljanja o nacionu sa stanovišta dobra i zla, nalazi se u tome što poriče Pavlovu redukovanu viziju nacionovog udesa. Umesto opsesije o nacionovoj izneverenosti od *drugih*, pomaljaju se obrisi nacionovog delatnog samoizneveravanja. Kao što između psiholoških i etičkih motivacija Pavla i Božiča postoji nepremostiv raspon, tako je ironija da Božič svojim postupcima suočava Pavla sa negativnom istinom svog saznanja. U času Pavlovog usvajanja Božičevog mišljenja njihovi međusobni odnosi moraju stvoriti unutrašnju nelagodnost u Isakoviču kada u njegovoj svesti sevne čije je to mišljenje. Ako je ono – uprkos svom rodonačelniku – iskazano, onda je to znak da su sve razlike između pojedinaca, kao i individualna osećanja, nedovoljne da zaustave prepoznavanje u istini naciona. Isakovič, kao zatočnik vere o spoljnim silama koje uzrokuju nacionov udes (Austrija, Rusija, Turska, Mleci), dolazi do saznanja da se nacion svojom unutrašnjom logikom poklapa sa spoljnim pretpostavkama svog uništenja: „nije mu više bila kriva Austrija, nije mu više bio kriv Beč, ni Božič, niti mu je bila kriva Božička, nego oni, sami, sebi, Serbi, i bivši Serbi, sunarodnici, zli dusi" (558). U Pavlovom usvajanju Božičevog negativnog mišljenja o nacionu radikalno su relativizovana optuživanja spoljnih uzročnika nacionovog udesa, bilo opštih (Austrija) bilo pojedinačnih (Božič), a prepoznat je nacion – „oni, sami, sebi" – kao poreklo nacionove krivice, čije patnje jesu vid svetske kazne. Od „čak i sunarodnici" Pavle je došao do „sunarodnici, zli dusi". Iz metafizičkih osnova Isakovičeve vizije nacionove posebnosti i aksiološkog prvenstva – „služili smo verno" podrazumeva junake i etički imperativ – izrasta ontološka mogućnost karikature u nacionovoj sudbini, jer denuncijacije podrazumevaju junake kao denuncijante, a etički imperativ omogućava etičko dno. To što nije sav nacion *to*, ne dotiče se uvida da su oni vrh nacionove metafizike, koji je ontološki i aksiološki iznad trgovaca i života. Nacionov udes dostiže svoju mnogoznačnost samo kao metafizički determinisan udes. Karikaturalnost delanja koje vodi samouništenju postoji zajedno sa tragičnim smislom nacionovog udesa. Racionalna neobjašnjivost nacionovog samodenunciranja plod je njegove unutrašnje svrhovitosti, kojom se kreće ka identitetu. Upravo karikaturalno ospoljašnjenje svrhovitosti raskriva nihilistički osnov nacionove prakse.

Da li imperativnost imena Nove Serbije nadsvođava denuncijantski vid nacionovog udesa, jer su se svi „u tom... slagali, jedino": „i Horvat, i Ševič, i Preradovič"? Već u trenutku kada traže „da se ta teritorija nazove: Nova Serbija" i dodaju „Nova Mezija, kako se Srbija zvala, u doba rimsko" (607), oni iskazuju razliku između Srbije koju podrazumeva rimsko ime i Serbije koja se traži *nova*. Dok rimsko ime računa na svoj prostor koji je Srbija, dotle Nova Serbija ne može računati na bilo šta, jer nema njenog prostora: ona ne obnavlja pojam, jer ona omogućava zahtev. Rimsko ime destruira uzvišenost koja je samu sebe htela u tom zahtevu, jer je njegova tragična komičnost u obnavljanju rimskog, a ne srpskog imena: kao što se Srbija – „u doba rimsko" – zvala Mezija, tako dodatak *nova* u zahtevu obesmišljava rimsko ime. Nova Serbija je uvek *takozvana*, što završetak romana podrazumeva kada saznanje da je „Rusima... brzo dosadila sva ta Nova Serbija" koja je „kroz dvanaest godina, cela, nazvata: Nova Rosija" (608) transformiše u izostajanje Nove Serbije: Hersonska gubernija (793). Određenje *nova* uz ime Rusije nije samo trag onoga što je potisnuto (Serbija), već naglašava premešteni smisao nacionovog zahteva: ako Nova Rosija može biti *nova* u odnosu na nacionovu predstavu o njoj, onda iz te predstave, koja je zasnovana na obmani i fami, projekciji i kompenzaciji, tragediji i karikaturi, nacion stiže do sadržaja (Nova Rosija), kao što je krenuvši iz sadržaja (Serbija) stigao do njegove takozvanosti (Nova Serbija). Tako se krug zatvorio u ispunjenju nacionovog zahteva, jer je Nova Mezija postala Nova Rosija. Otud je Nova Serbija uvek moguća i kao Nova Mezija, jer nije ništa, pošto je njena otvorenost za rimsko ime uslovljena njenom spremnošću za ništa. U času kada je „Ševič... poručivao u Kijev, svojima, da, na veliki obešenjakluk Horvata, treba odgovoriti traženjem zasebne teritorije, i za Ševiča" i „predlagao Rusima da se ta teritorija ne zove nova Serbija, nego Slavenoserbija" što je i „bilo" (608), otkriva se da nacionov udes obuhvata smisao imena nove teritorije i kada se ime promeni, jer ime podrazumeva u sebi smisao nacionovog udesa, a ne nacionovo ishodište. Stvaranje dve Serbije na ruskoj teritoriji ne samo da obeležava napredak u odnosu na jednu Novu Serbiju u Austriji (Banat), već je *delanje* u ontološkom dosluhu sa smislom nacionovog udesa. Promene imena Nove Serbije obeležavaju, dakle, nacionov udes.

Pripovedanje o generalu Horvatu postoji unutar pripovedanja o nacionu, jer „te zime, intrige, svađe, imeđu Horvata, Ševiča, i Preradoviča, bile su tolike, da su bile zagorčale život oberkomandantu Kijeva, đeneralu Ivanu Ivanoviču Kostjurinu" (606). Potvrđeno je Volkovljevo predviđanje o srpskoj sudbini, jer se nacion ponaša *istovetno* kao u Austriji. U Rusiji (619, 778) je potvrđen Volkovljev uvid u snagu zavisti koja vlada nacionom. Zagorčani život ruskog generala, koji je „retko... koju noć mirno prospavao", jer se „budio... u mraku, psovao, i čudio, šta ga je snašlo" (606), ima svojstva nesanice prvog sekretara ruske ambasade u Beču, usled *nove* krize nacionovog identiteta u Rusiji. Nacion se ponaša kao prznica, svadljivac, zla i opasna osoba, jer „Srbi su od Kijeva napravili bili gnezdo zolja" (606). *Karikaturalnost* nacionovog ponašanja – uprkos zastrašujućoj strasti koja njime upravlja – ogleda se u *sitnoj* rezultanti generalske nesanice. To što Kostjurin ne može da veruje da oni isti ljudi „koji su se tukli po Podolju, napadali mesarnice, denuncirali se", kada su postrojeni na paradi imaju „ponosito držanje i ponosito ponašanje" (682), označava da on ne razume unutrašnju svrhovitost naciona, jer „kad se obukoše i dobiše oružje" (682) oni obznanjuju drugi pol identiteta pronađenog u služenju. General ne razume da je tačka spajanja denunciranja i ponositosti u nacionovom udesu istovremeno i tačka distinkcije, jer preokret nužno ima i povratan smer. Kako Horvat, koji je kao „čovek silovit, počeo da globi" (736), dela na nacionov način, kao prznica, svadljivac, zla i opasna osoba, tako učestalo pripovedanje o njegovom delanju (609, 635, 652, 721), neminovno pripoveda o *ponavljanju* nacionovog udesa: to da je „prota... bio zavađen namrtvo, sa Horvatom" znači da ga je general „denuncirao". Kao što su Joana Božiča u Austriji „opet" denuncirali, tako je prota Horvatu „dvostruko, vraćao", a kao što je Božič u Austriji denuncirao „svakoga", tako je prota to činio u Rusiji „gde god je mogao" (607). Ne samo da *ponovljivost* denuncijacija – u oba carstva – obeležava njihovu imanentnost u nacionovom udesu, već saznanje o proti i Horvatu očituje strast denunciranja koja iskazuje nacion. Ostrašćeno denunciranje ima oblik ne-ravnoteže između izrazito emocionalnog aktivizma i nedostojnog cilja potkazivanja. Ta ne-ravnoteža otkriva preokrenutu ontološku mogućnost nacionovog udesa.

Strašna sloga

Neutralan oblik poslednjeg saznanja o generalu Horvatu – izostajanje denuncijanstva – nagoveštava *promenjenu* perspektivu u kojoj se ogleda nacionov udes na završetku romana. Kako i u poslednjoj glavi romana istrajava svest o denunciranju – „prota Bulič optužuje Pavla" (782) – onda preinačenje nacionovog udesa nije aksiološko: hungarsku Dijetu „obuzima... kažu, opravdani strah, posmatrajući ovo grdno tijelo, koje se proteže od moskovskih granica, pa do Jadranskog mora! A osobito, kažu, od reči do reči, kad rasude onu strašnu slogu, tog naciona i njegovog vojenog staleža, gde su svoje koristi uzajamno ukrstili! Pa s jedne strane vojnički stalež obikao je razmicati svoje granice koristeći se osobito napadajima šizmatika, a s druge strane opet, ti, nesjedinjeni Grci, silno sebe raširuju, pod moćnom zaštitom svog vojenog staleža!" (791) Poslednje pripovedačko saznanje tamno preinačava ontološki antagonizam između oficira i trgovaca na pozadini *strašne sloge* koja se objavljuje umesto denuncijanstva. Ta sloga nije sloga trupa koje, obučene novim uniformama, izgledaju Kostjurinu „kao da su braća – složne" (682), jer nije ničim posebnim stvorena, već postoji iznad nacionove posebnosti kao nužna. Sámo saznanje se odnosi više na one koji su ostali u Srbiji i u Banatu nego na one koji su otišli u seobu. Njihovo razlikovanje unutar naciona propituje smisao samog odlaska, jer šta je u tom odlasku obuhvatno za ontološki status naciona kad obuhvata i one koji su ostali? Naratorovo *kažu* obeležava svest da se u tekst inkorporira neki drugi tekst, i distancu prema znanju tog drugog teksta. Da je strah „opravdan" uslovljeno je posmatranjem „grdnog tijela, koje se proteže od moskovskih granica, pa do Jadranskog mora". Ijekavski oblik „tijelo" koji prodire u ekavsku artikulaciju pripovedanja obeležava prisustvo drugog teksta u pripovedanju, ali zbog leksičke izukrštanosti u pripovedanju on nije neočekivan. Vizija u kojoj se javlja „opravdani strah" situira, međutim, nacion van njega samog, unutar svetskoistorijskog horizonta: nacion postaje akter jedne ravnoteže moći koja se ne oslanja na njegov ontološki udes, iako ga uslovljava. On postoji u nekoj teleološkoj samosvesti koju ne oblikuje. Ta samosvest nije, međutim, nepoznata za nacion, jer je Višnjevski prepoznao njeno prisustvo još kada je savetovao pretvaranje u Ruse: „Sve ima da bude, od Ledenog mora, negde tamo na vrhu Azije, pa do Trijesta, o kom je Isakovič pričao, rosijsko." (526) „Opravdani strah" je, dakle, reakcija na političku filozofiju[4] koju nacion svojim pukim postojanjem čini delotvornom, a ne na nacionovu posebnost. Kada se inkorporirani tekst usmeri na sam nacion, onda se narator ne zadovoljava samo upućujućim *kažu*, već i određujućim *od reči do reči*, što iskazuje čuđenje zbog diskrepancije između onoga što se navodi i onog znanja koje oblikuje nacionov udes. Nacion odjednom postoji u dva vida, jer je on i nacionov udes i deo nekog „grdnog tijela", koje menja značenja udesa, pa pretvara njegovu unutrašnju suprotnost u naporednost dva oblika njegovog postojanja. Tako se objavljuje racionalnost nacionove istorijske sudbine – „svoje koristi uzajamno ukrstili" – koja preinačava *interesnu* korespondenciju između trgovaca i oficira u romanu. Jer, lični interes koji upravlja tom korespondencijom nalazi se u tome da ona omogućava seobu u Rusiju koja je *protivna* nacionovom svetskoistorijskom interesu. Taj interes postaje – u čudesnoj perspektivi „grdnog tijela" – iznenađujuće svrhovita veza u promicanju upravo nacionovog svetskoistorijskog interesa. Nema, dakle, protivrečnosti u nacionovoj sudbini kada se ona javi u rezultanti svetskoistorijskih sila. Ta rezultanta paralelno postoji sa sadržajem nacionovog udesa koji joj protivreči. Otud je nacionova sloga *strašna* ne samo zato što rađa strah u onima koji motre njen svetskoistorijski smisao, već zato što je nužna. Nacion postoji u slozi samo zato što postoji, jer on pukim postojanjem objavljuje slogu svog svetskoistorijskog dometa. Sloga je, dakle, *strašna* ne zato što je istinita, već zato što je ne-istinita. Ona je strašna uprkos svojoj ne-istinitosti, jer ona – u nacionovom postojanju koje je nacionov udes – *nije* sloga. Ona je, dakle, strašna, jer je nužna. Nužna može biti samo kao ne-istinita, jer tek kada nije sloga – nacionov udes – ona sloga jeste u svetskoistorijskoj rezultanti. Čim postoji nacion postoji i njegov udes, koji je ne-sloga. Ali, čim nacion postoji – uprkos tom udesu – postoji i „grdno tijelo", koje iz pukog postojanja konstruiše nacionovu slogu. Njena ne-istinitost, koja je u dvosmislenosti same mogućnosti nacionovog postojanja, čini je *strašnom*. Tako je nacion prisiljen na slogu uprkos sopstvenoj predodređenosti za denunciranje, jer postoji samo u nužnosti svoje ne-istinitosti.

IME UMA

Neminovnost da se ime grofa Merci pomene na završetku romana nalazi se u dosluhu sa *osobenošću* ovog imena u romanu: „Milom, ili silom, ja sam rešen – a to je i želja caričina – da uredim ovaj kraj kraljevstva. Kopaće se kanali, po sistemu grofa Merci. Prema francuskim planovima. Um čovekov ne može da trpi da sve te planove, izrađene po logici, omete ta gomila kosmatih, urličućih Srba." (171) Garsulijevo obrazlaganje samorazumljivosti serbskog razvojačenja podrazumeva snagu jedne takve očiglednosti kao što je sistem kanala grofa Merci[1]. Ako taj sistem obeležava da je nastupajuća „uređenost" serbskog pejzaža neminovna, onda se nacion mora urediti „milom ili silom". Tako nacionova sudbina odjednom postaje zavisna od smisla planova pod imenom grofa Merci. To ime, pak, nije više tek jedno od imena u romanu, jer se preinačava u ime nacionove sudbonosnosti. Planovi su tek odsjaj onoga što je najdublje u sudbonosnosti, jer ako „um čovekov", koji ih uslovljava, „ne može da trpi" da budu neostvareni – kad su „po logici" izrađeni – zbog „gomile kosmatih urličućih Srba", onda je raspored u smisaonom registru Garsulijevog govora dalekosežan: dok se za apstraktni „um čovekov" vezuju planovi ("unapred utvrđen sistem mera koje predviđaju ostvarenje određenih zadataka"[2]) izrađeni „po logici" ("unutrašnja uslovljenost, uvjetovanost i zakonitost, smisao"[3]), dotle se njima suprotstavlja gomila ("hrpa, mnoštvo"[4]) kosmatih ("čupav, razbarušen"[5]) Srba. Ono osnovno u ovoj suprotnosmernosti (red i ne-red, smisao i ne-smisao) ne objašnjava zašto je „um čovekov" ostrašćen umesto da je slepo ravnodušan pred činjenicama nereda. Jer, ako je pokrio sav svet i ako njegova totalnost „ne može da trpi" postojanje *kosmate* i urličuće *gomile*, on-

163

da nije jasno zašto neminovno poništavanje tog izazova ne ostavlja um indiferentnim? Nacion nije, dakle, sukobljen sa planovima grofa Merci, nego sa njihovim *umom*. Sudbonosnost sukoba dodatno je opterećena saznanjem da nacion, koji nedostojan uma, jer u vrednosnoj artikulaciji kosmatost i urlikanje označavaju nedostojnost, provocira samorazumljivost uma, čija je logika samosvrhovita. Otud je borba protiv planova grofa Merci, koja je izazov Austriji, odsudna nacionova borba protiv onog *iza* Austrije, jer je izazov umu: „Sam Bog je rešio, uzvikivao je Garsuli, da se iz Evrope isteraju Turci, a i ti Rascijani, ako treba, sa njima. Život ovde ima da se uredi prema pameti, prema redu koji u Crkvi vlada, a naročito ima da se isuše ove mnoge bare i močvari. Ova podunavska land-milicija, što još živi po zemunicama, i kolibama, sa svojim ovcama, svinjama i ženama, ima da ide u kameralne teritorije. Ja to ponavljam: MORA." (171) Božanska atribucija *uma*, iako treba da podupre njegovu obuhvatnost i da osumnjiči pravednost nacionovog bunta, ne može da obrazloži *delimičnu* nužnost s kojom govor uma računa. Garsulijevo naglašavanje da oni *moraju* da se prilagode, zna, međutim, i za posledicu *ako* se ne prilagode, jer onda ima da idu s Turcima. Ali, ako mogu da se ne prilagode, onda potčinjavanje umu i nije nužno. Otud naglašavanje da *moraju* da se prilagode porađa afektivnost u samosvrhovitoj stvari. Ljudska atribucija uma – pamet – samo ponavlja značenja logike koja je osnov planova. Saglasnost božanskog i ljudskog zakona u delotvornosti uma istovremeno pokazuje da istina uma nije sama sebi dovoljna. Ona hoće potpuni prostor pokazivanja, jer se latencija uma, koja je njegova afektivnost, prepoznaje kao htenje: volja. Tek *delati* u skladu sa umom znači zadovoljiti ga, jer ono što on hoće zove se moć. Unutar uma prapokrivena je volja za moć, koja je posredovana umstvenim, jer je umstvenost gladna moći. To prepoznaje prividnu relevantnost božanske atribucije, jer totalnost „uma čovekovog" ne izvire iz nje, već iz umstvenosti koja hrani sopstvenu volju za moć. Totalnost uma dobija – za nacion – razmere i silu natprirodne stihije ili mitološkog zla koje progovara u sistematici planova grofa Merci. Imenovanje „pameti" doziva praktične razloge uma, dok isticanje „reda koji u Crkvi vlada" označava njegovo zaklanjanje božanskom atribucijom koja se tako prepoznaje kao lažna. Jer, moć uma ne zastaje pred iskušenjem da funkcionalno artikuliše božije prerogative i simulira njihovo prisustvo. Otud: očekivano je da rascijansko protivljenje umu dovede do toga da njihova sudbina klizi u katastrofu, ali je iznenadno to da samo klizanje otkriva dvosmislenu prirodu uma. Garsuli samo na taj način može da razume i samu mogućnost saglasnosti sa njima, jer „u Beču smatraju da je onaj ko je savetovao da se tim oficirima izda apšit iz vojske, morao sići s uma" (170). Ako je saglasnost sa njima znak nesaglasnosti sa umom, onda to što ih umstvenost ne obuhvata valja ispraviti njihovim uređivanjem prema planu grofa Merci. Um polaže pravo na uređivanje, koje, međutim, nije vezano u svom ostvarivanju sa onim što se naziva umstvenim, već sa nasiljem, jer je delanje uma nasilje: „milom ili silom". U htenju uma je da uredi haos koji mu – samim postojanjem – upućuje izazov. Kako uređenje po umstvenosti nije pretpostavljeno kao umno uređenje u sredstvu, već tek u cilju, nastaje nasilje. Veza između uma i nasilja počiva u logici samog uma. Pokušaj da se oni zaklone pred nasiljem tako što će se njihov zahtev racionalizovati u davanju otpusta – „apšit" – dosledno se imenuje kao „sišao s uma"[6]. Taj pokušaj je raskinuo sa umom u času kada hoće da izmakne nasilju koje je delanje uma i, zato, Garsuli ponavlja: „Oni znaju kako je završio provizor dvorski, Josif Joanovič, koji je imao nekakije prepiski sa, iz Rosije došavšim, knjazem Kantakuzinom. Neka se dakle uzmu u pamet." (175) Oni treba da interiorizuju *pamet* koja je izvedeno značenje *logike* što je u osnovi *planova* grofa Merci: polje uma. Uzeti se u pamet znači predupređiti nasilje, dovesti do sklada sopstvenu meru i meru uma, jer buniti se protiv pameti znači izazivati nasilje, poricati volju za moć uma. No, uzeti se u pamet znači – za njih – odustajanje od samorazumevanja, jer poricanje subjektove volje jeste njegovo doleženje do pameti, samozatomljavanje zarad uma. Pamet je ovde posredovana *voljom* uma i ona je tek oblik njegove pretnje, jer – ne dođe li se do pameti – um će se ostvariti u zatvoru i ubistvu. On nije, dakle, samo nasilje ili tek nasilje, već je radikalna objava nasilja, jer ga volja za moć otvara za ubistvo. Ime grofa Merci pripada smisaonoj perspektivi umstvenosti, čiji je Garsuli – na počecima romana – glasnik: to ime, u metonimijskom lancu, obeležava *prisustvo* um-

165

stvenosti u romanu. Jer, učestalo pominjanje uma pretrajava u govorima junaka ili u naratorskim glasovima upravo po logici kojom je Garsuli utemeljio njegovo prisustvo. Rasprava o umu u romanu uvek je polemički određena u odnosu na to utemeljenje uma. Iako se prelama u različitim pripovedačkim i značenjskim situacijama romana, osnovna struktura pitanja o umu ostaje u svojim pretpostavkama onakva kakva se ispoljila na samim počecima romana, jer se menjaju samo njene smisaone korespondencije. Status pitanja o umu prevazilazi značaj dominantnog lajtmotiva, jer to pitanje u bitnim odrednicama prekoračuje smisao lika koji ga artikuliše, iako podupire prerastanje smisla tog lika u simbolički registar romana[7].

Poricanje uma postalo je osnovno htenje subjekta i njihov je odnos dobio obrise suprotice dva htenja (dve volje): „Snažan je, hrabar, a ipak se kreće kao neka sen, bojažljivo. Govori, kad hoće, lepo, razborito, a ćuti, uporno, i, što kaže, ispada ludo i nerazumljivo. Sve neki mučenici, sve neki care Lazo. Kao da je umom poremetio." (242–243) U kontrastu između Pavlove snage i bojažljivosti njegovog kretanja tematizuje se nemoć njegove snage u odnosu na zbivanje. Kao što korespondenciju sa smislom i domašajem zbivanja očuvava povremena „razboritost" u govoru (dolaženje do pameti koja je um), tako se u atribuciji ludog i nerazumljivog govora pronalaze oznake kosovskog zaveta, koje se ironično objašnjavaju poremećajem uma. Da li Trandafil podrugljivo sluti da je izvor junakovog govora tamo gde um ne vlada? Ostajanje u vlastitoj volji izlaže subjekt moćima uma i zakonomerno ga čini nerazumljivim, jer um postavlja granice i razloge svake razumljivosti. Nerazumljivost je spas od uma i svetska kazna za subjekt, jer skloniti se u nerazumljivost znači odustati od umnog delanja. Ako je svet prenaseljen umom, čije prostiranje ne ispušta niti jedan deo sveta, onda je nerazumljivost izmeštanje iz sveta, odustajanje od njega, koje odvodi – korakom u ludilo[8] – s one strane uma. Kako moć koja pripada volji uma osvaja haos sveta? „Peja je taj naboj spremao za zimu, a ja sam šašarikom i suzama pokrivala. Lani nas je zahvatila regulacija. Vele, da rušimo! Nije kuća na liniji. Da siđemo na drum, do indžilirskog konopa. E vidiš, dadosmo im i to. Imjeli smo nadeždu za ovu godinu. A on, kad se edva krmimo, na sadašnje mučno vreme, kaže, ne valja. Da se opet ruši. Čuješ li ti mene? Kiša kvarila, mi podbočismo, sa komšijama, sohama. A on kaže ne možet. Nego na konop. Da siđemo na leniju s druge strane. E dabogda svaka se njihova tako rušila." (328) Nerazumljivost u delanju uma izvodi se iz nemoći haosa (života) da shvati njegovu svrhovitost. Um *dela* podsmehom, jer pomeranje sa jedne na drugu liniju jeste podsmeh i *radu* i *kući* kao takvima. Praviti kuću i razumevati je kao ogledalo bivanja znači unositi u nju smisao, što je, međutim, i greh i greška, jer smisao je pohranjen u umu. Čas smisla darovan umom poriče projekciju smisla osnovanu na pretpostavci uma: iako su gradili kuće sa *umnim* razlogom, tek rušenje kuće otkriva razloge uma. Da bi se haos uništio, da bi on stigao do smisla nužno je već u njemu delati po zakonima (volji) uma. Očevidna nemogućnost delanja po tim zakonima greška je haosa, ne uma. Um zato izmešta kuće i pomera linije: teškoću zidanja kuće (smisao) na *privremenoj* liniji, kao i očaj zbog rušenja kuće na kraju privremenosti, um ne razume, jer za njega teškoća počiva u *zidanju* kuće (smisao), koje hoće da haos uspostavi kao trajan. Kao da um sebe razume kao ono što treba da okonča privremenost haosa. Ali, život postoji u haosu: ono nesvrhovito i neuporedivo ljeskanje života u prostoru i vremenu obremenjeno je privremenošću. Um je u izvornom sporu sa životom, koji svoju privremenost čini apsolutnom, jer se život odupire i pameti, projektuje kao proizvoljnost i odjednom poriče ono svrhovito. Zato um poseže za nasiljem: volja za moć „ne trpi" pretpostavljanje života umu i – u istoj sceni – poenta glasi: „Tukli su se verno, na strani hrišćana, na strani Austrije, pa šta su dobili? Hiljade mrtvih glava. Manevre, reguliranja, egzerciranja, ušoravanja, te ovakvu, te onakvu, sahranu mrtvaca. Žuto mi je lice od popara. A neprekidno traju befeli, razvojačenja, naseljavanja, selidbe. Neprekidne su promene prema planu grofa Merci!" (329) Ime grofa Merci podrazumevalo je planove o kanalima, ali se njegov značenjski registar proširuje, jer ono počinje da obuhvata i „manevre, reguliranja, egzerciranja, ušoravanja, te ovakvu, te onakvu sahranu... befeli, razvojačenja, naseljavanja, selidbe". Proširivanje metonimijskog lanca gradi metaforu od tog imena. Poenta – „neprekidne su promene prema planu grofa Merci" – čuva upućujuću dvosmislenost u reči „prema": konkretni sadržaj tih planova jeste ono što uzrokuje promene, ali – izrastanjem metafore tog imena – kao da je u smislu i svrsi plana zapretena mogućnost da on uzrokuje i stvara neprekidne promene kao takve. Ovaj drugi smisao poente u dosluhu je sa razoružavanjem života, jer plan u svetu ostvaruje učinak koji je suprotan cilju zbog kojeg je plan unet u haos: umesto da – što se od njega očekuje – posreduje definitivnost i izvesnost, on uzrokuje neprekidne promene kao takve, ne obazirući se na prepreke koje stvara samim svojim postojanjem u svetu. No, prisustvo promena naravno da ne sumnjiči postojanje i svrhovitost plana. Jer, um ne dozvoljava sumnjičenje: svrhovitost plana skrivena je u svrhovitosti uma. Život, koji želi da prepozna odsustvo svrhovitog u planu, dolazi samo do lica sopstvene prikraćenosti. Jadikovanja zbog plana i žalbe na plan posledica su nedovoljnosti za plan i njihov razlog nije zakopan unutar nespornosti plana, već je položen u spornost života. Život ne može demantovati um, on nema *moći* za to, jer um ima moći da podjarmi život. Sam život postoji kao polje podjarmljivanja, umstvenog delovanja i on nije vlasnik logike kojom se može odupreti umu, jer – seti se Garsulija – logika pripada umu. Neumstvenost u životu prirodno proizilazi iz svrhovitosti uma. Život se opirao umu, izazivao njegovu volju za osvajanjem. To osvajanje je ugrađivanje moći u život i gospodarenje životom, koje ima neumstveno lice. Planovi grofa Merci promenljivost duguju umu, jer ta promenljivost nije znak slabosti ili nezasnovanosti planova, već njihovog delanja. Delanje uma, pak, porađa silu koja je sila protiv života.

Pavle Isakovič kao da sluti razornu svrhovitost u ubijanju života: „Broj, debeli, broj! Koliko nas je u arestu? Broj, debeli, broj – koliko nas je sahranjeno? Možeš li da mi kažeš glave dečice naše, poklane, koje niko u tvom hrišćanstvu nije oplakao, a kojima bi mogao da načiniš put, da se beli, od Vijene do Stambola? Kostima našim da kaldrmišeš drum u Veneciju. Da se zabeli kad god sumrak pada. Put da nazidaš kostima našim, po planu grofa Merci!" (461) Ime grofa Merci upotrebljeno je kao tragička ironija Pavla Isakoviča, jer on oseća da su kosti i kao predstava i kao pojam zapisane u smislu uma, koji obuhvata nemoć života. Kaldrmisanje kostima po planu grofa Merci odslikava silu koja ubija. Ono u svetu obeležava njenu proizvoljnost u promenljivosti. Neprekidnim, a planiranim, promenama odgovarajuća je – po analogiji – rasutost mesta njihovih pogibija. Kosti – na nivou motiva – kao beleg smrti označavaju krajnost i izvorno pripadaju umu, jer njegova svrhovitost obuhvata oblike poricanja života. Isakovič oseća da plan grofa Merci nije nikakav hir, ni proizvoljna ili smišljena pakost, niti nelogičnost zbivanja, već njihova nužnost. Dok Pavlov san – ustima Đinđe Zekoviča – optužuje um, a da ga ne prepoznaje, jer je promena kanapa – u njemu – uvreda, hir ili ludost, dotle Pavlova svest, koja vidi pripadanje konstantnih promena i kaldrmisanih kostiju planovima grofa Merci, sluti zakonomernost zbivanja u njihovoj posuvraćenosti. Zbivanja su nužno takva, jer su umstvena. Posuvraćenost je način ispoljavanja moći uma i njeno prisustvo u svakidašnjici. Nelogičnost i ludost zbivanja upravo postoje usled delovanja uma koji ubija život. Prodiranje uma u život nije borba načela, jer je to moć koja se ubilačkom snagom utiskuje u život. Život koji nosi žig uma potpuno je moguć kao ospoljašnjena ludost. Ovladavanje životom izvitoperava život, čini ga nakaznim. To um razume, ali mu je nerazumljivo ono što ga poriče u takvom životu: „Najodrpaniji i najžalosniji bili su oni, koji su se odvajali i zastajali, iznemogli, ili oboleli. Oni bi, posle, kao i pojedinačno lišće svelo, trčali, da svoj transport stignu. Ti su, usamljeni, uplašeni, sami, u tuđem svetu, najviše plašili, uz put, žene i decu. Ćopali su, kao prosjaci, mumlali su, kad bi se izgubili, i povijali naduvene noge, u krpu. A katkad urlikali i kolutali očima, jer ih niko nije razumeo.

Svet bi se, pred njima uklanjao, kao pred sumanutim, kad bi zavitlali svoju tojagu.

Mnogi su, između Temišvara i Duklje, ostajali, zauvek, uz put, u nekom seoskom groblju, da se odmore i mirno odspavaju. A još više ih je ostalo, posle, između Duklje i Kijeva, u snegu.

Sav taj prolaz, koji je trajao već treću godinu, bio je nešto, umu ljudskom nerazumljivo." (564–565) Život koji nema moći da se umu suprotstavi, jer nema uma, ima moći da izmiče. Izmicanje je osuđenost subjekta bilo kao njegovo spasenje (ludilo) bilo kao njegova kazna ("najodrpaniji", „iznemogli", „oboleli"). Oblici kažnjenosti – „usamljeni, uplašeni, sami" – vode spasenju u obliku ludila, jer njihova nerazumljivost pokazuje da je prolaženje uzrokovano posezanjem uma u život. To je dvostruka nerazumljivost za um: zašto um nema moći da zaustavi prolaženje i kuda se može pobeći od uma? Već je bežanje izlaganje strahotama, ali njihovo urlanje na one koji ih ne razumeju ne nastaje zato što putuju u „tuđem svetu" gde se ne govori njihovim jezikom, već zato što govore umu. Oni koji ih ne razumeju, jer razumeju um, jednaki su sa umom koji ih ne razume. Otud, ne samo da nije jasno kakvu to posebnost oni hoće (*šta* urlaju?) kad je ona nedohvat uma, već je to što se „svet... pred njima uklanjao, kao pred sumanutim" dosledno proročkoj reči da je onaj ko ih je podržao u seobi „morao sići s uma" (170). Sumanutost seobe proizišla je, dakle, iz bežanja od uma. Jer, ludilo kao prekoračenje uma njemu je nedostupno, zato što život u ludilu očuvava život, a život sa umom je ubijanje života. Energija ludila hrani životnost života i njegovu voljnost, koju moć uma ubija: kao što se um samopotvrđuje u životu, tako se život samoporiče u umu. Um ne može da zagospodari ludilom, jer silazak u ludilo podrazumeva ostavljanje (seobu) umstvenog, već može u svetu da stvori haos koji liči ili simulira ludilo, ali je to umstveni haos, podjarmljivanje života i rad nasilja. Njihov položaj je dvosmislen: ludost zbivanja (umom ostvarena) čini da umiru i kao ludi i kao umom pogođeni, ali odbijanjem da interiorizuju um, iako u zbivanju nužno slede njegov nalog, oni sopstvenim ludilom, koje je otklon uma, poriču obuhvatnost uma i razlikuju svoje ludilo od ludila zbivanja. Zauzeti njihovo ludilo značilo bi projektovati silu na sebe, odreći se uma. No, um ispituje ludilo kao takvo: da li je njihovo ludilo *to* ludilo? Umu nije jasno kuda se od njega ide: ako je ludilo oblik spasenja, gde je mesto spasenja? Um postaje nedovoljan pred onim što se ne da podjarmiti, izvorno je prikraćen sopstvenom voljom za moć: istrajavanje ludila kao istrajavanje života i, naporedo, prolaženje unutar prostora koji ne nudi izlaz, jer nudi um, jeste umu nerazumljivo. I po sebi je takvo, jer bekstvo od uma ne može imati njegova svojstva: razum-ljivost. Nema podsmeha u umu u odnosu na njihovo kretanje, jer je ono temeljno poricanje uma: nedovoljnost njegove moći očituje saznanje da prag ludila jeste neprekoračiv za strašnu spiralu svrhovitosti uma. Bekstvo od uma kroz prostor, iako u sebi neostvarivo, jer nema tog prostora, otkriva *oblik* života kao ono što je umu nedostupno: „Svi su, kaže, izgubili nadu, u Temišvaru, da se Banat može urediti prema planu grofa Merci. Kad je Trifun polazio, sve je po starom ostalo, a nemir je po selima serbskim bio sve veći, ne manji. Kaže da je čuo da je bilo loma, i u Aradu, i u Somboru, i u Zemunu, a zna se da je pala krv u Karlovačkom generalatu." (631) Poslednja tačka umstvenog delanja – „krv" – prepoznaje ubistvo kao ono što identifikuje um. Saznanje da je „sve... po starom ostalo" ne protivreči umu, jer ako se Banat ne može urediti po planu grofa Merci, onda je to znak da um ima prostor svog delanja, pošto je na samom početku seobe zazvečao zahtev za uređenjem Banata „milom ili silom". Sile uma njuše krv i okupljaju se, jer delanje uma prikriva u sebi nešto vampirsko: poželjno je opiranje života koji je obilje i energija, jer se nudi osvedočavanju uma, pošto samo željnost života omogućava sisanje krvi. To da je „nemir... po selima serbskim bio sve veći, ne manji" sluti da život potvrđuje svrhovitost uma u času kada hoće da je porekne. Ime grofa Merci pretrpelo je bitnu transformaciju: dok je na počecima romana postojalo u dvostrukoj dimenziji svoje doslovnosti i njenog izvedenog smisla, sada se ono upotrebljava kao zbirna odrednica za jedan izvedeni smisao. Metaforični smisao tog imena biva dodatno semantizovan kontekstualnim pritiskom govora junaka koji ga upotrebljava u njegovom nedoslovnom smislu: kada to čini Đurđe Isakovič, onda je to implicitna potvrda da to ime i unutar zbivanja prati svest o njegovoj naglašenoj ne-doslovnosti, jer se uklanja aura Pavlove sklonosti ka prekoračivanju sveta. To što Pavlovo i Đurđevo protivrečenje smislu i metafori Garsulijeve artikulacije uma izvire iz potpuno različitih smisaonih i kontekstualnih ishodišta, što se dešava i sa onim protivrečenjima toj metafori koja nastaju bilo kod junaka ili kod naratorskih glasova u neuporedivim situacijama, otkriva pripovedanje kao implicitnu polemiku sa samorazumljivošću uma, koju postavlja za svoju početnu tezu. Kao što postoji, dakle, sistematika u semantizovanju različito artikulisanih poricanja teze o umu, tako ne postoji, što je odsudno, nikakvo njeno afirmisanje.

Ime grofa Merci podrazumeva – u sebi – delanje uma i postaje njegova supstitucija, jer posreduje smisao uma. Na završetku romana taj smisao pripada onome „što je najluđe": „Što je najluđe, u tom ratu, nisu Srbi samo po rosijskim zastavama ginuli. I austrijska vojska izvodila je slične, serbske, pukove, na bojišta, prema planu grofa Merci. A ginuli su prema planu grofa Haugvic, koji je, u austrijsku vojsku, bio uveo nov manevar, brz plotun, u bici.

On je, i među oficire, u kasarni, uveo nešto novo. A nazivao je to – staleški duh: Esprit de corps! Nije, dakle, život serbski bio besmislen, nego njihove smrti." (790) Pod onim „što je najluđe" podrazumeva se ospoljašnjena svrhovitost uma ("manevri, reguliranja, egzerciranja") koju omogućavaju „neprekidne... promene prema planu grofa Merci" (329). Ludost, iskazana superlativom, istovremenih pogibija pod ruskim zastavama i po planu grofa Merci otkriva umstveni haos u zbivanju. Ginuti po planu grofa Merci znači potčiniti se *umu* koji je uzrokovao premeštanje smisla koji pripada kućama i seobama u smisao ludila. Pogibije po tim planovima su pokazivanje moći uma u osvajanju života, jer prestanku života prethodi ubistvo životnosti života. Austrijska i ruska pogibija, dovedene u paralelu, deluju paradoksalno i začudno, jer izjednačenost zastava unutar smisla pogibije pokazuje da se od uma ne može pobeći seobom u Rusiju. Bekstvo od uma nije bilo spasavanje, nego laž života: život se samoporiče, jer bekstvo od uma dovodi umu. Volja za objektivacijom života znači prizivanje moći, koja po definiciji postoji u volji uma: otud je objektivacija života njegovo samouništenje u umu. Bekstvo od uma ne izbegava sudbinu koju mu dodeljuje um, jer ne napušta njegov prostor (svoj svet): samo promena *oblika* (ludilo) postojanja zaustavlja pohotljivost uma prema životu, jer onemogućava predavanje života sopstvenoj smrti u obliku objektivacije kao volje za moć. Život hoće da pobegne od uma, jer želi da mu se preda: tu je smešten njegov paradoksalni i kružni izazov (haos) umu. Iako ime grofa Merci ima različitu smisaonu pozadinu od imena grofa Haugvic s kojim gradi tu paralelu, ime grofa Haugvic ima smisaono središte u imenu grofa Merci, jer se na završetku romana javlja kao ime koje se ponavlja u pripovedanju. Paradoks tog ponavljanja treba da u čitaočevom sećanju probudi saznanje da su pogibije po novouvedenom manevru u bici nosile ime onoga kojem je zgrada škole jahanja bila „i kuća, i majka", jer je „grof Fridrih Vilhelm

Haugvic... primao... tu, i svoju poštu" (491). Tragična ironija u odnosu na Pavlovo (viteško) razumevanje smisla pogibija ukršta se sa groteksnom logikom koja oblikuje taj smisao. Dvostrukost optike koja uprizoruje taj ukrštaj izraz je *istovetnog ishodišta* percepcije, koja minuciozno organizuje upotrebu svakog imena u romanu: nemoguće je prepoznati smisao upotrebe imena grofa Haugvic u romanu ako se ne prepozna njegovo *ponavljanje* na završetku romana, jer tek to ponavljanje daje odlučujući smer smislu koji zaposeda to ime. Imena u ovom romanu jesu indikatori smisaonih interferencija unutar pripovedanja. Poenta priče o umu na završetku romana je dvosmislena, jer „nije, dakle, život serbski bio besmislen, nego njihove smrti" (790). Život nije besmislen, jer je ispunjen smislom, koji podaruje um i otkriva se u planu grofa Merci. Punoća smisla koji zaposeda život, saglasna je praznini života: život je ubijen, što znači da je u posedu smisla, kao što smisao postoji zato što života nema. Vojnička pogibija je, istovremeno, obesmišljena, jer poginuti za svrhovitost i dovoljnost uma odvojeno je od uma koji dariva smisao *unutar* života. Ako je život *pun* smisla, onda njegovo napuštanje mora biti lišeno smisla, jer je napuštanje uma kojem pripada smisao u životu. Besmislenost smrti, koja ograničava moć uma, postoji naporedo sa smislom koji zaposeda život. To je u prepisci sa poentom Pavlovog razmišljanja, koje je zapisano u poglavlju čiji naslov opominje da „um čovekov ne može to više da shvati" (456), da će „Isakoviči... umreti, svi, lepo" (468). Lepo umreti znači očuvati smisao u smrti, jer se smrt javlja kao nešto što obeležava smisao, pošto umreti lepo podrazumeva umreti sa smislom. To – odgovara završetak romana – nije moguće, jer se živi sa smislom (um) i umreti se može samo na način izlaska iz smisla (uma) u neprekoračivu prazninu njegovog odsustva. Uteha Pavla Isakoviča je kratkovida, jer on ne shvata, iako sluti, kretanje uma unutar spoljašnje nesmislenosti (haosa) zbivanja. Tu je granica uma: smisao može obuzeti samo zbivanje. Na toj granici nastaje ono što je umu nerazumljivo: ludilo. Kao što ime grofa Merci na završetku romana pripoveda povest o onome što je razumljivo umu, tako na završetku romana i ono umu nerazumljivo ima svoju povest, jer „proleće se opet vratilo na zemlju. Već ko zna koji put u svetu. Ko zna koji put. Nije to shvatljivo, nije, ljudskom umu." (788) Kada naratorski glas naglasi neshvatljivost povratka proleća time što ponavlja „ko zna koji put", to sluti da pošto to niko (ni um) ne zna, onda vraćanje proleća sluti u sebi nešto od izvorne moći postojanja. I kada ponovi glagol „nije", on ne pričvršćuje samo svest o izvornoj ograničenosti uma, već otkriva polemički momenat u pripovedanju, kojim pojačava negaciju vere u obuhvatnost uma koja ga prati celim pripovedanjem. Ako ograničenje dejstvenog polja uma protivreči njegovoj volji za moć, onda umu može pripadati samo ono što obuhvata moć planova grofa Merci. To što izvorna moć postojanja ograničava moć uma nužno je za završetak romana, ne samo zato što se u njemu preinačava doslovni i izvedeni smisao onoga što se u pripovedanju i metonimijom i metaforom samoprepoznavalo kao um, već zato što kosmološka perspektiva tematizuje temeljnu samoograničenost uma: „Godine će prolaziti. Ko bi mogao nabrojati tice, koje se sele, ili sunčane zrake, koje Sunce seli, sa Istoka na Zapad i sa Severa na Jug? Ko bi mogao da predskaže, kakvi će se narodi seliti i kuda, kroz stotinu godina, kao što se taj nacion selio? Ko bi mogao nabrojati zrna, koja će, idućeg proleća, nicati na svetu, u Evropi, Aziji, Americi, Africi?

Neshvatljivo je to ljudskom umu." (794) Poricanje moći uma nije partikularno, jer zamenica „to" pokazuje neuhvatljivost onoga što je umu neshvatljivo, njegovu neodređenost. Da li je umu neshvatljivo prolaženje godina? Selidba ptica? Sunčanih zraka? Pravac njihovih kretanja? Nemogućnost predskazanja? Zbranost unutar pokazne zamenice obeležava izmicanje *određenosti* iz pokazivanja, ne samo zato što nema objekta pokazivanja, već i zato što u pokazivanju koje upućuje samo na sebe *određeno* postaje „jedno ovde koje jeste jedno ovde drugih ovde, ili koje u samom sebi jeste jedna prosta skupina mnogih ovde, to jest jedno opšte" koje „ja shvatam onakvo kakvo ono u istini jeste"[9]. Kako je – na početku romana – Garsuli polagao pravo na sjedinjenost ljudskog uma i božanskog „rešavanja", a kako je božanska atribucija neodgovarajuća volji za moć uma, onda poreklo neshvatljivosti koja počiva u pitanju o onome „ko bi mogao" nije u božijem odgovoru. Ako se seoba, u isti mah, promišlja u okruženju elementarnih pojava – „tice... sunčane zrake... narodi... zrna", onda je um nedovoljan za elementarno, jer njegova samosvrhovitost (volja za moć) ne prekoračuje tamo. On je izvorno prikraćen pred elementarnim, što svedoči o odsustvu smisla u elementarnom: ako smisao pripada umu, čija je volja za moć zaustavljena pred elementarnim, onda u elementarnom nema smisla, ali ono i ne izaziva um. Ono je s one strane uma. Elementarno se odlikuje neumstvenom uređenošću, ali kao što je izjednačeno sa odsustvom smisla, tako ono ne poznaje ni život koji izaziva smisao ili mu izmiče. Život u elementarnom odlikuje se rudimentarnim *ponavljanjem* svojih oblika, a ne proizvoljnošću i obiljem života: to nije. Nema osvedočenja da on uopšte jeste, jer u odsustvu smisla (volja za moć) i života (haos) od njega ostaje samo *ponavljanje*. To je mrtav, ali ne ubijen život, jer je za ubistvo potrebno ono što je ubijeno, dok se mrtvo prepoznaje tamo gde nema ničeg.

IME I VREME

„Uveren sam da je sve, u prošlosti, u seobama, bilo onako kako je izašlo iz mog pera... Ja sam sve te Isakoviče viđao i slušao, nevidljive godinama."[1]

Vremenske odrednice zbivanja u romanu svesno podupiru samorazumljivost u koju ih situira čitaočevo očekivanje, jer naglašeno prepoznaju koje je vreme zapisano kao vreme zbivanja. Kada se oko njih, međutim, okupljaju i na njih usredsređuju posebni i učestali pripovedački paragrafi i kada se vremenska određenja dosledno kriju u imenima svetaca, pa onaj ko hoće da raspozna vreme mora inkorporirati u svoju čitalačku svest kalendar, onda to znači da svest koja artikuliše pripovedanje u romanu ima naglašen interes da zapisuje vreme i da čitalac, ako ne želi da se razmine sa tom svešću, mora slediti njen nalog. Ako je vreme pisanja skriveno u vremenu zbivanja o kojem se pripoveda, onda poetičko načelo podrazumeva dvosmislenu vremenost zapisivanja zbivanja, jer tragovi vremenosti počinju svedočiti različito od smisla koji je u njih položen.

Bitka za Berlin

Unutar nagomilavanja imena na završetku romana, zagonetno postojanje imena ruskih komandanata može imati motivacijsku ulogu: kao što ime Saltikova[2], koji je održao „parad sa njima, juna meseca, kod mesta zovomaja Diršau", obeležava verodostojnost učešća serbskih oficira na paradi, tako ime grofa Fermora[3], koji se „septembra meseca pomenute godine... rešio da ide na Berlin" (790) osvedočava učešće Isakoviča u pohodu u kojem je „Trifun... postao pukovnik, Đurđe... izgubio nogu do kolena, Petar se proslavio zarobljavanjem neprijateljskih oficira", a „o Pavlu Isakoviču pomena nema." (790) Pohod na Berlin, kao beleg njihove životne putanje, postavlja se kao osnov saznanja da su u vreme pohoda Isakoviči živi, a da Pavle možda i nije živ. Istorijska zasnovanost pohoda temelji se preciznom imenovanju komandanata, koje nije bilo neophodno, ali je hotimično i prerasta u znanje o ne-opisanom životu junaka. No, pohod se *ponovo* pominje na završetku romana ne samo tako što se „turski ratovi... međutim, nastaviše, i posle pohoda ruskog na Berlin, u koji su Rusi ušli" (791), već i sa naglašenim svetskoistorijskim implikacijama, jer „bilo bi uzaludno nabrajati imena svih tih oficira, koji odoše u Rosiju i upisaše svoje ime u rosijsku armiju i imperiju, koja je, za vreme te pobede 1760, brojala 300.000 ljudi, i mogla, da je Elisaveta htela, da osvoji celu Evropu." (792) Odlučujuće razrešenje o smislu pobede prepoznaje se kao *ponavljanje* ispripovedanog saznanja da će „ta armija... posle sedam godina, ući u Berlin i narasti na 300.000 ljudi. Za ono doba, neviđenu vojsku. Mogla je tada da osvoji Evropu" (635). U pripovedanju prećutano pitanje za tvrdnju da je ruska vojska „mogla... da osvoji Evropu" glasi: zašto je nije osvojila? Ono dobija odgovor na završetku romana: ako je mogla „tada da osvoji Evropu", ruska vojska nije to učinila, jer to nije „Elisaveta htela". Osvajanje Berlina je postavljeno kao odlučujuća i rešavajuća bitka. Ono je osnova tvrdnje, koju treba da osnaži *tačan* broj ruskih vojnika, o mogućem osvajanju Evrope „u to doba". U poslednjoj glavi romana, međutim, za rat u kojem bi osvajanje Berlina bilo rešavajuća bitka rečeno je da je „počeo kroz tri godine" od njihovog dolaska (dakle: 1756), a „trajao sedam godina" (783). Senka sumnje pada na tvrđenje o mogućem osvajanju Evrope, jer se, već na nivou ekspliciranih pripovedačkih obaveštenja i bez aktiviranja čitaočevih istorijskih znanja, protivreči njegovoj pretpostavci: kako je Berlin rešavajuća bitka, ako posle nje rat traje još tri godine? Protivrečja se množe u času kada se pripovedanje suočava sa svojim istorijskim zaleđem: Rusija nije mogla osvojiti Evropu „u to doba" ne samo zato što nije mogla dobiti ni taj rat, već i zato što tačno navedeni broj njenih vojnika nije upotrebljiv[4]. I: Berlin nije rešavajuća bitka ne samo zato što rat i posle nje traje, već i zato što je bio osvojen samo četiri dana[5], a pobeda u Berlinu – uprkos upornom naglašavanju da su „Rusi ušli" – i nije samo ruska[6]. Imena Saltikova i Fermora trebalo bi da osvedoče osvajanje Berlina, ali ona stavljaju u dejstvo istorijska znanja o pohodu koja protivreče zadatom *smislu*. Ako ni sama pobeda, a ni značenja koja bi ona pretpostavljala nisu istorijski potvrđeni, onda insistiranje na istorijskoj verodostojnosti kao da naglašava divergenciju smisla između istorijskog i pripovedačkog okvira istorijskih saznanja. Paradoks je da je ta kontaminacija između tačnih saznanja koja podupiru netačna i netačnih koja se projektuju na tačna, uzeta za osnovu *osvedočenih* saznanja o Isakovičima. Imena Saltikova i Fermora su identifikacione tačke istorijskog potvrđivanja koje je samoporicanje: koji je smisao *izmeštenog* saznanja što ga ona donose u obliku ideje o Berlinu kao rešavajućoj bici? I: odakle je *ono* došlo?

Imena svetaca imaju u romanu metonimijski par: datum. Njihova veza obeležava vreme zbivanja: negde postoje samo imena, negde samo datumi, a negde i imena i datumi. Pošto su ova imena determinisana obeležavanjem datuma, onda pominjanje imena nužno znači i utvrđivanje datuma, iako on nije ekspliciran. Potraga za datumom kao metonimijskim parom imena uvodi u semantičku igru kalendar: iz njega se pročitava dan u kojem je smešten datum. Dan postoji kao neotkriven i prvi put se imenuje daleko od početka romana, jer „prema jednom njegovom pismu, familiji, iz Beča, on je, najzad, bio u audijenciji, kod rosijskog ambasadora, na dan velikomučenika Antinogena, dan koji su papežnici posvetili Marti, djevici" što je bio „po starom, šesnaesti, a po novom kalendaru, dvadeset deveti juli" i, odsudno, „bila je sreda, i zapara" (340). Izvor saznanja je otvoren i za potvrđivanje i za osporavanje: kao što može biti precizno određenje, pismo može zavesti u pogrešno vreme. I naredno utvrđivanje dana dolazi iz istog izvora, jer „prema jednom pismu bolešljivog rođaka Pavlovog, lajtnanta Isaka Isakoviča, u Novom Sadu, izgleda da je Pavle bio u Temišvaru, do poslednjih dana avgusta, godine 1752", pošto je „pošao... za Gradišku i Mitrovicu, na dan svetog mučenika Mirona, a to je po novom kalendaru bio dan svete mučenice Rozalije, tridesetog avgusta. Bio je utorak. I poslednja četvrt meseca." (428) Izvor skriva, jer kako su oba događaja u istoj godini – 1752 – *dani* njihovih datuma jesu nesaglasni: ako je sreda 29. VII, onda 30. VIII *ne može* biti utorak. Rasvetljava se da je izvor podataka – bez obzira koji od dana je tačan – problematičan. Pitanje izvora je odsudno, jer kada znamo da li je sreda ili utorak, onda možemo prepoznati neimenovane dane čiji datumi (imena svetaca) postoje u pripovedanju *pre* ili *između* distinktivnih datuma, koji donose sa sobom dan. Nerešivost vremenskih protivrečenja nastaje, dakle, izvođenjem datuma iz papira i pisama ostavštine, jer ono što je pretpostavljeno kao istina koja prethodi pripovedanju postaje čuvar istine samog pripovedanja. Samo raskrivanjem *sistema* datuma možemo saznati njihove dane, koji bi trebalo da omoguće vremensko uzglobljavanje onih datuma koji nemaju kao svoju pratnju dane. Ako se ne prepozna sistem datuma koji postoji u pripovedanju, onda su – od kojeg god dana pošli – neminovne nesaglasnosti u vremenu zbivanja. Sumnjivi izvor podataka zahteva proveru: odlazak u godinu 1752. daruje saznanje da je 29. VII bio subota[7] (starokalendarski 16. VII bio je četvrtak), a ne sreda. I 30. VIII bio je, naravno, sreda (starokalendarski 17. VIII bio je ponedeljak), a ne utorak. Jedina stalnost vremena jesu imena, koja čuvaju datume. Da ona ne postoje, datumi bi bili istovetno nestabilni kao i dani. Iz srede 29. VII sledilo bi da utorak za koji je zapisano da je 30. VIII možda nije 30, ali jeste utorak. No, imena čuvaju tačnost datuma i sumnjiče tačnost dana. Uvid u 1752. godinu otkriva da *ta godina* nije izvor dana koji obeležavaju zbivanje u romanu. Preosmišljeni položaj godine 1752. u prepisci je sa njenim eksplicitnim sumnjičenjem, jer narator zapisuje datume sa razlikom od trinaest dana između oba kalendara. Ako je u osamnaestom stoleću razlika iznosila *jedanaest*, u devetnaestom dvanaest, a u dvadesetom trinaest dana, onda naglašavanjem *dva* kalendara narator naglašava svoje vreme u vremenu zbivanja, jer njihova razlika u broju dana unutar pripovedanja jeste razlika u njegovom vremenu. Ono što u romanu treba da prepozna vreme zbivanja otkriva, međutim, vreme pričanja. Da li narator namerno naglašava ono što ga u prvoj pretpostavci vremenski isključuje, da bi ga prikriveno vremenski afirmisalo?

  Sam Crnjanski imao je osećanje za važnost kalendarskih razlika[8]. Naratorovo pozivanje na svedočanstva ostavštine nije rasvetljavajuće, jer pisma i papiri ne postoje kao tragovi vremena zbivanja zato što narator naglašava u pripovedanju svoje znanje o kalendarskoj razlici od jedanaest dana: „Kad je te godine, u mesecu septembru, u Angliji, uveden novi kalendar, tamo se narod bunio, jer mu je monarh, na taj način, ukrao jedanaest dana hleba." (233) Čitalac, dakle, ne mora znati za kalendarsku razliku u XVIII veku, jer mu je to znanje ostavljeno u pripovedanju. Čitalac, strogo uzev, ne mora imati nikakvo prethodno znanje o kalendarima da bi opazio paradoksalno zapisivanje vremena pomoću njih. Jer, čitaocu su ostavljena veoma precizna uputstva u pripovedanju, koja on samo treba da pročita. Dovoljno je da čitalac uporedi dva dana koji slede jedan iza drugog u pripovedanju, pa da uoči da oni nisu međusobno saglasni: ako čitalac upamti da je 17. IX petak (465), on će lako uočiti da 25. IX *nije* nedelja (474–475). Dovoljno je, takođe, da čitalac naratorovo znanje o kalendarskoj razlici od jedanaest dana u XVIII veku uporedi sa *upisanim* datumima papira iz ostavštine, pa da uoči da se oni razilaze. Neophodna je, međutim, aktivnost čitaoca, jer na nju računa poetičko načelo pripovedanja. Ta je aktivnost čak nenadoknadiva, jer je više interpretatora romana pominjalo pisma iz ostavštine i kalendare, ali bez ikakvog traga o čitanju uputstava koje ostavlja roman, kao i bez prethodnog znanja o kalendarima. Samo je u napomenama za rusko izdanje romana iskazano čitaočevo znanje o kalendarima, jer čitalac misli da „Crnjanski greši kad upisuje datume po starom i novom kalendaru, jer računa razliku između njih od četrnaest dana, a ne, kao što je ona obavezno bila u XVIII veku, od jedanaest dana"[9]. Zaključak o grešci Crnjanskog nastao je usled *nečitanja* uputstava koje ostavlja pripovedanje. Nije, dakle, dovoljno da čitalac ima znanje o kalendarskoj razlici. Tek kada se akcentuju još dva elementa u pripovedanju, onda se iz *pročitanih* uputstava prepoznaje *sistem* vremenskog označavanja u romanu: ako je (1) u romanu upisana kalendarska razlika od jedanaest dana kao razlika koja postoji u XVIII veku, onda (2) zapisivanje datuma u obliku pisama sa razlikom od trinaest dana *nije* pogrešno, već je svesno i namerno, kao što je svesna i namerna (3) nesaglasnost između upisanih dana koji određuju datume u romanu. Ova tri elementa, koje čitalac treba samo da prepozna u romanu, obrazuju *sistem* na koji narator posredno, ali precizno i učestalo, upućuje čitaoca. Šta otkriva naratorovo znanje o kalendarskoj razlici od jedanaest dana u XVIII veku u svom neposrednom pripovedačkom okruženju? Ono je precizno, jer je u Velikoj Britaniji novi kalendar uveden, baš kao što je u romanu i zapisano, septembra (2/14) 1752. godine[10]. Na istom mestu na kojem je opomenuo čitaoca da je kalendarska razlika u XVIII veku bila jedanaest dana, narator je, međutim, zapisao da je Pavlov dolazak u Budim bio „na dan prepodobnog mučenika Stefana, Piperskog", što je „po kalendaru pravoslavnih" bilo „maja meseca 1752", a „po kalendaru papežnika, u mesecu junu" (233). To obaveštenje dolazi u pripovedanju pre datuma koji upisuju kalendarsku razliku od trinaest dana u Pavlova pisma. Ali, ako čitalac pogleda u kalendar, on će videti da je dan Stefana Piperskog – 20. maj. Narator je, dakle, na istom mestu na kojem je opomenuo čitaoca da je razlika u XVIII veku bila jedanaest dana zapisao da je dan Stefana Piperskog po novom kalendaru bio „u mesecu junu", iako je jedanaest dana posle 20. maja – 31. maj. Tek u XIX veku taj će dan biti po novom kalendaru 1. jun[11], što otkriva da narator računa vreme po dvadesetovekovnoj kalendarskoj razlici od trinaest dana. Na istom mestu na kojem podseća čitaoca kolika je osamnaestovekovna kalendarska razlika, narator, dakle, implicira da se tim kalendarom ne služi, već da vreme računa uprkos svom preciznom znanju o osamnaestovekovnom kalendaru[12]. Naratorovo znanje o postavljanju svog vremena u vreme zbivanja potpuno preokreće status pisama iz ostavštine unutar pripovedanja. To znanje oduzima pismima i papirima ostavštine značenje svedočanstva o vremenu zbivanja, ali ih uvodi u semantičku igru *povodom* vremena zbivanja. Pregledanje papira i pisama ostavštine unosi svoje vremensko određenje u zbivanje romana, jer čas u kojem papiri prirastaju rukopisu romana počinje da se projektuje u vreme romana i da mu pripada. Narator, dakle, ističe „aktivnosti očuvanja, selekcije, sakupljanja, konsultovanja i, konačno, čitanja dokumenata i arhiva, koje posreduju i, da tako kažemo, shematizuju trag, jer prave od njega konačnu pretpostavku za ponovno upisivanje proživljenog vremena (vremena koje poseduje sadašnjost)"[13]. Kalendar koji je prozvan pripada romanu ne unutar zbivanja koje ga proziva, već u vremenu spajanja pisama iz ostavštine sa pripovedanjem[14]. Nikakva istina ne prethodi, dakle, pripovedanju, jer svakoj istini prethodi istina pripovedanja. Uspostavlja se naporednost kalendara: ako vreme zbivanja nije moguće uskladiti sa kalendarom koji roman postavlja, onda ono – ako nečemu pripada – jedino može pripadati kalendarima[15] vremena iz kojeg se roman piše. Nesaglasnost u vremenu zbivanja je, otud, znak da se beleži vreme pisanja. Ako je narator u vremenu zbivanja otiskivao *svoje* vreme, kako je *ono* zabeleženo? Koje je naratorovo vreme?

U istoriji Berlina Rusi ga osvajaju samo dva puta, tako što ga privremeno posedaju 1760. godine i tako što ga zauzimaju, simbolično rešavajući ishod rata, godine 1945. Kako su, međutim, u prvom osvajanju i Austrijanci učestvovali, onda je svest koja naglašava Berlin samo kao rusku i rešavajuću bitku usredsređena na trijumf iz 1945. godine. To bi bila *donja granica* naratorovog vremena, kojoj *biografsku* potvrdu nudi eksplicitna reč Crnjanskog da je drugi svetski rat uticao „da napišem drugu knjigu *Seoba*", što je „jasno bez daljega"[16], a čiju *tekstualnu* podlogu predstavlja putopisni zapis iz 1931. godine. On posredno senči status Berlina u naratorovoj svesti, pošto ta svest godine 1931. zna da je „Berlin, sedamsto godina, bio... niko i ništa među nemačkim varošima", jer je „bez prošlosti"[17]. Kada ruska vojska 1760. godine osvoji grad koji je „niko i ništa", onda ona, po zapisu iz godine 1931, ne dokazuje da može osvojiti Evropu, što je osnovni smisao pominjanja Berlina u romanu. Godina samog osvajanja grada spada – ako je verovati putopiscu – u odsustvo prošlosti tog grada, jer ta pobeda nije toliko značajna da bi oblikovala njegovu svetskoistorijsku prošlost koje, po zapisu, 1760. godine i nema. Svetskoistorijski smisao osvajanja Berlina ima samo ona svest koja pamti njegovo osvajanje iz godine 1945. Gornja granica naratorove svesti omeđena je prelaskom romana u svetsko vreme svog postojanja: godina 1962. Narator o pismima i papirima iz ostavštine piše *iz* tog *vremenskog niza*. Utvrđivanje naratorovog vremena (njegovog prisustva u zbivanju) tek je rubno mesto vremenske inkogruencije u romanu, jer je ono nedovoljno da tu inkongruenciju smisaono artikuliše, iako je smisaono implicira. Prepoznato naratorovo vreme, istovremeno, ne može da spreči vremenski haos u podacima o zbivanju. Iz samo jednog podatka o jednom danu mogu se prepoznati svi dani koje datumi donose u zbivanje, jer to omogućava stalnost datuma koju podrazumevaju imena svetaca. Dana, međutim, ima u pripovedanju, na nesreću ili hotimično, mnogo više: ako prihvatimo da je Pavle Isakovič bio u audijenciji kod Kajzerlinga u sredu 16/29. VII, onda saznanje o prvoj audijenciji u ruskom poslanstvu (Volkov), koja se zbila 11/24. VII (338), nužno otkriva da je taj dan bio petak. Otud: Pavlov dolazak u Beč 13/26. juna 1752 (299) bio je u petak. No, ako se za polazište uzme utorak 30. VIII, onda i dolazak u Beč i prva audijencija bivaju u nedelju. Dan je, dakle, neproziran, a umnoženost pretpostavki mogla bi značiti da su promenljive i nebitne, nasuprot izvesnosti datuma koja je skrivena u imena koja dane obeležavaju. Čitalac, naravno, ne zna sva imena svetaca koja obeležavaju datume, jer je i narator, uostalom, koristio kalendar. Ali, narator je često imena svetaca (u distinktivnim datumima, koji donose i dan) propratio i sa datumima *uz* imena svetaca. Tako ne postoje nikakve prepreke da se u pripovedanju uoče svi elementi koji stvaraju sistem naratorovog vremena. Priroda haosa u danima iskazuje simultanost vremena zbivanja i naratorovog vremena. Raskrivanje te simultanosti identifikuje datume u kojima naratorovo vreme *preseca* vreme zbivanja i projektuje njegov haotičan oblik.

Početak: Temišvar – Beč

I dolazak Garsulija i saslušanje Isakoviča „jednog dana, u proleće godine 1752" (167), kao i parada serbskih pukova koja je održana „sutradan" (177), kao da su neznatno udaljeni od onog jutra „kad se ova priča nastavlja" (188) i u koje je Pavle „uoči nedelje svetih otaca Prvog vaseljenskog sabora, na dan Pahomija Velikoga, godine 1752, maja meseca" (208) sproveden iz Temišvara. Relativnu mogućnost dokučivanja o naratorovom vremenu nudi podatak da je Pavlov polazak bio „uoči nedelje Svetih otaca Prvog vaseljenskog sabora", jer dan Pahomija Velikog prethodi nedelji svetih otaca godine 1952, pošto je u sredu, dok ona počinje od nedelje 19. V/1. VI. Ako reč „uoči" ovde znači *neposredno* ispred, onda godina 1955. biva odgovarajuća, jer u njoj je dan Pahomija Velikog u subotu, a nedelja svetih otaca počinje u nedelju 29. V. Garsuli je otputovao iz Temišvara „na pojutarje Ti-

jelova" (209), a ako se u Temišvaru čulo tri dana posle tog odlaska (210) da je Pavle pobegao već na prenoćištu 15/28. V, onda je Garsuli otišao krajem maja, jer bi ga vest o bekstvu zatekla u Temišvaru juna meseca. To saznanje podupire okolnost da je Trifun, *posle* Garsulijevog odlaska, slušao žalbe seratlija „poslednjih dana maja meseca" (211), jer je ta odrednica zapisana po novom kalendaru. Trifun nije mogao slušati žalbe „poslednjih dana maja meseca" po starom kalendaru, jer su ti dani po starom kalendaru još daleko i od Pavlovog polaska za Budim (15. V), a posebno od Garsulijevog odlaska koji mu je prethodio. Suđenje Terciniju, koje je održano u Temišvaru „na dan Sv. Norberta" (230), što znači 6. VI (24. V), otkriva, jer je bilo „šest dana" (230) posle Trifunovog doživljaja, da je Trifun slušao žalbe poslednjeg dana maja meseca po novom kalendaru. Šta znači saznanje da Pavlov put do Budima, koji počinje bekstvom pri poslednjoj četvrti meseca 15/28. V (234), traje „danima i noćima" (236)? U kojim okolnostima taj put traje „šest dana" (236)? Samo ako se računa i dan bekstva, jer je Pavle u Budim stigao (233) na dan Stefana Piperskog (20. V/2. VI). Simeon Piščević je iz Novog Sada u Peštu stigao „trećeg dana"[18]. „Posle nekoliko dana" (239) od tog dana, Pavle počinje da spava u Trandafilovoj kući, odakle polazi za Beč (244) na dan Visariona Čudotvorca (6/19. VI) kada je sijala „poslednja, srebrna, četvrt Meseca preostala na nebu" (247). Pavle je, dakle, u Budimu boravio devetnaest dana, dok je Piščević već „sutradan" od dolaska krenuo za Beč[19]. Pavlovo prvo prenoćište bilo je u Granu (264),a drugo prenoćište u Rabu 7/20. VI (265), dok Piščević ne pominje nijedno mesto kroz koje prolazi do Beča. Na trećem prenoćištu u Vizelburgu 8/21. VI (277) Evdokija Božič 9/22. VI kaže Pavlu da im je preostalo još dva dana puta do Beča (287), što bi značilo da u Beč stižu 11/24. VI. Narator, međutim, „idući dan", koji bi morao biti 10/23. VI, određuje kao dan Onufrija Velikog i prepodobnog Prospera (292), što je 12/25. VI i što pokazuje da su u pripovedanju prećutana dva dana. Postoji, dakle, u pripovedanju načelna napetost između vremenskih odrednica kao što je „idući dan" i datuma skrivenih u imena svetaca. Ta napetost bi mogla nagovestiti različito poreklo dva oblika zapisivanja vremena u pripovedanju, kao i moguće različito vreme njihovog zapisivanja u naratorovom vremenu. Kako će Pavle iz Vizelburga poći dan posle 12/25. VI, onda vest da je Joan Božič „uhapšen... pri povratku iz Budima u Beč, na dan prepodobnog Ivana i Pavla" (299) označava da je Božič uhapšen na sam dan povratka u Beč 13/26. VI, koji je i dan Pavlovog dolaska u Beč. Pavle je, dakle, putovao sedam dana, dok je Piščević putovao „nekoliko dana"[20]. Pavle je prvu bečku noć proveo u kući gospože Huml i „prvi dan" koji „mu prođe, tako, bez događaja" (315) bio je 14/27. VI. To što je „posle dva-tri dana" Isakovič postao „nesnosan" (315) označava da je Pavle izgubio strpljenje oko 17/30. VI. Pripovedanje više i ne prati zbivanje, jer se sa Pavlom ništa i ne zbiva, već ono sledi njegove vizije, snove i halucinacije, koji su, takođe, puni vremenskih nesaglasnosti: Pavle je, po njima, rođen na Miholjdan (317), ali kada poseti dedu i babu „na Mikoljdan" (319) ima tri godine i dva meseca? On u snovima zna da je rođen 1715 (317), a sanjajući 1752. godine – kada ima trideset i sedam godina – sebe u poseti *pre* „trideset i pet godina" (322) on se vidi kao dete od tri, a ne od dve, godine? Odrednice kao što su „te noći" i „Sunce rađalo" (322) beleže neprepoznatljive delove dana koji su „prolazili" (330), dok u veče „desetog dana takvog života" stiže vest da su ga Rusi našli na svom spisku: tako bi „sutradan" (335) kada treba da im ide u posetu bio 25. VI/8. VII. On je, međutim, u rusko poslanstvo ušao na dan mučenice Efimije i velikomučenice Hristine 11/24. VII (338), što znači da je od srećne vesti do prve audijencije prošlo *šesnaest* dana o kojima pripovedanje ćuti. Kada se Joan Božič, uhapšen 13/26. VI, setio „posle tri nedelje" da bi Pavle mogao biti kod Kopše, kako je, kad „Burgvahe potrča" da ga nađe, Pavle već bio „pod zaštitom rosijskog posola u Beču" (300)? Tri nedelje posle 13/26 tek je 4/17. VII, a Pavle je u ruskom poslanstvu bio tek nedelju dana kasnije? Naknadna naratorova intervencija da je Pavle „još pre te audijencije" (339) bio pod ruskom zaštitom može podrazumevati samo vreme posle pronalaska Pavlovih dokumenata, jer ono prethodi policijskom interesovanju za Pavla. Tada je Pavle bio pod ruskom zaštitom *deset* dana pre nego što ga je policija kod Kopše tražila. Ali, zašto mu to Agagijanijan nije rekao? Zašto pripovedanje o tome ćuti, iako je Pavle postao neprijatan gost u kući gospože Huml?

Paradoks sreće: Beč – Temišvar – Beč

Pavlovo čekanje „tih dana" (348) – posle posete Volkovu 11/24. VII – označava *pet* dana, jer je *prvi distinktivni datum* dan Pavlove prve posete grofu Kajzerlingu. To je „dan velikomučenika Antinogena koji su papežnici posvetili Marti, djevici". On nije zapisan samo kao „po starom, šesnaesti, a po novom kalendaru, dvadeset deveti juli", već i kao „sreda" (340). Kao što bi svi vremenski tragovi pre ovog zapisa mogli zavisiti od njegovog razjašnjenja, tako i oni koji dolaze posle tog zapisa uspostavljaju odnos prema njemu. Pavlov susret sa Mikailom Vanijem zapisan je u špijunskom izveštaju, koji je „pod datumom 31. jula godine 1752, nađen... u venecijanskoj ambasadi, posle četrdeset godina, kad je Venecija propala i Austrija u zgradu ušla" (340). Susret se, dakle, dogodio ili pre ili na sam taj dan, a sintagma „venecijanskoj ambasadi" otkriva da datum pripada novom kalendaru: narator – izostavljanjem imena svetaca u zapisu – istrajava na *prividu* izveštaja kao porekla podatka o vremenu, što je saglasno *simulaciji* pisama i papira iz ostavštine. Susret se morao dogoditi dan ili dva po audijenciji, mada odrednice „ode istog dana u sumračje" (357) i „Isakovič je, isto veče, imao sastanak" (359) dozvoljavaju da je njihov susret bio i na dan audijencije. A ako bi se doslovno razumelo Vanijevo obećanje da će Pavle ući u lazaret „koliko sutra" (363), onda se – u svetlosti saznanja da je Isakovič „prvog avgusta 1752, bio u tom lazaretu" (363) – susret u kafani podudara sa datumom Imbrianijevog izveštaja: 31. VII. No, kako je Vanijevo obećanje ipak nesigurno, jer on kaže da će Pavle biti u lazaretu „sutra, naksutra" (360), onda je datum susreta u kafani pod senkom. Druga audijencija kod Kajzerlinga bila je „u podne, dvadeset i prvog jula po ruskom kalendaru, iliti trećeg avgusta po novom" (369). U njoj je ambasador imao preko grudi „kordon, koji je od Marije Terezije tek bio dobio", jer je bio „primljen, dan pre, kod imperatrice, u audijenciju" (370). Beleška o datumu njegove audijencije mogla bi podrazumevati njegovo predstavljanje carici, jer iako je rečeno da je „persona grata" kod Marije Terezije (349) to bi se moglo inverzno odnositi i na nepoželjnost njegovog prethodnika grofa Bestuševa. Ta pretpostavka je osnažena kasnijim upućivanjem da je bio „sa imperatricom u diplomatskom medenom mesecu" (392), kao i okolnošću da su audijencije kod suverena posao ambasadora, pa se, među brojnim, pamte i ističu samo one koje imaju poseban značaj. Ta pretpostavka, dakle, prepoznaje 20. VII/2. VIII kao datum ambasadorove predaje akreditiva carici. Pripovedanje sledi svoj istorijski izvor čak i u redosledu saopštavanja događaja[21], jer prvo kazuje da Bestušev cele zime nije posetio kancelara Ulfelda, pa tek onda da je 11. III Marija Terezija napisala da se seobe moraju zaustaviti (348). Zašto narator ne koristi darovani datum Kajzerlingovog predstavljanja iz istog istorijskog izvora (7. VII)[22], već ga, i kad bi napustili pretpostavku o predstavljanju 2. VIII, izostavlja? Zašto ne sledi datum onda kada se datum dotiče samog zbivanja? Narator navodi i datum, kako je on zapisan u njegovom istorijskom izvoru[23], kada su reči Marije Terezije iskazane, kao što to čini i sa datumima ukaza Elisavete Petrovne (619) koji su zapisani u istorijskom izvoru[24]. Kada se datumi ne dotiču Pavlovog puta, oni se, dakle, direktno prenose iz istorijskih izvora u pripovedanje. Kada se, međutim, datumi zapisani u istorijskom izvoru dotiču tog puta, oni ostaju prećutani, jer je taj put obeležen drugim datumima, pošto — pripovedački — pripada drugom vremenu. Kao što je do druge Pavlove audijencije kod Kajzerlinga došlo tri dana posle Imbrianijevog izveštaja i pet dana posle prve, tako narator saopštivši da je „gospodin Aleksej Stepanovič Volkov, odredio... jedanaesti avgust, po vijenskom kalendaru, za polazak Isakoviča, u njegovu novu misiju, u Srem" (374) hita da osvetli šta se dogodilo od 3. VIII do 11. VIII 1752. u Beču. To što je Pavle „posle dva-tri dana" rešio „da se javi gospoži Božič" (374) značilo bi da se Isakovič javio ili 5. ili 6. VIII. Napomena da je posle javljanja „ležao...danima" (375) kao da hoće da kaže da je po ceo dan ležao, a ne koliko je dana prošlo. No, kada „kroz tri dana — na dan mučenika Jermolaja" (375) u Engelbirtu dolazi Evdokija, onda se razrešava dan Pavlovog javljanja, jer ime mučenika Jermolaja obeležava 8. VIII, a tri dana pre 8. VIII jeste 5. VIII. Sintagma „posle dva-tri dana" dešifrovana je kao dva dana od Pavlove audijencije[25]. Njihov susret na dan mučenika Jermolaja zalazi u noć i „tek kad se bilo, napolju, pred birtom, razdanilo" (379) — to je zora 9. VIII — gospoža Evokija koja je „još... bila tu, na ovom, ljubavnom, sastanku... već je počela da ugovara drugi" za „četvrtak", kada — „naksutra" — će „mesec...

biti pun" (380). Reč „naksutra" u srpskom jeziku znači „trećega dana posle današnjega, tri dana kasnije"[26], pa bi četvrtak njihovog sastanka bio 12. VIII. To bi retroaktivno otkrilo da je sastanak na dan mučenika Jermolaja (8. VIII) bio u nedelju. Ali, u ovom romanu (734) reč „naksutra", sasvim posebno, znači „dan posle sutrašnjeg dana, u drugi dan od danas"[27], odnosno prekosutra[28]. To projektuje četvrtak kao 11. VIII (ona govori u zoru 9. VIII), pa je onda dan mučenika Jermolaja bio ponedeljak. To, međutim, protivreči Volkovljevom naređenju da Isakovič pođe 11. VIII i on ne može ići Evdokiji tog dana, baš kao što joj ne bi mogao otići i da reč „naksutra" razumemo doslovno, jer je 12. VIII jedan dan posle onog dana kada je morao da napusti Beč. Zato narator beleži da se „Isakovič... tog četvrtka – koji je u crkvi bio dan uspomene na Prohora, Nikona, i druge mučenike i isposnike – spremao, od ranog jutra, da gospožu Evdokiju poseti." (380–381) Pominjanje „mučenika" i, posebno, „isposnika" ironično pročitava svrhu Pavlove posete. Dan ovih mučenika je – kako otkrivaju njihova imena u kalendaru – 10. VIII. To ne protivreči Volkovljevoj naredbi i dezavuiše *čas* Evdokijinih reči, jer se one premeštaju iz zore 9. VIII u dan mučenika Jermolaja (Evdokija podrazumeva taj dan u času kad ih izriče) 8. VIII. Posebno značenje reči „naksutra" vodi 10. VIII kao danu ugovorenog susreta, koji je četvrtak, jer je dan mučenika Prohora uvek drugi dan posle dana mučenika Jermolaja. On je *drugi distinktivni datum*, koji se isključuje sa prvim, jer ako je 29. VII sreda, onda 10. VIII nije četvrtak. Njihovo međusobno isključivanje znak je projektovanja naratorovog vremena u vreme zbivanja, a nesaglasnost vremena u dva momenta zbivanja otkriva različite momente naratorovog vremena. Potraga za naratorovim vremenom motivisana je saznanjem da je u njegovom vremenskom nizu (1945–1962) podudaranje dana i datuma moguće *samo* u ograničenom broju godina. Sreda 29. VII postoji u naratorovom vremenskom nizu u godinama 1953. i 1959. Četvrtak 10. VIII ima u pripovedanju i dopunska određenja, jer je četvrtak „desete nedelje posle Duhova" (381) i u njemu je mesec pun (380). On postoji, međutim, u 1950. i 1961. godini[29]. Kolizija distinktivnih datuma zabeležila je *rez* unutar naratorovog vremena, što onemogućava da se rekonstruišu *dani* onih zbivanja koja imaju samo datum. Umesto susreta sa Evdokijom u njenoj kući, Pavla će – na dan Prohora i drugih: 10. VIII – posetiti u Engelbirti Tekla Božič, a „posle tog ružnog doživljaja u Engelbirti, Isakovič se preselio u kuću gde je kir Anastas Agagijanijan živeo" i „zatim je odjurio, kao vetar, sekund-sekretaru grofa Kajzerlinga i zatražio svoje papire, da ode, što pre, iz Vijene", jer „kaže, žuri mu se – jako" (389–390). Pavlova želja „da ode, što pre" kao da pretpostavlja udaljen dan polaska, a ako se ovo događa istog dana kada se rastao od Tekle i preselio iz Engelbirte i ako on polazi već sutradan 11. VIII (374) – šta, onda, Isakovič požuruje? Istog tog dana – jedinog koji mu je preostao – napisao je pismo familiji (390), a onda je saopšteno da „uoči svog polaska iz Vijene, Isakovič je imao dva susreta o kojima nije pričao." (393) Nije rečeno kada se oni odigravaju: jedinog preostalog dana ili pre njega? Već je „požurivanje" unosilo nesigurnost u vreme zbivanja, a odvojenost paragrafa kojima počinje priča o dva – vremenski nejasno situirana – susreta mogla bi označiti povratak zbivanju u vreme pre posete Tekle Božič. Vremensko prirastanje naratora očituje se kao hotimično *umetanje* u linearnu strukturu vremena zbivanja, koja se razgrađuje, jer je prividna. Dolazi li, dakle, u nastavku pripovedanja do ponovne interpretacije iščezle vremenske celovitosti? Šta hoće svest koju umetanje ospoljava? Haotičnost vremena u pripovedanju ne može slediti haotičnost Pavlovih pričanja, iako ih pripovedanje prisluškuje, jer narator zna i ono što Pavle „nije pričao". Pavlova pričanja su, dakle, *simulirana*, kao i drugi izvori unutar pripovedanja, ali naratorova svest, koja čuje ta pričanja kojih nema, čuje samu sebe u haotičnom obliku pripovedanja.

To što Pavlov put iz Beča u Temišvar nema datuma, već samo vest da je „noćio... u žitu punom bulki" (400) pred dolazak u Vizelburg, može podrazumevati analogiju sa vremenom prethodnog puta iz Budima u Beč, koja je, međutim, neprecizna, jer se Božič zadržavao. Ako je Pavle pošao 11. VIII, onda je, po analogiji, bio u Budimu oko 18. VIII. Piščević je, bez pominjanja usputnih mesta, stigao iz Beča u Budim i Peštu za pet dana. Pavle Isakovič, međutim, ponavlja svoju maršrutu još detaljnijim popisom usputnih stanica: Švehat (399), raskrsnica ka Ajzenštatu i Vizelburg (400), Rab (405), Gran i Budim (407). Dok je Piščević u Novi Sad stigao četvrtog dana po polasku iz Budima[30], dotle je Pavle stigao u Temišvar „pri kraju avgusta" (410), kada je zabeleženo „iduće veče" (414) posle prispeća. *Trećem distinktivnom datumu,* koji je zapisan na aktu „karaulnog oficira u Temišvaru" da je „rosijski kapetan Pavel Isakovič bio... primljen, kod Engelshofena, u nedelju 28. avgusta godine 1752" (423), komplementaran je *četvrti distinktivni datum* da je Isakovič pošao za Gradišku i Mitrovicu u utorak, poslednje mesečeve četvrti, 30. VIII (428). Ako je nedelja 28. VIII, onda je 30. VIII utorak. Otud je naknadno razjašnjeno da dolazak u Temišvar „pri kraju avgusta" ne podrazumeva „poslednje dane avgusta" (428), jer ako je nedelja 28, a prethodi joj bar „iduće veče", onda je najranije mogao stići 26. VIII. Novi distinktivni datum nesaglasan je sa prethodnim: ako je utorak 30. VIII, onda 10. VIII nije četvrtak, već sreda[31]. U novom distinktivnom datumu nastupilo je novo naratorovo vreme: utorak 30. VIII postoji samo u 1949, 1955. i 1960. godini[32]. Ako se naratorovo vreme potpuno razilazi u prva tri distinktivna datuma, da li to objašnjava pripovedanje unazad kao *naknadnu* figuraciju zbivanja? Da li to obeležavaju i naglašena odvajanja paragrafa u tekstu? Jer, pošto je 30. VIII zabeležen kao dan polaska za Gradišku i Mitrovicu, dolazi karakterističan obrt u pripovedanju: „Poslednje dane koje je Pavle u Temišvaru, u familiji, proveo, često je posle u Rosiji, u svojoj kući, pominjao, ali ono što se tamo bilo u familiji desilo, ni onda nije bilo baš jasno i razumljivo." (428) Je li nerazumljivost dogođenog alibi za nekoherentnost pripovedanog, pošto nerazumljivost obuhvata i ono šta se zbilo i kada se zbilo? Unutar nerazumljivosti nalaze se svi: i akteri, i događaji, i vreme. Ako narator mora tumačiti ono što se otima razumevanju, onda je samo pripovedanje jedno interpretativno zavođenje. Kako ono što pripovedanje hoće da tumači postoji tek *unutar* samog pripovedanja, onda se pripovedanje, koje tumači samo sebe, otkriva kao interpretativni krug. Pogrešan? Prividan?

Ako se „posle one svađe" (428), koja se zbila „iduće veče" po Pavlovom prispeću i pre 28. VIII, Petar „pojavio, sutradan, pri Pavlovom stolu" (428), onda „sutradan" može značiti i na dan audijencije kod Engelshofena i pre toga. Oznaka „to veče" (436), koja stoji između Pavlovog razgovora sa Trifunom i njegovog razgovora sa Đinđom, označava vreme potonjeg razgovora, jer se nalazi u rečenici kojom počinje naglašeno izdvojeni paragraf u pripovedanju. Pavlov razgovor sa Trifunom nije mogao biti *pre* audijencije kod Engelshofena: kada Pavle priča o svom doživljaju u toj audijenciji, on se pravda zbog toga što je rekao da je Kumrija „dobro": „Šta sam mogao?" (427) Samoopravdanje otkriva da je Pavle, i u času audijencije i u času pričanja o njoj, svestan da je slagao Engelshofena, jer je prikrio znanja o Trifunu (417-418) koja prethode audijenciji. To prikrivanje nije, međutim, odgovarajuće radikalnom razlazu između Pavla i Trifuna u razgovoru, iako je saglasno Isakovičevoj proklamaciji o familijarnoj nadređenosti ličnom izboru. Kao što je „to veče" (436) dogovoreno da Pavle vidi Đinđu, tako posle te posete on „još večeras" (440) odlazi iz Temišvara: da li je to *isto* veče ili drugo? Ako je – još na početku poglavlja – zapisano da je pošao 30. VIII, onda je to dan posete Đindi Zekovič: kako ovoj poseti, koja traje za vreme Trifunovog ponovnog dolaska Đurđu (436), prethodi Pavlov razgovor s Trifunom, onda bi taj razgovor mogao biti 29. VIII ili posle audijencije 28. VIII. Poslednji vremenski podatak u poglavlju – koji registruje Pavlov odlazak – doveo je zbivanje do onog trenutka koji je zabeležio početak poglavlja: pripovedanje je počelo saznanjem *kada* je Pavle otišao iz Temišvara, da bi se potom zbivanje postepeno približavalo času polaska koji ne nosi datum. Pripovedanje situira događaje u vremensku pozadinu jednog datuma, jer rubna mesta poglavlja beleže *isti* vremenski čas. *Unutar* tog istog časa raslojava se u pripovedanju njegova vremenska dubina. Taj čas, koji je zapisao određeni datum, nije, dakle, samo tačka vremena, već u njemu postoji niz vremenskih slojeva. Naratorova preciznost nekad ne brine samo o tome da je „prema jednom pismu svome bolesnom rođaku, lajtnantu Isaku Isakoviču, Pavle... pošao u Osek, u Generalkomandu, prvog septembra godine 1752 po novom kalendaru; na dan Egidija opata", što je „kod šizmatika... bio dan svetog mučenika Andreja Stratilata" (441), već i objašnjava vremenski raspon od večeri 30. VIII do 1. IX. Jer, „što se tiče mesta, kud je bio prošao dotle, na putu, prijavio je da je bio u Novom Sadu, u kući rođaka, senatora Bogdanoviča i Stritceskog", i „u Varadinu, na ženinom grobu." (441) Ako toj preciznosti, međutim, izmiče datum *kada* je Pavle pošao iz Gradiške, ona ipak zna da je „pred ponoć, petog septembra, stigao, mirno, u Rumu, pred kuću oca gospože Kumrije, kapamadžije Grozdina" (443) i „ujutru" (6. IX) bio probuđen od Trifunove dece (449). Ne samo da su tako prošla „dva-tri dana" (430), već je sav Pavlov boravak u Rumi obeležen neodređeno: „to veče", „iduće veče", „jedno veče" (451), „to veče" (452), kao što odlazi „rano ujutru" (455) iz Rume. Dok je Piščevićev boravak u Novom Sadu obuhvatao i višednevno zastajanje u Slavonskom Brodu, dotle je Pavlov itinerer nagomilan brojnim imenima: Temišvar, put za Novi Sad, Gradiška, Ruma, Hrtkovci i Mitrovica (441). Zapisano je da je „prema jednom raportu sindika, policajmajstora u Gracu, koji se zvao Franc Šram, a koji je to javljao Generalkomandi, neki, rosijski, kapetan, Isakov, stigao... iz Oseka, u Grac, desetoga septembra 1752, na pošti, iz varoši Marburg" i „odseo...u kući gvožđara, koji se zvao Klajnšteter." (456) To znači da je u Rumi bio od ponoći 5. IX do – najkasnije – 9. IX. Na istom mestu nalazi se i odjavni podatak: „Kapetan Izakov – javlja Šram – otputovao je, trinaestog septembra za Leoben. Generalkomanda uputila je taj izveštaj u Beč. Na izveštaju piše: Eingeschickt, Graz, den 14, Elapsi, 1752.

Mi danas znamo da su navodi, u tom izveštaju, uglavnom, tačni.

Tačno je bilo da je Rosija u to doba, naglo, kupovala kose i srpove u Gracu. Tačno je bilo i to, da je Isakovič odseo u kući pomenutog gvožđara. Tačno je bilo i to, da je Pavle šetao po Gracu.

Trebalo je samo videti, kuda?" (456) Naratorova stilizacija Šramovog izveštaja je besprekorna, jer on ne samo da zna šta u izveštaju piše, već izrazom „eingeschickt" obeležava trag Generalkomande na tom izveštaju. Taj trag nosi datum koji je za jedan dan udaljen od Pavlovog odlaska. Paradoks ove dodatne stilizacije je u njenom otkrivanju naratorovog oka koje posmatra dokument. To posmatranje, međutim, ima svoje vreme, koje se upisuje u dokument u času kada on postaje pripovedanje. Narator jamči za tačnost podataka, ali njegovo „danas" prikriva, iako bi htelo da naglasi, naratorovo vreme u datumima zbivanja, jer ga naglašava u uopštenom obliku. Naratorovo „danas" ne podrazumeva u pripovedanju vremenski niz. Nije istina podataka iz vremena zbivanja ista kada se izvodi iz garancija naratorovog uopštenog vremena i kada se izvodi iz naratorovog vremenskog niza, koji je skriven u datumima samog zbivanja. Ako 10. IX 1752. biva zajamčen neodređeno-sadašnjim „danas", šta ostaje od tog jamčenja, koji mu se smisao očituje, kada 10. IX 1752. *u sebi* raskriva vremenski niz godina 1945–1961? I Pavlovo *kuda* i njegovo *kada* zavise od „danas", koje – kao i pitanje o Isakoviču – zahteva određenje *kada*. Skrivanje Pavlovog *kada* unutar ovog „danas", koje i samo traži svoje *kada,* jeste unutrašnja ironizacija samorazumljive vremenosti ovog „danas". Ta ironizacija smisaono preakcentuje papire i dokumenta, jer čas prevrtanja arhivske prašine tih papira čudno postoji u njima samima i preosmišljava njihove garancije. Naratorov vremenski niz važniji je u pripovedanju od samorazumljive uopštenosti naratorovog vremena. Tek kada Pavle ode za Leoben, pripovedanje se dotiče njegovog šetanja po Gracu: i dok „prvo veče" (10. VIII) „nikud ne miče iz kuće" (457), dotle je „idućeg dana" (11. VIII) bio ispod tvrđave na Šlosbergu (458) i „to veče...sišao do kuće Klajnštetera, izbezumljen" (461). Ako je, međutim, iskamčio odobrenje da skrene sa puta da bi boravio u Gracu, jer „magnetski" želi da vidi tvrđavu, onda ostaje nejasno, jer pripovedanje o tome ćuti, šta je radio – ako je razlog dolaska ispunjen 11. VIII – do odlaska na put za Leoben 13. VIII? Pošto je „prenoćio" u Leobenu, on je – što bi bio 14. VIII – „ujutru, rano, krenuo dalje" (463) da bi „prema hartijama, nađenim u zaostavštini lajtnanta Isaka Isakoviča... bio, opet, u Beču, posle svog puta u Srem i Posavlje, sedamnaestog septembra godine 1752. Taj dan je bio, u Beču, posvećen sv. Franji. Isti dan svetkovali su, pravoslavni, kao četvrti septembar, dan posvećen velikomučeniku Vavili.

Srećom, i za jedne i druge, bio je petak.

Tako i mi znamo kad je bilo." (465) *Peti distinktivni datum* je nesaglasan sa prethodnim: ako je 30. VIII utorak, onda 17. IX nije petak[33]. Rez naratorovog vremena vodi saznanju da petak 17. IX postoji u godinama 1948. i 1954. No, ovaj datum ima i determinantu koja bi ga mogla problematizovati. Pavle je „već iduće jutro" od dolaska (18. IX) podneo izveštaj, a „kroz dva dana" (20. IX) „bio je odveden pred Kajzerlinga" (466) da bi – še-

sti distinktivni datum – „uoči Male Gospojine, u sredu, osmog septemvrija, pomenute godine, Isakovič... sa papirima Volkova u rukavu, pošao iz Vijene, u Rosiju, torženstveno" (473). Vest začuđuje, jer je zapisana zagonetno: da li je Pavle pošao u sredu uoči Male Gospojine ili je pošao uoči Male Gospojine koja je bila u sredu? Ako je (a) Pavle pošao 8/21. IX u sredu, onda to nije „uoči", već na Malu Gospojinu. Ako je, međutim, pošao (b) uoči Male Gospojine, koja je bila u sredu 8/21. IX, onda je on pošao u utorak i dan dobijanja dozvole za polazak sledi za danom audijencije. Drugoj mogućnosti ide u susret što i dobijanje pasoša za polazak dolazi u pripovedanju *posle* audijencije i slavi se „u kući bankara Kopše, torženstveno" (470). To sluti da postoji neki vremenski raspon, iako je „odlazak Pavlov, u Rosiju, bio...sad pitanje dana" (470), između audijencije i dobijanja pasoša. U oba slučaja neosporno je da je Mala Gospojina 8/21. IX i da je *sreda* izričito vezana za taj datum: Pavle, dakle, može poći u sredu uoči Male Gospojine, ali da to nije 8/21. IX; kako je izvesno da je sreda 8/21. IX, onda je taj dan, naravno, i Mala Gospojina. Danom i datumom se, dakle, određuje Mala Gospojina, uoči koje polazi, a ne dan i datum polaska. A kako se sluti da nije dobio pasoše na audijenciji, koja je dan pre Male Gospojine, pod senkom ostaje određenje „uoči". Slutnja da je Pavle pošao u utorak ne slaže se sa prethodnim (petim) distinktivnim datumom, koji tvrdi da je petak 17. IX. Tada je 21. IX utorak, što je nemoguće jer je Mala Gospojina uvek 8/21. IX i taj dan je utvrđen kao *sreda*. Ono što je od najvećeg interesa jeste da u pripovedanju *prvi put* dolazi do saglasnosti između dva distinktivna datuma: ako je sreda 21. IX, onda 30. VIII – baš kao što je rečeno – jeste utorak. Nije samo zanimljivo, već je i nužno upitati se u koji dan pada Mala Gospojina u naratorovom vremenu onog (petog) distinktivnog datuma koji nije saglasan sa onim (četvrtim i šestim) distinktivnim datumima između kojih postoji, a koji se međusobno potvrđuju? U godinama 1948. i 1954, u kojima postoji petak 17. IX, Mala Gospojina je u utorak: Pavle nije mogao poći u ponedeljak, jer se ili Mala Gospojina ili polazak moraju objaviti u sredi, a, povrh svega, i audijencija (koja je otvorila mogućnost polaska) bila je u ponedeljak. Poći u utorak[34] nije, naravno, mogao, jer to nije „uoči", već na Malu Gospojinu. Ako je pošao u sredu, onda Mala Gospojina mora biti u četvrtak[35]. Naratorovo vreme (1948, 1954) nesaglasnog datuma (17. IX bio je petak) isključuje, dakle, Malu Gospojinu kao sredu i ne dozvoljava polazak u ponedeljak kao jedini mogući dan „uoči Male Gospojine". Kako, međutim, nesaglasni datum izgleda u perspektivi naratorovog vremena (1949, 1955, 1960), koje je istovetno za oba saglasna distinktivna datuma? Sreda 21. IX postoji samo u godinama 1949, 1955. i 1960, koje 17. IX beleže kao subotu[36]. *Previd* u naratorovom pogledu na kalendar čini da se subota zapisuje kao petak: ako je 17. IX subota, onda je Pavle u nedelju 18. IX bio kod Volkova, a u utorak 20. IX kod Kajzerlinga u audijenciji. Posle te audijencije mogao je poći upravo „uoči Male Gospojine", koja je bila u sredu 21. IX, uprkos pripovedačkom znanju o vremenskom rasponu između odobrenja da ode i dobijanja pasoša. Taj raspon, koji ironično liči na tesnac, mogao bi biti trag naknadnog, a nezabeleženog, vremenskog prisustva naratora, jer ako je Pavle dolazio više puta posle audijencije kod Kajzerlinga (471), onda je to bilo u više dana, kojih, međutim, nema ni u jednom poretku između njegovih datuma. Iako bi pogled u naratorovo vreme mogao stvoriti razumevanje za protivrečnost u vremenu zbivanja, jer 17. IX nije petak, već subota, on zastaje pred neuklonjivom tajanstvenošću rečenice da „srećom, i za jedne i druge, bio je petak" i da „tako i mi znamo kad je bilo". Dok se različitost datuma, svetaca i kalendara razrešava istim danom, dotle „srećom" kao da signalizuje posebno povoljni sticaj okolnosti u tom poklapanju dana, koji smo skloni nazivati slučajem. Njegovo naglašavanje provocira i stvara posebnost, potkopava uobičajenost: zašto naglašava ono što je samorazumljivo, ako ne stvara u njemu ono osobeno? Jer, samo je istovetnost dana obavezna, pošto svaki 17. IX i 4. IX imaju u pripovedanju *isti dan:* razlikovanje kalendara, svetaca i datuma pripada istom pripovedačkom danu. Naglašavanje „sreće" tamo gde postoji izvesnost preokreće obavezno u slučajno, jer to što „tako i mi znamo kad je bilo" kao da znači da je moglo biti i u različiti dan, pa ne bi bilo znano *kad* je bilo. Kako, međutim, nije moglo biti u različit dan, jer su 17. IX i 4. IX uvek isti pripovedački dan, onda „mi znamo kad je bilo" ne *srećom, već nužno.* Naratorovo vreme, prepoznajući *previd* u postavljanju subote umesto petka, otkriva laž nužnosti i postojanje slučajnosti u petku. To nije slučajnost zbog koje „srećom" znamo kad je bilo, već slučajnost koja podriva neminovnost petka i otkriva poremećaj nužnosti u dolasku petka: znamo kad je bilo ne zato što je nužno došao petak, već zato što nije bio petak.

Kada *paradoks sreće* oblikuje isti dan, onda on podrazumeva i načelni nesklad dana u vremenu zbivanja, jer je dan svetog Franje bio *dva* dana posle dana velikomučenika Vavile u XVIII veku. To *zakonomerno* sledi iz *ospoljene* kalendarske razlike od jedanaest dana u XVIII veku: ako je dan Vavile 4. IX, onda je taj dan u novom kalendaru XVIII veka 15. IX, a ne 17. IX kada je dan svetog Franje. Da naratorova svest ne zna za kalendarsku razliku od jedanaest dana u XVIII veku, onda bi zapisivanje datuma u romanu bilo anahronizam (pisac ne zna za tu razliku) u kojem „unutrašnja supstancija prikazanog ostaje ista" ili anahronizam (pisac neosvešćeno prenosi datume svog kalendara) u odnosu na „supstancijalno jezgro jednog vremena i jednog naroda" koje „pesnik mora da poznaje", jer „kada u to najskrivenije središte unese elemente koji se opiru i protivreče jedni drugima on je učinio jedan anahronizam više vrste"[37]. Da u romanu na *distinktivnim* mestima ne postoje *dani* koji prate datume i svece, onda bi svi događaji u zbivanju nosili u sebi mogućnost da su se odigrali u dva različita dana, jer ono što je po svecu starog kalendara zapisano kao petak, po zapisanom svecu novog kalendara bila je u XVIII veku nedelja. Postojala bi, dakle, potpuna neprepoznatljivost hronologije događaja u romanu, jer bi se *dani* starog kalendara razilazili sa danima novog kalendara na onim mestima u romanu na kojima se upisuju imena svetaca. Da nije zapisan dan, i, čak, datum koji dodatno određuje ime sveca ne bi se na osnovu svetaca i novog i starog kalendara (Mala Gospojina) moglo raspoznati o kom se kalendaru radi. Tamo gde se samo upisuje svetac ili datum novog kalendara ne bi bilo jasno u odnosu na koji prethodni ili naredni datum treba prepoznati njegov dan. Ne bi se, takođe, moglo razlučiti unutar kakvog sistema postoje dani onih datuma koji su iskazani bez imena svetaca. Univerzalnost upotrebljenih datuma bila bi potpuna, jer sve što se dogodilo u hipotetički petak ili nedelju moglo bi prelaziti u druge hipotetičke dane smanjujući i povećavajući kalendarski raspon unutar smene vekova. Različiti oblici datiranja u romanu ostali bi bez identifikacionog načela. To je bilo moguće, ali se nije dogodilo. Jer, postoji romaneskna svest o kalendarskoj razlici u XVIII veku *uprkos* kojoj se upisuju datumi: datum i svetac starog kalendara *vezuje* se sa datumom i svecem novog kalendara u *istom* danu. Događaj iz romana odigrao se samo onog 17. IX po novom kalendaru koji je prepoznat i u 4. IX po starom kalendaru, iako to ne odgovara istom danu kalendarske razlike u XVIII veku. Romaneskna svest zna, dakle, za događaj *samo* ako je on odigran u *istom* danu u kojem se slave i Vavila i Franja. Ako se ti sveci nisu slavili u XVIII veku u istom danu, onda romaneskna svest koja zahteva da je to bio *isti* dan otkriva da je vreme tog dana *samo* ono vreme u kojem se navedeni sveci slave u istom danu. To je, dakle, naratorovo vreme (1949–1955–1960), a ne vreme zbivanja u romanu (1752). Za roman je, dakle, *nužno* da to bude isti dan: kalendarska nepreciznost datuma – dva dana razlike između Vavile i Franje u XVIII veku – nije lišena svesti o sebi, jer romaneskno znanje o kalendarskoj razlici od jedanaest dana u XVIII veku *upućuje* na nužnost onog kalendara u kojem postoji isti dan onih datuma koji su u XVIII veku bili u različitim danima. U romanu je intencionalno postavljena – kroz *paradoks sreće* – dvosmislenost vremena i kalendara, koja *preinačava* kako status imenovanih izvora pripovedanja, tako i status naratorskih glasova koji te izvore uporno i ponovljeno imenuju. Romaneskna svest je, dakle, identifikaciono načelo sveobuhvatnog vremenskog označavanja u romanu: kao što svaka odrednica o vremenu mora dovesti do nje, jer svaka od nje i polazi, tako ona, unutar vremenskih odrednica romana, neprekidno upućuje na sebe. Svest o razlici između dva kalendara onemogućava da se prisustvo kalendara u pripovedanju razume kao „stilizacija različitih oblika poluknjiževnog pisanog pripovedanja u svakodnevici (pisma, dnevnici)"[38]. Otud cilj naratora *nije* „da kod čitaoca izazove osećaj, kako mu je pripala skromna uloga tumača zapretenih dokumenata... da bi na taj način stvorio iluziju vremenske i istorijske distance"[39]. Jer, diferencijalno svojstvo kalendara – razlika od trinaest umesto od jedanaest dana – tada ne bi postojalo u *preinačenom* obliku, kao ni pripovedačka svest o tom preinačenju, zato što „stilizacija kao takva mora biti dosledna do kraja" i „ako savremeni jezički materijal (reč, oblik, obrt i sl.) prodre u stilizaciju – onda je to njen nedostatak, greška: anahronizam, modernizam"[40]. Da je narator samo hteo da izgradi iluziju, onda bi se ona podupirala, a ne – svešću o njenoj prividnosti – razgrađivala u *varijacijama* u kojima stilizatorska „nedoslednost može postati namerna i organizovana", jer „spaja stilizovani svet sa svetom savremene svesti"[41]. U Zelićevoj autobiografiji, koja dosledno i učestalo obeležava datume pomoću imena crkvenih praznika i svetaca, preovlađuju imena svetaca starog kalendara, kao što najčešće ne postoje datumi uz imena svetaca, jer se retko pominju i dani. Odlučujuće je, međutim, što Zelić vremensku razliku između starog i novog kalendara shvata kao samorazumljivu i pripovedački je ne naglašava[42]. Ako je u romanu upravo ta razlika čest predmet pripovedačke pažnje, onda roman ne stilizuje autentično osamnaestovekovno zapisivanje imena svetaca kao datuma putovanja, već stvara varijacije u kojima je bitnija svest koja prodire u osamnaestovekovno pisanje od stilizacije samog tog pisanja. Privid očuvanja iluzije je u romanu *eksplicitan,* jer čitaočeva pažnja pre registruje pisma koja se mnogo puta pominju u pripovedanju, nego datume koje ona donose. Imanentna razgradnja iluzije je, međutim, *implicitna,* jer čitalac mora da uoči iskaz o razlici od jedanaest dana u XVIII veku, pa da ga dovede u vezu sa zapisanim datumima. Otud, međutim, *ne sledi* da se iluzija istorijskog u pripovedanju gradi, već da se ona razgrađuje u onome što *kao da* je eksplicitno zasniva.

Pre nego što pođe iz Beče Pavle ide kod Božiča na večeru „u nedelju, na dan velikomučenice Kleopatre", odnosno „za Isakoviča, ta nedelja bila je dan mučenika Avtonoma, ali niti je Božič znao muke Kleopatre, ni Pavle, muke Avtonoma. Muke se, i mučenici, menjaju, zaboravljaju.

Za oboje beše to nedelja, za jednog dvanaesti, za drugog, po vijenskom kalendaru, dvadeset i peti, septemvrij, godine 1752." (474–475) Ako je 21. IX sreda, onda je 25. IX, kao *sedmi distinktivni datum,* nedelja[43]. Novo poklapanje distinktivnih datuma ne samo da potvrđuje sredu kao 21. IX i Malu Gospojinu, već implicitno afirmiše *previd* u naratorovom vremenu, jer potvrđuje i utorak 30. VIII: sva tri distinktivna datuma postoje u naratorovom vremenu 1949, 1955. i 1960. godine. Njihova usklađenost i u vremenu zbivanja i u naratorovom vremenu linearno organizuje dane u datumima koji se nalaze između njih: Pavle je došao u Grac 10. IX i to je bila subota, a otišao je iz njega u utorak 13. IX. Razlika u mučenicima i datumima sugeriše versku razliku u nacionu i podloga je za naratorovo preoblikovanje starog motiva, koji je obeležio pripovedanje o danu Pavlovog potajnog dolaska u Budim: to je bio „dan prepodobnog mučenika Stefana, Piperskog". Tada je narator akcentovao vremenski nesklad: „po kalendaru pravoslavnih, to je bilo maja meseca 1752", a „po kalendaru papežnika, u mesecu junu". On je očevidnost nacionovog udesa da se „papežnici i pravoslavni, istog naroda, nisu... slagali, u to doba, ni u mučenicima" perspektivizovao unutar svetskoistorijskog horizonta: „bila su to, tada, u Evropi, svud, luda vremena" (233). Ako je dan Stefana Piperskog 20. V, a razlika između kalendara u vreme zbivanja jedanaest dana, onda „po kalendaru papežnika" to *nije bilo* „u mesecu junu", već poslednjeg dana meseca maja. O kojim „ludim vremenima", „tada", „u to doba" svedoči sadašnjica naratora? Pošto „ludilo" „tog doba" nosi datume drugog doba, ono je osumnjičeno u dobu, ne u ludilu. Pronalaženje tadašnjeg ludila jeste korespondencija između ludila vremena u kojem je narator i vremena koje on pripovedački interpretira. Ludilo, odjednom, nije vezano za vreme, ali je vreme paradoksalno vezano za ludilo: prepoznavanje vremena o kojem se pripoveda služi za utiskivanje ludila (naratorovog) vremena koje pripoveda. To bi bilo nemoguće utvrditi da nema diskrepancije između imena kao datuma i naratorove refleksije o ludilu. U naratorovom razmišljanju povodom datuma Pavlove posete Božiću postoji saznanje da se „muke... i mučenici, menjaju, zaboravljaju". Ono retroaktivno oblikuje saznanje da je ludilo osnov neslaganja u mučenicima. Jer, ako se muke i mučenici menjaju i zaboravljaju, onda nije ludost – kao specifičnost – vremena, kako je narator ranije pomislio, to što se „papežnici i pravoslavni" ne slažu ni u mučenicima, već je to zakonomerna konsekvenca osnovnog ludila. Dva naratorova razmišljanja povodom kalendara i datuma različito iskazuju *isti obrazac* saopštavanja datuma, jer međusobno protivreče, što otkriva unutrašnje transfiguracije obrasca u pripovedanju. Zaborav mučenika znači odsustvo znanja o njihovom mučeništvu, jer je ono svedeno na formu pominjanja njihovih imena: datum. Imena svetaca osvetljena su, dakle, u prelaženju iz bitnog sadržaja (život: mučeništvo) u nebitni (datum), koji, oslobođen života koji mu je dao smisao, postaje forma nečeg što je zaboravljeno. Funkcija datumskog obeležavanja – u skladu sa nestankom ontološke razlike mučenika i sveta – postaje prvostepena (prosvetiteljska) funkcija imena svetaca[44]. Prodor naratorovog vremena počinje da gradi unutrašnju paralelnost sa vremenom zbivanja, jer dani i datumi nesaglasnosti dva vremena postaju u pripovedanju datumi i dani njihove saglasnosti: da li su oni znak *istog* (jednog) vremena u pripovedanju? Da li je vreme zbivanja samo *unutarvremenost* vremena pripovedanja?

Poslednja četvrt meseca: Beč – Kijev

Pokušaj Pavlovog ubistva bio je oko ponoći (504), a Pavle je legao kad je „već svitalo" (505), da bi u jutro novog – posle 25. IX – dana, koji je ponedeljak 26. IX, „tek što je Sunce bilo granulo... isplatio račune u svom traktiru i sišao, u kola, koja su po njega bila došla" i „otputovao... navrat-nanos, iz Vijene, u nedelju, to jest ponedeonik, devetnaestog septemvrija, prema jednom pismu koje ostade u familiji, posle smrti njegovog bolešljivog rođaka. A možda je taj dan, iz tog pisma, dan njegovog dolaska u Budim? Rečenica nije sasvim jasna. Sigurno je samo da je to u pismu dan velikomučenika Trofima, za Isakoviče.

A drugi oktobar u kalendaru papežnika.

Oni su taj dan beležili kao dan anđela čuvara." (506) Ako rečenica koju narator prati „nije sasvim jasna", onda izvor njegovog znanja o kretanju Pavla Isakoviča ponovo objavljuje svoju nepouzdanost, koja, kao naglašena, ima svest o sopstvenom smislu. Kao što nesigurnost određenja „u nedelju, to jest ponedeonik" rađa dvoumicu, tako ni datum 19. IX (2. X) nije proziran. Ako je bio u poseti Božiču 25. IX, a otputovao iz Vijene u zoru 26. IX, onda ne samo da 2. X nije datum odlaska, već naratorovo pitanje – „... dan njegovog dolaska u Budim?" – zavodi, jer koji je „dan njegovog dolaska" kad su imenovana dva (nedelja i ponedeljak), a samo jedan dan je moguć? Pavle je morao otputovati 26. IX, koji je ponedeljak, jer je 25. IX imenovan kao nedelja, a ako je stigao 2. X, to je morala biti nedelja[45]. Datum nedelje dolaska pripisan je nedelji, odnosno ponedeoniku odlaska, jer je inverzno pripisan ponedeonik odlaska nedelji prispeća. No, razjašnjenje nejasnoće stvara *osmi distinktivni datum* nedelje 2. X, jer je saglasan sa sedmim distinktivnim datumom i njegovim naratorovim vremenom[46]. Ako je pošao 26. IX, a stigao 2. X, onda, uprkos naratorovom obaveštenju da je Pavle stigao „u Budim, peti dan po odlasku iz Vijena, na miru" (509), dan dolaska ne može biti „peti", već samo *šesti* dan „po odlasku". Neizvesnost određenja „nedelja, to jest ponedeonik" omogućava naratoru da se poigra sa smislom rečenice koja „nije sasvim jasna". Njegovo naglašavanje nejasnosti, koje ne može promeniti utvrđene dane, stavlja u sumnju sistem identifikacije koju dani nude. Nije, međutim, naratoru cilj da ospori tačnost tog sistema, već da rasvetli njegovu čudnu proizvoljnost, jer su utvrđeni podaci tačni tako što je njihov sistem proizvoljan. Ne zna se kada je Pavle krenuo iz Budima, a „iz papira... ne vidi se datum dolaska Pavlovog, u Tokaj...", ali narator nagađa da je Pavle „morao stići u Tokaj, početkom oktobra, to jest krajem septembra godine 1752, po starom kalendaru", iako zna da je „čestnjejši Isakovič prenoćio... prvu noć, na slami" (510). Višnjevski je Pavlu „odredio, za prijem, dvadeset i osmi septembar, po ruskom kalendaru", koji je bio „dan prepodobnog Haritona, ispovednika" (511). Piščević će 1753. godine poći iz Novog Sada u Tokaj preko Sentomaša i Segedina[47], dok Pavle iz Mitrovice ide u Beč, pa u Tokaj, što je u paraleli sa Piščevićevim putovanjem 1758. godine, jer tada i Piščević polazi iz Mitrovice, ali direktno a ne preko Beča, za Tokaj[48]. Do dolaska u Tokaj u pripovedanju se češće navode imena katoličkih svetaca i, posebno, datumi novog kalendara, a po dolasku u Tokaj započinje postepeno – isto tako relativno – preovladavanje imena pravoslavnih svetaca i datuma starog kalendara. Tako je 28. IX datum starog kalendara i njegov dan može se utvrditi iz prethodnog datuma (nedelja, 19. IX), ali samo ako se oni distinktivni datumi – između kojih stoji 28. IX – međusobno saglase. Svaka linearna inkongruencija sluti raspad paralelizma i presecanje dva vremena, koje uzrokuje protivrečnosti u vremenu zbivanja i

201

premeštanje naratorovog vremena. Dok je posle Pavlove vizite vremensko trajanje iskazano neodređeno – „posle takvih večeri" (519), „posle takvih dana" (528), „odmicali u oktobar" (531), dotle je više ruku precizno zabeležilo kad je Đurđe Isakovič došao u Tokaj: „Idući dan, na dan svetog mučenika Haritina, to jest, za postmajstera, na dan Luke evangeliste, petog, to jest, osamnaestog, oktobra, pomenute godine, postmajster Hurka doveo je, pred kuću Pavlovu, njegovog bratenca Đurđa, koji je jahao konja, i vodio sa sobom troja kola i pet husara. Niti je Đurđe znao mučenika Haritina, niti Pavle. Postmajster je, međutim, znao ko je bio evangelist Luka. Tako je, sve troje, zapisalo isti dan." (531) Naglašeno je da su – uprkos znanju ili neznanju – zapisali imena (datum), a ne dan. U tome što je njihovo znanje ili neznanje vezano sa upisivanjem, jer je tim znanjem ili neznanjem „sve troje, zapisalo isti dan" implicitno postoji *paradoks sreće*, kao u onom petku pomoću kojeg „i mi znamo kad je bilo" (465). Jer, iako ovde nema znanja o danu, a i imena iz kalendara se razlikuju, ipak „je, sve troje, zapisalo isti dan". To što oni ne znaju šta upisuju obeležava naratorovo konstruisanje istine onoga što oni zapisuju, njegovo prenošenje u svest njihovih neosvešćenih tragova: naratorovo znanje o danu ima, dakle, za osnov neznanje junaka o onome šta zapisuju. Taj osnov je nesiguran, jer oni i nisu mogli znati mučenika Haritina kada to i nije bio njegov dan. Da li to što je dan Pavlove vizite Višnjevskom u 1949. godini zapisan samo u odrednici „Pror. Varuh", dok je u godinama 1955. i 1960. upisan „Prepod. Hariton Ispovednik" išta kazuje o naratorovom zapisivanju mučenika Haritina? To predstavlja uvod u *previd* ili *grešku* u obeležavanju Đurđevog dolaska. Jer, narator je zapisao „svetog mučenika Haritina", kao što su sve tri moguće godine njegovog vremena dosledno zapisale Luku evanđelistu. Ali, godina 1949. beleži „Sv. Haritina", kao što godina 1960. zapisuje „Sv. muč. Haritina", dok godina 1955, međutim, zna da je to „Sv. mučenica Haritina". Da li je godina 1955. ovde dezavuisana kao naratorovo vreme ili je hotimično prikrivena? Jer, Hariton Ispovednik može zavesti – sličnošću svog imena sa njenim: Haritina – godinu 1960. da skraćeni oblik protumači kao ime sveca, a ne svetice. Da li je to dovoljno za uklanjanje godine 1949. koja ne zna za

Haritona Ispovednika? Ako je Đurđe je došao 5. X, onda vest da je „kroz tri dana... lajtnant Petar Isakovič, sa ženom, stigao" (536) prepoznaje 8. X kao dan Petrovog prispeća[49]. *Deveti distinktivni datum* obeležava polazak Đurđa Isakoviča, koji „je krenuo – sudeći prema jednom zapisu u zaostavštini Isaka Isakoviča – već posle pet dana boravka u Tokaju", odnosno „desetog oktobra, na dan mučenika Evlampija", mada „ni Đurđe, ni njegova žena, nisu, dabogme, znali, muke Evlampija, ali su pamtili, posle, da je taj dan bio nedelja." (539) Naratorovo „dabogme", koje potvrđuje samorazumljivu logiku po kojoj oni nisu znali Evlampijeve muke[50], preakcentuje prethodna razmišljanja o mukama koje se kao „i mučenici... zaboravljaju". Njihovo pamćenje „da je taj dan bio nedelja" pripada drugoj formi istog pripovedačkog obrasca, koju oblikuje paradoksalno-ironični pečat sreće u petku[51]. Sećanje na imena uslovljeno je mogućnošću da se upamti datum, a ne *ono* što je imenu zadato da sačuva. Smisao imena je premešten, jer od imena (život: mučeništvo) ili njegovog razloga (bogoprisustvo) ostaje samo datum: ne ostaje, dakle, ništa, iako je zapisano sve. Ako je Pavlova poseta Božičima bila u nedelju 12. IX, onda je 10. X, po starom kalendaru, kao dan Đurđevog polaska iz Tokaja, morao da bude nedelja[52]. Poklapanje osmog i devetog distinktivnog datuma retroaktivno prepoznaje Isakovičev dolazak u Budim u nedelju (a ne ponedeljak) 19. IX/2. X, njegovu vizitu Višnjevskom u utorak 28. IX, Đurđev dolazak u Tokaj u utorak 5. X i Petrov dolazak u Tokaj petak 8. X. Opis Đurđevog polaska iz Tokaja „tog jutra" (540) *prethodi* u pripovedanju opisu njihovog boravka u Tokaju do „tog jutra". Pre nego što ispriča kako su se Đurđe i Ana „bili zavadili, poslednjih dana, i nisu govorili" (545), što se zbilo *pre* 10. X, narator će – vremenski nekoherentno – naglasiti da je „berba grožđa počinjala... tek krajem oktobra – po kalendaru papežnika – na dan Jude, Simeona" (540), što znači 15/28. X[53]. Petrovom polasku iz Tokaja prethodi datum koji u Pavlovoj rekonstrukciji zbivanja deluje začuđujuće: kao da je dan u kojem je Višnjevski pokušao da siluje Varvaru „dan kad je Uroš Nejaki zaklan" (560), što bi značilo 2/15. XII. Kako Pavle opisuje da se „tog dana... ceo...Tokaj upalio u jeseni" i da „sve je počelo da vene i žuti" (560), onda to nije mogao biti taj datum. Narator sledi taj datum

zbog njegove bitnosti za Pavlovo sećanje, koje naziva ludim kada govori o promenama njegove duše, a ne zbog njegove tačnosti. Narator Pavlovo pričanje o događaju dovodi u protivrečnost sa samim događajem, jer Pavle priča da je Varvaru zaboravio da poljubi (560), dok je u samom zbivanju poljubio (556). Datum može postojati u Pavlovoj priči iz neimenovanog razloga, što bi značilo da ludilo sećanja potčinjava i datume. Petrov polazak iz Tokaja, koji je bio „u zoru", dok je rastanak sa Pavlom bio „oko podne" (562), zabeležen je *desetim distinktivnim datumom:* „U zaostavštini senatora Stritceskog, ostala je bila jedna zabeleška, u kojoj se kaže da je premijerlajtnant Petar Isakovič pošao u Rosiju, iz Tokaja, na dan prepodobne i svete Paraskeve, četrnaestog oktobra 1752. Senator Stritceski ljutio se na taj datum, u pismu svoga zeta, jer je taj dan, za njega, papežnika, bio dan posvećen uspomeni sv. Sabine, koja je bila velika mučenica, istina pre hiljadu i više godina.
Taj dan je bio četvrtak.
Bila je poslednja četvrt Meseca." (554) Očuvana je saglasnost distinktivnih datuma[54], jer ako je nedelja 10. X, onda 14. X mora biti četvrtak[55]. Kao što kazivanje o Isakovičima biva prekinuto zbog pripovedanja o seobi drugih oficira, tako i naratorovo saznanje da je „Vujič... stigao na miru, u Kijev, sedamnaestog novembra 1752, na dan Grigorija Čudotvorca" (578) pripovedački prestiže vreme zbivanja za skoro mesec dana, jer „Trifun Isakovič je stigao, na skele, na Tisi, kod Tokaja, dolazeći iz varoši Debrc – kako piše u jednom pismu Trandafilu – devetnaestog oktobra, na dan posvećen prepodobnom Jovanu Rilskom". Sam „datum se može utvrditi iz jedne rečenice tog pisma" (578). Ako je verovati poslednjem distinktivnom datumu, Vujič dolazi u Kijev u sredu, a Trifun u Tokaj u utorak[56]. Varvarino pismo, koje Trifun čita pre nego što pođe, nosi datum 26. X (580), što prividno protivreči zapisanom datumu njegovog dolaska u Tokaj, ali taj datum – Varvara je katolkinja – pripada novom kalendaru i, usvojenom razlikom od trinaest dana, potvrđuje da je Petar pošao 14. X, a Varvara pisala pismo dan ranije. Trifunu je Višnjevski „naredio da nastavi put odmah, idući dan, bez zadržavanja" (578), a Pavle je odjahao „sam do logora Trifunovog, sutradan" (579), što bi bila sreda 20. X. Pavlov polazak iz Tokaja „njegov rođak beleži – po starom ka-

lendaru – kao dan mučenika Averkija, a to je bio 22. oktobar godine 1752. Papežnici su taj dan svetkovali, u Neoplatensi, kao dan nekog Svetog Karla Boromejskog, koga – kao i Averkija – niko nije znao. I za jedne, i druge, to je bio petak. Uoči toga dana, u Tokaju, Mesec je bio pun." (583) *Jedanaesti distinktivni datum* saglasan je sa prethodnim distinktivnim datumom[57], jer ako je četvrtak 14. X, onda 22. X mora biti petak[58]. Zašto narator uzastopno i učestalo pripoveda o datumima dok ih zapisuje? Da li to pripovedanje treba da usmeri čitaočevu pažnju samo ka datumu oko kojeg se organizuje ili i ka svesti koja taj datum artikuliše? Protivrečni redosled mesečeve mene između desetog i jedanaestog distinktivnog datuma, jer ne može pun mesec dolaziti *posle,* pošto uvek dolazi *pre* mesečeve poslednje četvrti, zahteva da se aktivira smisao kalendara u razumevanju vremenskih odrednica: „Pri svakoj četvrti Meseca, tih godina, stariji svet je, u Hungariji, bio uveren da je to, možda, poslednja kriška Meseca, koji se svetleo na nebu, kao žuta lubenica. Da će doći, da je došao, smak sveta." (554) Ako je poslednja četvrt meseca uvek u očima posmatrača kada vide „svaku četvrt Meseca", kako *oni* znaju koja je četvrt meseca zaista poslednja? Kako je onda narator siguran da je poslednja četvrt meseca baš ona koju Petrovo pismo pominje i do njega donosi? Kao da on to zna iz sebe, jer i narator deo (četvrt) meseca *uvek,* izuzev jednom (729), vidi kao poslednju četvrt meseca. I narator je, dakle, fasciniran onim što je uzbuđivalo njegove daleke korespondente iz XVIII veka, oni su se u tom viđenju sreli. Kao da im je zajednička percepcija u kojoj je nužno nestajanje (poslednja četvrt) meseca, ali nije moguće postajanje (prva četvrt) meseca. Ova naratorova fascinacija ostatkom meseca, koji po sebi nosi svojstvo njegovog nestajanja, oslanja se na jednu dimenziju tradicionalnog kazivanja o mesecu[59]. Ako je i za naratora četvrt meseca samo figuracija mesečevog nestajanja, onda to da li je ta četvrt prva ili poslednja ostaje van njenog značenja *poslednje,* jer ono nije vođeno percepcijom objekta, već svešću o njegovom smislu. Kao što narator pripada oku koje u XVIII veku vidi poslednju mesečevu četvrt, tako viđenje tog oka pripada njegovom znanju da je to bila poslednja četvrt. To što je svest o razlici između dva kalendara hotimično prenebregnuta omogućava čitanje odrednice „tih godina" na dvosmislenoj pozadini dva različita vremena. Možda znanje o kalendaru, kao deo naratorove svesti, može prepoznati logiku mesečevih putovanja u pripovedanju? Naratorov kalendar u 1960. godini zna da je 14. X sijala na nebu prva četvrt meseca[60], koju je narator zaveden čudesnim verovanjima svojih korespondenata zapisao kao *poslednju*. Vremenska protivrečnost između poslednje mesečeve četvrti i punog meseca u zbivanju ima, dakle, svoje poreklo u saglasnosti koja postoji u naratorovom kalendaru između prve mesečeve četvrti i punog meseca. Logika kalendarske nepreciznosti u pripovedanju šifrovano upućuje čitaoca na prisustvo naratorovog kalendara. Pavle, koji je posle „prvog prenoćišta" (589) „krenuo rano" (591), već je „petoga dana, po polasku iz Tokaja, o Mitrovu-dne... bio, sa svojim kolima, stigao na prevoj Duklje" (592): ako se računa zora 22. X kad je pošao, onda je stigao 26. X, jer to je istovremeno peti dan od polaska, Mitrovdan i utorak[61]. Kada narator kaže da je Pavle „u toj rusinskoj kući...proveo skoro dve nedelje" (594), onda njegovo „skoro" znači *upravo* „dve nedelje", jer „tek na dan mučenika Onisafa i Porfirija, devetog novembra te godine, Isakoviču dođe oficir... da mu kaže...da granicu može, iduće jutro, slobodno, preći" (595): od 26. X do 9. XI tačno je dve nedelje i ponovo je utorak[62]. Ako narator kaže da je Pavle „dan prelaska granice, utvrdio na dan uoči svoje slave, koje su se Isakoviči držali, iako nisu znali, ni ko je bio, i kakav je bio sveti Mrata" (595), onda on ne otkriva samo da je Isakovič granicu prešao u sredu 10. XI, jer je Sveti Mrata 11. XI, već i da u pripovedanju izostaju imena svetaca čiju uspomenu obeležava dan Pavlovog prelaska granice. Ime sveca postavlja se, dakle, u motivacijski determinisan odnos sa Isakovičevom slavom, iako Pavle polazi jedan dan *pre* svoje slave[63]. Pavle je stigao *dvanaestog distinktivnog datuma* njegovog putovanja „u Jaroslau, pred veče, petnaestog novembra pomenute godine", što je bio „ponedeonik" i „početak velikog posta" (601). Taj datum potvrđuje jedanaesti distinktivni datum[64], jer ako je petak 22. X, onda 15. XI mora biti ponedeljak[65].

Kako je, međutim, putovao Simeon Piščević? Kao da se u Isakovičevom putovanju ukrštaju usputna mesta dva vremenski udaljena Piščevićeva putovanja. Dok Pavle iz Tokaja nailazi na

Ujhelj (583), kao i Piščević 1758, dotle on ne prolazi kroz „neko malo selo" kao Piščević 1753, niti kroz Gornji svidnik, kod kojeg se odigrala Piščevićeva katastrofa 1758. Sva tri putovanja pominju Duklju. Pavle, kao i Piščević 1758, prolazi kroz Jaroslau, ali pripovedanje ne pominje da je, kao Piščević 1753, prošao kroz Žulkvu. Isakovič je, međutim, zapisan u varoši Brodi, kao i Piščević 1753. Za razliku od Piščevića koji je 1753. stigao i u Hvastovo, Pavle je zapisan u varoši Kremenec, u kojoj nije ostalo traga o bilo kom Piščevićevom putovanju. Kao što je Piščević 1753. na graničnom prelazu Šeljegovka stupio na rusku zemlju, tako je i Pavle bio na graničnom prelazu Želegovka, dok je Piščević 1758. prešao granicu na glavnom prelazu Vasiljkov. Ni Isakovič ni Piščević 1753. nisu boravili u graničnom karantinu, dok je Piščević 1758. proveo desetak dana u karantinu. Naratorova topografija *selektivno* sledi Piščevićevu putanju: da li sledi Piščevićevo vreme na putu? Pavle putuje iz Beča do ruske granice od 13/26. IX do nekoliko dana posle 20. XI/2. XII. To ne odgovara Piščevićevim vremenskim odrednicama, jer njegov put od Petrovaradina do ruske granice traje od 24. X do 22. XII. Njihovo vreme se, međutim, razilazi za desetak dana kada se posmatra kao vreme provedeno na putu: kao da je Crnjanski vodio računa ne o datumima Piščevićevih polazaka, već o njegovoj rečenici da je do ruske granice putovao „ravno šezdeset dana"[66]. Relativni paralelizam od oko šezdeset dana otkriva, međutim, različite vremenske raspone u pripovedanju Piščevića i Crnjanskog. Dok Piščević iz Petrovaradina u Tokaj putuje oko dvanaest dana (24. X – 5. XI), dotle Pavle iz Beča putuje do Tokaja oko petnaest dana (13. IX – 28. IX). Piščević boravi u Tokaju *dva*, a Pavle oko *dvadesetčetiri* dana. Piščeviću je, otud, potrebno oko četrdesetpet dana (7. XI – 22. XII) da bi iz Tokaja došao na rusku granicu, a Isakoviču samo oko trideset dana (22. X – posle 20. XI).

Iznenađenje izaziva vest da je „na dan proroka Avdije, devetnaestog decembra, Isakovič... javljen Pfaleru iz varoši Brodi, a dan posle toga, iz varoši Kremenec" (602), jer prethodni datum je bio 15. XI, a 19. XII pita šta se dogodilo u vremenu između njih? Nastaje krajnji izraz prikrivene napetosti, koja i zahteva istrajno proveravanje, između imena svetaca i datuma zbivanja. Jer, dan proroka Avdije jeste 19, ali novembar i on jeste decembar, ali 2. To znači da je datum 19 uzet po starom, a mesec decembar zabeležen po novom kalendaru[67]. U pripovedanju je spojeno ono što je nespojivo, jer ili je dan proroka Avdije ili je 19. XII. Relevantne posledice mogu nastati kada se nesigurnost u saznanjima proširi, jer vremenski podaci u pripovedanju koji dolaze posle kontroverznog datuma i koji bi ga eventualno odredili nisu čak ni u mesecu precizni. Verovatnija pretpostavka vodi 19. XI kao Pavlovom datumu i vidi Isakoviča u varoši Brodi u petak 19. XI, a u subotu 20. XI pronalazi ga u varoši Kremenec. Tome ide u susret neobjašnjiva nejasnoća mogućeg odgovora na pitanje: gde je Pavle bio mesec dana? Postoji, dakle, stalnost kalendara obeleženog imenima svetaca, jer ime, a ne datum, zajamčuje stalnost. Ime i jeste datum, a datum je prvostepena funkcija imena. U susret toj verovatnosti ide i pozna pripovedačka informacija da je carica „pod datumom od 20. novembra" (610) potvrdila generalske činove Horvatu, Ševiču i Preradoviču. Ona se javlja u času kada je zbivanje nepovratno prešlo u novu 1753. godinu, što znači da je taj novembar pripadao staroj (1752) godini. Kako je to 20. XI po starom kalendaru, jer se tako u Rusiji pisalo, onda je datum caričinog ukaza 1/3. XII po novom kalendaru. Kako je Pavle 2. XII bio u varoši Brodi, onda je on mogao da *odmah* posle caričine gramate i kao posledicu njene odluke potpiše pristupanje pukovima Ševiča i Preradoviča. Pavle bi, međutim, od te odluke bio udaljen preko mesec dana da je u varoši Brodi bio tek 19. XII. Datum caričinog potpisa pristiže u zbivanje sa znatnim zakašnjenjem, jer je vremensko preticanje zbivanja i pripovedanja oblikovalo samo načelo pripovedanja. Nije, međutim, sasvim nelogično i napuštanje verovatnosti u pripovedanju zbog prodora – u vreme zbivanja – nečeg nenormalnog, što razara *sistem* vremenske linearnosti, jer gradi metaforu vremena na osnovu prisustva *drugog* vremena u vremenu uprizorenog haosa. Naratorovo vreme prisustvuje – svesnom ili nesvesnom kontroverzom između datuma i imena – u vremenu zbivanja na način kojim „...pravo, suštinsko biće jeste ono koje prepoznajemo ne *u* prošlosti, ne *u* sadašnjosti, već u odnosu koji vezuje prošlost i sadašnjost, to jest između njih"[68] kada smo „slobodni da između naše prošlosti i naše sadašnjosti uspostavimo metaforički odnos"[69].

Nova godina: Kijev

Određivanje vremena, iako samo po sebi neprecizno, zna da je Pavle „provodio dan za danom u snegu" (603), kao i da je „u jednom protokolu štapskvarter-brigadira Vitkoviča, u Kijevu, ostalo... zapisano da su Isakoviči stigli, u Kijev, meseca dekembrija godine 1752" (604). Isakoviči su „početkom januara, godine 1753" podnosili raporte (609), a kada „krajem februara zima poče malo da popušta", onda oni „tih dana" počeše da idu u vizite ruskim oficirima i na „večerinke" (614). Zbivanje se preselilo u drugu godinu, što *trinaesti distinktivni datum* kao da prati, jer „iduće srede, osmoga marta, te godine, uoči praznika glave svetog Jovana, Isakoviči su bili pozvani brigadiru Vitkoviču da čuju imja i čin kojim su primljeni u Rosiju." (615) Kao da njihov život u Rusiji počinje marta meseca, koji prethodi sredi 8. III. Ovaj distinktivni datum ukazuje na promenu u naratorovom vremenu, jer sreda 8. III postoji samo u godinama 1950. i 1961. Kao što ime određuje datum, tako obretenje glave Jovana Krstitelja jeste 9. III po *novom*, a 24. II po starom kalendaru. Narator obeležava, dakle, datumom novog kalendara ime koje označava u taj dan uspomenu „za pravoslavne"[70]. Dvanaesti distinktivni datum (15. XI) zabeležen je po starom kalendaru, pa se obrt u beleženju datuma može prepoznati samo imenom sveca, od kojeg datum direktno zavisi. Distinktivni datumi su saglasni, jer ako je ponedeljak 15/28. XI, onda 24. II/9. III mora biti četvrtak[71], pošto iz saznanja da je sreda 8. III sledi da nova godina nije prestupna, pa 9. III ne može biti petak. Saglasnost koja postoji između distinktivnih datuma u vremenu zbivanja sugeriše da postoji raskorak između naratorovih vremena ovih datuma, jer trinaesti distinktivni datum prelazi u *novu* godinu i u vremenu zbivanja, i u naratorovom vremenu[72]. *Četrnaesti distinktivni datum* sumnja, međutim, u promenu godine, jer „pomenute godine, u subotu, uoči Krstopoklone nedelje, na dan 42 mučenika u Amoreji, počeo je bio, za Isakoviče, i njihove seratlije, doseljenike, u Kijevu, i parad, koji su zvali u Austriji: Fassung" (657). Četrnaesti distinktivni datum nije saglasan sa trinaestim, jer ako je 8. III sreda, onda 19. III, kao dan amorejskih mučenika, nije subota, već mora biti nedelja[73]. Nesaglasnost podataka u vremenu zbivanja kao da nagoveštava da u naratorovom vremenu subota 19. III postoji u 1949, 1955. i 1960. godini[74]. Ako je u ponedeljku 15. XI (dvanaestom distinktivnom datumu) postojao potpuni paralelizam između naratorovog vremena i vremena zbivanja, onda je u sredi 8. III (trinaesti distinktivni datum) ostalo samo istovetno vreme zbivanja, a promenilo se naratorovo vreme u odnosu na prethodni datum, jer sreda 8. III postoji *samo* u godinama 1950. i 1961. Subota 19. III (četrnaesti distinktivni datum) donosi, međutim, povratak u naratorovo vreme ponedeljka 15. XI, jer spada u godine 1949, 1955. i 1960, ali zakonomerno napušta vreme zbivanja. Sreda 8. III raskida, dakle, sa naratorovim vremenom ponedeljka 15. XI potvrđujući njegovo vreme zbivanja, a subota 19. III prekida vreme zbivanja, vraćajući se naratorovom vremenu ponedeljka 15. XI. Projektovanje *novog* naratorovog vremena u sredu 8. III usklađeno je sa vremenom zbivanja: da li je to znak *različitog časa* u kojem se objavljuje sreda 8. III u odnosu na svoje granične distinktivne datume, koji se isključuju u vremenu zbivanja, a potvrđuju u naratorovom vremenu? Vreme zbivanja posle 15. XI prelazi u *drugu godinu* što ima na umu sreda 8. III, ali naratorovo vreme (subota 19. III) ostaje u *istoj godini:* dok je 8. III bio *nova godina* za oba vremena, dotle 19. III kao nova godina u vremenu zbivanja *nije* nova godina za naratorovo vreme. Dok vreme zbivanja linearno *napreduje,* dotle se naratorovo vreme linearno kreće unazad. Umesto nove godine, usvojene 8. III, narator – ili neki njegov osamostaljeni glas – u suboti 19. III ostaje u staroj godini, pa iz novembra (vremena zbivanja) prelazi u mart (vremena zbivanja) *iste* godine. Promena godine u vremenu zbivanja ne obavezuje, dakle, na promenu godine u naratorovom vremenu[75]. Nepromenljivost naratorovog kalendara u odnosu na kalendar zbivanja raskriva odvijanje pripovedanja ne samo u kolopletu vremena zbivanja, već i u kolopletu samog naratorovog vremena. Otud je 8. III završeno jedno vreme zbivanja (1752), iako se 19. III ponavlja njemu priraslo naratorovo vreme (1949, 1955, 1960). Kada ne izneveri vreme zbivanja (sreda 8. III 1753. saglasna je ponedeljku 15. XI 1752.) naratorovo vreme osvedočava, dakle, svoju promenu (sreda 8. III postoji samo u godinama 1950. i 1961, a ponedeljak 15. XI samo u godinama 1949, 1955. i 1960.). Kada, pak, izneveri vreme zbivanja (subota 19. III 1753. nije saglasna sa ponedeljkom 15. XI

1752.) naratorovo vreme potvrđuje istovetnost sa samim sobom (oba datuma postoje samo u godinama 1949, 1955. i 1960).

Nije moguće prepoznati koji se dani podrazumevaju u belešci o „nekoliko dana" (615) posle 8. III i o događajima „početkom tog marta meseca" (619), jer ti dani postoje *između* suprotnosmernih distinktivnih datuma. Kao da se, međutim, može naslutiti naratorovo vreme onog dana kada je „na pojutarje pačiste nedelje, Ana... rodila, lako, ćerčicu" i kada je „te nedelje, Isakovičima... bilo naređeno da rano ujutru budu u štapskvarteri Vitkovića." (625) Sreda 8. III je dan u kojem su Isakovičima dodeljeni činovi i koji *prethodi* Aninom porođaju očekivanom „idućeg meseca" (620). Taj dan, međutim, postoji u godinama naratorovog vremena (1950. i 1961) u kojima je obretenje glave Jovana Krstitelja u sredini pačiste nedelje, pa se Ana nije mogla poroditi „na pojutarje pačiste nedelje". Porođaj je mogao biti – pošto su prošla i „tri dana posle te svađe" i „četvrti dan" (623) koji su svi na dva dana do Aninog porođaja – u prvo jutro pačiste nedelje onih godina naratorovog vremena (1955. i 1960) u kojima obretenje glave Jovana Krstitelja *prethodi* pačistoj nedelji. Rođenje deteta „te zore" kad su se Isakoviči pripremali „za audijenciju kod Kostjurina – u pačistu nedelju, te godine, po ruskom kalendaru" (628) obeležava godine 1955. i 1960, jer je dan audijencije *nedelja* pačiste nedelje, koja je u ovim godinama zapisana. Audijencija kod Kostjurina je čak saglasna sa četrnaestim distinktivnim datumom i može biti potencijalni distinktivni datum. U godini 1960, za razliku od 1955. godine, pun mesec je bio „sav od srebra, svetao, u Kijevu". Taj mesec, koji seća da se „u to doba za decu, koja su se rodila pri punom Mesecu, verovalo... da će biti, ili slavni đenerali, ili princeze – ili lude" (625), zabeležen je prve noći pačiste nedelje[76]. I naredni vremenski trag potvrđuje naratorovo vreme, pošto „pred Uskrs, na dan ulaska Gospodina Isusa Hrista u Jerusalim, 28. marta, po starom kalendaru, pomenute godine, mećave su se pretvorile u kiše" (674). Cveti su kao 28. III zabeležene samo u godinama 1955. i 1960. i taj datum se poklapa sa subotom 6/19. III koja je bila „uoči Krstopoklone nedelje". U 1949. godini niti je ta subota „uoči Krstopoklone nedelje", niti su Cveti 28. III, već su 4. IV. Naratorova napomena „pred Uskrs" seća da su Cveti *sedam dana* pre Uskrsa, koji je onda 4. IV, a to je *samo* u godinama 1955. i 1960. Saglasnost u naratorovom vremenu odredila bi 28. III kao nedelju, što je u vremenu zbivanja moguće, ali nije nužno. To što je zapamćeno da se „Dnjepar, uoči tog dana, razlio", ali je „srećom te noći Mesec...bio pun" (674) dodatno senči naratorovo razumevanje mesečevog smisla: dok godina 1955. beleži pun mesec na Blagovesti 25. III, dotle 1960. godina zna da je pun mesec bio dan posle „ulaska Gospodina Isusa Hrista u Jerusalim", što znači 29. III. Narator premešta pun mesec iz kalendara u prethodni dan godine 1960: zašto, onda, on ne imenuje taj dan? Zato što narator imenovanje vremena potčinjava poetičkom izboru u kojem je bitan motiv, a ne dan po sebi: on dva simbolički privlačna motiva (pun mesec, ulazak u Jerusalim) mora da spoji, jer ne želi da se bilo kog od njih liši.

Predominacija neodređenih vremenskih tragova počinje slikom Kijeva koja se oku ponudila „kroz dan, dva" (675). Ako je „na dan mučenika Artemona, koji je ujedno dan i drugih mučenika, Trikorfos dozvolio Isakovičima da ulaze, kod Petra" (676), onda je to bio 13/26. IV[77], dok se Petrovo oko otvorilo „već posle nekoliko dana" (679), a „već posle četrnaest dana...je prohodao" (680). Kada se, međutim, zna da je parada bila u subotu 6. III, onda „posle četrnaest dana" znači dane oko 20. III, ali je dozvoljeno da se uđe u njegovu sobu *tek* od 13. IV, što bi pokazalo da se „posle četrnaest dana" ne odnosi na dan pada. To potvrđuje i naredno saznanje da „kroz dan, dva, na dan Pojave Časnog Krsta...projaha." (680), jer ako je Petar projahao 7/20. V, što se motivacijski oslanja na saznanje o tome da je prohodao, da li određenje „kroz dan, dva" ima na umu vremensko odstojanje od trenutka ponovnog hodanja? Ako je tako, onda je prohodao oko 5. V, a „posle četrnaest dana" označava vreme oko 21. IV. No, pored ovakve podređene funkcije u odnosu na datume unutar linearnosti, odrednice kao što su „posle četrnaest dana", „kroz dan, dva", „to veče" kao da, u isto vreme, paradoksalno nemaju nikakvih relacija prema datumima između kojih se nalaze. One kao da izranjaju iz drugog (naratorovog) vremena da bi prividno potvrdile ili problematizovale datume, prema kojima su istinski indiferentne. One kao da donose svoje vreme, lišeno veza sa vremenom datuma, koje je paralelno vreme u odnosu na datume. Sila pripovedne linearnosti ih čini odrednicama koje su upućene tobožnjoj istini datuma, ali one bi mogle biti i prikriveni trag naratorovog vremena[78], čiji bi spoljni izraz bili datumi. Imena – ostavljena bez datuma – prikrivaju protivrečnosti vremenskih odrednica, jer im se postavljaju za lažno težište, simuliraju mogućnost njihovog težišta. Samoprikrivanje vremena zbiva se, dakle, u imenima koja to vreme ospoljavaju.

Ponovni početak: Kijev – Mirgorod – Kijev

Zato što su naseljavanja Srba „duž granice tatarske i poljske" bila „maja meseca, godine 1753" (682) moglo se dogoditi da je „Jurat Isakovič... pošao... na svoju zemlju...u maju, na dan, kad je Pavle, pre godinu dana, pošao iz Temišvara". To je osnov naratorove refleksije da je „sujeverje, išlo...kod Isakoviča, uz slatko pravoslavlje". Ova koincidencija čini se naratoru od tolike važnosti da se ne zadovoljava posrednim naznačavanjem, već *ponavlja* da je to „bio dan prepodobnog Pahomija Velikog" i „maj petnaesti" (683). Dok je Pavle krenuo ne znajući kod koga ide, kao odbegli zatvorenik i praćen poternicom, dotle Đurđe ide na svoje imanje i u svoju kuću. Očekivanje „jedne velike sreće" (683) u času Đurđevog polaska nalazi se u dosluhu sa „sujeverjem", jer Đurđe ide na dan Pavlovog polaska, zato što je Pavlov, a ne njegov, polazak pre godinu dana doneo uspeh. No, nije ishodište paralelizma u tome da smisao Đurđevog sujeverja naglasi različite ishode dva polaska, već naratorovo naglašavanje dana Đurđevog polaska pokazuje svest o *zatvaranju* vremenskog kruga od jedne godine unutar pripovedanja. Postojanje vremenskog kruga od jedne godine nudi mogućnost međusobne kontrole istovetnih datuma u različitim godinama, jer se dani u njima moraju javljati sa uzastopnom pravilnošću. Tu mogućnost pripovedanje propušta, iako ona nudi laku kontrolu upotrebljenih datuma. Ako narator učestalo ponavlja datume i imena, ali ne brine o njihovoj međusobnoj vezi i propušta da konstruiše precizan hronološki sistem datuma, onda on *takav* sistem i ne želi, niti ga podrazumeva, već hoće da ostavi *svoje* vreme u vremenu svojih junaka i enkodira ga u romanesknu svest kao *zahtev* koji pripovedanje postavlja čitaocu[79].

Dani se mogu identifikovati ili od srede 8. III (trinaesti distinktivni datum) ili od subote 19. III (četrnaesti distinktivni datum), jer njihovo međusobno razilaženje čini prepoznavanje dana zavisnim od usvajanja jednog distinktivnog datuma. Druga godina ispričanog zbivanja započinje rođenjem, jer "očekujući porođaj celog tog maja meseca, u Kijevu, Varvara je, najzad, na sam duhovski ponedeljak, u zoru, rodila Petru Isakoviču, sina" (688). U naratorovom vremenu godine 1950. i 1961. moraju se za ovaj datum isključiti, jer beleže duhovski ponedeljak 16. V, a Duhove 15. V. Kako je to dan Pahomija Velikog, koji u ovim godinama nije zapisan, ali ga narator izričito pominje, onda je nužno da ovaj duhovski ponedeljak bude u godini koja zna i za dan Pahomija Velikog. Saznanje da se Varvara "krajem maja, pridigla" (692) pokazuje da je duhovski ponedeljak bio *pre* "kraja maja", što problematizuje i 1949. godinu, jer je u njoj duhovski ponedeljak 31. V. U godinama 1955. i 1960. duhovski ponedeljak je 24. V, što zadovoljava oba uslova, jer je on posle dana Pahomija Velikog, a pre "kraja maja"[80]. Vest o smrti senatora Stritceskog, kao deo onoga što se događa "tog leta" (698), ali pre onoga što zbiva "početkom jula tog leta" (700), stigla je "početkom juna meseca, na dan Timoteja Bruskog" (692), što je bilo 10/23. VI[81]. *Petnaesti distinktivni datum* raspliće i zapliće klupko: "Petar onda reši da ode, da pođe, u četvrtak, četvrtog avgusta, na dan svetih, sedam, otroka, u Efesu. Tako stoji zapisano u jednoj čitulji, u kojoj je Varvara, docnije, zapisivala svoju živu i umrlu decu. Ta čitulja je, posle dužeg lutanja, stigla u zaostavštinu jedne njene rođake, u Somboru, koja se bila našla, Stritceskom, oko njegove sahrane, a kojoj je Stritceski bio sav nameštaj Varvarin, to jest njene, pokojne, matere, ostavio. Ta rođaka, gospoža Emilija, bila je udata, u Oseku, za graničarskog kapetana, koji se zvao Kuzman plemeniti Gvozdenac." (702) Tajanstvena putanja Varvarine čitulje zasniva svoju vernost, kao i vernost čitulje, u preciznom nabrajanju pojedinosti iz života rođake čija zaostavština omogućava Varvarinoj čitulji da postoji u pripovedanju. I ime rođake, i njena udaja, kao i sudbina Varvarinog nameštaja, koji – iz sasvim drugog pravca – sustiče njenu čitulju u istom mestu, potrebni su naratoru zato što takvo osvedočenje vernosti naslućuje ironično podrazumevanje unutar nagomilavanja irelevantnih podataka, kao i unutar takve stilizacije relevantnog podatka koja podupire njegovu dvosmislenost i paradoksalnost, jer se rođaka "našla, Stritceskom, oko njegove sahrane". Ova preosmišljena pozadina potrebna je, međutim, naratoru da opravda i zasnuje datum, koji tako temeljno obrazložen kao da *zahteva* sopstvenu tačnost: četvrtak, 4. VIII, na dan sedam svetih otroka u Efesu[82]. Ako je, u vremenu zbivanja, sreda 8. III, onda 4. VIII jeste četvrtak, što znači da se subota 19. III razilazi sa distinktivnim datumima između kojih postoji. Ali, između nje i ponedeljka 15. XI 1752, stoji sreda 8. III koja potvrđuje taj ponedeljak. Od tog ponedeljka, koji je dvanaesti distinktivni datum, preko te srede, do četvrtka 4. VIII, koji je petnaesti distinktivni datum, postoji saglasnost u vremenu zbivanja, koju narušava samo subota 19. III. Ova saglasnost postoji iako je ponedeljak, u naratorovom vremenu, u godinama 1949, 1955. i 1960, a sreda i četvrtak su u 1950. i 1961 godini[83]. Subota 19. III jeste u godinama 1949, 1955. i 1960, ali protivreči – u vremenu zbivanja – ponedeljku 15. XI upravo zato što pripada istom naratorovom vremenu kao i on, ali je u vremenu zbivanja postavljena kao da sledi posle njega, umesto da mu – kao u kalendaru – prethodi. Naratorovo vreme (godine 1949, 1955. i 1960.) biva presečeno sredom 8. III i četvrtkom 4. VIII (godine 1950. i 1961.). Da li je narator posle ponedeljka 15. XI došao – kao što je prvo izgledalo – u sredu 8. III *promenivši* godinu u *svom* vremenu (kao što je ona u tom datumu promenjena u vremenu zbivanja)? Da li je, međutim, subota 19. III znak njegovog ostajanja u svojoj prvobitnoj godini, koju je sreda 8. III samo presekla, da bi tek četvrtak 4. VIII definitivno objavio novu godinu naratorovog vremena? Dolazi li do simultane smene godine u oba vremena ili su protivrečnosti u vremenu zbivanja znak nezavisnih vremenskih izmeštanja? Subota 19. III ometa naporedni tok oba vremena i njihovo simultano prelaženje u novu godinu posle ponedeljka 15. XI, jer ona insistira na diskrepanciji dva vremena.

Vest, koja dolazi posle netipičnog određivanja Trifunovog polaska „sa gospožom Sofikom Andreovič" na „dan poslednje Mesečeve četvrti" (711), da je Trifun „imao da ide, u Mirgorod, prema naređenju, avgusta, dvanaestoga, na dan Svetog Fote" (706), za razliku od retroaktivnog pominjanja caričinog ukaza od 5. V (708), otkriva da je taj dan bio petak[84], jer *šesnaesti distinktivni datum*, koji dolazi posle te vesti, potvrđuje prethodni distinktivni datum. On, dakle, obnavlja i sistem identifikacije u vremenu zbivanja i paralelizam naratorovog vremena: „Pri kraju avgusta, Mesec je, u Kijevu, te godine, bio sve svetliji, a u subotu, dvadeset i sedmog, na dan prepodobnog Pimena Velikog, pun" (715). Ako je

4. VIII četvrtak, onda 27. VIII mora biti subota[85], a dan Pimena Velikog (27. VIII) jeste subota samo u 1950. i 1961. godini[86]. To što je „sasvim slučajno trećega dana, posle onog dana, kad je primio vest da je Petru, u Mirgorodu, sinčić umro, Kostjurin... ceo garnizon, u Kijevu, na dan Aleksandra Nevskog, oterao u crkvu" (717) znači da je to bilo u utorak 30. VIII, jer dan Aleksandra Nevskog[87] i jeste tri dana po danu uspomene na Pimena Velikog. Manevri „u okolini Kijeva i Mirgoroda" počeli su „u sredu, sedmog septembra, te godine, na dan Svetog mučenika Sozontija" (717), što kao *sedamnaesti distinktivni datum* potvrđuje prethodni distinktivni datum[88], jer ako je subota 27. VIII, onda 7. IX mora biti sreda[89]. Datum 7. IX mogao bi u pripovedanju razrešiti davnašnju nedoumicu. Značenje reči „uoči" (473) za Malu Gospojinu 1752. godine bilo je u mraku, ali smo naslutili sredu, koja je bila 8. IX. Kako je u vremenu zbivanja nedvosmisleno da je 7. IX 1753. godine bio sreda, onda je nužno da Mala Gospojina u godini 1753. (8. IX) bude u četvrtak. Ovo saznanje prepoznaje da je 8. IX 1752, u vremenu zbivanja, neminovno sreda. Na manevrima su zabeležena „prenoćišta" (717), „iduće veče" (718), ono što se zbilo „idućeg dana, uveče" (720) dok je Mirgorod „u septembru, mirisao" (721), a neodređenost vremena je tolika da Pavle „nije znao, čak, ni koji je dan, tog jutra, dok ne upita Trifuna. Trifun mu reče da je subota, dan Svete mučenice Sofije i kćeri." (734) *Osamnaesti distinktivni datum* je subota 17. IX i potvrđuje prethodni distinktivni datum[90], jer ako je sreda 7. IX, onda 17. IX mora biti subota[91]. To što narator odlučuje da se, u isti čas, Trifun pohvali „da će, naksutra, preuzeti komandu, nad ahtirskim pukom, kao zamenik komandanta" samo je uvod u Trifunovo razmišljanje o smislu svog imena: „Nekakve su mađije na njemu, kaže, jer naksutra je ponedeljak, a dan Svetog Trofima – kao naručen." (734) Nije svrha *devetnaestog distinktivnog datuma* samo da bude, kao što jeste, u saglasju sa prethodnim distinktivnim datumom[92], jer ako je 17. IX subota, onda 19. IX mora biti ponedeljak[93]. Ograničenog je domašaja i saznanje da je isti datum pominjan i u prošloj godini, što znači da je vreme zbivanja dosledno linearno pripovedano, jer ako je bila nedelja 19. IX 1752. kada je Pavle došao u Budim, onda 19. IX 1753, obzirom da nije prestupna godina, mora biti ponedeljak. Naratorovo vreme beleži za 19. IX 1752. nedelju u godinama 1949, 1955. i 1960, a ponedeljak

19. IX 1753. godine ono pronalazi u 1950. i 1961. godini[94]. Tako bi 19. IX 1753. retroaktivno mogao potvrditi 19. IX 1752. i ospoljašnjiti paralelnost naratorovog i vremena zbivanja za čitavu tu godinu sa jednim tajanstvenim izuzetkom. Osnovna svrha naratorovog postupka da Trifun čudesnost onoga što se sa njim zbiva razumeva iz svetačkog smisla svog imena nalazi se, međutim, u tome što je ime mučenice Sofije i kćeri setilo Pavla Isakoviča „gospože Sofike, sa kojom je Trifun putovao, i pored njegove Dunđe Birčanski – i žalosti za decom" (734). Imena svetaca već u Pavlovim asocijacijama ne vode nikakvom nadzemaljskom smislu ili zemaljskom podvižništvu, već bude slutnje o njihovom odsustvu u ljudskom životu. Kada Trifun naglasi svetački paralelizam svog zemaljskog uspeha, onda on ne samo da ironizuje postojanje svetačkog osnova u sopstvenom životu, već u njegovoj trijumfalnoj zamišljenosti nad svetačkim udelom u sopstvenom imenu i uspehu postoji ironija u odnosu na samo postojanje svetačkih imena, kao što ta ironija progovara u Pavlovoj nesvesnoj asocijaciji na ta imena. Narator Trifuna smešta na Pavlovo mesto, jer bi bilo očekivano da Pavle oseti čudesnost svetačkih imena i „mađija", kao što Pavla situira u Trifunovu asocijativnost, jer je očekivano da se Trifun seti Sofije sa kojom je putovao. Inverznost njihovih položaja otkriva naratorovu ironiju ne u odnosu na njih, već u odnosu na svetačka imena koja su ih u tim položajima prepoznala.

Pavle, koji je obišao svoju novu kuću „tih dana" kada je bio „nov Mesec" (738), vratio se u Kijev „pri početku jeseni" (740), a dodeljen je „polukompaniji, dnevnom zapovešću od 20. septembra 1753" (743), što je bio utorak. Kada se „poslednji put javio, poočimu, Vuku Isakoviču, na dan Svetog Stefana Štiljanovića, miljenika Isakoviča, među svetiteljima, na nebu" (745) bio je utorak 4. X, a kako je „sredina oktobra" (745) zabeležena neposredno pre ovog javljanja, nagađa se da je ona registrovana po novom (17. X), a datum po starom kalendaru[95]. Poslednji glas o Evdokiji i Tekli dopro je do Pavla „jedno veče, početkom oktobra" (750), što iznova sumnjiči datume, jer iako bi iz prethodnih obaveštenja logično bilo beleženje po starom kalendaru, ono ponovo izostaje, pošto je već „sredina oktobra" možda značila *trag* naratorovog *reza* u već postavljenu linearnost. Iz saznanja da se „tako...eto, desilo da je Pavle, počev od svoje slave, Svetog Mrate, u Kijevu, bio čičizbeo, gospoži Julijani" (757) sledi da je Isakovičeva slava, koja je 11. XI, bila u petak. Pre godinu dana, dan slave je bio dan uoči kojeg Pavle prelazi rusku granicu (595), što je po tadašnjem (jedanaestom) distinktivnom datumu – petak, 22. X 1752. godine (583) – Isakovičevu slavu nužno određivalo kao četvrtak 11. XI 1752, koji je retroaktivno potvrđen petkom 11. XI 1753. godine[96]. Ono što ime ovde izričito prikriva jeste datum, jer ako se on ne prepozna iz imena koje ga donosi, onda se previđa neobjašnjiva protivurečnost da je Pavle „docnije... pričao da se seća, tačno, da mu je gospoža Julijana rekla, dvadesetog oktobra – na dan kad je u mukama izdahnuo velikomučenik Artemije – da Višnjevski, njoj, tvrdi da je sad sasvim sigurno da će, uskoro, doći do posete" (760). Kako je Pavle mogao biti njen „čičizbeo" od 11. XI kada mu je ona *već* 20. X rekla da carica dolazi i nastavila da ga vodi u obilaske sirotinje? Ako posete traju 20. X koji je četvrtak, onda ne počinju 11. XI[97]. Protivurečje raste, jer „Rakič mu onda dotrča, uoči prvog dana, u novembru – Svetih Vračeva – pa mu donese vest da carica, sutra, noći, u Kijevu" i da „sutra, uveče, oni će doći po Isakoviča, da ga odvezu u audijenciju" (766). Kako je Pavle „čičizbeo" gospoži Julijani „počev od" svoje slave Sv. Mrate 11. XI, kad je od 1. XI (audijencija) on više neće videti? Podatak o slavi Isakoviča kao da intencionalno *razara* logiku imenovanja vremena, koju i zasniva, jer narator pod danom slave misli ili na drugi datum (što sve datume iznova gradi kao problematične), ili neobjašnjivo zagonetno ostavlja trag svog naknadnog prisustva. Ostaje mogućnost da on misli na Vukovo odricanje od svetog Mrate i njegovo novonastalo prigrljivanje svetog Stefana Štiljanovića (604), pa datum Pavlove slave shvata kao datum Stefana Štiljanovića 4/17. X. To bi uklonilo vremensku koliziju, ali ne bi objasnilo zašto se Vukov čin odnosi i na Pavla: ako je Stefan Štiljanović „miljenik Isakoviča, među svetiteljima, na nebu" (745), to još ne znači da je on Pavlova slava. Ako mu je slava, šta je, onda, sa svetim Mratom? Kolizija je nužna u oba slučaja: ako je slava, kako je slava, a ako nije slava, otkud podrazumevani datum? Audijencija – pripremljena nerazumljivim vremenskim časom posete gospože Julijane – događa se u utorak 1. XI i u dosluhu sa imenom dana „Svetih Vračeva", bilo da se to ime shvati u metafizičkoj ili medicinskoj rezonanci[98]. Pavle je „sutradan...otišao u štapskvarteru" (772), što je sreda 2. XI, da bi bio „u nedelju, na dan

Svetoga Pavla Ispovednika, šestog dana novembra meseca, godine 1753, u oficirski zatvor, u Kijevu, doveden... serbski emigrant, iz Austrije, novopostavljeni kapetan u Vengersko-serbskom puku br. 35, Isakovič" (773). *Dvadeseti distinktivni datum* čuva paralelizam između dva vremena[99], jer ako je ponedeljak 19. IX, onda 6. XI mora biti nedelja[100]. Ako je „apsenik...idući dan – na dan Tridesetitri mučenika – probuđen, rano" (773), onda je saslušanje obavljeno u ponedeljak 7. XI[101]. To što je Isakovič „bio pušten iz oficirskog aresta, već posle šest dana, na dan Zlatoustoga, u nedelju trinaestoga novembra" (777) znači da je *dvadesetprvi distinktivni datum* saglasan sa prethodnim distinktivnim datumom[102], jer ako je nedelja 6. XI, onda 13. XI mora biti nedelja[103], a odrednica „već posle šest dana" odnosi se na dan saslušanja. Poslednji datum o Pavlu govori da se on „odselio iz Kijeva, u Bahmut, sedamnaestog novembra, godine 1753, na dan Grigorija Čudotvorca" (779). Ime sveca omogućava paralelu sa prošlom godinom, jer je Petar plemeniti Vuič stigao u Kijev 17. XI 1752. godine na dan Grigorija Čudotvorca (578). To je, po desetom (554) i jedanaestom (583) distinktivnom datumu, bila sreda, pa je 17. XI 1753. potvrđen kao četvrtak. Poslednji zapis u pripovedanju otkriva da se „posle tri godine" saznalo da je dolazak Joke Stana Drekova u Kijev bio „jedan jedini dan posle odlaska Isakoviča" (779). Između pera i pogleda koji je već napustio kalendar smestilo se ćutanje o tome da je to bio petak, osamnaesti novembar, dan svetih mučenika Platona i Romana i da je samo dan posle njega sijala na nebu – ako je verovati godini 1961. – poslednja četvrt meseca.

Završetak romana

Zašto završetak romana prekida linearno zapisivanje datuma? U njemu ne postoje imena svetaca kao supstitucije datuma, jer je on premešten iz vremenske perspektive pripovedanja. Već na svom početku završetak romana problematizuje izvesnost zbivanja, koju su datumi jamčili, jer on kao da sumnja da su zbivanja i postojala: „Kad se u svetu dogode zemljotresi, o njima se mnogo govori i priča. Beleži se, dok traju, svaka sitnica. Beleže se i ljudske žrtve i imena žrtava. A zna se i koliko je, tom prilikom, porušeno kuća. Posle nekoliko godina, međutim, broj ljudskih žrtava se zaboravlja, pa se uvećava, izmišlja, a pamte se samo mesta, gde je bilo zemljotresa. Tako je to i sa vulkanima i poplavama. Dok vulkani gore, o njima ima bezbroj vesti i podataka. A kad se vulkani ugase, niko o njima ništa više ne priča, a izmišlja, ako priča. Tako je i sa papirima iz prošlih vremena, koji govore o požarima, o kugama, o ratovima, pa i seobama." (780) Ako je zaborav ljudskih žrtava prirođen njihovom udesu, čemu pripada „izmišljanje" koje ga nasleđuje? Svrha izmišljanja paradoksalno je smeštena u smislu zaborava, jer *kao da* nije u prirodi zemljotresa, vulkana i seoba zaborav zato što je neminovan, već zato što je uslov izmišljanja. Kakav odnos između izmišljanja i zaborava uspostavlja poslednja glava romana? *Nužnost* zaborava pripada *smislu* izmišljanja: može se izmišljati i pre zaborava, koji se može utopiti u preinačavanja i figuracije zbivanja, ali je zaborav imanentan izmišljanju i tek njegovo dejstvo omogućuje izmišljanje. To su naporedna dejstva u istom zbivanju: „A kad se vulkani ugase, niko o njima ništa više ne priča, a izmišlja, ako priča." Da li aktuelnost vulkana čini razumljivim pričanje o njima? Da li ona podaruje svrhu tom pričanju? Jer, nema objašnjenja koje bi obuhvatilo pričanje ("a izmišlja, ako priča") *iza* i *posle* trenutnosti vulkana: zašto je baš to post-pričanje razumevano kao izmišljanje? Zašto je baš tom post-pričanju i eksplicitno i implicitno poreknuta verodostojnost? Okončanje trenutnosti usmrćuje i papire: „Imena pojedinih familija, a još više imena pojedinaca, iščeznu iz dokumenata." (780) Završetak romana eksplicitno problematizuje uporno pozivanje naratora na papire i pisma kao zapise istine zbivanja i kao pripovedački izvor zbivanja. On se, dakle, obračunava sa lajtmotivom zbivanja i radikalno sumnja u ono što je pričanje pretpostavilo kao temelj zbivanja i svoj temelj. Jer, ako posle zaborava ne može drugo do da se izmišlja, onda papiri i pisma postaju *garanti* tog izmišljanja. Oni su za to pripremljeni već u času njihovog beleženja: njihove vremenske nesaglasnosti već u pripovedanju sumnjiče njihovu zasnovanost. Neodgovarajuća razlika u danima između starog i novog kalendara direktno poriče pisma i papire kao autentične tragove onoga što se dogodilo. No, *obrt* na završetku romana nije običan, niti neprimetan: papiri i pisma nisu nezasnovani i neistiniti zato što nedovoljno verno zapisuju zbivanja ili zato što iznevaravaju povereni im smisao, već zato što znaju za sopstvenu izmišljenost. Oni su – samosvesno – izmišljeni i to je uslov njihovog postojanja: ako ih je bilo, oni su postojali *pre* velikog zaborava i zakonomernost njihovog nestajanja doziva izmišljanje, jer pričanje oslobađa svedoka. No, kako je i izmišljanje neminovno, onda postavljanje papira u pričanje jeste projektovanje lažnog svedoka. Pričanje zna za sebe kao izmišljanje tek podrazumevanjem lažnog svedoka. Jer, ono bi moglo posegnuti za istinom svoje izmišljenosti ili bi moglo pretpostaviti da postoji neka istina te izmišljenosti, da nije opominjućeg prisustva lažnog svedoka. Zašto obrt u pripovedanju koji prepozna lažnog svedoka nastaje na završetku romana? Samosvest pričanja ogleda samu sebe u projekciji lažnog svedoka: istrajavanje na svedočenju omogućava, makar i simuliranu, sponu sa zbivanjem, jer prividno premošćava veliki zaborav. To premošćavanje onemogućava da pričanje samo sebe postavi u istini izmišljanja, jer postoji senka one nužnosti koja je izmišljanje omogućila, senka nužnosti velikog zaborava. Zaboravljajući zbivanje zaborav omogućava njegovo izmišljanje, jer izmišljanju oduzima njegovu samodovoljnost i istinu. Izmišljanje je uvek izmišljanje zbivanja, a nikad samo i jedino izmišljanje kao takvo, kao što je i zbivanje zaboravljeno samo tako što je izmišljeno. Otud je lažni svedok akt kojim pričanje samo sebe razume i u kojem je svedočenje dvostruko označeno. Jer, ono u sopstvenoj pretpostavci nosi izvesnost onoga o čemu svedoči: samo površan pogled tu vidi zbivanje, jer prodoran pogled razaznaje zaborav zbivanja. Ali, u isti mah, ono je sopstvena laž: pospani duh to shvata kao krivotvorenje zbivanja, dok budni duh zna da je to izmišljanje zbivanja.

Perspektivističko premetanje po papirima nema svoj razlog u prepoznavanju njihove irelevantnosti: „U protokolima njihovih štapskvartera, u njihovoj korespondenciji, u papirima o njima, nastaje praznina. Teško je razaznati se, posle te zime, u papirima, o kretanju, i doživljajima, junaka našeg romana. A naročito Pavla Isakoviča.

Neizvestan je i sam broj iseljenika.

Predanje kaže, iselilo se u Rosiju, oko dvesta hiljada duša. Serbski papiri kažu, oko dvadeset hiljada. Ruski, kažu, dve-tri hiljade. Zbrka je velika i u korespondenciji iseljenika, sa rodnim krajem. Prema jednom pismu Isakoviča...senator Stritceski...umro je...te godine. Prema testamentu Isaka Isakoviča, reklo bi se, da je bio živ do 1771. Prošlost, u pismima, puna je takvih protivurečnosti." (781) Koliziju između papira razumeva perspektivizam zbivanja: između predanja i srpskih papira postoji nesklad projekcije, jer predanje podrazumeva ontološki zamah i onih koji nisu preseljenici, dok srpski papiri hoće da zabeleže samo preseljenike. No, njihovo htenje ne zaustavlja *duh* predanja u njima. Taj duh razotkrivaju ruski papiri, jer upisuju samo one koji su došli: tamo gde srpski papiri vide *mnoštvo*, ruski otkrivaju *nekoliko* hiljada ljudi. Protivrečenje između papira prepoznaje projekciju u njihovoj istini. Ta projekcija je znak da veliki zaborav ("praznina") nije potreban kontingenciji samog zbivanja. Jer, ruski papiri – otkrivajući mehanizam projekcije u srpskim papirima – označavaju njihovu temeljnu nedovoljnost u zapisivanju zbivanja. Oni su, međutim, potpuno nesvesni da, inverzno, iskazuju svoju sopstvenu nedovoljnost, jer je protivrečenje samo po sebi prirođeno papirima: kao što srpskim papirima upravlja projekcija o veličini seobe, tako ruskim papirima upravlja njihova projekcija u kojoj je ta seoba uvek malena. Saznanje da je „prošlost, u pismima, puna...takvih protivrečnosti" hotimično je omeđeno na prošlost, jer je neprotivrečenje očuvano za sadašnjost: ona izmišlja. Nesaglasnosti se redukuju na prošlost, iako nastaju u njenoj sadašnjosti, zato što je nemoguće da čas pričanja o papirima bude protivrečan, jer je on, naime, *čas posle,* post-vreme u odnosu na veliki zaborav. On papire ne vidi na način svedočenja, već ih vidi u prostoru lažnog svedoka, u izmišljanju. Radikalni obrt u poslednjoj glavi dovodi do kraja latenciju koja u papirima postoji od početka pričanja. Jer, ako se pročita dvosmisleno vremensko prisustvo u datumima, onda naratorovo pozivanje na papire samo po sebi gubi samorazumljivost. To zadire i u prirodu kalendara kao takvog, koji više nije pretpostavljen kao „ritam koji treba da ujedini spoljašnji Kosmos vasione sa unutrašnjim Kosmosom čoveka u neku jedinstvenu harmoničnu celinu"[104]. On postoji kao trag naratorovog prisustva u čijem je središtu veliki zaborav. Kalendar gubi metafizičku osnovu da je „ne samo ritam, nego i pamćenje. Zato je kalendar po samoj svojoj suštini izraz onoga što možemo definisati pojmom 'ritmično pamćenje čovečanstva' "[105]. Kalendar počinje da podrazumeva veliki zaborav: čas eksplikacije tog smisla na završetku romana je znak da se stiglo u središte tog čina. Već je davno pre poslednje glave romana tematizovana nepouzdanost papira, ali tek završetak romana otkriva temelje te nepouzdanosti, jer u nju utiskuje smisao *lažnog svedočenja*. Svekoliko zbivanje biva preokrenuto u dvosmislenoj perspektivi lažnog svedočenja i baš u tom času se *ukida* dvosmislenost vremenskog zapisivanja: u poslednjoj glavi romana *nema* podataka o naratorovom vremenu, koje se i ne može otkriti, jer nema preciznih podataka o vremenu zbivanja. Čak i da na početku romana takvi podaci ne postoje, to ne bi stvaralo okvirni simetrizam, jer početak romana priča *in medias res,* odnosno *iz* prisustva zbivanja, a završetak se nalazi s one strane zbivanja, u pripovedačkoj *refleksiji* o zbivanju. Ako bi početak polagao pravo da bude trag te refleksije, on bi se, isto tako, morao pozvati na završetak romana.

U poslednjoj glavi romana pretrajavaju samo tragovi vremena zbivanja, koji su uklopljeni u predodređujuću shemu prekida i premeštanja. Posle „zime, godine 1753" (781) pominju se godine 1771, 1764, 1754 (781-782), a potom sledi jedini određeni datum: 3. IX 1754 (782). To je poslednji datum čiji dan je moguće pretpostaviti na osnovu prethodnih datuma, ali pošto nema distinktivnih svojstava oko sebe, on ne može biti ni potvrđen, ni prepoznat. Iznenadni povratak, posle „leta 1754", vodi u „zimu, godine 1753" (783). „Sedmogodišnji rat" linearno pomera vreme zbivanja *napred,* da bi se ono ponovo vratilo u „zimu, godine 1753" (786). No, to vreme je već sasvim nesigurno, jer je nekoliko puta prekinuto i premešteno: ako ono ne traje, već se njemu vraća u času kada se apostrofira, odakle (iz kog vremena) se pripoveda o njemu? Saznanje da „ni ta zima, godine 1753, nije mogla da traje večno" (788) pokazuje da se vreme zbivanja ne pomera od trenutka u kojem je ostavilo Pavla Isakoviča. Saznanja o

Pavlu, koja posle tog trenutka postoje u romanu, nisu više saznanja koja omogućava vreme zbivanja, već su saznanja drugog vremena. „Maj mesec 1760" (790) uvodi u „vreme turskog rata koji se 1774. završio", „vreme idućeg rata" sa austrijskim ulaskom u Beograd 1789. godine i vreme smrti Isaka Isakoviča godine 1771 (791). Godina 1792. uvodi u vreme „Napoleonovih ratova", koji traju i „početkom XIX veka" (791), a onda se pripovedanje iznenadno vraća na „pobedu 1760" (792). Dve poslednje pomenute godine su godine popisa iz 1862. i 1900 (793). Iza njih je vremensko određenje: „Ako neko danas, čak i danas..." (793). Nepovratno je presečeno vreme zbivanja, jer zbivanje postoji samo unutar refleksije o njemu. Završetak romana ne pripada, dakle, ni vremenu zbivanja, niti zbivanju kao takvom, jer postoji distanca između refleksije i zbivanja. U toj refleksiji ima tragova naratorovog vremena, ali u drugom obliku, jer izostaje vreme zbivanja u koje se projektovalo naratorovo vreme. Naratorovo „danas", koje postoji na samom kraju pripovedanja, postojalo je od samog početka, jer je ono samo po sebi neodređeno: „odvojmo 'danas' od besede koja ga sadrži, stavimo ga u kakav pisani tekst, tada 'danas' nije više znak lingvističkog sadašnjeg vremena, pošto ono nije više govoreno i opaženo; ono, isto tako, ne može da uputi čitaoca na neki dan hroničnog vremena, pošto se ni sa kojim datumom ne identifikuje; ono je moglo biti izrečeno ma kog dana kalendara, i primenjuje se na svaki dan bez razlike."[106] Izostajanje vremena zbivanja otkriva u naratorovoj refleksiji naratorovo vreme. Završetak romana povlači krajnju konsekvencu iz dvosmislenog položaja imenovanja vremena (datiranja) u romanu, jer ukida tu dvosmislenost *ospoljašnjavanjem* (refleksijom) naratorovog vremena.

Promenljivost datuma na završetku romana, njihovo nemotivisano poreklo i prisustvo u pripovedanju, pronalazi zbivanje u *umu* naratorovog vremena. Haotičnost podataka na završetku romana označava da naratorova samosvest već u pripovedanju oblikuje *istinu* zbivanja, jer postavlja istinu u zbivanje. Do poslednje glave romana mogla je opstajati pretpostavka o samorazumljivom smislu zbivanja. Istina zbivanja se odjednom traži u prepoznavanju istine koji ne pripada vremenu zbivanja. Završetak romana sebe razumeva kao samosvest romanesknog zbivanja, jer pronalazi sebe u zbivanju na taj način što zbivanje pretvara u sebe. Haotičnost kao oblik promenjenog vremena postoji u poslednjoj glavi romana kroz *odnos* sa vremenom zbivanja. Da li je ispričano vreme bilo spremno za preobražaj koji nastupa u poslednjoj glavi romana? Iako je haotičnost samo oblik sveopšte disperzije podataka na završetku romana, ta disperzija ne može zaseniti *unutrašnju* raslojenost vremenskog označavanja pre poslednje glave romana. Jer, vreme zbivanja nije ni linearno, ni kružno, nema unutrašnje načelo identifikacije, ali je, ipak, vremensko označavanje. Takvo vreme omogućeno je tajanstvenom nesaglasnošću pisama kao *izvora* vremena: ako pisma nisu pisma, već su tragovi naratorove svesti, odakle izvire njihova kolizija? Moguće je, naravno, samo jedno mesto: naratorova svest je utoka vremenskih protivrečnosti kao što je izvor pisama. Da li naratorova svest hoće koliziju ili joj se ova otima? Ako je ta svest mogla da ujednači datume, onda je mogla da izbegne koliziju. Ali, ujednačavanje bi izbrisalo *tragove* naratorove svesti i otkrilo linearnu koherenciju podataka. Naratorova svest bi se prikrila tako što bi sakrila inkonzistencije između vremenskih podataka. Kolizija datuma otkriva, međutim, naratorovu svest, jer je, dakle, toj svesti kolizija neophodna.

Uneta je nejasnost između dana i datuma, zato što je njihovo međusobno potvrđivanje onemogućeno narednim danom i datumom. Saznanje da nema suprotstavljanja (izuzev usamljenog previda) između imena i datuma kod jednog podatka pokazuje da je najmanja jedinica imenovanja vremena neprotivrečna. Dovođenjem u kontekst – uključivanjem u linearnost – ona biva potpuno razorena: kolizija između dva podatka očituje se ili u direktnom protivrečenju, ili se u danu, a ne i u datumu (i obrnuto) protivreči, ili se podaci tako zapisuju da budu protivrečni, jer se jedni beleže samo po starom, a drugi samo po novom kalendaru. Samo zapisivanje datuma nije u pripovedanju istovetno, iako varira *obrazac* beleženja. Tipologija tih primera obuhvata raspon od onih zapisivanja datuma koja podrazumevaju komentare samih datuma i imena svetaca do onih naratorovih beleški koje isključivo registruju datume. Raznovrsnost tipologije načelno ne sumnjiči istovetnu prirodu obrasca kao takvog, jer „realizacija obrasca obuhvata jednu transformaciju...bilo kao jednu amplifikaciju, bilo kao jednu simplifikaciju. To je tako fundamentalna crta obrasca: dinamizam koji ga transformiše."[107] Raznovrsnost obrasca podrazumeva, međutim, da jedan podatak donosi (samo) dan, onaj iza njega (samo) datum, a treći datum u nizu – umesto dana ili datuma – *ime* sveca. Zalog izvesnosti je, dakle, njen grobar, jer posle ovakvog niza ponovno javljanje (samo) dana nije shvatljivo: on se ne može uznačiti, niti se da identifikovati. Različito beleženje datuma u romanu nastalo je *rezovima* unutar pripovedanja koje ostvaruje naratorova svest. Različito beleženje datuma je, dakle, eksteriorizovanje naratorove svesti, koje stvara protivrečnost podataka. Nemoguće je artikulisati kretanje vremena u romanu ako se pođe od samo jednog podatka, jer nastaje protivrečenje ili na nivou dana ili na nivou datuma. Mogućnost da se ignoriše naratorovo vreme čini neobjašnjivim svaki datum, jer oni međusobno protivreče. Zašto, dakle, taj dan, a ne drugi koji proizlazi iz prethodnog ili biva potvrđen od narednog datuma? Konsekventno prisustvo naratorovog vremena prepoznaje neminovnost vremenskih protivrečnosti u romanu. Toj neminovnosti ne izmiče ni čitaočeva odluka da ignoriše naratorovo vreme, jer ni to ne zaustavlja vremenski haos u zbivanju, već ga samo zamračuje. I kada se isključi naratorovo vreme, ne može se, dakle, otkloniti spoljašnji oblik naratorove svesti: vremensko protivrečje u pripovedanju. U vremenskoj strukturi romana protivrečje između naratorovog vremena i vremena zbivanja jeste oblik naratorove svesti. Haos vremenosti u romanu imanentno je haos te svesti. Spoljašnja neorganizovanost podataka na završetku romana, koja se prepoznaje uklanjanjem vremenske linearnosti zbivanja, delo je naratorove svesti kao takve. Čitavo pripovedanje je, dakle, ustrojeno po *modelu* vremenske neorganizovanosti završetka romana, samo se u pripovedanju ta neorganizovanost prikriva u datiranju.

Završetak romana proglašava da je lažna predstava da ne postoji osnov datiranja u pripovedanju, kao i predstava da je svaki osnov datiranja neminovno lažni temelj, jer istina naratorove svesti postoji na mestu temelja pripovedačkih datuma. Dvosmislenost vremena u pripovedanju oblik je svesti koja govori i koju dva vremena u priči čine spoljašnjom. Kolizija između dva datuma *unutar* naratorovog vremena otkriva da ne postoji neko naratorovo vreme, već da postoji raslojavanje na više naratorovih vremena. Raspadanje linearnosti naratorovog vremena otkriva da naratorova svest sebe registruje u različitim vremenima, jer ona jamči ispričano vreme. Različitost u tim vremenima je njihovo samoprepoznavanje u naratorovoj svesti. Kalendar je, zato, njen izbor u pripovedanju, jer svojom linearnošću zaklanja interferenciju vremena. On, međutim, jedini omogućava da u pripovedanju postoji interferencija između vremena čitaoca, naratora, zapleta, akcije, događaja, karaktera i pripovednog diskursa, jer „svih sedam nivoa narativne temporalnosti čine pripovedno vreme *multidimenzionalnim*"[108]. Samosvest romana *zahteva* ovu multidimenzionalnost vremena *unutar* pripovedanja. Korespondencija između vremenskih nivoa nastaje unutar svesti koja upisuje ili opaža kao-da-prisustvo kalendara u pripovedanju. Ta korespondencija je, *istovremeno*, i saglasnost i rez između određenih vremena, jer se svako od tih vremena preokreće u unutarvremenskom spektru kalendara. Korespondencija između ovih vremenskih nivoa moguća je, naravno, i bez kalendara. Ali, ona je tada otkrivena i spoljašnja u odnosu na pripovedanje. Ravnoteža elemenata koji stvaraju poetičko načelo pripovedanja počiva, međutim, na višedimenzionalnosti različitih vremena *unutar* kalendara, jer samo kalendarski *privid* linearnosti u pripovedanju može da omogući istovremeno pripovedačko postojanje svih vremena *i* u višedimenzionalnosti *i* van nje. Svako „danas" ili „to veče", kao i svako „sad" ili „ranije", postoje unutar pripovedne dimenzije, ali i unutar kalendarskih datuma: oni su i jedno i drugo. Kalendar u romanu, kao izbor koji je učinila samosvest priče, „nudi model kojim svaka diskontinuelnost, nelinearnost i višedimenzionalnost mogu biti promišljene kao dimenzije i egzistencijalne i tekstualne temporalnosti"[109]. Upotreba dve vrste kalendara umnožava oblike prisustva naratorove svesti, kao i protivrečnosti i hotimične enigmatičnosti koje nastaju usled premeštanja datuma sa jednog na drugi kalendar. To čine i otvoreno naratorovo priklanjanje jednom od kalendara (428) i upotreba pokretnih praznika i sabiranje više svetačkih imena oko jednog datuma. Prikrivanje naratorove svesti unutar pripovedanja oblikuje ispričano vreme. Otud otkriće naratorovog vremena u vremenu zbivanja nije poništenje bilo kog vremena, jer su međusobno suprotna vremena samo delovi naratorove svesti. Njeno objavljivanje u obliku datiranja premošćava dva paralelna pričanja u romanu utemeljenjem dvosmislenog pričanja. Ali, „komputus intervala je stalan i nepokretljiv. Kad ne bi bio stalan mi bismo bili izgubljeni u lutajućem, isprekidanom vremenu, i ceo naš mentalni život pošao bi niza stranu. Kad ne bi bio nepokretljiv, kad bi se godine brkale s danima, ili, pak, kad bi ih svako računao na svoj način, nikakva razumna beseda ne bi se mogla ni o čem izreći, i cela istorija bi govorila govorom ludila."[110] Da li je govor ludila u srcu vremenski dvosmislene priče? U naratorovoj svesti su, otud, neminovna raščlanjavanja koja na završetku romana dovode do raspadanja i unutrašnjeg uništenja pričanja u potpunoj difuziji podataka. Raskrivanje naratorove svesti kao ishodišta vremenskih struktura pripovedanja, koje se zbiva na završetku romana, ne očuvava tu svest, već se ona sama u sebi raspada. Jer, njena ospoljašnjavanja – linearnost priče – bila su ono što ju je spasavalo, čime se priča branila od sopstvene smrti. Čas u kojem nestaju vreme zbivanja i naratorovo vreme jeste čas u kojem mesto rođenja priče – završetak romana – obeležava smrt samog pričanja.

Različitost poslednje glave romana u odnosu na roman je načelna: zbivanje počinje iz završetka, a ne dolazi završetak posle zbivanja. Kao što se, spiralom vremena, iz završetka silazi do zbivanja, tako se zbivanje, istom putanjom, penje do završetka. Kretanje ka završetku zbivanja dovodi vremenskog početka zbivanja. Vreme zbivanja promišlja se, dakle, na način naratorove vremenosti: ne nastaje veza dva vremena tako što vreme zbivanja stiže do naratorovog vremena, već naratorovo vreme konstruiše vreme zbivanja i upisuje se u njega[111]. To je dalekosežna činjenica, jer sam položaj kalendara i vremena vodi završetku romana kao eksplikaciji njegove poetike. Roman se stvara iz završetka i, zato, pripovedanje stremi svom vremenskom početku, gde se pronalazi u naratorovoj svesti. To što ne postoje datumi na završetku romana obeležava da znanje i vreme završetka romana *prethode* pripovedanju, a ne da postoje tek *posle* pripovedanja. Svaki momenat vremena završetka u isti mah je momenat linearne strukture vremena zbivanja. Ako je poslednja glava romana tačka svesti iz koje zbivanje proishodi, onda je vreme zbivanja izvedeno iz vremena završetka romana i, zadato, tom vremenu vodi. Putanja vremena ima oblik kruga čiji se početak i završetak poklapaju unutar vremena završetka romana. Vremensko otkrivanje završetka romana utvrđuje njegovu osobenost u ispričanom vremenu, jer to vreme nije ni vreme zbivanja niti naratorovo vreme. Zbivanje se otrže samorazumljivosti, koja je njegova vremenost, i postavlja u izokrenutu perspektivu vremenosti kao takve. Ako vreme u romanu prepoznajemo pomoću „kalendarskog računanja vremena", onda „ono što je odlučujuće kod računanja vremena ne smije biti gledano u kvantificiranju vremena, nego mora biti izvornije pojmljeno iz vremenosti tubitka koji računa sa vremenom"[112], jer „ono ontološki odlučujuće leži... u specifičnom osadašnjivanju, koje omogućuje mjerenje"[113]. Dok *simulira* linearnu strukturu vremena u pripovedanju, roman obeležava ne samo njenu unutrašnju nemogućnost i raspadanje, već i neku *unutarvremenost* koju simulacija prikriva: naratorovo vreme stiže do sebe kao drugog vremena preko utiskivanja u linearnu strukturu vremena zbivanja. Nije, dakle, isto naratorovo vreme pre vremenskog utiskivanja u vreme zbivanja sa naratorovim vremenom posle tog utiskivanja. Samo kalendar može da prikrije trostruku isprepletenost vremena *unutar* pripovedanja. Udes naratorovog vremena nije konsekvenca vremena zbivanja, iako – po napuštenoj linearnosti – dolazi posle njega, već je ispričano vreme konsekvenca udesa naratorove svesti u vremenu. Vremenost se oslobađa epohalnosti i otvara za nihilizam, jer se krhotine zbivanja okupljaju u *konstrukciji istine* koja se postavlja u zbivanje.

U romanu postoji mogućnost trostrukog prepoznavanja naratorovog vremena, jer bi se mogla izdvojiti dva sistema naratorovih vremena. Godine 1949-1955-1960. obuhvataju više od trećine teksta i polovine vremena romana: od utorka 17. VIII 1752. godine (428) do četvrtka 4. VIII 1753. godine (702) sa pojedinačnim odstupanjima. Godine 1950-1961. obuhvataju u romanu poslednja tri poglavlja i tri meseca i desetak dana zbivanja: od četvrtka 4. VIII 1753. godine do četvrtka 17. XI 1753. godine (779). Ovaj deo, neznatno veći od polovine teksta romana[114], zahvata mnogo veći vremenski raspon (petnaest meseci) u zbivanju i kao da približavanje završetku podrazumeva vremensko ubrzanje i naglašeniju ekonomiju pripovedanja. U ovom delu postoji

229

linearni simetrizam u rasporedu godina oba sistema: 1949. i 1950, i 1960. i 1961. godina. Ako se usvoji linearna pretpostavka ovog simetrizma (po kojoj *niz* datuma otkriva vreme), onda ona izostavlja godinu 1955[115], jer je njen par – prestupna 1956. godina – neodgovarajući. Izbor između preostalih mogućnosti je neizvestan: ako bi se tražilo poklapanje između zabeleženih datuma i pretpostavljenog kalendara, onda podaci o položaju meseca i *način* na koji se zapisuju imena svetaca otkrivaju godine 1960. i 1961.[116] u bliskim korespondencijama sa pismom Miloša Crnjanskog iz 1960. godine: „...pita šta je sa 'davno obećanom' drugom knjigom 'Seoba'. Druga knjiga je davno gotova, samo imam muke oko prepisa, a pravo da Vam kažem, još mi se i ne štampa... mislim da će najbolje biti da odložimo izdanje druge knjige."[117] Ako su reči „još mi se i ne štampa" znak da prepis *ponovo* postaje spis i da ponovo upisuje vreme koje ima sadašnjost u ispričano vreme, onda prirastanje naratorovog vremena vremenu zbivanja iskazuje u drugom delu romana godine 1960. i 1961. Prvi deo romana otima se detekciji: dok u prvom distinktivnom datumu (sreda, 29. VII 1752. godine) otkriva godine 1953. i 1959, dotle u drugom distinktivnom datumu (četvrtak, 10. VIII 1752. godine) prepoznaje, sasvim iznenadno i upućujuće, godine 1950. i 1961. To što nijedan od ovih datuma ne može biti u romanu potvrđen kao da osnažuje slutnju, koja je saglasna sa simetrizmom u paru godina naratorovog vremena, da je prvi deo u vremenu naratora odvojen od drugog dela romana. Da li je to uslovilo da „nešto više neujednačenosti" postoji u pripovedanju „osobito u samom početku, dok pisac još traži svoj novi književni izraz"[118]? Da li je upisivanje datuma trag pozne redakcije teksta koji se ponovo uobličava? I dok je prvi deo romana odvojen od sistema naratorovih vremena, dotle prva dva poglavlja romana, kojima je godina 1957. vremenska granica[119], tek u poslednjoj rečenici imaju ime sveca kao oznaku datuma. Ako bi roman bio napisan već oko 1949. ili 1955. godine, onda je neobično da u poglavljima objavljenim 1957. godine postoji samo jedna nedistinktivna odrednica. Te odrednice kao da su trag poznijih redakcija teksta, što afirmiše saznanje da se one nagomilavaju u distinktivnim datumima pred kraj pripovedanja. Ako se u prvom delu romana – usled nekoherencije distinktivnih datuma – ne može identifikovati naratorovo vreme, onda je taj deo romana nastao *mimo* vremenskih konfiguracija drugog dela. Protivrečnosti koje postoje između dva uzastopna distinktivna datuma, kao i njihova tautologičnost, jer se ponavljaju odrednice kao što su „to veče", „tog dana", idućeg dana", mogle bi nagovestiti zbivanja naknadno prispela u formiranu linearnu strukturu vremena. Otud svaka vremenska odrednica čuva mogućnost da je njome ta struktura „presečena", a pripovedanje prošireno, što *zgušnjava* vremenski raspon između uzastopnih distinktivnih odrednica i *produžava* u pripovedanju trajanje pojedinih događaja nauštrb formirane linearne strukture. Neprepoznatljive odrednice, poput „tog dana", određuju, dakle, naratorovo, a ne vreme zbivanja, iako se po sili linearnog niza situiraju kao *izvesni* trag između saglasnih distinktivnih datuma. Tako ih situira i poklapanje istih datuma u različitim godinama dva vremena. Svaka oznaka vremena prestabilizuje linearnu vremensku strukturu u pripovedanju, jer ne unosi samo novo pripovedačko gledište ili nov naratorski glas, već i *novo vreme* koje se ospoljašnjuje u vremenu zbivanja. Svaka odrednica o vremenu može, dakle, biti znak prefiguracije linearnog vremena. Svaka vremenska tačka konfigurisane linearnosti – svako „danas" ili „to veče" – postoji i u kružnom vremenskom rasponu naratorovog vremena. Najlinearniji aspekti vremena na završetku romana – puko nabrajanje godina – otkrivaju unutrašnju hijerarhiju slojeva koji formiraju *dubinu* ispričanog vremena.

Prirastanje naratorovog vremena vremenu zbivanja postavlja obrise epohalnog udesa unutar pripovedanja: ako bi naratorov vremenski niz bio krajnja tačka epohalnog luka, onda bi početna tačka tog luka u „epohi prosvećenosti i evropskom kulturnom napretku vremena koje je položilo temelje današnje kulture"[120] označila *modernitet* kao ishodište epohalnog udesa u romanu. Kako privilegovano mesto koje zauzimaju duh i misao prosvetiteljstva u pripovedanju samo naznačuje put do osnova koji tu misao omogućavaju, onda je početna tačka nihilističkog iskustva epohalnog udesa daleko radikalnija. Šta je radikalno u Pavlovom saznanju na završetku romana „da neke mađije vladaju u ljudskom životu, a ne Bog, niti volja ljudska"? „Veliku je nameru imao kad je pošao. Prežde. Sad ih više nema. Nego smatra da čelovjek treba da živi besmisleno, kao i životinja, zver, biljka." (788) Ako Pavle svoju nameru da ode u Rusiju vidi kao *veliku*, onda on implicira da je ona bila oslonjena *i* na boga *i* na volju, pa ono što se sa njom zbilo odsudno određuje i boga i volju. Ako je Pavle „veliku... nameru imao kad je pošao", a „sad ih više nema", onda njegovo *ih*, lišeno gramatičkih korespondenata unutar njegovog pričanja, precizno otkriva dubinu svetskoistorijskog udesa koji progovara u sudbini Pavlove velike namere. Dok je „velika namera" u času polaska prekrivala prisustvo drugih, manjih i beznačajnijih, namera u njemu, dotle njegovo *ih* poništava postojanje svake namere u Pavlu Isakoviču. Ako su u poduhvatu Pavla Isakoviča zajednički učestvovali i bog i volja, onda katastrofa „velike namere" nije uslovljena ni time što je njegov zahtev bio nemoguć u svetu niti time što je junak bio nemoguć za takav zahtev. „Mađije", kao ime za ono što prisustvuje u životu *uprkos* volji i bogu, iskazuju ontološko iskustvo koje progovara u radikalnosti Pavlove odluke da napusti *smisao* života, koji je moguće zasnovati u volji i bogu.

Isakovič tu odluku spaja sa dalekosežnim saznanjem da „svaki ima svoj vek, svoju ljubav, svoj svetao deo života, kao tica koja, kažu, uleti iz mraka u osvetljenu dvoranu i izleti na drugu stranu u tamu. Tako mu je, kaže, protumačio to, pop Mikailo, pri njegovom pošastviju u Rosiju. Imao je Vani pravo!" (788–789) Let ptice postoji i u Pavlovom monologu kao trag *drugog glasa*, koji Pavlova svest očituje u reči *kažu*, jer Isakovič tom reči ne obeležava samo tuđu misao, već i svoje naknadno i zakasnelo prijanjanje uz njen smisao. Iako reč *kažu* podrazumeva množinu, Isakovič kao da imenuje Mikaila Vanija za njenog tvorca, jer svoje poslednje egzistencijalno iskustvo pronalazi u odlučujućim korespondencijama sa nekadašnjim Vanijevim pričanjem. Priču o ptici Vani je mogao čuti ili sam izmisliti, ali je on – u sećanju Pavla Isakoviča – otac te priče, kao što je njegovo ime – u pripovedanju – *zahtev* upućen čitaocu da uporedi Pavlovo sećanje sa Vanijevim pričanjem. U Isakovičevom susretu sa Vanijem, međutim, *ne postoji* ta priča kao nešto što Vani pripoveda Pavlu, pa je Pavlovo sećanje na završetku romana ili nešto što je narator prećutao ili nešto što je Pavle preinačio u želji da uspostavi sklad između svog i Vanijevog iskustva. No, samo pripovedanje o njihovom susretu poseduje refleks te priče, ali ne kao nešto o čemu Vani priča Pavlu, već kao deo sveštenikove percepcije, prepoznate pomoću naratorovog pogleda u unutrašnjost njegovog oka: „Preletao je, katkad, sa Isakoviča, pogledom, na kafanu, na kockarnicu, u susednoj dvorani, na žene u ogledalu, kao da su sve to neke šarene tice, koje uleću, izleću, a samo se za trenut pred njim lepršaju" (362). Da li je Pavlova interpretacija susreta sa Vanijem artikulisala neko prećutano sveštenikovo saznanje, koje je, međutim, Isakovič *osetio* kada je opazio dubinu sveštenikovog oka? Da li je Pavle taj pogled samo upamtio, a tek ga na završetku romana identifikovao kada mu se iskustveno približio? U oba slučaja, međutim, Isakovič unutrašnje iskustvo kako ga očituje sveštenikov pogled pretvara u eksplicitno saznanje i protivreči sopstvenom *kažu* koje je spojio sa Vanijem. Čitalac, međutim, uočava da priroda Vanijevog pogleda, koju je iskazao narator, postaje na završetku romana deo sveštenikovog znanja u sećanju Pavla Isakoviča. Tajanstvena transformacija priče o ptici, nastala na njenom putu od naratora ka junacima romana, kao da obeležava prodiranje naratorovog ontološkog iskustva u svest njegovih junaka.

Smisaona *dubina* Pavlovog *kažu,* koje je uputilo čitaoca Isakovičevom razgovoru sa Vanijem, pa otud naratorovoj percepciji, nije, međutim, dotakla svoje dno: ako *kažu* ne pripada Vanijevim rečima niti naratorovoj refleksiji, već naratorovom registrovanju Vanijevog unutrašnjeg pogleda, onda *kažu* Pavlovog definitivnog iskustva prekoračuje samo pripovedanje. U času kada se roman pojavio ono je moglo računati na prepoznavanje svog izvora samo unutar neizračunljivih mogućnosti čitaočevog očekivanja. Taj izvor nije, međutim, kulturnoistorijski zanemarljiv, jer „Bidova 'Istorija' je jedan od najvažnijih izvora za istoriju Anglosaksonaca, a ima u njoj i vrlo upečatljivih poetičnih mesta", od kojih „najčuvenija su legenda o Kedmonu i ono izvanredno upoređenje ljudskog života sa vrapcem koji iz zimske noći uleće u toplu i osvetljenu dvornicu, tu se malo zgreje, pa opet izleće u noć"[121]. Crnjanski je u esejističkom zapisu iz godine 1973. unapredio mogućnost prepoznavanja porekla Pavlovog *kažu*: „Bid, istoričar engleske crkve, priča kako je jedan od saksonskih poglavica srednjeg veka uspeo da nagovori te pagane, da prime hrišćansku religiju. Život ljudski liči – rekao je – na vrapca koji uleti u dvoranu, kad sedimo, u zimsko doba, kraj ognjišta. Unutra je toplo, a napolju pljušti kiša i zavija vetar. Vrabac uleće i, za trenutak, nađe se u sjaju ognjišta i toploti, a zatim izleti opet i nestaje u noći, otkud je i došao. Tako – reče – prolazi i život, a šta je bilo, pre njega, i šta će biti, posle njega, ne znamo. Ako pak ta nova vera zna to, da je primimo"[122]. Iako Crnjanskov zapis pominje vrapca, Pavle pretvara vrapca u pticu, što obeležava *drukčiju* interpretaciju istog izvora[123]. Odlučujuća razlika koju stvara pripovedanje u svojoj interpretaciji izvora jeste ono što narator *prećutkuje:* slika vrapca nije osamostaljena, već funkcionalizovana slika, jer ona nije samo slika života kao takvog, već je ona slika života *pre* hrišćanskog boga. Postojanje boga jeste ono što treba da neutrališe smisao te slike i da ga promeni. Narator, dakle, izostavlja u romanu osnovni razlog zbog kojeg postoji slika vrapca u Bidovom pripovedanju. Crnjanski, međutim, u svom zapisu iz 1973. godine ironično komentariše taj razlog. Slika ptice u Pavlovom monologu postoji samo u svom ne-transcendentnom smislu: nije u toj slici više moguća bilo kakva vera u transcendenciju. Bid je slikom vrapca ilustrovao ono što se uklanja sa svetskoistorijskog horizonta pred nadolazećom verom i njenom transcendencijom. Roman, međutim, sledi sopstveni izvor u inverznom smislu, jer se slika ptice javlja u momentu kada je nestalo one vere i transcendencije koje su bile pozvane da je neutrališu. Dok je u izvoru slika vrapca slika *pre* hrišćanske transcendencije, dotle je u pripovedanju slika ptice slika posle hrišćanske transcendencije. Ontološko iskustvo pripovedanja spaja se, dakle, sa smislom *prestanka* onoga što je hrišćansko-metafizičko iskustvo. Nije odlučujuće to što je sama slika bila estetski ili poetički privlačna Crnjanskom, već *zašto* je to bila? Pavlovo *kažu* računa, dakle, sa vremenskom dubinom Bidove knjige i njenog opisa nadolazeće transcendencije, ali ono *zaboravlja* na transcendenciju u tom opisu, ne zato što je njen motiv neupečatljiv ili neprivlačan – on izaziva komentar Crnjanskog u zapisu iz 1973. godine – već zato što se on razilazi sa ontološkim iskustvom pripovedanja o Pavlu Isakoviču[124]. U tom pripovedanju nema ontoloških mogućnosti za transcendenciju, već postoje samo njene supsticije, jer je ona sama davna mogućnost za nihilističko iskustvo pripovedanja.

Smisaona dubina Pavlovog *kažu,* koja određuje Pavlovo iskustvo kao iskustvo *kraja* hrišćansko-metafizičke tradicije, kao da ocrtava *kada* je on nastupio i *koliko* je udaljen od iskustva junaka romana, kao i *koji* njegov stadijum postoji u ontološkom iskustvu pripovedanja. Sam *kraj* hrišćansko-metafizičke tradicije odlučujuće je vezan sa smrt boga, koja obeležava „pristizanje radikalne upitnosti"[125]. *Moderna svest* pokušala je da mesto mrtvog boga ispuni značenjima *apsoluta* bilo kao političkog, nacionalnog, tehničkog, religijskog ili metafizičkog projekta[126]. Dok je iskustvo *apsoluta* osnovno iskustvo *Seoba,* dotle nihilističko iskustvo *Druge knjige Seoba* prekoračuje iskustvo *smrti apsoluta*[127]. Otud destrukcija individualnih ili kolektivnih projekcija u romanu proishodi iz ontološke nemogućnosti apsoluta, koja iskazuje stadijum nihilizma koji narator podrazumeva. Ako je „metafizički mišljena situacija... vazda postaja akcije subjekta"[128], onda nihilističko iskustvo smrti apsoluta otkriva kao nemoguće da samo tragična artikulacija zbivanja stvara smisaoni registar priče, jer je ta artikulacija samo jedan od iskustvenih oblika ontološke nemogućnosti akcije subjekta. Paradoks nihilističkog iskustva romana obuhvata i istinu o smrti u odsustvu transcendentnog i metafizičkog zaleđa: „Bilo je seoba i biće ih večno, kao i porođaja, koji će se nastaviti.
Ima seoba.
Smrti nema!" (794) Višesmislena artikulacija smrti u pripovedanju redukuje se, na završetku romana, na shvatanje smrti u nadindividualnom smislu: šta je smrt kao svetskoistorijski i kosmološki događaj? Suprotno iskustvu da izostanak transcendencije čini smrt prisutnom, pripovedanje postavlja formulu da smrti nema, jer nema transcendencije. Smrt ima svoj *obavezujući* smisao u svetu samo ako upućuje na svoje metafizičko zaleđe. Ako tog zaleđa nema, kao što ga u kosmološkoj perspektivi završnih iskaza romana nestaje u korist *ponavljanja* seoba, onda neprekoračivost smrti — tako eksplicitna u romanu *Kod Hiperborejaca*[129] — nije nadsvođena polimorfnim seobama koje postoje „i kao uzaludna kretanja u nekoj ograničenoj povesti, i kao smislena kretanja u nekoj neograničenoj povesti"[130], jer je pitanje o smrti *s one strane* smisla, bio on tragičan smisao[131] ili „metafizički optimizam"[132] . Postojanje transcendencije u svetu obeležava isku-

stvo smrti kao *prevrat*, koji otkriva „da je pravi život usmeren ka smrti, a da je bled život strah od smrti"[133]. Nestankom transcendencije, smrt je prestala da bude *prevrat* i postala *seoba*, koja nije nadjačavanje smrti[134], već puko premeštanje postojanja u ponavljanje. S one strane užasa, straha i brige koji nastaju u individualnom doživljaju onog *ništa* na mestu transcendencije, smrt nije, za nihilizam koji napušta iskustvo moderniteta, nikakav metafizički ili svetskoistorijski događaj. Ona je to mogla biti pre smrti boga ili u njenim *neposrednim* odjecima[135], ali ne i za iskustvo pripovedanja u kojem je smrt boga davnašnji događaj (641), jer posle *smrti boga* više i nema smrti na svetskom horizontu[136]. To što je seoba *bilo* i *biće*, kao i porođaja (života), znači da ih i *ima*. Zašto, međutim, smrti samo *nema*, kad je i nje bilo i kad će i nje biti? Zato što je nastupio neki prevrat u istini smrti. Seobama, kao i životu, pripada trodimenzionalnost vremena, koju pripovedanje izražava. Vremenska dimenzija smrti izražena je prezentom, kao neprekoračiva istina smrti, koju nikakvo ponavljanje seoba ili života više ne može dotaći, jer je ponavljanje seoba i čini neprekoračivom. Vreme ne postoji više u istini smrti, jer se ta istina, smrću boga i smrću apsoluta, premestila u vreme. Smrt nije više neponovljiv događaj u vremenu, ona ne obeležava neki rez unutar vremena kao znak eshatološkog ili metafizičkog reza koji će jednom doći. Smrt je odjednom samo vreme, dok je seoba ponavljanje postojanja u vremenu. Dok seobe i porođaji postoje unutar vremena (bilo, biće, ima), dotle smrti nema, jer postoji vreme. Zato će biti i seoba i porođaja, jer vreme ne zaustavlja ponavljanje, ali neće biti smrti, jer ponavljanje zaustavlja vreme. Ponavljanje na mestu smrti obeležava da „nihilizam nema više one tamne, vagnerijanske, špenglerovske, čađave boje", jer „više ne proističe iz... nekog metafizičkog radikalizma poniklog iz smrti boga i svih posledica koje iz njih treba izvući"[137]. Smrti nema, jer su bivstvovanje i vreme postali ponavljanje i kontingencija.

Imena koja obeležavaju datume odsutna su na završetku romana sa naglašenim značenjem, jer su to imena svetaca. Ona nisu samo zabeleške o datumima, koje motivacijski ili stilizacijski osvedočavaju „pisma" iz kojih se zbivanje konstruiše, niti su intertekstualno korespondiranje sa izvorima pripovedanja[138]. Motivacijsko i stilizacijsko shvatanje imena samo prikriva paralelu imena svetaca sa zbivanjem koje označavaju, jer označavanje zbivanja u romanu pomoću imena svetaca nije samo vremensko označavanje. Imena svetaca produbljuju vremenost u dimenziji koja je suprotna od naratorovih vremena, jer otvaraju vremenski raspon između *događajućeg* i *dogođenog*, koji implicira prirodu onoga što se zbiva. U toj se tački imena svetaca susreću sa radikalnošću početne tačke epohalnog luka čija je završna tačka *kraj* hrišćansko-metafizičke tradicije. Pavlova sudbina nije samo univerzalizovana onim *posle* (naratorovo vreme), već i onim *pre* (vreme svečevog imena) vremena zbivanja. Ako ime Pahomija Velikog ne uspostavlja značenjsku korespondenciju sa sudbinom Pavla Isakoviča, onda lišeni zavodljive ideje o paralelizmu dva postojanja prepoznajemo paralelizam njihovih vremena. Iako nema ničeg istovetnog u sadržajima tih života[139], ostalo je naglašeno pripadanje Pavlovog vremena vremenu Pahomija Velikog kao nešto što nadsvođava seobu u Rusiju kao takvu. Time se konstruiše višedimenzionalnost vremena u sudbini Pavla Isakoviča. Kao pozadina njegovog kretanja postoji dvostrukost *zbivajućeg:* ako Pavle ide u Rusiju maja 1752. godine, onda je to kretanje ka nečem izvornijem, jer je dan Pahomija Velikog. Put Pavla Isakoviča obeležen je, pored datuma, i znakom transcendencije. On paradoksalno pomera gornju granicu naratorovog vremena: *svakog* Pahomija Velikog Pavle Isakovič ide kuda se zaputio, a *svakog* Grigorija Čudotvorca stiže kud je stigao. To je omogućeno postojanjem kalendara u pripovedanju, jer „ništa ne kaže o bilo kom pojedinačnom kalendarskom danu, kada se on posmatra sam za sebe, da je on prošlost, sadašnjost ili budućnost", pošto „isti dan može označiti budući događaj, kao u klauzulama ugovora, ili prošli događaj, kao u hronici"[140]. Sudbina Pavla Isakoviča neprekidno se prenosi u kalendar, koji je paradigmatizuje kao lice i naličje uspomene na sveca: to nije, dakle, samo njena metafizička artikulacija. Ako je u Rusiji „zapravo, narodna reč za 'sveti' ili 'svetiteljski' bila преподобный, ili 'veoma podoban' likovima na ikonama"[141], onda naglašeno i učestalo postojanje te reči uz ime Pavla Isakoviča i njeno afirmativno ili negativno prepoznavanje na nivou njegove odrednice i unutrašnjeg svojstva podrazumeva njegovu paralelnost sa imenima koja obeležavaju njegov put. To podrazumevanje postoji bez obzira na prirodu različitog kontekstualnog smisla koji ta reč prisvaja, jer ona u ironičnom obliku korespondira sa ironičnim oblikom imena svetaca, kao što i samim situiranjem uz ime Pavla Isakoviča, ona podrazumeva njegovu metafizičku paradigmu. Jer, ako prepodobni znači sveti, a „teologija, 'reč božja', nalazila se u životima svetaca"[142], onda je Pavle *sveti* na svom putu i on je to baš u onom momentu kada se zbiva ironična destrukcija odrednice *prepodobni*[143] koja otvara sudbinu junaka za nihilistički smisao. Naratorovo vreme prikriva se u neodređenosti te sudbine. Prisustvo uspomene na sveca u sudbini junaka čita se metafizički i nihilistički, tragično, ironično i groteskno, ali je načelo sveca *van* tih čitanja, zato što svetac posreduje naročito prisustvo boga, on čini vekovitim korak bogotražiteljstva koji je bogoprisustvo[144]. Kao što neprekidni napadi na *svetost* sveca jesu izazovi njegovom bogoprisustvu, tako neprekidno istrajavanje svečevog imena objavljuje u njemu to prisustvo. Oni kojima je svečev život namenjen za paradigmu razlikuju se od sveca upravo po odsustvu moći za izvesnost boga. Nužno je pomoći onima koji su na strašnom mestu bogotražiteljstva i svetac je *znak* prisustva onoga koji se traži. Naporedo sa sakralnim, u pripovedanju se artikuliše i blasfemično čitanje: neslaganje u svecima kod istog naroda, nagoveštavajući različitu prirodu svetosti, omogućava sumnjičenje bogoprisustva, jer ako nastaje razlikovanje i u svetosti, gde je izvesnost bogoprisustva? Nekoliko puta u romanu pominje se nepoznavanje svetaca kod onih koji beleže njihova imena kao datum: paradigma svetosti je nepročitana, bogoprisustvo ostaje neosećano, postati svetac više ne znači čak ni „uspeti u karijeri"[145] i, otud, svetac je sveden na broj u kalendaru. Nije, dakle, bitan dan jer se njime seća na sveca, već je bitan svetac zato što obeležava dan. Završetak romana postoji *mimo* svetačkih imena i ne donosi varijetet bilo kog njihovog čitanja, jer se u njemu ne govori ni o danima, ni o svecima. Ukidanje njihovih imena potpuno je neobično kada se uporedi sa nagomilavajućim mnoštvom pominjanih imena na završetku romana. Nema, međutim, svetaca, jer je nestalo njihovo značenje. Bogoprisustvo nije obeleženo negacijom ili neznanjem na završetku romana, već postoji odsustvom pomena: pripovedačko ćutanje svedoči da je ono preobraženo, jer je ime sveca koji bi jamčio ili, kontekstualnim smislom, poricao bogoprisustvo nedovoljno za radikalni obrt završetka romana, čiji horizont ne poznaje zapitanost o bogoprisustvu baš zato što, u ontološkom iskustvu posle moderniteta, prepoznaje prazninu tog pitanja. Imenovati vreme znači zakoračiti u paradoks: ako „imenovati nešto uvek je dozvati ga u prisustvo"[146], onda prisustvo imena obeležava izmicanje vremena, njegovo gubljenje u nesaopštivosti koju ime ne može obuhvatiti. Jer, prisustvo vremena uvek je prisustvo neprekoračive istine smrti, dok je čas raspoznavanja vremena samo trag nihilističkog iskustva koje se imenovanjem vremena postavilo u srce sveta.

O ZAVRŠETKU ROMANA

„Majstori prvog reda prepoznaju se po tome što u velikom i malom znaju na savršen način da nađu kraj, bio to kraj neke melodije ili misli, bio to peti čin neke tragedije ili državne akcije. Prvi drugog reda postaju uvek pred kraj nemirni i ne ruše se u tako ponosnoj mirnoj ravnomernosti u more kao na primer stene kod Portofina – tamo gde đenovski zaliv završava svoju pesmu."[1]

U Aristotelovoj *Poetici* mogu se razlikovati dva stepena opštosti u determinaciji koja oblikuje položaj završetka u književnom delu. Jedno shvatanje završetka izvedeno je iz načela celine: „Utvrdili smo da je tragedija oponašanje cjelovite i potpune radnje koja ima primjerenu veličinu... A potpuno je ono što ima početak, sredinu i završetak. Početak je ono što samo ne dolazi nužno poslije nečega drugog, a poslije njega nešto drugo po prirodi jest ili nastaje; obrnuto, završetak je ono što samo po prirodi jest poslije nečega drugog ili po nužnosti ili u pravilu, a poslije njega nema više ničega drugog; sredina je ono što i samo dolazi poslije nečega drugog i poslije čega dolazi nešto drugo. Treba da dobro sastavljene fabule ne započinju odakle god i da ne završavaju bilo gdje, nego da se drže spomenutih načela."[2] Načelo celine, koje identifikuje celovitost sa radnjom, uspostavlja, kao i u *Retorici*[3], simetrizam u položaju početka i završetka u odnosu na ono što se nalazi van celine. Početak i završetak imaju to van celine sa jedne svoje strane: njihov simetrizam je uspostavljen, dakle, kroz objavljivanje celine koja je *ograničena*, jer su granične tačke početak i završetak. To je *formalno* svojstvo završetka, jer je indiferentno spram *sadržaja* celine, koji kao da nema nikakav uticaj na ovakvo razumevanje celine, kao i spram unutrašnje dinamike elemenata koji i čine celinu[4]. To je, međutim, i *opšte* svojstvo završetka, jer pripada svim književnim rodovima: „Što se tiče pripovjednog oponašanja u stihu, jasno je da fabule treba, kao u tragedijama, sastavljati dramatski, to jest oko jedne radnje, potpune i cjelovite, koja ima početak, sredinu i kraj, da kao jed-

240

no potpuno živo biće stvara sebi svojstven užitak."[5] Nikakva razlika u položaju završetka ne nastupa kada se promeni književni rod u kojem se posmatra završetak, jer sam završetak proizilazi iz načela celine čija je determinacija *opšta*. To načelo se ovde dodatno prepoznaje kao načelo organskog jedinstva, što dalekosežnije naglašava granična svojstva završetka[6]. Ako je načelo celine najopštiji konstituent završetka, onda se njegova determinacija može nazvati *uslovom* završetka koji postoji u svim književnim rodovima.

U *Poetici* se, međutim, može rekonstruisati i determinacija drukčije opštosti unutar završetka: kada većina Euripidovih „tragedija završava nesretno", onda je to „ispravno"[7], jer takav završetak proizilazi iz žanrovskog načela koje očituju same tragedije. Načelo celine ovde je dopunjeno načelom žanra, jer ta dva načela oblikuju valjanost završetka Euripidove tragedije. No, završetak može biti i drukčiji, „jer pjesnici podilaze gledaocima sastavljajući drame po njihovoj želji", što, međutim, „nije užitak koji proizilazi iz tragedije nego je većma svojstven komediji"[8]. Očekivanje i zahtev gledalaca determinišu, dakle, završetak i postoje u komunikaciji sa načelom celine. I žanrovsko načelo i načelo gledalaca pripadaju istom stepenu opštosti determinacije u završetku: to je determinacija koja proizilazi iz konvencionalnog načela[9]. Načelo celine pripada, međutim, opštem stepenu determinacije koji se ne obazire na zahteve konvencionalnog načela. Sam završetak je, otud, dvostruko determinisan. Konvencionalno načelo, kao načelo manje opštosti, određuje prirodu i stepen varijantnosti unutar determinacije koju načelo celine situira u završetak. Iako između dva načela postoji skala korespondencije[10], samo prisustvo konvencionalnog načela slabi determinaciju koju postavlja načelo celine. Eksteriorizacija samog *uslova* stvara, dakle, *oblike* kao konstituente završetka, jer su oni elementi rodovskih ili žanrovskih metamorfoza. Ova eksteriorizacija, kao međuodnos *uslova* determinacije i njegovih *oblika,* obeležava slabljenje logičkih, a jačanje poetičkih determinacija u završetku.

Kao što je načelo celine oblikovalo *uslov* determinacije, tako je konvencionalno načelo stvorilo *oblike* determinacije. Shvatanje završetka u teoriji pripovedanja nalazi se uvek između uslova i oblika. Ako se konsekvenca načela celine u pripovedanju nazove logičkim završetkom, onda se taj završetak javlja u teoriji pripovedanja u obliku razmišljanja o *okviru* književnog dela. Sama razmišljanja su, međutim, po pravilu usmerena na opise *oblika* koje ima završetak. Dok shvatanje *okvira* implicira, kao i u *Poetici*, pitanje o logičkom završetku, dotle *oblici* u kojima se javlja taj pojam donose opise konvencionalne determinacije završetaka, koja razgrađuje determinaciju logičkog završetka. U temelju svih shvatanja završetka nalazi se artikulacija osnovne antinomije između nezavršivosti pripovedanja i postojanja samog završetka unutar pripovedanja.

Viktor Šklovski, u ogledu *Razvijanje sižea* (1921), opisuje nezavršivost kao „stepenasti rast motiva" koji je u biti beskonačan, što „u takvim romanima" čini epilog nužnim, jer se „samo promjenama vremenskih mjerila" može zaustaviti pripovedanje[11]. Šklovski sam završetak razume kao ono što determiniše pripovedanje[12], što je dosledna konsekvenca njegovog usvajanja načela celine i pojma okvira[13]. Kod Šklovskog, međutim, determinišuća priroda završetka ne proizilazi iz logičke, već iz žanrovske determinacije, bilo da se radi o romanima Marka Tvena ili o *Tristamu Šendiju*. Jer, kao što Šklovski piše u ogledu *Sternov 'Tristam Šendi' i teorija romana* (1921), odsustvo motivacije u završetku Sternovog romana kanonsko je usled svog žanrovskog porekla[14], jer je završetak romana pisan „na pozadini avanturističkog romana, s njegovim izuzetno čvrstim formama i s oformljenim pravilom da se djelo svrši sa svadbom ili ženidbom". Šta, međutim, znači to što „forme Sterneova romana – jesu promicanje i narušavanje običnih formi" i to „u završecima romana"[15]? Šklovski samo *opisuje* ukrštanje žanrovske determinacije sa njenim narušavanjem. To narušavanje, međutim, samo je radikalizovanje saznanja da žanrovska determinacija slabi determinaciju logičkog završetka. Narušavanje, otud, pripada istom – konvencionalnom – načelu kojem pripada i žanrovska determinacija koju ruši[16]. Već je samo to načelo erodiralo logičku čistotu formule: kada se desi A, onda – po nužnosti ili verovatnosti – mora da se desi i B. Ta formula *istovetna* je sa formulom na kojoj počiva ono što heuristički zovemo *priča* u romanu i razlikujemo od *pripovedanja*. Žanrovska determinacija, koju Stern radikalizuje njenim napuštanjem, menja formulu: kad je *priča* takva, onda se ona – po pravilu žanra – mora završiti brakom ili smrću junaka. Izokreće se važnost determinacije u odnosu na završetak romana, jer logička determinacija postaje deo *prakse* žanrovskih determinacija. Kada Sternov roman napusti žanrovsku determinaciju na svom završetku, on otkriva da je ta determinacija dovela do napuštanja logičke determinacije u završetku romana. Kakva je, onda, sudbina logičkog završetka? U ogledu *O'Henri i teorija novele* (1925) Boris Ejhenbaum podrazumeva da je distinktivna razlika između novele i romana, koja proizilazi iz žanrovskog načela, „sižejni akcenat na kraju". Dok „po samoj svojoj prirodi, novela, kao i anegdota, gomila svu svoju težinu na kraju"[17], dotle „kraj romana predstavlja punkt oslabljenja, a ne pojačavanja", jer „kulminacija osnovnog kretanja mora biti negde pre kraja"[18]. Otud „u romanu, posle kulminacione tačke, mora nastupiti neki pad", pa „Tolstoj nije mogao završiti *Anu Karenjinu* Aninom smrću" i „morao je napisati još čitav jedan deo, ma koliko to bilo teško usled značajne centralizacije romana oko Anine sudbine", jer „logika forme je zahtevala produženje"[19]. U Ejhenbaumovoj shemi povlačenja logičke determinacije pred žanrovskom determinacijom postoji paradoks da žanrovsko načelo poriče logički završetak romana u ime načela celine koje se razumeva kao načelo celine žanra. Momenat tog paradoksa istovremeno je čvor korespondencije logičke i žanrovske determinacije u završetku romana. U romanu postoje, dakle, i logika *priče* i logika žanra koja upravlja *pripovedanjem*. Iako su se promenili elementi, samo načelo celine ostalo je netaknuto, što znači da konvencionalna determinacija hoće da podrazumeva načelo celine, a ne da ga napusti[20]. Dragoceni višak u odnosu na *priču* romana Ejhenbaum je razumeo samo kao zakon žanra, mada nepostavljeno pitanje o poreklu tog viška može otkriti ono što upravlja samim žanrom.

Dok Šklovski i Ejhenbaum naglašavaju konvencionalnu determinaciju, dotle Lotmanovo shvatanje okvira podrazumeva premoć logičke determinacije u završetku romana. Lotmanov pojam okvira, kao nečega što se sastoji „od dva elementa: početka i kraja"[21], prigušuje konvencionalnu determinaciju u završetku romana, jer se ona shvata kao „mnogobrojna varijantska odstupanja"[22]. Otud je moguće da „ram slike, rampa u pozorištu" bude istovetan sa „početkom i krajem književnog ili muzičkog dela", jer su to samo „različiti oblici opšte umetničke zakonitosti: umetničko delo predstavlja sobom konačan model beskonačnog sveta"[23]. Načelo celine preteže nad konvencionalnim načelom u meri da poništava razlike između umetnosti: ako početak i kraj književnog ili muzičkog dela podrazumevaju na odlučujući način učešće *vremena,* dok između percepcije rama slike i same slike ne postoji razlika u vremenu, kako onda postoji istovetnost njihovih okvira[24]? Lotmanovo shvatanje okvira zamračilo je pitanje o specifičnosti pripovedačkog viška koje je Ejhenbaum implicitno tematizovao[25]. Lotmanu ne promiče postojanje nezavršivosti pripovedanja i on – na primeru letopisa i u „kompoziciji serija, novela, romana ili filmova" uočava da „dobivši 'kraj', tekst postaje nepotpun", jer „ako je tekst prekinut, onda ili treba da se nađe njegov produžilac ili se pak počinje da doživljava kao nepotpun, defektan"[26]. Lotmanov opis nazavršenosti pripovedanja nije suočen sa teleološkim razumevanjem da će „jedne te iste reči i rečenice koje čine tekst dela različito... se raščlanjavati na sižejne elemente zavisno od toga gde će biti provedena linija koja razgraničava tekst od neteksta"[27]. Nepostavljeno pitanje bi, dakle, glasilo: gde je, dakle, provedena ta linija kod teksta koji je, završetkom, postao nepotpun? Ako je tekst nepotpun, onda on nema završetka i linija razgraničenja nije provedena; ako je ona provedena tako što je tekst nepotpun, onda tekst nema završetka, jer završetak postoji samo kod nečeg što je celina[28]. Kako Lotman završetak razume samo u kategoriji okvira, koja izvire iz logičke determinacije, onda on završetak imenuje kao *telos:* „Dok je početak teksta u izvesnoj meri povezan sa modelovanjem uzroka, dotle kraj aktivira obeležje cilja."[29] I tipologija različitih oblika okvira odlučujuće podrazumeva logičku determinaciju, jer „delo se može raspadati na ceo niz relativno zatvorenih mikroopisa, a svaki je od njih posebno organizovan po istome principu po kome i celo delo, to jest ima svoju unutarnju kompoziciju (i, prema tome, svoje posebne okvire)"[30]. Ako delo reprodukuje umnogostručenu sliku svoje rudimentarne formule, onda je ono teleološka realizacija sopstvene logičke strukture. Postojanje okvira celine i okvira najrudimentarnijeg elementa „po istome principu" otkriva ono što holistički vlada i elementom i celinom. Završetak romana, kao deo okvira, samo je zakonomerni izraz logičke determinacije. Otud opis pripovedačkog viška[31] nije kod Uspenskog doveden u vezu sa relativnom zatvorenošću mikroopisa[32], iako je ta relativnost mogla sugerisati pitanje o tom višku.

Žerar Ženet pretpostavlja postojanje „proizvoljnosti pripovedanja" kao „vrtoglave slobode kojom pripovedanje na svakom koraku može da odabere ovu ili onu orijentaciju"[33]. Da li, dakle, završetak nije ni logički ni žanrovski determinisan? Ali, „ta sloboda u stvari nije bezgranična", jer je ono *mogućno* svakog trenutka podvrgnuto izvesnom broju kombinatornih ograničenja", pošto je „svrhovitost cilj fiktivne pripovesti, *ultima ratio* svakog njenog elementa"[34]. Proizvoljnost pripovedanja je, dakle, determinisana funkcionalnom svrhom svakog elementa pripovedanja. Ženet uklanja svrhovitost van-pripovednih verovatnosti idejom o proizvoljnosti pripovedanja, ali, istovremeno, pronalazi u toj proizvoljnosti postojanje svrhovitih funkcija samog pripovedanja. Ostala je netaknuta *logika* koja počiva u svakoj – teleološkoj kao funkcionalnoj – svrhovitosti pripovedanja. Kako je poreklo Ženetovog shvatanja logičko, tako on završetak pretpostavlja kao logički završetak: „ono što nazivamo proizvoljnošću pripovedanja... nije u pravom smislu neuslovljenost, već uslovljenost sredstava ciljevima i, grubo rečeno, *uzroka posledicama*"[35]. Funkcije koje postoje u logičkom završetku čine, međutim, da poslednja jedinica pripovesti jeste „ta koja upravlja svim ostalim" i, u isto vreme, „ništa ne upravlja: u ovome je suština proizvoljnosti, bar kad je u pitanju samo biće pripovesti, jer se potom drugde po volji može tragati za njenim psihološkim, istorijskim, estetskim i ostalim uslovljenostima"[36]. Ako poslednja jedinica pripovesti upravlja svim ostalim, onda u završetku romana postoji logička determinacija u odnosu na celo pripovedanje. Ako, međutim, u isti mah, ništa ne upravlja jedinicama teksta, onda u završetku postoji samo proizvoljnost pripovedanja. To dvostruko determinisanje završetka implicirano je shvatanjem logičkog završetka kao funkcionalnog u pripovedanju: on, istovremeno, proizilazi iz logičke (svrhovitost) i konvencionalne (pripovedanje) determinacije. Otud bi logički završetak bio – kao akt svrhovitosti samog pripovedanja – ravnoteža dve determinacije unutar pripovedanja. Ali, odakle uvid da *telos* romana *Gospođa Bovari* ne može biti u tome da „Bovari umre razočaran u svom seniku"[37]? Ako poslednja jedinica pripovesti upravlja ostalim, kako onda *telos* nije na završetku romana? Ako, pak, ništa ne upravlja jedinicama pripovesti, zašto *telos* ne bi bio baš na završetku romana? Dvostruka determinacija završetka nije, dakle, u mogućnosti da rasvetli onaj višak pripovedanja koji postoji na završetku romana.

Ima li u Aristotelovoj *Poetici* nekog traga o postojanju viška u pripovedanju[38]? Kada Marijana Torgovnik shvata završetak kao znak da „ništa nužno ne može biti izostavljeno iz umetničkog dela"[39], onda je to samo radikalna konsekvenca Aristotelovog stava da „dio, koji nema očiglednog učinka bilo da jest ili da ga nema, i nije dio cjeline"[40]. Aristotelov stav ne artikuliše samo, na apsolutnom stepenu, načelo celine[41], već ima svoju senku u saznanju da ipak u delu „jest" i nešto što nema očiglednog učinka. Šta znači postojanje, na završetku romana, teksta koji „nema očiglednog učinka"? Šta znači njegova dvosmislenost da, u isti mah, „jest" unutar romana i „nije dio cjeline"? Završetak romana, kao njegov egzemplarni momenat, iskušava tu istinu: nije problematično ono što iz celine izostaje, već je dalekosežno postojanje viška unutar celine. Jer, iz Aristotelovog stava sledi da sve što nema očiglednog učinka može biti izostavljeno[42]. Izazov za ovu logičku nužnost predstavlja samo postojanje romana: da nešto može biti izostavljeno, bilo bi izostavljeno. Ako nešto u romanu postoji, onda ono postoji, a saznanje o njegovoj irelevantnosti dolazi iz perspektive onoga ko tekst razumeva, ne iz samog teksta. Samo postojanje teksta opire se logičkoj nužnosti koja upravlja razumevanjem teksta. Paradoks tog opiranje je da baš ono otkriva da u tekstu postoji i neko mesto koje zadovoljava logičku nužnost. Kada je Džon Hilis Miler napao – povodom završetka romana – samo načelo celine, on je radikalizovao Aristotela: u rečima da je „cela drama završetak i početak" zato što „momenat preokreta, u kojem zaplitanje postaje rasplitanje, ne može nikad biti pokazan ili identifikovan kao takav, zato što su dve kretnje nerazmrsivo jedna ista"[43] može se prepoznati svesna radikalizacija Aristotelovog stava da „vanjski događaji i u mnogo slučajeva neki od unutarnjih čine zaplet, a ostatak je rasplet"[44]. Kao što je Torgovnikova zaključila da završetak predstavlja kompletno prisustvo svega, tako Hilis Miler zaključuje da se „aporija završetka... izdiže iz činjenice da je nemoguće reći da li je dato pripovedanje kompletno"[45]. Uvek je, međutim, moguće reći da je „dato pripovedanje kompletno", jer je pripovedanje kompletno čim je dato: samo postojanje pripovedanja čini ga kompletnim. Iz načela celine izvukli su Torgovnikova i Hilis Miler potpuno suprotne i radikalne zaključke. Spor između potpune determinacije pripovedanja od strane završetka i potpune proizvoljnosti pripovedanja *uprkos* završetku, koji je i spor oko načela celine, uvek se zaustavlja kod pokušaja da se razume i protumači onaj višak u pripovedanju koji je Ejhenbaum dalekosežno vezao za sam završetak romana[46].

Razumeti taj višak znači rasvetliti odnos između logičke i konvencionalne determinacije unutar romana. Konvencionalna determinacija stvorila je različite *oblike* završetka romana u skladu sa različitim poetičkim pretpostavkama: kada se u „nesigurnom smislu završetka" romana Valtera Skota prepoznaje „kompleksnost njegovih odgovora" na krizu autoriteta[47], jer njegov „završetak se menja u skladu sa drugim socijalnim ritualima"[48], onda unutar logičke determinacije romana odlučuje konvencionalna varijanta te determinacije. Paradoks je da konvencionalna determinacija ne potkopava logičku tako što joj protivreči, već tako što joj prirasta. Oblici završetaka vladaju uslovom završetka, što znači da raznovrsnost konvencionalne determinacije situira analizu završetka romana u analizu oblika, a ne u analizu uslova završetka. Na deskriptivnom nivou, koji je ispunjen „željom za deskripcijom završavajućih strategija"[49], Marijana Torgovnik zakonomerno – jer je interesuju oblici – naglašava Ejhenbaumovo razlikovanje epiloga koji stvaraju perspektivu ili saopštavaju čitaocu *Nachgeschichte,* ali ignoriše – jer je ne interesuju uslovi – *prethodnu* rečenicu u Ejhenbaumovom tekstu koja govori o višku pripovedanja na završetku romana[50]. Osnovni kvalitet koji je stvorilo obilje oblika jeste nagomilavanje razlika unutar istovetnih konvencionalnosti. Te razlike otkrivaju unutrašnju nesvodljivost pripovedanja na priču. Nije odlučujući učinak konvencionalne determinacije to što omogućava tipologiju oblika, već to što raznolikošću oblika otkriva nesvodljivo prisustvo samog pripovedanja unutar konvencionalnosti[51]. Između mnogobrojnih oblika završetaka u romanu moguće je, međutim, prepoznati tri uslova za završetak romana.

Logički završetak postoji na pretpostavci da redundantnost pripovedanja može biti prethodno artikulisana u obliku jednog *modela*. *Pričom* u romanu mogao bi se, dakle, nazvati onaj model na koji se pripovedanje može svesti. Bilo da se taj model zamisli kao ekstrapolacija jedne sintaksičke strukture[52] ili kao nomološki model koji se rasprskava[53], logička struktura koja mu je inherentna organizuje – unutar pripovedanja – *priču*. Ta logička determinacija koja izvire iz *priče* „otvara se uvodom koji oblikuje potpuni itinerer romana" i „mi tako već znamo kako će se priča završiti: kraj pripovedanja je dat pre nego što samo pripovedanje čak i počne"[54]. Logički završetak ne obrazuje se, međutim, iz prve premise, već iz postojanja same priče. Tek kada se uspostavi celina, koja se uspostavlja završetkom, moguće je prepoznati logički završetak, jer se tek tada ekstrapolira *priča* iz romana. Otud je logički završetak determinisan postojanjem celine, koja je, paradoksalno, uslovljena pukim postojanjem teksta, a ne determinacijom prve premise. Tek celina prepoznaje prvu premisu u momentu kada se na završetku uspostavlja celina: završetak determiniše tekst, jer uspostavlja celinu. Kada Hilis Miler radikalizuje ovo stanovište da bi ga osporio, on tvrdi da „narativni događaj sledi za narativnim događajem u čisto metonimijskoj liniji, a serije događaja su usmerene da se organizuju ili da budu organizovane u kauzalnom lancu", jer „završetak priče je retrospektivno otkrivanje zakona celine". Taj zakon je „jedna 'istina' ispod površine koja sve povezuje u neizbežnu sekvencu otkrivanja dosad skrivene figure na tepihu"[55]. Logički završetak ne mora, međutim, biti na završetku pripovedanja, jer ako je on i nužan da bi se oblikovala *priča*, to još ne znači da pripovedački položaj završetka nužno pripada logičkom završetku. U toj nesaglasnosti otkriva se sva dragocenost rada konvencionalne determinacije. Ako je, dakle, logički završetak pripovedački moguć u različitim varijantama pripovedanja, onda to znači da je on za pripovedanje (1) nužan, ali (2) njegov položaj unutar pripovedanja nije zadat. A ako se pripovedanje ne završava završetkom *priče,* da li se ono uopšte završava?

Iako je Hilis Miler svesno radikalizovao položaj logičkog završetka da bi snažnije naglasio samu nezavršivost pripovedanja, sama antinomija između nezavršivosti pripovedanja i završetka priče nije tekovina teorije i kritike posle strukturalizma[56], već je njeno nasleđe. Dok je Alan Fridman, unutar opisa poetičkih promena iz romana zatvorene forme u romane otvorene forme, tematizovao paradoks da na završetku romana „beskrajnost postaje kraj"[57], dotle je Rene Žirar tvrdio da je „završetak uvek jedno sećanje" čija „erupcija... je istinitija nego sama percepcija", jer „inspiracija uvek proizilazi iz sećanja a sećanje izvire iz zaključka" i, otud, „svaki romansijerski završetak je jedan početak"[58]. Frenk Kermoud je samo postojanje završetka formulisao kao „probleme stvorene divergencijom udobne priče i ne-pripovednih kontingencija moderne realnosti", koje nas čini svesnim „nesaglasnosti između nasleđenih formi i naše sopstvene realnosti"[59]. Dok teorija i kritika posle strukturalizma posmatra logički završetak i načelo celine kao nešto što nasilno prikriva ovu antinomiju, dotle Aleksandar Velš vidi kao „osnovnu razliku" u odnosu na Hilis Milera svoje shvatanje da „završeci većine devetnaestovekovnih romana" ne proizilaze iz „nasilja logike, već iz kontradikcija želje"[60]. Jer, „završeci devetnaestovekovnih romana skrivaju dublju kontradikciju između vere da je istorija beskrajna i želje da se stvori kraj: to jest, završeci su posebno naglašeni jer su proklamovani protiv same pretpostavke pripovedanja o neprekidnom razvoju i promeni". Ako je „svako utemeljenje zavisno od istorije, ali, obrnuto, baš istorija uvek preti iznova svakom utemeljenju", onda je „izrazita želja svakog završetka da utihne akciju ili da još akcije uopšte učini nemogućim"[61]. Velš u dezavuisanju logičkog završetka neće prigrliti Hilis Milerovo shvatanje nazavršivosti pripovedanja, već će naglasiti udeo vremena u smislu završetka[62]: „priče ne završavaju *in medias res* na sasvim isti način na koji počinju *in medias res* zbog smera vremena"[63], a „završetak je odlučujući zato što svaki događaj isključuje svaki drugi događaj u vremenu"[64]. To je od neprekoračive važnosti, jer se tako otvara momenat *posredovanja* između priče i pripovedanja. I Hilis Miler i Velš, međutim, završivost priče premeštaju u nezavršivost pripovedanja, jer nezavršivost romana kod Hilis Milera dolazi iz mogućnosti da se pripovedanje nastavi, dok je kod Velša konflikt na završetku nastao usled želje da se okonča nezavršivi potencijal događaja[65]. Hilis Miler i Velš prećutkuju postojanje viška na završetku romana, jer taj višak premeštaju u drugo – potencijalno ili nezavršivo – pripovedanje. Višak u pripovedanju nije, međutim, svodiv na pripovedanje koje može nastati *posle* njega, jer je taj višak završetak te priče i njenog pripovedanja. Dalekosežno u Velšovom shvatanju konflikta u završetku jeste to što se iz tog shvatanja može rekonstrisati da je sam konflikt nastao između *krajnjeg* momenta koji podrazumeva vremenski završetak priče i potencijala događaja koji streme *krajnjem* momentu one vremenosti kojoj pripada samo pripovedanje. Vreme romana je, dakle, samo deo neke vremenosti, neki njen unutarvremeni momenat, koji mora u sebi podrazumevati i vremenost pripovedanja. Vremenski završetak priče označavao bi, otud, ponovno prepoznavanje vremena pripovedanja, tačku korespondencije i divergencije dva vremena u romanu. Tu se otkriva momenat posredovanja između priče i pripovedanja u vremenskom završetku, koji je drugi uslov završetka u romanu: vremenski završetak je korespondentan sa logičkim, jer postoji kao završetak priče, ali je korespondentan i sa pripovedačkim završetkom, koji je treći uslov završetka u romanu, jer vremenski završetak postoji i kao vremenski završetak pripovedanja[66]. On je, dakle, dvostruk i posreduje između završetka priče i završetka pripovedanja. Vremenski završetak postoji kao uslov završetka romana, jer „sva fikcionalna pripovedanja su 'vremenske priče' zato što strukturalne transformacije koje obuhvataju njihove situacije i karaktere podrazumevaju vreme"[67]. Njegovo postojanje je, međutim, znak da se smisao završetka ne može identifikovati ni sa logičkim završetkom kao završetkom priče, ni sa pripovedačkim završetkom kao završetkom pripovedanja koji je višak u odnosu na priču. Jer, vremenski završetak, kao i logički, nema nužno mesto u pripovedanju. U bezbrojnim mogućnostima i oblicima svog prisustva u romanu on može postojati na svim pripovedačkim mestima. Ali, baš takvim postojanjem on otkriva da postoji neka razlika između pripovedačkog završetka i priče ili pripovedačkog završetka i vremena. Jer, pripovedački završetak *prekida* i vreme pripovedanja i vreme priče. Oba vremena, od kojih je obrazovana ona dvostrukost vremenskog završetka kojom on posreduje između priče i pripovedanja, tek u pripovedačkom završetku – a ne u logičkom ili vremenskom – vraćaju se u čitaočevo vreme. Nijedan akt pripovedanja ne apeluje na čitaoca sa takvom radikalnošću kao pripovedački završetak, jer samo on obeležava momenat u romanu koji ni od čega ne zavisi zato što suvereno raspolaže sa prekidanjem i vremena priče i vremena pripovedanja. Tako se vremenski završetak *pripovedanja* nalazi u bitnoj korespondenciji sa pripovedačkim završetkom, jer pripada onom višku koji obeležava kraj pripovedanja, a ne priče. Vremenski završetak *priče* postoji, istovremeno, u bitnoj korespondenciji sa logičkim završetkom, jer ni on nema predodređujućeg mesta u pripovedanju.

Postoji, dakle, perspektiva u kojoj se nužnost logičkog i vremenskog završetka (priča) susreću sa proizvoljnošću pripovedačkog završetka (pripovedanje). U toj perspektivi dolazi do dvosmislene determinacije završetka romana, jer nužnost priče postaje inherentna proizvoljnosti pripovedanja. Ako je završetak romana moguć samo kao *odnos* između determinacije i proizvoljnosti, šta predstavlja, u odnosu na njegovu dvosmislenost, razumevanje završetka koje ga, u teoriji i kritici posle strukturalizma, izvodi iz načela nezavršivosti pripovedanja[68]? Kao što se smisao završetka oslanjao na načelo celine, tako D. A. Miler oslanja taj smisao na unutrašnju nemogućnost celine: „produkcija pripovedanja – ono što nazivamo pripovedanim – moguća je samo unutar logike insuficijencije, neravnoteže i odlaganja, a tradicionalni romansijeri tipično žele svetove veće stabilnosti i celovitosti nego što ovakva jedna logika može istinski da obezbedi."[69] Dragoceno je što Miler antinomiju između završetka priče i nezavršenosti pripovedanja, koju je Kermoud postavio kao opoziciju između priče i kontingencije realnosti, a Velš kao opoziciju između priče i nezavršenosti istorije, situira u polje *pripovedanja*, jer „problematiku završetka" ne shvata kao „konflikt između zatvorene forme umetnosti... i otvorenosti života", niti „između romana i njegovog referenta", već je postavlja „unutar romana između principa produkcije i zahteva završetka za čvrstim značenjem"[70]. U Milerovom shvatanju da je želja tradicionalnih romansijera da zadovolje načelo celovitosti u nužnom sukobu sa samom prirodom pripovedanja moguće je, međutim, osetiti radikalizam shvatanja završetka isključivo u kategoriji nezavršenosti pripovedanja. Postojanje pripovedačkog završetka, kao trećeg uslova za završetak u romanu, na dvosmislen način postavlja sudbinu pripovedačkog viška u odnosu na roman. Kada izjednači ono „pripovedano" sa željom, a završetak sa zakonom[71], Miler previđa da nije pokušaj romana da ograniči „pripovedano"[72], već je to pokušaj *priče* u romanu, kojoj su inherentni logički i vremenski završetak. Pripovedački završetak je, međutim, znak da „pripovedano" postoji na samom završetku romana kao *ospoljašnjeno* prisustvo pripovedanja, u času kada je priča, sa svojim logičkim i vremenskim završetkom, *već* završena. Pisac, dakle, u romanu ne želi da ograniči „pripovedano", jer da bi ispričao *priču* on poseže za *pripovedanjem*. Kada se, međutim, odvaja od priče na završetku, sam roman se vraća onom „pripovedanom", jer se vraća samom pripovedanju. Da li iz prekora „dvadesetovekovnoj teoriji pripovedanja" što je, pretpostavljajući postojanje *telosa* koji osigurava značenjsku ispunjenost pripovedanja, skrivala „temeljnu diskrepanciju između pripovednog pokreta i zahteva koje postavlja završetak"[73] sledi da samorazumljivo postoji nešto tako kao što su zahtevi završetka romana? Ako oni postoje, u odnosu na koje zahteve postoji nezavršivost ljubavnog zapleta u romanu[74]? Prenaglašeni momenat nezavršenosti pripovedanja dovodi do zapostavljanja momenta završenosti priče, iako oba momenta čine roman artikulacijom i priče i pripovedanja. Otud se logički i vremenski završetak doživljavaju kao „zahtev za čvrstim značenjem" koji nametnut nezavršivosti pripovedanja stvara „nelagodnost" u devetnaestovekovnom romanu. Paradoks je u tome što nezavršivost pripovedanja tako postaje samorazumljiv momenat romana, jer postaje ono isto što je sama osporavala determinaciji priče. U času kada afirmiše ideju o odsustvu „čvrstog značenja" postojanje završetka postaje samorazumljivo i neproblematično. Nezavršivost pripovedanja nije, međutim, samorazumljiva *unutar* romana, već je dvosmislena: ona postaje i *priča*, koja je ne čini i posebnom i završenom nasiljem logike, već samim postojanjem romana. Ta dvosmislenost priče i pripovedanja u romanu i čini završetak romana neotklonjivo problematičnim.

Pripovedački završetak otkriva razliku između priče i pripovedanja, koja u višku na završetku romana postaje eksplicitna. Jer, nezavršivost pripovedanja postoji i u završenom i u nezavršenom romanu. Nezavršivost priče postoji, međutim, samo u nezavršenom romanu. Ali, nužna razlika između nezavršivosti pripovedanja i završenosti priče omogućava da i u nezavršenom romanu priča poseduje svoj pripovedački završetak. On se obrazuje iz njene razlike u odnosu na nezavršivost pripovedanja: pošto je pripovedanje nezavršivo, priča nezavršenog romana mora imati mesto razdvajanja od nezavršivosti pripovedanja, a to je njen pripovedački završetak. Sada dolazi povratak na početak: nužnost da postoji pripovedački završetak, jer postoji nezavršeni roman, prestabilizuje logički i vremenski završetak *priče* nezavršenog romana. *Priča* nezavršenog romana gradi iz same sebe svoj završetak da bi odgovorila na antinomiju koju uspostavlja pripovedački završetak. Razlika između završenog i nezavršenog romana uvek je razlika između završenosti i nezavršenosti *priče*, jer u oba romana istrajava nezavršivost *pripovedanja*. Odnos između priče i pripovedanja, koji se prelama na završetku romana, onemogućava da završetak bude u romanu samo akt diskrepancije, neugodnosti i diskontinuiteta[75], ali rasprava o njegovim mogućnostima nije više rasprava o uslovima, već rasprava o oblicima završetka u romanu.

Kada se završetak shvati kao identitet između svrhe i interesa radnje i njenih nosilaca[76], onda se identifikuje završetak *priče*, koji je, međutim, samo logički završetak romana. Samo postojanje tog završetka pita o *empirijskom* završetku, baš kao što „početak radnje ne treba tražiti u onom *empirijskom* početku"[77]. Nepodudarnost između početka priče i početka pripovedanja, koja postaje izrazita od osamnaestovekovnih romana[78], otkriva, međutim, razliku između početka i završetka upravo u postojanju pripovedačkog *viška:* dok je pripovedački završetak višak u pripovedanju, dotle pripovedački početak – i kad nije početak priče – nije moguć kao višak u pripovedanju sve dok se ne formira pripovedački završetak, koji omogućava rekonstrukciju viška u empirijskom početku pripovedanja[79]. Svako ponovno čitanje otkriva završetak kao početni akt romana, jer ono nužno polazi od znanja koja završetak donosi[80]. Čitalac, dakle, čita iz ostvarene mogućnosti *priče,* jer u ponovnom čitanju neprekidno čita sa završetkom u svesti. Samo završetak, dakle, omogućava dva različita čitanja: ono što u prvom čitanju najduže biva skriveno, u drugom čitanju postaje putokaz za čitaoca. Početak je, međutim, nemoćan za takav efekat, jer se on drugi put čita sa senkom završetka. Kada se sva tri uslova završetka međusobno podudare u romanu, onda to prikriva njihove međusobne razlike, koje – u slučajevima njihovog nepodudaranja – postoje u romanu kao *empirijske* razlike. Pripovedački završetak, kao završetak pripovedanja a ne završetak priče, nesvodiv je na logički ili vremenski uslov završetka u romanu. On, međutim, nije završetak romana, jer završetak romana postoji samo u odnosu koji međusobno uspostavljaju sva tri uslova završetka. Pripovedački završetak je, međutim, inherentan samom pripovedanju, kao njegov stalni višak u odnosu na priču: ako u Makijavelijevom *Vladaocu* „završetak vraća knjigu kulturnom diskursu, 'literarnom' diskursu, kao onome što je protivno udaljenijem, zasebnom, čisto analitičkom diskursu za koji je izgledalo da je bio zahtevan od same knjige"[81], onda je to *empirijski* znak pripovedačkog završetka. Taj „literarni" diskurs na kraju *Vladaoca* nije stilske provenijencije, već je deo saznajne optike koja se razdvaja od svoje analitike na završetku knjige. Priroda te optike otkriva se u profetskoj dimenziji poslednjeg poglavlja *Vladaoca,* koje se iskazuje kao neki *višak* u odnosu na samu knjigu. I kad se pripovedački završetak razume u duhu ideje o nezavršivosti svakog, pa i analitičko-istorijskog, pripovedanja, koja ga oblikuje kao „prepoznavanje da tekst pripada sferi drugih tekstova"[82], on uvek ostaje *višak* po zakonima samog pripovedanja. Gde postoji pripovedanje postoji i višak pripovedačkog završetka: tome ide u susret Rikerovo opažanje da, u Brodelovoj knjizi o Sredozemlju, postoji nesvrsishodnost završetka u odnosu na njenu metodološku svest: „Ako nam se doista pripoveda ta i takva istorija, zašto je onda trebalo završiti raskošnim stranicama o smrti Filipa II" kada „sa stanovišta velike istorije Sredozemlja, ta smrt nije veliki događaj"[83], jer ta smrt „naginje ka ne-događaju kad je premestimo u okvir velikog zapleta borbe političkih džinova."[84] I istorijsko pripovedanje, suprotno i od sopstvene metodološke samosvesti, poseduje pripovedački višak na svom završetku, jer je to saglasno njegovoj osnovnoj pripovedačkoj prirodi. Postojanje pripovedačkog završetka u istorijskim ili analitičkim tekstovima otkriva inherentnu mogućnost *pripovedanja* u njima, koja je odvojena od njihove *priče.*

Šta je, dakle, smisao završetka? Ako se „naša potreba za završetkom pojavljuje... kao funkcija naše potrebe za značenjem"[85], onda radikalna posledica načela celine, koje hoće da završetkom *osigura* značenje, izaziva odgovor da „završetak nikad nema sumirajuće moći organizacije koje zahtevaju neki kritičari", jer romani „nisu nikad potpuno i konačno savladani" od strane završetka[86]. Da li je moguć momenat posredovanja koji ne bi prionuo ni uz jednu stranu osnovne antinomije oko završetka romana? Osnovno pitanje završetka nije u tome što završetak nikad u potpunosti ne vlada romanom, već u tome što ni roman nikad ne vlada završetkom. Završetak nije samo ono što korespondira sa pripovedanjem, već i ono što više i ne korespondira sa pričom. Ne izmiče, dakle, samo pripovedanje završetku, već i završetak izmiče pripovedanju. Osnovna determinacija završetka je dvosmislena, jer se u njemu ukrštaju determinacija *priče* (logički i vremenski završetak) i determinacija *proizvoljnosti i čitanja* (pripovedački završetak). Svest o nezavršivosti pripovedanja je načelan zahtev za roman isto kao što je to i svest o finalnosti priče. Ako se unutar romana, koji je i pripovedanje i priča, ta dva zahteva postave kao posebni, a ne načelni, zahtevi, šta je, onda, završetak romana? On je njihova interferencija, jer logički i vremenski završetak pripadaju *priči*, a vremenski i pripovedački završetak pripadaju *pripovedanju.* Pripovedački završetak je, dakle, trag – u romanu – one nezavršivosti koja načelno pripada pripovedanju. Ali, ako on nije završetak romana, zato što samo dijalektika između priče i pripovedanja omogućava postojanje završetka, onda to znači da završetak nije, strogo uzev, moguć ni u priči ni u pripovedanju. On je, otud, nemoguć u romanu. Jedino je, dakle, moguć u refiguraciji priče i pripovedanja, kroz aktuelizovanje tragova priče i pripovedanja u čitaočevoj svesti. Smisao završetka nije, dakle, nužno determinisan postojanjem završetka, već *razumevanjem* završetka. Momenat aktuelizacije jeste momenat samog završetka i kada se javlja kao pitanje o smislu završetka i kada „u procesu recepcije moramo da sledimo strategiju komada koja nas pomera između poziva upućenih završetku i zahteva za ponovnim otvaranjem"[87]. Otud završetak paradoksalno kao da i nije stvar pripovedanja, već čitanja. On nikada ne rešava dileme koje proizvodi ono „pripovedano", ali ne zato što je „pripovedano jače od završetka"[88], već zato što te dileme situira unutar dijalektike između priče i pripovedanja u romanu. Da li je, dakle, završetak moguće svesti na interpretativnu strategiju koja razumeva roman, jer svaka takva strategija „utemeljuje završetak (ali kao različitu vrstu završetka: *Mučnina* je x; *Mučnina* je y; ona je x i y; ona nije x niti y; ona je x i uvek još nešto) i značenje teksta je neizbrojivi iznos njegovih završetaka"[89]? Ova nijansa unutar stanovišta nezavršivosti pripovedanja dragoceno postavlja završetak u odlučujući odnos sa razumevanjem romana. Od prirode čitanja i razumevanja romana zavisi, dakle, mogućnost postojanja njegovog završetka. Završetak je, otud, neraskidivo vezan sa čitanjem i razumevanjem romana, a ne samo sa njegovom pričom i pripovedanjem.

Ako, međutim, *smisao* završetka postoji u čitanju, sámo postojanje završetka nije moguće izvesti samo iz čitanja. Kao što čitanje ima prirođenih prava u odnosu na završetak romana, tako i priča i pripovedanje imaju prirođenih prava u odnosu na čitanje. Logički i vremenski završetak ne iziru iz predrazumevanja čitaoca u momentu u kojem ih priča i pripovedanje postavljaju u roman, već u momentu kada – u čitaočevoj svesti – obrazuju sa pripovedačkim završetkom interferenciju smisla završetka u romanu. Tek kada priča i pripovedanje uspostave vremenski i logički završetak u romanu i kada se *ospolji* onaj pripovedački višak koji očituje pripovedački završetak moguće je – u čitanju i razumevanju – prepoznati završetak romana i njegov smisao. Bez prepoznavanja *uslova* završetka u romanu nije moguće prepoznati interferenciju koja i stvara sam završetak romana i koja nije ni determinacija ni indeterminacija značenja u romanu. Završetak je, dakle, konstitutivno vezan i za roman i za čitaoca: broj njegovih mogućnosti može biti „neizbrojiv", ali *uslovi* te neizbrojivosti obuhvataju i roman i čitaoca. Čitanje omogućava da se prepozna smisao završetka u romanu, ali to prepoznavanje nije moguće bez tragova koje su *priča* i *pripovedanje* postavili u roman. Samo čitanje nije, dakle, dovoljno za završetak romana, jer ono aktivira, ali ne stvara uslove unutar romana koji ospoljavaju njegov završetak. Interferencija, koja omogućava završetak romana, počiva na predrazumevanju koje stvara završetke u *priči* i *pripovedanju* i predrazumevanju koje te završetke prestabilizuje u čitaočevoj svesti. Otud je moguće govoriti prvo o uslovima završetka u romanu, pa onda i o oblicima, koji su načelno neizbrojivi[90]. Da li je to dovoljno da se razgradi Rikerovo shvatanje da su „krucijalni završeci možda oni koji najbolje kombinuju" efekat završetka kao konfiguracijski i efekat otvorenosti kao refiguracijski momenat, jer „potpuno zatvorena proza otvara jedan ponor u našem svetu, odnosno u našem simboličkom shvatanju sveta"[91]? Efekat završetka nije, međutim, samo konfiguracijski momenat, ali tek sa postojanjem pripovedačkog viška nastaje stapanje konfiguracijskog i refiguracijskog horizonta, što je eksplicitnije u nekrucijalnim završecima. Interferenciju između logičkog, vremenskog i pripovedačkog završetka „krucijalni završeci" prikrivaju, jer su oni odgovor na pitanje: „šta uopšte znači kad je jedan završetak krucijalan"? To znači da romani „koji završavaju krucijalno... koncentrišu energiju u savladavanju specifične prepreke i na završetku oslobađaju tu energiju", jer „krucijalni završeci zadovoljavaju dublju želju da se pobegne od pritiska našeg fundamentalnog zatočenja u ljudski život i da se slobodno raširi životna energija bez ograničenja"[92]. Taj odgovor previđa, dakle, da je za smisao završetka odlučujuće pitanje o postojanju ne-krucijalnog pripovedanja kao akta slobode i viška na završetku romana. To je dalekosežno pitanje, jer „ako nekrucijalnost završetka proizilazi iz jedne raspršenosti, onda se moramo upitati kako identifikujemo ono što bi se moglo nazvati efektima završetka u tekstu"[93]. Tek nas to pitanje upućuje na dijalektiku završetka u kojoj se zbiva prenos konfiguracijskog u refiguracijski momenat. Interferencijom logičkog (momenat *priče*), vremenskog (momenat *posredovanja*) i pripovedačkog (momenat *pripovedanja*) završetka obrazuje se dvosmislena priroda samog završetka romana, koji je istovremeni akt determinacije i proizvoljnosti. Odnosi između uslova završetka koji se uspostavljaju u čitaocu stvaraju smisao završetka u romanu.

NAPOMENE

IME ROMANA

[1] Miloš Crnjanski, *Ispunio sam svoju sudbinu*, priredio Zoran Avramović, BIGZ, SKZ, Narodna knjiga, Beograd, 1992, str. 211.
[2] Svetlana Stipčević, *Književni arhiv Srpske književne zadruge 1892–1970*, SKZ, Beograd, 1982, str. 423.
[3] *Književni arhiv Srpske književne zadruge*, str. 423.
[4] Lav Šestov, *Atina i Jerusalim*, preveo Mirko Đorđević, Mediteran, Budva, 1990, str. 294.
[5] *Književni arhiv Srpske književne zadruge*, str. 424.
[6] *Književni arhiv Srpske književne zadruge*, str. 424.
[7] *Ispunio sam svoju sudbinu*, str. 93.
[8] Novica Milić, „Kako čitati *Seobe*", *Književna reč*, Beograd, god. XII, 25. XII 1983, br. 223–224, str. 17.
[9] „Kako čitati *Seobe*", str. 17.
[10] David A. Norris, *The Novels of Miloš Crnjanski: an Approach through Time*, Astra Press, Nottingham, 1990, p. 112.
[11] *Ispunio sam svoju sudbinu*, str. 85.
[12] Miloš Crnjanski, *Eseji*, Izabrana dela, Nolit, Beograd, 1983, str. 158–159.
[13] Sir Walter Ralegh, The Ocean to Cynthia, u: *The Oxford Book of Sixteenth Century Verse*, chosen by E. K. Chambers, Oxford, At the Clarendon Press, 1932, p. 478.
[14] *Ispunio sam svoju sudbinu*, str. 133.
[15] *Ispunio sam svoju sudbinu*, str. 66.
[16] Katherine Duncan-Jones, The Date of Raleigh's „21th: and Last Booke of the Ocean to Scinthia", *The Review of English Studies*, Oxford, New Series, Volume XXI, Number 82, May 1970, p. 151.
[17] Donald Davie, A Reading of „The Ocean's Love to Cynthia", u: *Elizabethan Poetry*, Stratford-Upon-Avon Studies 2, Edward Arnold (Publishers) LTD, London, 1960, p. 83.

[18] *Ispunio sam svoju sudbinu*, str. 79-80.
[19] *Ispunio sam svoju sudbinu*, str. 266.
[20] *Ispunio sam svoju sudbinu*, str. 267.
[21] *Eseji*, str. 158.
[22] *Eseji*, str. 153.
[23] Upečatljivost čudnog naslova za Crnjanskog pokazuje njegova odluka da je Rjepnin „naročito... ponavljao, u sebi, iz te knjige, naslov jedne pesme, koju je Jelisaveti prvoj, poslao, jedan njen dvorjanin, admiral, koji je kraljicu zvao: *Synthia*. Naslov pesme bio je: *Poslednja knjiga Okeana Sintiji. ('The Last Booke of the Ocean to Scinthia'.)*" (Miloš Crnjanski, *Roman o Londonu*, I, Nolit, Beograd, 1987, str. 276.)
[24] Artur Šopenhauer, *O pisanju i stilu*, preveo Borivoje Jevtić, Izdanje I. Đ. Đurđevića, Sarajevo, 1918, str. 28.
[25] Umberto Eko, Napomene uz *Ime ruže*, prevela Aleksandra Mančić, Delo, Beograd, god. XXXI, broj 3, mart 1985, str. 176.
[26] Naslov romana nije, dakle, „krajnje nesrećno izabran" (Novica Petković, *Dva srpska romana*, Narodna knjiga, Beograd, 1988, str. 7).
[27] „Kako čitati *Seobe*", str. 17.
[28] Napomene uz *Ime ruže*, str. 176.
[29] Nikola Milošević, *Zidanica na pesku*, Slovo ljubve, Beograd, 1978, str. 223.
[30] Paul Ricoeur, *Time and Narrative*, III, The University of Chicago Press, Chicago and London, 1990, p. 166.

IME PAVLA ISAKOVIČA

[1] *Ispunio sam svoju sudbinu*, str. 265.
[2] Aleksandar Gotlib Baumgarten, *Filozofske meditacije o nekim aspektima pesničkog dela*, preveo Aleksandar Loma, BIGZ, Beograd, 1985, str. 69.
[3] Ivo Tartalja, *Pripovedačeva estetika*, Nolit, Beograd, 1979, str. 73.
[4] Naratorova sintagma „Bakićeva zemlja" istorijski je poznata: *Istorija srpskog naroda*, II, SKZ, Beograd, 1982, str. 474.
[5] Narator oblikuje tu svest *uprkos* znanju da je smrt Atanasija Raškovića inicijalni momenat za odluku Simeona Piščevića da ode 1753. godine u Rusiju (Simeon Piščević, *Memoari*, preveo Svetozar Matić, SKZ, Beograd, 1963, str. 111): ta smrt se dogodila, dakle, posle Pavlovog odlaska u Rusiju (Dušan J. Popović, *Srbi u Vojvodini*, II, MS, Novi Sad, 1959, str. 173). Ovakva Pavlova *svest* daje *realnu* podlogu Trandafilovom podsmehu da Isakovič uobražava „da je na njemu ostanulo carstvo" (242).

⁶ *Prva knjiga Samuilova*, I, 27.
⁷ *Prva knjiga Samuilova*, I, 28.
⁸ *Encyclopaedia Biblica*, VII, Bjalik Institute, Jerusalim, 1976, str. 445–454. (Za ove podatke najsrdačnija zahvalnost Eugenu Verberu.) – Uporediti: *Prosvjetin imenoslov*, Prosvjeta, Zagreb, 1984, str. 381.
⁹ *Rečnik srpskohrvatskog književnog jezika*, II, MS, MH, Novi Sad, Zagreb, 1967, str. 537.
¹⁰ Seren Kjerkegor, *Strah i drhtanje*, BIGZ, preveo Slobodan Žunjić, Beograd, 1975, str. 119.
¹¹ Georg Lukács, *Teorija romana*, preveo Kasim Prohić, Svjetlost, Sarajevo, 1968, str. 88.
¹² *Teorija romana*, str. 99.
¹³ Nikola Milošević, *Roman Miloša Crnjanskog*, SKZ, Beograd, 1970, str. 242.
¹⁴ Postoji, u isti mah, u kaluđerskom govoru nešto što prestabilizuje njegovu sakralnost. Jer, fratar Gabrič kaže Pavlu da, po učenju apostola Pavla, i kao „prosto brbljanje" molitva oličava „duh Božiji" koji „u našim molitvama, i tada, i u takvim molitvama, moli se za nas neiskazanim jecajima" (407). Fratar u apostolovu poruku postavlja, međutim, smisao koji joj je *suprotan*, jer je apostol tražio „da vam se ne dosadi molitva; i stražite u njoj sa zahvaljivanjem" (*Kološanima poslanica*, 4, 2). Smisao apostolovog zahteva je da vernik u molitvi ne sme postati „nemarnim, tako da on izostavlja i samu praksu molitve, ili otkupljuje njegov um, ili odvraća njegove misli od nje", jer molitva deluje kao „protivotrov na lijenost duše sa kojom se" apostol Pavle „ovdje nastoji obračunati" (Herbert M. Karson, *Tumačenje Pavlovih poslanica Kološanima, Filemonu*, prevela Štefica Orčić, Dobra vest, Novi Sad, 1983, str. 86). Gabrič, dakle, apostolovim imenom sankcioniše onu lenjost Isakovičeve duše, koju apostol poslanicom hoće da otkloni. I kada bi fratrovo pozivanje na apostola bilo uslovljeno njegovom namerom da Isakoviča zaštiti od osude drugog fratra, i tada bi *taktički* razlog bio presudniji od *jevanđeoskog*, što implicira iskustveni horizont u kojem se disput odvija.
¹⁵ Domentijan, *Život svetog Simeona*, u: *Životi svetoga Save i svetoga Simeona*, SKZ, Beograd, 1938, str. 257.
¹⁶ Maks Veber, *Privreda i društvo*, I, preveli Olga i Tihomir Kostrešević, Prosveta, Beograd, 1976, str. 192.
¹⁷ *Djela apostolska*, XIII, 9.
¹⁸ G. W. Lampe, *A Patric Greek Lexicon*, Clarendon Press, Oxford, 1976, p. 1054. Opoziciju Savle/Pavle opisuje i A. Bailly, *Dictionnoire Grec francais* (redige avec le concours de E. Egger), Paris, 1957, p. 1500. (Za ove podatke najsrdačnija zahvalnost prof. dr Ljiljani Crepajac.) – Uporediti: *The Encyclopaedia Britannica*, ninth edition, volume XVIII,

Adam and Charles Black, Edinburgh, MDCCCLXXXV, p. 415; *Prosvjetin imenoslov*, Prosvjeta, Zagreb, 1984, str. 351.

[19] Oton Gorski i Niko Majnarić, *Grčko-hrvatskosrpski rječnik*, Školska knjiga, Zagreb, 1960, str. 431.

[20] *Roman Miloša Crnjanskog*, str. 227.

[21] Lav Šestov, *Dobro u učenju grofa Tolstoja i Ničea*, preveo Mirko Đorđević, Književne novine, Beograd, 1981, str. 191.

[22] Mirko Divković, *Latinsko-hrvatski rječnik za škole*, reprint, Naprijed, Zagreb, 1980, str. 761; *Prosvjetin imenoslov*, Prosvjeta, Zagreb, 1984, str. 351.

[23] Fridrih Niče, *Tako je govorio Zaratustra*, preveo Branimir Živojinović, BIGZ, Beograd, 1989, str. 388.

[24] Ljubomir P. Nenadović, *O Crnogorcima*, SKZ, Beograd, 1929, str. 16.

[25] *O Crnogorcima*, str. 16.

[26] *Teorija romana*, str. 73-74.

[27] *Teorija romana*, str. 74.

[28] *Teorija romana*, str. 77.

[29] Ime generala Puhala označava Crnjanskovog savremenika (Miloš Crnjanski, *Sabrane pesme*, SKZ, Beograd, 1978, str. 189-190).

[30] Pavle, dakle, ne shvata „nenadano" (Dejvid A. Noris, Ep i vreme u romanu „Druga knjiga Seoba" Miloša Crnjanskog, preveo Branislav Kovačević, Letopis Matice srpske, Novi Sad, god. 169, knj. 452, sv. 1-2, jul-avgust 1993, str. 84) da Isakoviči nikad nisu bili srećni, već on dela *uprkos* tom znanju.

[31] Jean Starobinski, *Trois fureurs*, Gallimard, Paris, 1974, p. 26.

PAVLOVO PREOBRAŽENJE

[1] *Ispunio sam svoju sudbinu*, str. 156.

[2] *Memoari*, str. 116.

[3] *Memoari*, str. 117-131.

[4] Georges Gusdorf, **Conditions and Limits of Autobiography**, u: *Autobiography*, edited by James Olney, Princeton University Press, Princeton, 1980, p. 43.

[5] *Memoari*, str. 241.

[6] *Memoari*, str. 477.

[7] *Memoari*, str. 308.

[8] Ako je odricanje od abe zahtev koji je u austrijskoj vojsci nametnut srpskim pukovima (245), što – kao znak – uslovljava njihovu seobu, onda

Pavle Isakovič već u Beču – kao ruski oficir – unapred čini ono što će svi morati da učine u Rusiji.

[9] Š. Kulišić, P. Ž. Petrović, N. Pantelić, *Srpski mitološki rečnik*, Nolit, Beograd, 1970, str. 175–176.

[10] Donald Attwater, *A Dictionary of Saints*, Penguin Books, London, 1978, p. 233.

[11] Irelevantni detalji da Pavle, još na putu za Beč, na ponudu da kupi abu „ne odgovori... ni jednom rečju" (273), kao što i povratak u Beč prati slika vešanja zbog krađe abe (465), otkrivaju da je njegovo posedovanje abe znak svečeve zaštite, jer je na svetom putu. Kada, međutim, na tom putu ostane bez abe, niko mu više ni ne nudi da je kupi.

[12] *Rečnik srpskohrvatskog književnog i narodnog jezika*, I, SANU, Beograd, 1959, str. 6; *Rečnik srpskohrvatskog književnog jezika*, IV, MS, Novi Sad, 1971, str. 12.

[13] Za paralelu je od odlučujuće važnosti ono što je rezultat svesnog i voljnog akta Pavla Isakoviča, koji je mogao oponašati sveca. Jer, siromašak je mimo svoje volje takav, dok svetac svesno bira svoj čin. Taj izbor pripada i Pavlu Isakoviču, koji nikome ništa i ne daje, jer u sebi krije svog siromaha.

[14] J. Chevalier, A. Gheerbrant, *Rječnik simbola*, Nakladni zavod Matice hrvatske, Zagreb, 1989, str. 450.

[15] *Rječnik simbola*, str. 450.

[16] Maurice Villain, *Saint Francois et les peintres d'Assise*, B. Arthaud, Paris – Grenoble, 1941, p. 173.

[17] Miloš Crnjanski, *Putopisi*, Izabrana dela, Nolit, Beograd, 1983, str. 197.

[18] *Očevici o velikoj seobi*, priredio Đorđe Trifunović, Bagdala, Kruševac, 1990, str. 48.

[19] Pavlovo pitanje o bogu nije, dakle, postavljeno „nezavisno od Čarnojevića" (Jovan Delić, *Danilo Kiš i Miloš Crnjanski*, Zbornik Matice srpske za književnost i jezik, Novi Sad, knjiga XLII, sveska 1–3, 1994, str. 167), jer se u romanu reči poslanice navode kao reči „patrijarha Čarnojevića" (618).

[20] *Očevici o velikoj seobi*, str. 48.

[21] *Srpski mitološki rečnik*, str. 308.

[22] Veselin Čajkanović, *Mit i religija u Srba*, SKZ, Beograd, 1973, str. 223.

[23] Žak Derida, *Potpis događaj kontekst*, preveo Milutin Stanisavac, *Delo*, Beograd, knj. XXX, god. XXX, broj 6, jun 1984, str. 33.

[24] Žorž Pule, *Metamorfoze kruga*, prevela Jelena Novaković, Izdavačka knjižarnica Zorana Stojanovića, Sremski Karlovci, Novi Sad, 1993, str. 85.

[25] *LEKSIKON ikonografije, liturgike i simbolike zapadnog kršćanstva*, Liber, Kršćanska sadašnjost, Institut za povijest umjetnosti, Zagreb, 1979, str. 248, 398.

[26] *Eseji*, str. 344.

[27] *Rolan Bart po Rolanu Bartu*, preveo Miodrag Radović, Svetovi – Novi Sad, Oktoih – Podgorica, 1992, str. 24.

[28] To odricanje *prethodi* Trifunovom pucnju, koji ima posrednih veza sa mestom oca u Pavlu Isakoviču: ako je sramota njihove familije, kao što i Petar pominje kada govori o sukobu između Pavla i Trifuna (616), to da je brata ubio brat (318), onda Trifunov pucanj u Pavla samo *ponavlja* prethodno ubistvo. U Pavlu Isakoviču taj pucanj će se susresti sa premeštanjem Vuka sa očevog mesta.

[29] Dušan J. Popović, *Srbi u Vojvodini*, I, MS, Novi Sad, 1957, str. 160.

[30] *Srpski mitološki rečnik*, str. 82.

[31] *Srpski mitološki rečnik*, str. 144.

[32] *Srpski mitološki rečnik*, str. 83.

[33] *Srpski mitološki rečnik*, str. 147.

[34] *Rječnik simbola*, str. 771.

[35] *Rječnik simbola*, str. 803.

[36] Petar Džadžić, *Prostori sreće u delu Miloša Crnjanskog*, Nolit, Beograd, 1975, str. 211.

[37] Miodrag Pavlović, *Poetika žrtvenog obreda*, Nolit, Beograd, 1987, str. 168.

[38] *Putopisi*, str. 412.

[39] *Poetika žrtvenog obreda*, str. 168.

[40] *Poetika žrtvenog obreda*, str. 168.

[41] *Putopisi*, str. 164.

[42] Karl Gustav Jung, *O psihologiji nesvesnog*, preveli Desa i Pavle Milekić, Izabrana dela, II, MS, Novi Sad, 1978, str. 35.

[43] *Rječnik simbola*, str. 802.

[44] Vuk Stefanović Karadžić, *Srpski rječnik (1852)*, II, Sabrana dela, Prosveta, Beograd, 1987, str. 932.

[45] *Mit i religija u Srba*, str. 227.

[46] *Srpski mitološki rečnik*, str. 267.

[47] *Rječnik simbola*, str. 599.

[48] *Srpski mitološki rečnik*, str. 267.

[49] Ako je između Pavla i Evdokije „stajala... sen njegove mrtve žene" (754), onda Evdokijine reči da će ona nestati iz njegove sobe „kao da su se te noći sastali, kao seni" (380) moraju imati nešto ispod motivacijskog sidra po kojem je sen zaloga tajanstvenosti i nevidljivosti njihovog susreta, kao i zlokobnosti, jer vodi pokušaju ubistva: sen u njenim rečima stavlja u dejstvo značenja mrtve žene u Pavlovoj svesti. Sen spleten sa

sećanjem na mrtvu ženu jeste zakon koji upravlja Pavlovim delanjem: ako on postoji između Pavla i Evdokije kao produženje mrtve žene, onda Evdokijina sen koja se postavlja između Pavla i Tekle (752) *samo ponavlja* obrazac koji u svetu pomoću sena uspostavlja zakon mrtve žene. Sen, koji je preuzeo značenja mrtve žene, postaje blizak Pavlu, jer u pozi Julijane Višnjevski, koja stoji pred Pavlom „kao sen na zidu" i gleda ga „očima koje su bile ukočene, kao kad zmija digne glavu" (690), sraslost zmijskih svojstava sa senom nije Pavlu nepoznata, jer ona vlada njegovom seksualnošću, pa ga i ne plaši (691).

50 Kada Pavle stoji pred Đinđinim vratima *crnilo* i *veličina* senke nagoveštavaju njenu zlokobnost (436), kao što u razgovoru između njega i Đurđa „dve crne senke" slute zlo predosećanje za obojicu (726). To su, međutim, oblici senke u romanu, ne i njeno ishodište.

51 Ako se ova transformacija zbiva bez motivacijskog obrazloženja koje ju je ranije pratilo, i po kojem „Pavle onda, kao senka, poče da govori senci – jer je tako Kopšu video, osvetljenog samo slabom svetlošću" (310), onda je to znak dalekosežnog sankcionisanja senke u svetu.
52 *Djela apostolska*, IX, 8–9.
53 *Srpski mitološki rečnik*, str. 267.
54 *Srpski rječnik (1852)*, II, str. 932.

AURA MRTVE ŽENE

1 *Ispunio sam svoju sudbinu*, str. 66.
2 *Rječnik simbola*, str. 409.
3 Da li to iskazuje misao da je Pavle „jedinu svoju ljubav, ljubav prema svojoj mrtvoj ženi... naknadno izmislio, verovatno u nekoj samoodbrani" (Borislav Mihajlović, u: Razgovor o romanu „Seobe" Miloša Crnjanskog, *Delo*, Beograd, knj. 9, god. IX, sv. 1, januar 1963, str. 25)?
4 Ako je ona „imala čudne trepavice, od kojih su gornje bile duže nego donje, pa se Isakoviču priviđalo, kad bi pogled spustila, da to sleću, neki noćni, crni, leptirovi, čija se krila sklapaju" (265), onda njen ulazak u Pavlovu sobu „u trenutku kad je san počeo da mu se na oči spušta, u trepavice – kao neka meka leptirova krila" (298) obeležava – naratorovim objektivizovanjem Pavlovih priviđenja – da leptirovi u Evdokijinim trepavicama, koji se Pavlu priviđaju, *srastaju* sa njegovim snom, koji je po definiciji san o mrtvoj ženi. Otud su oni manje simbolička prethodnica i bezuzročna koincidencija njenog ulaska, a više implicitna i svrhovita naznaka da ona – tim ulaskom u sobu – neopozivo prekoračuje u njegove snove.

[5] To se zbiva kada je on daleko od nje (u Rusiji) i pod pritiskom saznanja da je Evdokija nesrećna, ali san o njoj jeste precizni detektor potmulog tkanja Pavlove želje.

[6] Nikolaj Velimirović, episkop ohridski, *Ohridski prolog*, Niš, 1928, str. 157.

[7] Kada se u drugom susretu Pavla i Crnogorke iz lazareta potvrdi da ona gleda u svet „zelenim očima, čije su trepavice, zaista, imale boju pepela" (397), onda ovo *zaista* cilja na Pavlovo tešenje Evdokije da „ne postoje trepavice boje pepela" (378). To da one ipak postoje podseća da nepovratno u Joki nije ideal lišilo želje, već da želja prisustvuje u idealnosti Crnogorke iz lazareta. Pavle, dakle, *želi* Joku Stana Drekova i Evdokija *tačno* vidi nju, a ne ideal. Prisustvo želje u Joki Stana Drekova nagovešteno je njenom ćutnjom na Pavlovu želju u kojoj otkriva „kao klupče crnih zmija, kosu" (397), što je *istovetno* sa časom kada Pavlova želja opaža Evdokiju kako je „kosu... imala uzdignutu" kao „klupče crnih zmija" (280).

[8] *Srpski rječnik (1852)*, II, str. 258.

[9] Kada ona ode od Pavla Isakoviča narator zapisuje da „niko, u Isakovičevoj zaostavštini i papirima, nije našao, pomenutu, tu ženu" (397). Završni trag o njoj koji postoji već na ovom mestu – kasnije se samo ponavlja i potvrđuje – naglašava da je lik Joke Stana Drekova ovim odlaskom od Pavla stigao do svog apsolutnog smisla, koji je romanu i potreban pre kraja pripovedanja. Jer, ospoljašnjeni ideal nema više šta da prekorači: svaka promena Jokinog lika donosi ili prodor želje u nju, ili Pavlov iskorak iz zakona. Tada bi se ispraznilo mesto ospoljašnjenog ideala. Upravo zato što je ospoljašnjeni ideal, Joka Stana Drekova mora biti već ovde zatvorena u svoj potpuni smisao, čije je dalje prisustvo u romanu moguće samo kroz Pavlovo sećanje na nju i bezuspešno traganje za njom: ona, dakle, i ovim nestajanjem *ponavlja* sudbinu paradigme koja je zadaje u Pavlovim snovima: sudbinu mrtve žene. Nije učinak *slučaja* to što se Pavle mimoišao sa njom u Kijevu za „jedan jedini dan" (779), jer je *komedijant* upravljan zakonom mrtve žene po kojem se ne može dosegnuti ideal u svetu, već samo u snu.

[10] Tu je poreklo njihovih međusobnih sličnosti, jer „Crnjanski nije mogao ne videti to što mi svi vidimo: da su mu sve žene u romanu lepe, na neki način čak i podjednako lepe, i da ih on, sem kad dolaze pravi psihološki trenuci, uopšte ne razdvaja" (Borislav Mihajlović, u: Razgovor..., str. 14). Žene su takve, jer ih u svetu oblikuje zakon mrtve žene.

[11] *Rječnik simbola*, str. 623.
[12] *Rječnik simbola*, str. 623.
[13] *Dictionary of Saints*, p. 321.
[14] *Dictionary of Saints*, p. 321.
[15] Borislav Mihajlović, **Razgovor...**, str. 25.

16 Dok je svojim trepavicama (549) srodna Evdokiji i Joki po zakonu mrtve žene, dotle je srodna Pavlu Isakoviču po „čudnom osmehu" (541), kojim se pričvršćuje za dvosmislenost njegovih preobraženja.

17 Za razliku od *svih* koji su se smejali ruskim rečima u Pavlovom pričanju o snovima „samo ga je Ana zaprepašćeno posmatrala", jer je Ana jedina žena koja nije dotaknuta Pavlovim sećanjem na umrlu ženu. Ona ima distancu prema Pavlu, pa joj se „pričini da su ti snovi, koje im Pavle priča – tako veselo, bezbrižno – utvare čoveka koji je poremećenog uma (612). Samo Ana naslućuje *svetski učinak* dijalektike želje i ideala koja postoji u Pavlovim snovima.

18 *Srpski rječnik (1852)*, II, str. 1003.

19 *Srpski rječnik (1852)*, I, str. 758.

20 *Srpski rječnik (1852)*, I, str. 751.

21 Biblijska pozadina sukoba Petra i Pavla (*Poslanica Galatima*, II, 11–21) afirmativno odgovara, po položaju aktera, samo prvom sukobu dva brata u romanu, jer u njemu Pavle napada Petra, dok u dva potonja sukoba postoji u romanu divergencija u odnosu na biblijsku paradigmu.

22 Žan Ruse, *Mit o Don Žuanu*, prevela Jelena Novaković, Izdavačka knjižarnica Zorana Stojanovića, Sremski Karlovci, Novi Sad, 1995, str. 72.

23 *Mit o Don Žuanu*, str. 68.

24 Sören Kierkegaard, *Ili-ili*, preveo Milan Tabaković, Veselin Masleša, Sarajevo, 1978, str. 96.

25 *Ili-ili*, str. 490.

26 *Ili-ili*, str. 585.

27 *Mit o Don Žuanu*, str. 69.

28 *Mit o Don Žuanu*, str. 72.

29 *Nauka o spolnosti*, Enciklopedijski leksikon, Interpress, Beograd, 1971, str. 70.

30 *Nauka o spolnosti*, str. 266. Crnjanski je trag te mode zapazio u Nemačkoj i u XX veku, jer – u putopisnom zapisu iz godine 1931. – spominje da „mnoge dame javnih čajanki spadaju u onu klasu, 'sa jednim'. ('Jednim' znači stalnog prijatelja. Na osnovu novca, vrlo često vernost. Nepokolebljiva vernost. Čvršća od ljubavi.)" (*Putopisi*, str. 294.)

31 *Prva knjiga Mojsijeva*, XXXIX, 7–20.

32 *Prva knjiga Mojsijeva*, XXXIX, 12.

33 Beleška o tome da nema „ni traga o nekoj Evdokiji, ili njenoj ćerci" (784) gradi motivacijsku mrežu o eventualnom i naknadnom dolasku Evdokije i Tekle u Rusiju. Ako završetak romana zna da je „taj razočarani ljubavnik, ostao... udovac" i „otišao... sam" (784), onda njegovo istraživanje nemoguće mogućnosti njihovog dolaska otkriva *svetski* smisao – „rekla-kazala" – implikacija tog dolaska. Nikakav svetski događaj ne može promeniti nihilistički smisao Pavlovog udovištva. Ako je bio

ljubavnik *samo* gospože Evdokije, a nije bio – iako je mogao biti – Teklin ili Julijanin ljubavnik, onda on nije autentični ljubavnik. Odsustvo trajnog svojstva ljubavnika u njegovom donžuanstvu korespondira sa junakovom razočaranošću, jer imaju zajedničko poreklo u svetu, a ne u ljubavništvu. Istraživanje poslednje glave romana, umesto da pripoveda o zbivanju, razmišlja o njegovim implikacijama, jer *prekida* pripovedanje o zbivanju sledeći smisao samog zbivanja. Ako je prva polovina Pavlovog života *predmet* pripovedanja, a druga nije, onda je sámo pripovedanje priča o preobraženju u drugu polovinu života o kojoj postoji znanje, a ne priča. To znanje prebiva u zadatoj mogućnosti, koju je, usled nepovratnosti samog preobraženja, otvorila prva polovina Pavlovog života.

[34] *Rječnik simbola*, str. 511.

[35] Đurđeva ljutnja da to što Pavle govori „važi... samo za udovce koji su, od svoje žene, mokrim obojkom, udareni" nastaje zbog osećanja manipulativnog smisla njihove seobe, jer svi oni odlaze u Rusiju vođeni Pavlovom opsednutošću mrtvom ženom. Đurđe odbija da u sebi prepozna Pavlov razlog za seobu kao sveobuhvatan, jer ga besmislenost tog zahteva ugrožava. On odbija da se prepozna unutar Pavlovog ludila, jer Rusija za njih nema značenje mrtve žene: veza između Pavla i mrtve žene za njega je samo *ludilo*, koje Rusiju prepoznaje kao mrtvu ženu. Đurđe, međutim, oseća da je unutrašnji razlog (Pavle) diktirao seobu, a spoljašnji ga prikrivao. On hoće, pozivanjem na poreklo kao spoljašnji razlog, jer „tako su radili i naši stari", da objektivizuje smisao seobe napadom na njen unutrašnji razlog, jer „treba... ženu, voleti, ali kad umre, treba drugu uzeti" (785). Tako on ukršta spoljašnji sa unutrašnjim smislom seobe u obliku koji Pavla suočava sa sopstvenim protivrečenjima. Snaga porekla, kao ono što je dolično Pavlu i ono što on smatra dovoljnim za seobu, u *sukobu* je sa mrtvom ženom, koju Pavle oseća kao nešto sebi dolično.

SKRIVENA CARICA

[1] Rolan Bart, Efekat stvarnog, prevela Jelena Novaković, *Treći program Radio Beograda*, Beograd, broj 85, proleće 1990, str. 191.
[2] *Efekat stvarnog*, str. 192.
[3] *Memoari*, str. 171.
[4] Fridrih Niče, *Vesela nauka*, preveo Milan Tabaković, Grafos, Beograd, 1984, str. 134.
[5] Rolan Bart, Uvod u strukturalnu analizu priča, *Letopis Matice srpske*, Novi Sad, god. 147, sv. 1, januar 1971, str. 62.
[6] Pavle Miljukov, Š. Senjobos, L. Ezenman, *Istorija Rusije*, Narodna kultura, Beograd, 1939, str. 352.

[7] *Istorija Rusije*, str. 351.
[8] *Putopisi*, str. 282.
[9] Ni caričina „lenjost" (740) pri pisanju (*Istorija Rusije*, str. 352), ni priča (627) o iščezloj moći stranaca na ruskom dvoru (*Istorija Rusije*, str. 337), niti priča (627) o Elisavetinom dolasku na presto (*Istorija Rusije*, str. 349-350) nemaju svoju rezonancu u poslednjoj glavi romana.
[10] Iako Piščevićeva autobiografija oblikuje isti motiv (*Memoari*, str. 20), on nije u romanu nužno prisutan kao slika vremena, jer se taj motiv, kod Crnjanskog, javlja i u mnogo udaljenijim vremenima (Miloš Crnjanski, *Kod Hiperborejaca*, I, Sabrana dela, Prosveta, Beograd, 1966, str. 322). Motiv iskazuje životno načelo kao takvo, a ne samo vreme u kojem se to načelo javlja.
[11] Ne pominje, dakle, narator Petra Ševiča u Isakovičevoj audijenciji zato što ga Simeon Piščević susreće u svom predstavljanju carici (*Memoari*, str. 170), niti zato da bi povezao to što je Ševič „pašenog" Piščeviću sa saznanjem da je on „daljni rođak" Isakovičima, već on precizno imenuje da je Petar Ševič „Živanov brat" (767) što kod Piščevića ne piše. Tim potezom, koji ne postoji kod Piščevića, narator signalizira motivacijski osnov i poreklo caričinog pitanja, jer je svađa između Živana Ševiča i Pavla ono što čini logičnim učešće Petra Ševiča u organizaciji audijencije.
[12] A ne kao Pavlov san (*The Novels of Miloš Crnjanski...*, p. 156), jer ironija Volkovljevih reči može postojati samo ako se u njima identifikuje veza Černjeva sa kosovskim zavetom. Volkovljevo odobravanje Pavlove odluke da idu u seobu „ne za čin, ne za porcione novce" (344) nije, takođe, njegov politički entuzijazam pred Pavlovom spremnošću „da služi i pojača rusku vojnu moć" (*The Novels of Miloš Crnjanski...*, p. 93), već je to *ironično* odobravanje, jer „Pavlu se učini, ne samo da ga netremice gleda, nego i da mu se, podrugljivo, smeška" (344).
[13] Jan Kot, *Jedenje bogova*, preveo Petar Vujičić, Nolit, Beograd, 1974, str. 82.
[14] *Memoari*, str. 347.
[15] *Istorija Rusije*, str. 351.
[16] Audijencija nosi tragove Višnjevskog kao delatne volje za moć i imoralizma, koji izviru iz veze između usamljenosti kao oblika njegovog postojanja, kojim je korespondentan Pavlu, i samoproizvođenja u svetu (520).
[17] *Memoari*, str. 348. Samo ovaj susret Piščevića sa Elisavetom Petrovnom može se smatrati audijencijom, jer je njihov prvi susret (*Memoari*, str. 170) samo Piščevićevo predstavljanje carici poput drugih susreta na kojima je Piščević „caricu Jelisavetu Petrovnu viđao... često, a dva .put... joj je za vreme primanja uz ostalu gospodu i ruku poljubio" (*Memoari*, str. 262). Njihov razgovor koji se odvija „u sali za audijencije" (*Me-*

269

moari, str. 348) nešto je, međutim, neobično i retko i za Piščevića, koji ga posebno izdvaja, jer je audijencija.

[18] *Istorija Rusije,* str. 351.

[19] *Roman Miloša Crnjanskog,* str. 160.

[20] *Roman Miloša Crnjanskog,* str. 226.

[21] Northrop Frye, *Anatomija kritike,* prevela Giga Gračan, Naprijed, Zagreb, 1979, str. 193.

[22] Ljubiša Jeremić, *Tragički vidovi starijeg srpskog romana,* Književna zajednica Novog Sada, Novi Sad, 1987, str. 170.

[23] Radovan Vučković, *Književne analize,* Zavod za udžbenike, Sarajevo, 1972, str. 126.

[24] Tzvetan Todorov, *Poétique de la prose,* Seuil, Paris, 1971, p. 240.

[25] Dušan Pirjevec, *Evropski roman,* Cankarjeva založba, Ljubljana, 1979, str. 625. – U srpskom prevodu prve polovine Pirjevčeve studije o *Braći Karamazovima* (*Treći program Radio Beograda,* Beograd, broj 42, leto 1979, str. 99) reč „bit" prevodi se kao bitak, ali se reč „bivajoče" neadekvatno prevodi kao postojeće. Između mogućnosti da razliku između onoga što jeste *(das Seiende)* i stanja ili radnje onoga što jeste *(das Sein)* izrazimo parovima (1) bitak bića ili (2) biće bivstvujućeg, odlučili smo se za par – bivstvovanje bivstvujućeg (Gajo Petrović, „Bitak", „biće" i „bivstvovanje", u: *Prolegomena za kritiku Heideggera,* Izabrana dela, Naprijed Zagreb, Nolit Beograd, 1986, str. 338, 367-368, 378).

METAFIZIČKI I NIHILISTIČKI JUNAK

[1] Taj zahtev je korespondentan samom čitanju, jer „upravo čitani deo nekog dela se, dakle, u konkretizaciji neprestano okružuje dvostrukim horizontom... a) delova koji su već pročitani i tonu u 'prošlost' dela i b) onih delova koji još nisu čitani i do sadašnjeg trenutka su još nepoznati" (Roman Ingarden, *O saznavanju književnog umetničkog dela,* preveo Branimir Živojinović, SKZ, Beograd, 1971, str. 98).

[2] *Vojna enciklopedija,* knjiga VIII, Vojnoizdavački zavod, Beograd, 1974, str. 492.

[3] *Rečnik srpskohrvatskog književnog i narodnog jezika,* knjiga IX, SANU, Beograd, 1975, str. 465.

[4] Migel de Servantes Saavedre, *Veleumni plemić Don Kihot od Manče,* I, preveo Đorđe Popović, Prosveta, Beograd, 1975, str. 70.

[5] Vetrenjača, u naratorovoj percepciji, simbolizuje besmislenost i nemotivisanost fizičkih kretnji i u situacijama kada se tim kretnjama iskazuje vedar duh: Varvara je „prebacila preko noge nogu", a onda „ih je premeštala, kao da su vetrenjače" (201). U romanu *Kod Hiperborejaca,* pak,

aluzivnost fizičkih pokreta, koji podrazumevaju besmislen rad vetrenjače, ima precizan smer: „Ona je... mlatarala rukom brže, nego što se kreću vetrenjače u Španiji, u Manči." (*Kod Hiperborejaca*, II, str. 169.)

[6] Lik Ziminskog sprečava i mogućnost da se Pavle objavi kao Don Kihot (*Roman Miloša Crnjanskog*, str. 227).

[7] *Evropski roman*, str. 493.

[8] Njegovo *donkihotstvo* je načelno, jer se obrazuje iz smisla njegove smrti, dok ga spoljni registar samo potvrđuje, iako se, usled individualizacije lika u odnosu na to donkihotstvo, Ziminski u pojedinim crtama – on je „onizak" (394) – i razlikuje od svog prauzora.

[9] *Rečnik srpskohrvatskog narodnog i književnog jezika*, knjiga IX, SANU, Beograd, 1975, str. 141.

[10] Erih Auerbah, *Mimesis*, preveo Milan Tabaković, Nolit, Beograd, 1978, str. 326.

[11] Fridrih Niče, *S one strane dobra i zla*, 208, u: *S one strane dobra i zla – Genealogija morala*, preveo Gligorije Ernjaković, SKZ, Beograd, 1993, str. 126.

[12] Aleksandar Forišković, *Tekelije*, Matica srpska, Novi Sad, 1985, str. 121–129.

[13] *Tekelije*, str. 162.

[14] *Tekelije*, str. 286.

[15] Platon, *Gozba*, preveo Miloš N. Đurić, u:*Ijon – Gozba – Fedar*, BIGZ, Beograd, 1985, str. 80.

[16] *Tekelije*, str. 304.

[17] Mita Kostić, *Srpska naselja u Rusiji: Nova Srbija i Slavenosrbija*, SKA, Beograd, 1923, str. 16. Knjiga Mite Kostića, koja je paralelan izvor pripovedanja sa Piščevićevom autobiografijom (Slavko Leovac, *Romansijer Miloš Crnjanski*, Svjetlost, Sarajevo, 1981, str. 120), obeležava inartikulaciju svetskoistorijske perspektive unutar pripovedanja. Najbrojniji tragovi njenog prisustva u romanu jesu istorijski glasovi, a ne njihova tumačenja: saznanje, koje postoji na završetku romana, da „Turska... nije zabranjivala iseljavanje, nikada" (783) ponavlja reči iz pisma ruskog carigradskog ambasadora Obreskova „da u Turskoj nema zabrane za iseljavanje" (*Srpska naselja...*, str. 83). U retkim slučajevima naratorski glas ponavlja interpretaciju koja postoji u njegovom izvoru, jer upotrebljava ključnu reč „aksiom" (347) kojom Kostićeva knjiga obeležava austrijskoruske odnose (*Srpska naselja...*, str. 21). U pripovedanju postoji i *perspektivizovanje* istorijskih glasova, pa imena vizantijskih careva, koja u pismu prote Buliča ilustruju blagodeti Elisavetine vladavine (*Srpska naselja...*, str. 97), postaju u romanu ilustracija protine *optužnice* (607) protiv verske nejednovernosti generala Horvata u „našem carstvu". *Perspektivizovanje* istorijskih glasova otkriva da oni u pripovedanju ne ilustruju duh vremena kojem zbivanje pripada, već se preakcentuju usled prethodnog postojanja

njihove interpretacije. Pripovedanje paradoksalno prethodi svom predmetu, a ne proizilazi iz njega.

[18] *Tekelije*, str. 318–319. U Kostićevoj knjizi zapisano je, međutim, godište, ali ne i broj, *Javora* u kojem u članku Miloradovići i Tekelija T. T. Ječinac navodi da je Tekelija imao čin „general an šefa" (*Javor*, Novi Sad, god. XVIII, br. 49, 8. decembar 1891, str. 779).

[19] Naratorovo upućivanje na „franceske memoare" Katarine II korespondira sa svojstvima koje pripovedanje poznaje u Elisaveti Petrovnoj (558), ali i *prikriva* postojanje tih reči na srpskom jeziku, jer Zoriča „Katarina... nije morala kljukati afrodizijacima, praškom od španskih buba, kao druge svoje, fizički manje obdarene ljubaznike" (Jovan Skerlić, **General Simeon Zorić**, *Pisci i knjige*, I, Sabrana dela, Prosveta, Beograd, 1964, str. 159).

[20] Navodnicima izdvojene reči kao da obeležavaju caričin glas u pripovedanju, a ne „franceski" glas njenih memoara: u knjizi Mite Kostića postoji sintagma „krasavec Zorič", čije se poreklo vezuje za *Javor*, 1891, 812 (*Srpska naselja...*, str.132).

ISTORIJA I PRIČA

[1] *Ispunio sam svoju sudbinu*, str. 210.
[2] *Roman Miloša Crnjanskog*, str. 188.
[3] *Lexicon für Theologie und Kirche*, II, Freiburg im Breisgau, 1931, col. 143–144.
[4] *Velika povijest crkve*, V, uređuje Hubert Jedin, preveo Vjekoslav Bajsić, Kršćanska sadašnjost, Zagreb, 1978, str. 525.
[5] *Velika povijest crkve*, str. 525.
[6] *Velika povijest crkve*, str. 526.
[7] *Letters from Lady Mary Wortley Montagu*, J. M. Dent Sons, London, E. P. Dutton Co, New York, 1914, p. 95.
[8] Miloš Crnjanski, *Embahade*, IV, Izabrana dela, Nolit, Beograd, 1983, str. 123–124.
[9] Jovan Radonić, *Grof Đorđe Branković*, SKA, Beograd, 1911, str. 564.
[10] Jovan Radonić, *Đorđe Branković, despot „Ilirika"*, Vreme, Beograd, 1929, str. 205.
[11] Miloš Crnjanski, „Dr. J. Radonić: Đorđe Branković", *Srpski književni glasnik*, Beograd, Nova serija, knjiga XXX, br. 1, 1. maj 1930, str. 73. Crnjanski kao da brka izdanje SKA iz 1911 sa kratkim izdanjem MS iz 1911 (*Grof Đorđe Branković*, Novi Sad): Radonićevoj reči iz pred-

govora izdanju iz 1929 da je „potpuno... preradio čitavo delo", koja imenuje izdanje SKA iz 1911, Crnjanski dodaje smisao da je „ta studija... u mnogome dopunjena... sad". To što sam Radonić ne govori o dopunjavanju u skladu je sa saznanjem da je izdanje iz 1911 bitno duže od izdanja iz 1929: Crnjanskova reč o dopuni otkriva da on pod izdanjem SKA misli na izdanje MS, jer je to izdanje bitno kraće u odnosu na izdanje iz 1929. godine.

[12] *Grof Đorđe Branković*, str. 515–517.

[13] Wolfgang Iser, *The Implied Reader*, Johns Hopkins University Press, Baltimore and London, 1980, p. 279.

[14] *Letters...*, p. 99.

[15] Crnjanskov prevod reči iz pisma još je bliži njegovim rečenicama iz romana: „polja zasuta ljudskim lobanjama, kosturima i konjskim lešinama" (*Embahade*, IV, str. 125).

[16] *Letters...*, p. 99.

[17] Fridrih Niče, *O koristi i šteti istorije za život*, preveo Milan Tabaković, Grafos, Beograd, 1979, str. 63.

[18] *O koristi i šteti istorije za život*, str. 63.

[19] Taj interes je i učinio da neutralna formulacija u istorijskom izvoru pripovedanja da su „kapetan Nikola i kornet Teodor Šterba ili kako su ih državne vlasti ili Rusi nazivali Čorba (Csorba)"(*Srpska naselja...*, str. 48) postane predmet pripovedačke refleksije o nečitljivosti Šterbinog imena.

[20] Za rasvetljenje samog postojanja ove svrhe, koja je zapretena u različite motivacijske i strukturne mogućnosti pripovedanja, kao da je od odlučujuće važnosti to što Crnjanski u esejističkom tekstu iz godine 1972. opisuje isti motiv, ali eksplicira i poentu opisa: „Pseudo-istoričari, u ovakvim prilikama, obično kažu: Istorija je učiteljica života" (Miloš Crnjanski, *Engleske uspomene, Treći program Radio Beograda*, Beograd, god. IV, broj 3, leto 1972, str. 177). Crnjanskova odrednica *pseudo* negativno je usmerena prema određenom shvatanju istorije, jer „istorija nas nikad ničem nije naučila" (*Embahade*, I–III, str. 55). To, naravno, ne znači da ne postoje *istorijska* zbivanja, već da ona postoje s one strane, a ne nasuprot, istorijskog znanja kao takvog: unutar svesti istorijskog rukopisa.

[21] *TESTAMENT velikog Petra cara ruskog I*, Štamparija S. Horovica, Beograd, 1892, str. 7,9.

[22] Polazak na Berlin, kao onaj državni plan koji je potisnuo zavet Petra Velikog, ne poklapa se sa Pavlovom željom da sa ruskim trupama stigne u Serviju. Šta bi otkrilo Pavlovo razumevanje Kostjurinove napomene da će se „rosijska, pehota... suprotstaviti, Prajsu"? Šta čitalac može naslutiti iz Kostjurinove definicije Fridriha II kao „pravog Sotone u ljudskom obliku" (662) koja je bliska mišljenju Marije Terezije (346) o pruskom kralju? Ponavlja se nacionovo ratovanje *za* austrijske državne interese, koji ih obuhvataju i kad pobegnu iz Austrijske Imperije.

[23] Richard Rorty, *Contingency, irony and solidarity*, Cambridge University Press, Cambridge, 1989, p. 188.

[24] Fridrih Niče, *Genealogija morala*, u: *S one strane dobra i zla – Genealogija morala*, str. 258.

[25] Smrt od ruke sluge kao da je sramna i ne-junačka smrt, koja je u vezi sa životnim grehovima i niskim poreklom onoga koji strada: sluga kao ubica kralja Vukašina postoji u Orbinijevom *Kraljevstvu Slovena* (SKZ, Beograd, 1968, str. 49–53) u oba elementa, što devetnaestovekovna transpozicija tog motiva sledi u reprezentativnim oblicima kao što su pesma *Spomen Vidova dana* Jovana Sterije Popovića ili *Lažni car Šćepan Mali* Petra II Petrovića Njegoša.

[26] Miroslav Pantić, *Književnost na tlu Crne Gore i Boke Kotorske*, SKZ, Beograd, 1990, str. 372.

[27] Narator zaboravlja da i njegov izvor zna da je „mitropolit Vasilije toliko... raznim molbama Senatu dosađivao, da su ga najposle davši mu 500. r. i kola poslali preko granice" (*Srpska naselja...*, str. 90).

[28] Mitropolit Vasilije Petrović, *Istorija o Crnoj Gori*, Leksikografski zavod Crne Gore, Titograd, Obod, Cetinje, 1985, str. 39.

[29] Vladimir Ćorović, *Istorija Srba*, II, BIGZ, Beograd, 1989, str. 243.

[30] *Istorija srpskog naroda*, IV-1, SKZ, Beograd, 1986, str. 510.

[31] *Istorija o Crnoj Gori*, str. 27.

[32] *Istorija Srba*, II, str. 245.

[33] *Istorija Srba*, II, str. 245.

[34] Narator koji je o Vasilijevoj razočaranosti i siromaštvu eksplicitno pripovedao po onome što „priča Piščević" (749), na završetku romana *zaboravlja* da Piščević razgovara sa Vasilijem neposredno pred put iz Moskve u Sankt-Petersburg, u koji će stići 16. XII 1758. godine (*Memoari*, str. 343).

[35] *Contingency, irony and solidarity*, p. 86.

[36] To što je Crnjanski – i u političkim tekstovima – „neke krupne istorijske događaje dovodio... u vezu sa irelevantnim činjenicama, pri čemu je smatrao da su upravo te činjenice bile presudne" (Zoran Avramović, *Politika i književnost u delu Miloša Crnjanskog*, Vreme knjige, Beograd, 1994, str. 124) oblik je dvosmislene nihilističke osnove njegove filozofije istorije.

[37] Dositej Obradović, *Život i priključenija*, u: *Dela Dositeja Obradovića*, Beograd, 1911, str. 61.

[38] Pismo igumanima: **Dimitriju krušedolskom i Sofroniju velikoremetskom**, *Dela...*, str. 569.

[39] *Srpska naselja...*, str. 16.

[40] *Tekelije*, str. 150.

[41] *Kod Hiperborejaca*, I, str. 17.

[42] *Kod Hiperborejaca*, I, str. 18.
[43] Kada formuliše krajnju i nepovoljnu političku konsekvencu „iluzije br. 1 Hungara" Crnjanski prorokuje njihov nestanak tako što ponavlja stih koji uvek postoji u njegovoj svesti: od postojanja Mađara „na mađarskoj ravni... će ostati, vremenom, samo trag njihovih kopita" (Miloš Crnjanski, Iluzija br. 1 Hungara, *Vreme*, Beograd, 9. XI 1932, str. 1).
[44] *Eseji*, str. 399.
[45] Stojan Trećakov, Vladimir Šovljanski, *O Crnjanskom – arhivalije*, Matica srpska, Novi Sad, 1993, str. 20.
[46] *Kod Hiperborejaca*, II, str. 98.
[47] Svi navodi iz Tekelijine autobiografije, koji su dati prema izdanju iz godine 1966, postoje u tekstu autobiografije, koji je objavljen u *Letopisu Matice srpske* (Novi Sad, 1876, knj. 119 i 1879, knj. 120) i koji Crnjanski pominje u berlinskom pismu.
[48] *Kod Hiperborejaca*, II, str. 37.
[49] Pavle Julinac, *Kratkoje vvedenije v istoriju proishoždenija slavenoserbskago naroda*, SANU, Narodna biblioteka Srbije, MS, Beograd, 1981, str. 185.
[50] Ako će glagol u rečenici „da će se gospoža Evdokija dati namoliti" (498) „mnogim savremenim čitaocima izgledati malo iščašen", onda je *takav* izgled ono što će savremenog čitaoca opomenuti na ne-pripovedačko poreklo rečenice koja je „bukvalno stih iz *Pašhalije novaje* Jovana Avakumovića" (Borislav Mihajlović, u: Razgovor..., str. 8).
[51] Priča postoji u *Rječniku* kao objašnjenje glagola „otpucavati", koji pominje samo izdanje Rječnika iz 1852. godine, jer u izdanju Srpskog rječnika iz godine 1818. nema ni te reči ni te priče (Vuk Stefanović Karadžić, *Srpski rječnik 1818*, Sabrana dela, Prosveta, Beograd, 1966, str. 534). Značenje tog glagola u *Rečniku srpskohrvatskoga književnog jezika* (Matica srpska, knjiga IV, Novi Sad, 1971, str. 264) nije korespondentno sa značenjem koje mu sugeriše *Rječnik*, dok *Rječnik hrvatskoga ili srpskoga jezika* (JAZU, svezak 39, Zagreb, 1924, str. 431) zapisuje da ta reč postoji „samo u Vukovu Rječniku" i to „bez značenja, ali s ovom pričom".
[52] *Roman Miloša Crnjanskog*, str. 191.
[53] Izraz „štono kažu" šifrovano obeležava da je Petrova reč poslovica, jer „u narodu našemu nema imena za poslovice, nego kad se koja hoće da rekne, obično se govori: Štono (ima) riječ; ili: Štono stari vele, ili: Štono babe kažu" (Vuk Stefanović Karadžić, *Srpske narodne poslovice*, priredio Miroslav Pantić, Sabrana dela, Prosveta, Beograd, 1965, str. 17).
[54] Trifunova poslovica „Volj ti piti volj ti kapu kupiti" (213) može imati svoje poreklo u *Rječniku* (I, 122), kao što i Grozdinova reč da Kum-

rija „nije sedmu noć dočuvana" (220) postoji u Rječniku (I, 43) ili kao što Pavlova poslovica „Mutav mutavog najbolje razume" (235) ima svoje mesto u Rječniku (I, 525).

[55] Poslovica da „nema raka bez mokrijeh gaća" (II, 870) postoji u svom direktnom obliku, sa karikaturalnim smislom, u Lađevičevom ismejavanju Pavla (506), dok u posrednom obliku ona postoji u Pavlovom tragičnom samorazumevanju na završetku romana: „Uvek su se Isakoviči selili. Nikad sretni nisu bili. Proleća, leta, jeseni, i zime, uvek su drugde dočekivali – nikad suvih gaća, kaže, iako nisu rakova tražili." (786) Čitalac koji ne prepozna u Pavlovim rečima odjek Rječnika mogao bi pomisliti da Isakovič ponavlja i usvaja samo podsmeh onih reči koje su mu upućene.

[56] Friedrich Nietzsche, Menschliches Allzumenschliches, I und II, Sämtliche Werke, KSA 2, Deutcher Taschenbuch Verlag Walter de Gruyter, München, 1988, S. 446.

[57] Njegova poslovica „Bez starca nema udarca" (418) postoji u Rječniku (II, 1045), kao što Đurđevo „u starca, mlada žena, bijeda gotova" (710) svojim ijekavskim oblikom nagoveštava svoje poreklo u Rječniku (I, 61).

[58] Srpske narodne poslovice, str. 232.

[59] Stabilan oblik ove poslovice u pripovedanju, koji direktno ne podrazumeva ni Rječnik ni Srpske narodne poslovice, potvrđuje njegovo ponavljanje u Đurđevom govoru (623).

[60] Mihail Bahtin, Problem govornih žanrova, preveo Mitar Popović, Treći program Radio Beograda, Beograd, broj 47, jesen 1980, str. 259.

[61] Rečnik srpskohrvatskoga književnog jezika, knjiga V, Matica srpska, Novi Sad, 1973, str. 276.

[62] Rečnik srpskohrvatskog književnog jezika, knjiga V, Matica srpska, Novi Sad, 1973, str. 276.

[63] Rečnik srpskohrvarskoga književnog jezika, knjiga V, Matica srpska, Novi Sad, 1973, str. 276.

[64] Književni arhiv Srpske književne zadruge, str. 425.

[65] I u Tekelijinoj autobiografiji pominje se „logov ham" (Opisanije života, str. 121), ali nema formule koja postoji u Rječniku.

[66] Takva individualizacija postoji, međutim, u naratorovoj odluci da karakteriše kočijaša kao jednog „od Slavonaca, u tom kraju" (273). Taj kočijaš uzvikuje „Ajme mene – križopuće!" (273), što je saglasno dodatnom određenju te reči u Rječniku (I, 429): „(u Hrv.)". Kada za Gavrila Božiča, pre nego što on Pavla nazove „loncijom" (749), narator napomene da je „iz Titela" (749), to korespondira sa dopunskim određenjem te reči u Rječniku (I, 469): „(u vojv.)".

[67] U svojim komentarima iz 1959. godine Crnjanski upućuje na *Rječnik:* „Vuk, međutim, kaže da u narodu ima nadimak: 'Crnjan' i 'Crnik', a da narod kaže i 'Jovane i crnjane!', 'Boško i crnjo!'." (*Sabrane pesme,* str. 153.) On navodi izreku – „Jovane i crnjane" – koja u *Rječniku* (II, 1106) objašnjava reč „crnjan", ali ne navodi i izreku koja objašnjava reč „crnik", iako i tu reč pominje. On, međutim, u promenjenom obliku pominje izreku „Božo i crnjo", koja u *Rječniku* objašnjava reč „crnjo", iako u komentarima tu reč ne pominje.

[68] Petrovo poređenje „kao kad kuskuni s neba padaju" (616), koje postoji u *Rječniku* (I, 448), pripada i Trifunu (723) i naratoru (681, 726). Narator oblikuje i zajedničko oficirsko i patrijarhalno zalede i Đurđa (414) i Pavla (507) kroz *njihova* ponavljanja anegdote o Beču, koju je Crnjanski zapisao i u svom putopisu iz Madrida godine 1933 (*Putopisi,* str. 354).

[69] *Roman Miloša Crnjanskog,* str. 118–121.

[70] Novica Petković, *Ogledi iz srpske poetike,* Zavod za udžbenike i nastavna sredstva, Beograd, 1990, str. 34.

[71] Ni asocijativni niz pisaca koji baštine vukovsku jezičku tradiciju ne pominje Crnjanskog (Jovan Delić, *Tradicija i Vuk Stef. Karadžić,* BIGZ, Beograd, 1990, str. 15–16, 25–26), jer se kod Crnjanskog prepoznaje samo „antivukovska pobuna u jeziku" (**Danilo Kiš i Miloš Crnjanski,** str. 167).

[72] *Ogledi iz srpske poetike,* str. 34.

[73] Mihail Bahtin, *O romanu,* preveo Aleksandar Badnjarević, Nolit, Beograd, 1989, str. 56.

[74] *Rječnik hrvatskoga ili srpskoga jezika,* str. 431.

NACIONOV UDES

[1] *Ispunio sam svoju sudbinu,* str. 211.

[2] *Rečnik srpskohrvatskog književnog jezika,* knjiga V, Matica srpska, Novi Sad, str. 977.

[3] Pavlovo „katkad" (343) relativizuje radikalni smisao njegove tvrdnje, jer kasniji Pavlovi afirmativni iskazi o nacionu moraju ostati psihološki mogući.

[4] Sličnu političku filozofiju iskazuje Tekelijino pismo Napoleonu (*Opisanije života,* str. 175), što otkriva da je pripovedanje s razlogom identifikuje kao duh vremena. Izvor na koji pripovedanje ovde upućuje nije, međutim, Tekelijina autobiografija.

277

IME UMA

[1] Grof Merci je komandant koji je, posle požarevačkog mira 1718. godine, upravljao i vojnim i ekonomskim poslovima temišvarskog distrikta. O tome piše u svojoj *Istoriji* (IV, Viena, 1795, str. 185) pisac kojeg roman naziva „učeni arhimandrit Rajič" (724).

[2] *Rečnik srpskohrvatskog književnog jezika*, knjiga IV, Matica srpska, Novi Sad, 1971, str. 450.

[3] *Rečnik srpskohrvatskog književnog jezika*, knjiga III, Matica srpska, Novi Sad, Matica hrvatska, Zagreb, 1969, str. 225.

[4] *Rečnik srpskohrvatskog književnog jezika*, knjiga I, 1967, str. 528.

[5] *Rečnik srpskohrvatskog književnog jezika*, knjiga III, str. 9.

[6] Ova Garsulijeva prikrivena žaoka Engelshofenu, koji se našao na strani koja je protiv uma, potrebna je naratoru da bi Engelshofenovim antropološkim pesimizmom osenčio *drugu* prirodu uma: „Lud je taj grof Merci i ti geometri i kapucini, što bi hteli da čoveka pretvore u anđela", jer je čovek „velika stražnjica" (172). Kao što um vidi ludilo u tome da mu se nacion ne pokorava, tako to ludilo vidi um kao iracionalan i lud.

[7] Kad Pavle Isakovič pitanje o svom ocu zatamnjuje kazivanjem o poreklu, onda se u središtu njegovog kazivanja nalaze imena, jer su „imali staru čitulju, koja je bila stara nekoliko stotina godina, a u njoj bejahu imena predaka naših. Pisalo je: Desivoje, Kalajan, Putnik, Primislav, a bile su zapisane i žene: Teša, Višnja, Trnjina, Dunja!" Imena, netraženo, postaju dokazi u Pavlovoj raspravi sa mrtvačkom glavom Austrije. Ni to što „tu čitulju... Spasoje, nesretnik, dade, za dukat, pa se još hvalio, kako je dobro prodao, čađavu kupusaru" ne znači nestajanje porekla, zato što je laž porekla po sebi nemoguća, jer „ne lažu mrtvi" nego „laže Garsuli" (318). Pavlov pronalazak porekla u imenima čitulje potpuno je, međutim, nestvaran, jer nema čitulje: to premešta njegovo dokazivanje s one strane sveta, kod mrtvih koji, po definiciji, „ne lažu" i odjednom *on* garantuje ono što je njega trebalo jamčiti. Poreklo nije samo raskriveno imenima predaka, već prepoznaje da Pavlov odnos prema poreklu nije odnos koji postoji u svetu. Imena predaka kao najdublje osvedočenje porekla istovremeno su i objava njegove problematičnosti, jer njihov temeljni razlog počiva u onostranosti – „mrtvi ne lažu" – iz koje Pavle i razumeva njihova imena, kao što otud dosledno stiže saznanje da je jedina laž ona koja postoji u svetu i zato, naravno, „laže Garsuli". Ime ovog činovnika prerasta iz simbola Austrije u delotvornu lažljivost sveta: tako u duhu Pavla Isakoviča postoji um.

[8] Pavlova objava u ludilu ima različitu motivaciju i unutar zbivanja, koja joj – naglašenim paralelizmom sa nacionovim samorazumevanjem, čiji Pavle hoće da bude glasnik – omogućava svetskoistorijsku pozadinu.

[9] Georg Vilhelm Fridrih Hegel, *Fenomenologija duha*, preveo Nikola Popović, BIGZ, Beograd, 1986, str. 67.

IME I VREME

1 *Ispunio sam svoju sudbinu*, str. 55.
2 *Vojna enciklopedija*, VIII, str. 493.
3 *Vojna enciklopedija*, str. 492.
4 *Vojna enciklopedija*, str. 490.
5 *Vojna enciklopedija*, str. 494.
6 *Vojna enciklopedija*, str. 494.
7 Sva izračunavanja izvedena su prema knjizi Dimitrije Mihajlović, *Veliki večiti kalendar*, Pres-kliping, Beograd, 1980, str. 9–33.
8 *Kod Hiperborejaca*, I, 25; II, 387–388.
9 Милош Црнянский, *Переселение*, I, Художественная литература, Москва, 1978, с. 547.
10 С. И. Селешников, *История календаря и хронология*, Наука, Москва, 1972, с. 209.
11 Vuk Stefanović Karadžić, *Danica*, Sabrana dela, Prosveta, Beograd, 1969, str. 23.
12 U napomenama za rusko izdanje romana piše da tek od prvog distinktivnog datuma „i dalje" Crnjanski upisuje datume na svoj način, iako narator i pre prvog distinktivnog datuma implicira kojim se kalendarom koristi.
13 Paul Ricoeur, *Time and Narrative*, III, p. 183–184.
14 Nije moguće da „kompleksni načini datiranja događaja" samo „pažljivo obrađuju izvore informacija kao što su arhive, pisma" (Ep i vreme..., str. 76), jer oni *simuliraju* prisustvo tih izvora u korist vremena njihovog zapisivanja u romanu. Drugi izvori pripovedanja, međutim, šifrovano upućuju na svoje poreklo.
15 Pretpostavljeno je da su to kalendari u izdanju Svetog arhijerejskog sinoda Srpske pravoslavne crkve i oni su upoređivani – kod odgovarajućih godina – u vezi sa svim neophodnim izračunavanjima, kao i podrazumevanjima. Malo je verovatna pretpostavka da je Crnjanski samo imena svetaca unosio u pripovedanje, a ne i dane u kojima su oni bili upisani u kalendaru koji je upotrebljavao, jer postoji poklapanje u velikom broju uzastopnih *dana* da bi oni mogli biti proizvoljno odabrani. Ali, čak i da potpuno proizvoljno odabrani urastaju u pripovedanje, oni u njemu *postaju* datumi određenih godina, jer – svojim poklapanjem – tvore *sistem*.
16 *Ispunio sam svoju sudbinu*, str. 62.
17 *Putopisi*, str. 236.
18 *Memoari*, str. 113.
19 *Memoari*, str. 116.
20 *Memoari*, str. 116.
21 *Srpska naselja...*, str. 62–64.
22 *Srpska naselja...*, str. 70.

[23] *Srpska naselja...*, str. 64.
[24] *Srpska naselja...*, str. 83, 112.
[25] Kasniji susret Pavla i Evdokije (474–475), koji se zbio 12/25. IX, donosi utisak da je Evdokija „još lepša nego pre šest nedelja" (479). Nesklad je, međutim, u tome što šest nedelja od 8. VIII padaju na dan svete mučenice Evdoksije 6/19. IX, a ne 12/25. IX. Ova nesaglasnost mogla bi biti motivisana greškom Pavlovog sećanja, koju narator tajanstveno sledi i kojom ostavlja tragove o koliziji između svog vremena i vremena zbivanja.
[26] *Rečnik srpskohrvatskog književnog jezika*, knjiga III, Matica srpska, Novi Sad, Matica hrvatska, Zagreb, 1969, str. 559.
[27] *Rečnik srpskohrvatskog književnog jezika*, knjiga IV, Matica srpska, Novi Sad, 1971, str. 935.
[28] Proizvoljnost upotrebe te reči prepoznaje se u tome što roman poznaje tačno značenje reči „prekosutra": „sutra ili prekosutra" (282) kao da nagoveštava da se „naksutra" upotrebljava u pripovedanju sinonimno sa „prekosutra". To kao da potvrđuje Pavle u času kada Crnogorcima obeća da će izaći iz lazareta „sutra, naksutra", a odmah potom „sutra, preksutra" (366). Ako narator ne oseća koliziju između tih reči, onda te kolizije u romanu – sasvim osobeno u srpskom jeziku – i nema.
[29] Duhovi su pokretni praznici i dok naratorove godine znaju četvrtak 10. VIII kao desetu nedelju posle Duhova, dotle je na dan svetog Prohora u godini 1961. bio mlad mesec (istovetnog izgleda – pun krug – kao i pun mesec, samo tamnije osenčen u kalendaru), a u godini 1950. položaj meseca zabeležen je daleko od tog dana. U toj godini je, međutim, upisano ime Nikanora, koje roman beleži kao „Nikon", dok ga godina 1961. ne poznaje, iako beleži postojanje „drugih", koje roman pominje, a godina 1950. prećutkuje. Narator *svesno* kontaminira mlad i pun mesec, jer zna za razliku između njih: u priči da su „Rascijani... u to doba, toliko voleli sve što je svetlo, mlado i novo, da su imali običaj da poskakuju prema novom Mesecu i da mu dovikuju kao bezumni: 'Zdrav zdravljače, nov novljače!'" (167) sintagma „kao bezumni" otkriva naratorovu interpretaciju rascijanske vezanosti za mlad mesec, pošto „Zdrav zdravljače! nov novljače! reku gdjekoji mladu mesecu kad ga prvi put ugledaju", a"gdjekoji uz to još poskoče prema mjesecu" (*Srpski rječnik...*, I, str. 301). Naratorovoj percepciji pripada, dakle, rascijanski skok koji pripovedanje tumači, jer je on u prepisci sa iracionalnom dimenzijom – u njenom tragičnom i groteskom vidu – nacionovog udesa. Ta percepcija uklanja saznanje da „gdjekoji i novčanu kesu ako u njoj dosta novaca imaju, tresnu prema njemu", jer nema pripovedačkog interesa da naglasi materijalističko sujeverje rascijanskog običaja.
[30] *Memoari*, str. 149.

[31] U godini 1752. 10. VIII jeste četvrtak, kao što je njegov ekvivalent – 28. VII – po starom kalendaru utorak, ali je 30. VIII dosledno sreda (starokalendarski ekvivalent 17. VIII ponedeljak), a 28. VIII ponedeljak, a po starokalendarskom ekvivalentu 15. VIII subota.

[32] Na taj dan u godini 1949. zabeležena je prva mesečeva četvrt (istog oblika i suprotne postavljenosti u odnosu na poslednju), u godini 1955. zapisani mesečev položaj nije ni blizu ovog dana, a u godini 1960. prva četvrt meseca je dva dana ranije. Dok je za godinu 1949. zapisan „mč. Miron", a u godinama 1955. i 1960. „Sv. muč. Miron", dotle sve tri godine beleže samo „Rozalija".

[33] U godini 1752. bio je nedelja, dok je 4.IX po starom kalendaru bio petak.

[34] Što je starokalendarski ekvivalent Male Gospojine (8. IX) u 1752. godini.

[35] Godine 1752. bila je, po novokalendarskom ekvivalentu datuma koji je ponudio roman, u četvrtak.

[36] Godina 1949. beleži „svmč. Vavila" i „Rane sv. Fr.", dok 1955. godina zapisuje „sv. sveštmuč. Vavila" i „Rane + Kvatri", a 1960. „Sv. svmč. Vavila; sv. pror. Mojsije" i „Rane sv. Franje".

[37] Georg Vilhelm Fridrih Hegel, *Estetika*, I, preveo Nikola Popović, BIGZ, Beograd, 1975, str. 276–277.

[38] *O romanu*, str. 15.

[39] *Književne analize*, str. 127.

[40] *O romanu*, str. 125.

[41] *O romanu*, str. 125.

[42] *Žitije Gerasima Zelića*, I, SKZ, Beograd, 1897, str. 50–51.

[43] Godine 1752. to je bio ponedeljak, odnosno – po starom kalendaru – subota.

[44] Naratorovo vreme za nedelju 25. IX u godini 1949. beleži „Svmč. Avtonom" i „Kleopa", za 1955. godinu je zapisano „Muč. Avtonom (Odan. M. Gosp.)" i „Kleopa muč.", a u godini 1960. piše „Sv. muč. Avtonom (Odan. rod. Bogor.)" i „Kleopa muč.".

[45] Godine 1752. to je bio ponedeljak, dok je po starom kalendaru to bila subota.

[46] Nedelja 2. X postoji u godini 1949. kao „Sv. Trofim" i „Anđeo čuvar", a u 1955. i 1960. godini kao „Sv. muč. Trofim i drugi" i „Anđeli čuvari". U naratorovom zapisu postoji jednina kod Anđela čuvara i nema pomena o drugima pored Trofima što je isto kao i u godini 1949, ali Trofim poseduje odrednicu – velikomučenik – koju ta godina nema.

[47] *Memoari*, str. 113–158.

[48] *Memoari*, str. 275–326.

[49] Iz jedne kasnije, a nesigurnošću Pavlovog sećanja ispunjene beleške, moglo bi se pomisliti da su pošli na put iz Temišvara krajem jula

po starom ili početkom avgusta po novom kalendaru, jer "smejali su se i tome, da odlaze, po Đurđevom kalendaru, u julu, a po Varvarinom, šokačkom, u avgustu" (716).

[50] Dan mučenika Evlampija (10. X) zapisan je kao nedelja u godinama 1949. ("Sv. Evlampije"), 1955. ("Sv. Evlampije i Evlampija") i 1960 ("Sv. mučenik Evlampije i Evlampija").

[51] Pripovedanje je nesigurno u objašnjavanju vremena Đurđevog polaska, jer ako je Dunda Birčanski "poslednje noći, uoči polaska Đurđevog iz Tokaja" (547) sela Đurđu u krilo, kako se onda Đurđe pravdao Ani "iduće noći, uoči polaska iz Tokaja" (548)? Kada pripovedanje kaže da je bila poslednja noć, onda to nije nužno poslednja, jer je odrednica "uoči" fleksibilna.

.[52] Godine 1752. bila je subota.

[53] U 1949. godini, među imenima "za rimokatolike", postoji samo "Simon", a u godinama 1955. i 1960. "Simon i Juda".

[54] U paralelizmu naratorovog i vremena zbivanja godina 1949. beleži "Sv. Petka" i "Sabina", 1955. godina "Prep. Paraskeva (Sv. Petka)" i "Sabina", a godina 1960. "Prep. mati Paraskeva (Sv. Petka)" i "Sabina". Kao da naratorovo pero spaja odrednicu "sveta" iz sintagme "Sv. Petka" sa imenom i odrednicom "prepodobna Paraskeva".

[55] Godine 1752. bila je sreda.

[56] Dok godine 1949. i 1960. beleže "Grigorije Čudotv." i "Sv. Grigorije Čudotvorac", a godina 1955. "Sv. Grigorije", za 19. X godina 1949. zapisuje samo "Prohor Pčinjski" za razliku od godina 1955. i 1960. koje beleže: "Sv. Jov. Rilski i Prohor Pčinjski".

[57] U naratorovom vremenu godina 1949. beleži "Sv. Averkije" i "Karlo Borom.", a godine 1955. i 1960. "Sv. ravnoapostol Averkije" i "Karlo Borom". Određenje "mučenik" uz Averkija sluti nedoslovno prenošenje iz kalendara, a određenje "sveti" uz Karla Boromejskog kao da označava pripisivanje Averkijevog svojstva Karlu Boromejskom, što bi značilo da narator nije samo nedoslovan u projektovanju svog vremena, već je i nedosledan.

[58] Godine 1752. bio je četvrtak.

[59] Tihomir R. Đorđević, *Priroda u verovanju i predanju našeg naroda*, Naučno delo SAN, Beograd, 1958, str. 41.

[60] U 1949. godini ta četvrt je sijala u petak, dok je u 1955. godini sijala u ponedeljak. Saznanje da je uoči Pavlovog polaska iz Tokaja "Mesec... bio pun" (583) naratorov kalendar prepoznaje u 1960. godini, jer samo ona utvrđuje da je 21. X sijao pun mesec, dok godina 1949. ima pun mesec u kasnijim danima, a 1955. godina u znatno kasnijim danima. Iz istog kalendara – 1960. godine – narator prenosi protivrečne pozicije meseca u svoj rukopis.

[61] Godina 1949. beleži „Mitrovdan", a godine 1955. i 1960. „Sv. velmuč. Dimitrije".
[62] Godina 1949. beleži „Mč. Onisifor", a godine 1955. i 1960. „Sv. muč. Onisifor i Porfirije".
[63] Godina 1949. zapisuje Pavlovu slavu kao „Sv. Mrata – St. Dečan.", godina 1955. kao „Sv. Stevan Dečan. (Sv. Mrata)", a 1960. godina kao „Sv. St. Dečan. (Sv. Mrata), mč. Mina".
[64] Godina 1949. ne obeležava božiji post, iako registruje da dan pre njega jesu „B. poklade", a godine 1955. i 1960. zapisuju ime mučenika Gurija i u zagradi božiji post; sintagma „početak velikog posta" najsličnija je zapisu iz godine 1955: „Poč. bož. posta".
[65] Godine 1752. bila je nedelja.
[66] *Memoari*, str. 159.
[67] I pogled u pretpostavljeno naratorovo vreme vidi da je u mesecu „Decembru" pod odrednicom „petak" zapisano: novi 2, stari 19. U godini 1949. piše „Pr. Avdija", a u godinama 1955. i 1960. „Sv. prorok Avdija". Čitanje starog datuma izvršeno je pod odrednicom za mesec novog kalendara: previd ili htenje?
[68] Žorž Pule, *Čovek, vreme, književnost*, Nolit, Beograd, 1974, str. 401.
[69] *Čovek, vreme, književnost*, str. 399.
[70] Nije, dakle, sasvim precizno da „onog momenta kad su oni u Rusiji, datumi i sveci su isključivo pravoslavni", iako je sasvim tačno da „koliko konceptualno sprovodi Crnjanski svoje igrarije do kraja (čime hoću da dokumentujem da ih sprovodi svesno...)" može se „videti po onoj njegovoj igri sa kalendarima". (Borislav Mihajlović, Razgovor..., str. 8.)
[71] Godine 1753. bio je, po novom kalendaru, petak, a po starokalendarskom ekvivalentu sreda.
[72] Godina 1950. beleži „I i II nal. gl. Jov. Krs.", a godina 1961. „I i II obret. glave Jov. Krstitelja".
[73] Godine 1753. bio je, po novom kalendaru, ponedeljak, a po starokalendarskom ekvivalentu subota.
[74] U godini 1949. zapisano je „42 muč. iz Amor.", u 1955. godini piše „42. muč. u Amoreji", a u 1960. godini „sv. 42 muč. u Amoreji".
[75] Mogućnost naratorovog *previda* skrivena je u pretpostavci da i u godinama 1949, 1955. i 1960. 9. III jeste sreda: otud je moguće pretpostaviti da je sreda preuzeta iz kalendara, a praznik pomeren. Ali, sreda je izričito vezana za 8. III, a za razliku od pređašnje slutnje o previdu sada godina naratorovog vremena – 1950. i 1961. – nije *neponovljiva*, već saobrazna vremenu zbivanja u bitnom broju datuma.
[76] I godina 1949. ima pun mesec iza obretenja glave Jovana Krstitelja, ali, zbog razlike u pokretnim praznicima, ne i u istim datumima kao godine njenog vremenskog niza, niti sa položajem punog meseca u pačis-

toj nedelji. Dan amorejskih mučenika kao dan kijevske parade i četrnaesti distinktivni datum, koji je saglasan sa potencijalnim distinktivnim datumom, bio je „uoči Krstopoklone nedelje". Subota amorejskih mučenika „uoči Krstopoklone nedelje" može, otud, biti samo u godinama 1955. i 1960, a ne i u godini 1949, jer je Todorova subota 12. III. Kako je ona pokretni praznik, koji je prve nedelje Velikog posta, onda u 1949. godini dan amorejskih mučenika 19. III postoji u nedelji koja se zove „čista". Kako je „Krstopoklona nedelja" uvek iza „pačiste" (koja je iza „čiste"), onda dan amorejskih mučenika koji je „uoči Krstopoklone nedelje" ne pripada godini 1949: da li je to uklanja iz naratorovog vremena?

[77] U godinama 1955. i 1960. zapisan je kao „Sv. svešmuč. Artemon", a u godini 1949. nije tako zapisan, jer je bio Uskrsni utorak.

[78] Metamorfoze ovih odrednice obeležavaju poetičke promene u srpskoj književnosti: one su tragovi naratorove svesti u romanu Crnjanskog; u Piščevićevoj autobiografiji obeležavaju njeno dnevničko poreklo; u putopisu srpske srednjovekovne književnosti i srpske književnosti XVIII veka predstavljaju trag uticaja vizantijskog proskinitariona (Đorđe Trifunović, *Azbučnik srpskih srednjovekovnih književnih pojmova*, Nolit, Beograd, 1990, str. 296–298).

[79] Kada se u *Travničkoj hronici*, nasuprot naratoru, otkrije da „prvi novembar 1813 nije bio nedelja nego ponedeljak" (Ivan Dimić, Jedna datumska greška u „Travničkoj hronici", *Zbornik u čast Vojislava Đurića*, Filološki fakultet, Filozofski fakultet, Institut za književnost i umetnost, Beograd, 1992, str. 302), onda to otkriće nije moguće *iz* samog romana, jer nije smešteno u njegov *zahtev* postavljen čitaocu, dok je određivanje vremena u *Ani Karenjinoj*, iako teško primetljivo, jer „čitalac ne prati red vožnje, čak i dobri čitaoci to retko čine" (Vladimir Nabokov, *Eseji iz ruske književnosti*, prevela Ksenija Todorović, Prosveta, Beograd, 1984, str. 186) ipak *zahtev* upućen čitaocu, jer je „ključ za njenu strukturu... razmatranje u kategorijama vremena" (*Eseji...*, str. 183).

[80] Ako i drugi kalendari iz naratorovog vremenskog niza (godine 1946, 1947, 1952, 1957, 1958) mogu zadovoljiti ove uslove, to – usled već obavezujuće konstantnosti naratorovog vremena – ne senči pretpostavljene godine.

[81] Sve pretpostavljene godine naratorovog vremenskog niza beleže taj datum kao „Svm. Timotej" i „Sv. sveštmuč. Timotej", dok samo 1955. godina kao „Sv. sveštmuč. Timotej Pruski".

[82] Godine 1753. to je bila sreda.

[83] U godini 1950. 4. VIII je zabeležen kao dan „7. dece u Efesu", a u godini 1961. kao dan „Sv. 7. otroka u Efesu". To što Pavle upozorava Petra da „ne valja putovati uoči Preobraženja" (702) ne pomaže u otkrivanju godine naratorovog vremena, jer datum Petrovog polaska prethodi Preobraženju. Ali, u 1950. godini poslednja mesečeva četvrt nije zapisana u

nedelji Petrovog polaska, jer u toj nedelji sija mlad mesec, dok u 1961. godini poslednja mesečeva četvrt sija na Preobraženje, što je dva dana posle Petrovog polaska, pa je to verovatnija godina naratorovog vremena, jer je njoj približnije Pavlovo upozorenje da je „Mesec ušao u poslednju četvrt" (702).

[84] U godini 1950. zabeležen je kao „Mč. Fotije i Anikita", a u godini 1961. kao „Sv. muč. Fotij i Anikita".

[85] Godine 1753. bio je petak.

[86] U 1950. je zapisan kao „Prep. Pimen" sa punim mesecom tri dana posle njega, a u 1960. kao „Prep. Pimen Veliki" sa mladim mesecom dan posle njega.

[87] U godini 1950. zabeleženo je „Sab. srp. pr. Al. Nev." i pun mesec, a u godini 1961. samo „Sv. Aleksandar Nevski".

[88] U godini 1950. zapisano je „Sozont (Pretpr. M. G.)", a u godini 1961. „Sv. mč. Sozont (Pretpr. Rođ. Bogor.)".

[89] Godine 1753. bio je utorak.

[90] U 1950. godini piše „Mč. Sofija i kćeri", a godina 1961. beleži „Sv. muč. Sofija i njene kćeri".

[91] Godine 1753. bio je petak.

[92] U 1950. godini zapisan je „Muč. Trofim", a u godini 1961. „Sv. muč. Trofim i dr.".

[93] Godine 1753. bila je nedelja.

[94] Godina 1956. zapisuje 19. IX u utorak, jer je prestupna godina.

[95] U godini 1950. zabeležen je „Stevan Št. d. srp.", a u godini 1961. „Sv. Stevan Štilj.; sv. muč. Jerotej".

[96] U godini 1950. piše „Stevan Deč. (Mrata)", a u godini 1961. „Sv. St. Deč. (sv. Mrata); muč. Mina".

[97] U godini 1950. piše „vmuč. Artemije", a u 1961. godini „Sv. vel-muč. Artemije".

[98] U 1950. godini taj datum je zapisan kao „Vr. Kozm. i D.", a u godini 1961. „Sv. Kosma i Damj. (Vračevi)".

[99] U 1950. godini zapisan je „Sv. Pavle ispoved.", a u godini 1961. „Sv. Pavle Ispovednik".

[100] Godine 1753. bila je subota.

[101] U godini 1950. piše „33. muč. u Melitini", a u godini 1961. „Sv. 33 mučenika u Melitini".

[102] U godinama 1950. i 1961. zapisano je „Sv. Jovan Zlatousti".

[103] Godine 1753. bila je subota.

[104] А. Н. Зелинский, **Конструктивные принципы древнерусского календаря**, *Контекст 1978*, Наука, Москва, 1978, с. 62

[105] **Конструктивнье принципы...**, с. 62.

[106] Emil Benvenist, *Problemi opšte lingvistike*, preveo Sreten Marić, Nolit, Beograd, 1975, str. 276.

[107] Paul Zumthor, *Essai de poétique médiévale*, Editions du Seuil, Paris, 1972, p. 95.
[108] David Wood, *The Deconstruction of Time*, Humanities Press International, Inc, Atlantic Highlands, NJ, 1991, p. 357.
[109] *The Deconstruction of Time*, p. 354.
[110] *Problemi opšte lingvistike*, str. 271–272.
[111] Trag tog upisivanja postoji u svim naratorskim glasovima, jer nije „hroničarski glas... odvojen od događaja vremenskim jazom koji je neodređen, ali fiksiran za neku tačku u budućnosti" (Ep i vreme..., str.77), jer to nije bilo koja tačka, već tačka koja, u naratorovoj svesti, obeležava nihilističko iskustvo u rasponu epohalnog udesa, pa i autorski glas ima, iako se čini da nema, „fiksiranu vremensku tačku iz koje priča" (Ep i vreme..., str. 79). Naratorova svest obuhvata i epski i hroničarski i autorski i istorijski glas u pripovedanju, kao i njihove međuodnose, i čitav sistem različitih i kulturnoistorijskih glasova koji postoje u pripovedanju. Kada ovi glasovi stignu u vreme zbivanja posredstvom naratorove svesti, kao tragovi njenog vremena, koje je, međutim, potonje vreme, onda njihova aluzivnost – i kao deo govora junaka – nosi i trag onog smisla koji je utisnulo naratorovo vreme. Otud ti glasovi – epski, hroničarski, istorijski, autorski – u pripovedanju postoje kao sopstvene *simulacije*, jer su posredovani vremenom naratorove svesti.
[112] Martin Heidegger, *Bitak i vrijeme*, preveo Hrvoje Šarinić, Naprijed, Zagreb, 1985, str. 468.
[113] *Bitak i vrijeme*, str. 475.
[114] Distinktivnim datumima obuhvaćeno je preko dve trećine teksta romana: od strane 349 do strane 794, što iznosi 445 strane. Stranice neobuhvaćene distinktivnim datumima postoje od strane 165 do strane 348, što iznosi 183 strane. Distinktivnim datumima pokriveno je, međutim, svo vreme zbivanja u romanu, osim prva dva meseca od 15/28. V do 16/29. VII. Od 21 distinktivnog datuma nizovima naratorovog vremena pripada 19. U nizu 1949-1955-1960 postoji 10 distinktivnih datuma, a u nizu 1950-1961 postoji 9 distinktivnih datuma. Jedan datum (1948-1954) mogao bi biti previd i pripadati nizu 1949-1955-1960. Prvi distinktivni datum ne pripada, međutim, nijednom vremenskom nizu u romanu, već godinama 1953 ili 1959. Od trećeg do četrnaestog distinktivnog datuma postoji u nizu 1949-1955-1960 samo (ako se usvoji da je peti distinktivni datum previd) jedno razilaženje: u trinaestom distinktivnom datumu. Od tog datuma do dvadesetprvog distinktivnog datuma postoji u nizu 1950-1961 samo razilaženje u četrnaestom distinktivnom datumu. Ali, nizu 1950-1961 pripada i drugi distinktivni datum, koji je u pripovedanju daleko od datuma svog niza. Postoji, dakle, velika saglasnost između datuma svakog niza, kao i pravilnost u smenjivanju jednog niza drugim nizom unutar pripovedanja.

115 Suprotno tvrđenje je zapisano u knjizi Radovana Popovića, *Život Miloša Crnjanskog*, Prosveta, Beograd, 1980, str. 217.
116 Dok je suprotno tvrđenje zapisano u knjizi Vladimira Bunjca (*Kamenovani Crnjanski*, Milić Rakić, Valjevo, 1986, str. 185), dotle je slično tvrđenje izneo Živorad Stojković (**Razgovor...**, str. 4.)
117 Zaostavština Miloša Crnjanskog: Pismo Tanasiju Mladenoviću od 16. II 1960, Narodna biblioteka Srbije, P 702/3 1960.
118 *Roman Miloša Crnjanskog*, str. 244.
119 *Književnost*, Beograd, god. XII, knj. XXV, sv. 7–8, jul–avgust 1957, str. 30–52; sv. 12, decembar 1957, str. 517–538.
120 **Ep i vreme...**, str. 80.
121 Dušan Puhalo, *Istorija engleske književnosti (od početaka do 1700. godine)*, Naučna knjiga, Beograd, 1987, str. 11.
122 *Putopisi*, str. 476.
123 Bede, *A History of the English Church and People*, Penguin Books, Edinburgh, 1960, p. 124–125.
124 Ironija Crnjanskovog komentara da je „razlog engleske religioznosti... neki sentimentalan put ka grobu" (*Putopisi*, str. 476) dodiruje se sa saznanjima u romanu *Kod Hiperborejaca*: „On svoj čarobni svet budućnosti zida na pesku fatamorgana. Na jednom negativnom faktu istorije. Na strahu ljudskom od smrti. Na tom počiva crkva. To je stena Petrova." (*Kod Hiperborejaca*, I, str. 293) Ili: „Pripovetka o sreći iza groba, meni se činila, na kraju, najgora, crkvena poltronerija." (*Kod Hiperborejaca*, II, str. 311) Ovo je eksplicitna ravan naratorovog razumevanja smisla priče o vrapcu. Kada je odlučio da je ne unese u priču o Pavlu Isakoviču, Crnjanski je, međutim, odlučio da joj podari implicitno dejstvo: *prećutao* je hrišćansko-metafizičku poentu priče o ptici. To prećutkivanje je trag koji odvodi njegovoj eksplikaciji.
125 **Wilhelm Weischedel, Philosophische Theologie im Schatten des Nihilismus**, u: *Philosophische Theologie im Schatten des Nihilismus*, Walter de Gruyter, Berlin, 1971, S. 46.
126 Martin Heidegger, **Nietzscheova riječ „Bog je mrtav"**, u: *Doba slike svijeta*, preveo Boris Hudoletnjak, Studentski centar Sveučilišta, Zagreb, 1969, str. 65, 105.
127 Dušan Pirjevec, *Svet u svetlosti kraja humanizma*, *Treći program Radio Beograda*, Beograd, 1969, str. 174.
128 **Nietzscheova riječ...**, str. 97.
129 *Kod Hiperborejaca*, II, str. 123, 126.
130 *Romansijer Miloš Crnjanski*, str. 180.
131 *Roman Miloša Crnjanskog*, str. 224.
132 Zoran Gluščević, *Perom u raboš*, Svjetlost, Sarajevo, 1966, str. 130.
133 Karl Jaspers, *Filozofija*, prevela Olga Kostrešević, Izdavačka knjižarnica Zorana Stojanovića, Sremski Karlovci, 1989, str. 402.

[134] *Prostori sreće u delu Miloša Crnjanskog*, str. 211.
[135] *Vesela nauka*, str. 48, 146–147, 241.
[136] Formula o nestanku smrti kao da je odjek poslednjeg Šekspirovog stiha u onom sonetu koji je Crnjanski, godine 1930, shvatao kao „vrhunac... svega što je Šekspir, samom sebi, besmrtnoj svojoj duši, u gorkoj uviđavnosti, ispevao": „kad je Smrt mrtva, umiranja više nema" (*Eseji*, str. 226). Seobe uklanjaju smrt i postoje na njenom nestanku. One, dakle, postoje umesto smrti, kao smrt, jer samo „kad je Smrt mrtva" tada ima seoba. Kad ima seoba, onda „umiranja više nema", jer smrti nema.
[137] Žan Bodrijar, *Simulakrumi i simulacija*, prevela Frida Filipović, Svetovi, Novi Sad, 1991, str. 155.
[138] Roman intencionalno upotrebljava mogućnost imenovanja vremena, koju Simeon Piščević posreduje na redim mestima svoje autobiografije u izrazima kao što su „25. decembra, na dan Hristova rođenja" (*Memoari*, str. 166) ili „sutradan, trećeg dana Hristova roždestva, decembra, 27. dana" (*Memoari*, str. 346).
[139] Arhim. dr Justin Popović, *Žitije svetih za mesec maj*, Beograd, 1974, str. 387-410.
[140] *Time and Narrative*, III, p. 108.
[141] Džejms Bilington, *Ikona i sekira*, preveo Branko Vučićević, Rad, Beograd, 1988, str. 24.
[142] *Ikona i sekira*, str. 24.
[143] Kada Trifun kaže da je Pavle „podli, prepodobni" (705), onda on naglašava naličje Pavlove odrednice. Takvo naglašavanje postoji i u romanu *Kod Hiperborejaca*, jer junakinja „kaže: perfidno, prepodobno" (*Kod Hiperborejaca*, I, str. 205).
[144] Jeromonah Amfilohije Radović, **Svetosavsko prosvetno predanje i prosvećenost Dositeja Obradovića**, u: *Bogoslovlje*, Bogoslovski fakultet Srpske pravoslavne crkve, Beograd, XXV, 1981, sv. 1–2, str. 37.
[145] Milan Kovačević, *Ontološki triptih*, Književna zajednica Novog Sada, Novi Sad, 1990, str. 20–21.
[146] Hans Georg Gadamer, **Philosophie und Poesie**, *Kleine Schriften*, IV, J. C. Mohr (Paul Siebeck), Tübingen, 1977, S. 244.

O ZAVRŠETKU ROMANA

[1] *Vesela nauka*, str. 193.
[2] Aristotel, *O pjesničkom umijeću*, prevod i objašnjenja Zdeslav Dukat, August Cesarec, Zagreb, 1983, str. 21–22.
[3] Aristorel, *Retorika*, preveo Marko Višić, Nezavisna izdanja Slobodana Mašića, Beograd, 1987, str. 151.

⁴ U *Retorici* se razlikuje retorički učinak početka i završetka (*Retorika*, str. 157).
⁵ *O pjesničkom umijeću*, str. 48.
⁶ Ako se celina ne mora shvatiti samo kao organska, kakav je položaj završetka kada shvatimo da je „čudan... i naizgled besmislen poduhvat pisati *istoriju* na osnovu ideje kakav bi trebalo da bude svetski tok kad bi bio saobražen izvesnim razumnim svrhama", jer „izgleda da bi se s takvom namerom mogao napisati samo *roman*" (Imanuel Kant, Ideja opšte istorije usmerena ka ostvarenju svetskog građanskog poretka, prevela Dušica Guteša, u: *Um i sloboda*, izbor Danilo Basta, Ideje, Beograd, 1974, str. 38)? Ako bi bilo smisleno pisati roman na osnovu ideje o saobraženosti svetskog toka razumnim svrhama, onda bi ta smislenost izvirala iz unutrašnjeg jedinstva koje podrazumeva roman. To, međutim, nije *tehničko jedinstvo*, jer ono počiva na šemi „koja nije izrađena prema jednoj ideji, to jest prema glavnom cilju uma" pošto je sam svetski tok disperzivan i njegov opis bi bio „empirički, to jest prema ciljevima koji se slučajno pokazuju (čiji se broj ne može unapred znati)". Pisanje romana moguće je uprkos svetskoj nesaobraženosti svrhama, ali ne kao opis te nesaobraženosti, već na osnovu ideje o saobraženosti. Unutrašnje ustrojstvo romana podrazumeva, otud, neko jedinstvo kojem je prirođeno pisanje o svetskom toku „na osnovu ideje". To jedinstvo zapanjujuće nalikuje na *arhitektonsko jedinstvo*, čija šema „proizlazi samo iz jedne ideje", baš kao što bi se i roman pisao na osnovu ideje, a toj ideji „um postavlja ciljeve a priori a ne očekuje ih empirički" (Imanuel Kant, *Kritika čistog uma*, preveo Nikola Popović, BIGZ, Beograd, 1976, str. 494), jer i svetska nesaobraženost svrhama empirijski ne ide u susret pisanju romana na osnovu ideje. Ovde se pretpostavlja da jedinstvo romana nije – u svom odlučujućem momentu – organsko, već teleološko. Takvo jedinstvo podrazumeva razliku između početka i završetka. Jer, u objašnjenju Kantove definicije smeha, naglašava se da „kad neko pripovedanje neke priče izazove u nama veliko očekivanje, a mi pri završetku odmah uvidimo njenu neistinitost, onda nam to pričinjava nezadovoljstvo" (Imanuel Kant, *Kritika moći suđenja*, preveo Nikola Popović, BIGZ, Beograd, 1975, str. 216). Neistinitost je ovde neistinitost u odnosu na ideju koja omogućava jedinstvo priče. Ta ideja je moguća tek „pri završetku", što znači da posebnost završetka unutar jedinstva celine nastaje usled njegove adekvatnosti *ideji* celine. Teleološko jedinstvo, za razliku od organskog, ne insistira na graničnim svojstvima završetka, već na svrhovitosti njegovog položaja: priča, koja treba da izazove preobražaj napregnutog očekivanja u ništa, ne može svoju ideju smeštenu na završetku premestiti sa njenog mesta u priči.
⁷ *O pjesničkom umijeću*, str. 30.
⁸ *O pjesničkom umijeću*, str. 30.

[9] Reč *konvencionalni* ima deskriptivni, a ne vrednosni smisao. Završetak se, u renesansnim poetikama koje slede Aristotela (Skalićero, Minturno), shvata kao konstitutivni akt žanrovskih determinacija (*Poetika humanizma i renesanse*, II, priredio Miroslav Pantić, Prosveta, Beograd, 1963, str. 23, 46).

[10] Ako završetak ne proizilazi iz skale korespondencije ovih načela ili ako ne poštuje njihove determinacije, onda je on pogrešan (*O pjesničkom umijeću*, str. 34).

[11] Viktor B. Šklovski, *Uskrsnuće riječi*, preveo Juraj Bedenicki, Stvarnost, Zagreb, 1969, str. 52.

[12] *Uskrsnuće riječi*, str. 55.

[13] *Uskrsnuće riječi*, str. 68.

[14] *Uskrsnuće riječi*, str. 114.

[15] *Uskrsnuće riječi*, str. 115.

[16] Prevlast konvencionalne determinacije nije, dakle, ugrožena njenim oblicima u romanu, jer dok *epilog* „izdvajajući se iz lanca zbivanja, zatvara nizanja i pokazuje nam kako da ih čitamo", dotle *iluzorni završetak* pruža „zadovoljavajući zaključak pošto mu čitalac daje metaforično i anegdotskò tumačenje i onda čita ovaj tematski iskaz suprotstavljajući ga samoj radnji" (Džonatan Kaler, *Strukturalistička poetika*, prevela Milica Mint, SKZ, Beograd, 1990, str. 331). Razlika u obliku završetka nije, dakle, razlika u *upućivanju* čitaoca, jer nema razlike u prirodi determinacije koja stvara oblike.

[17] Boris Ejhenbaum, *Književnost*, prevela Marina Bojić, Nolit, Beograd, 1972, str. 70.

[18] *Književnost*, str. 71.

[19] *Književnost*, str. 71.

[20] U Ejhenbaumovim razlikovanjima između novele i romana odvija se korespondencija između smisla za razlike u žanrovima i smisla za celinu. Na osnovu te korespondencije moglo bi se – u najuopštenijem stepenu – pretpostaviti da je poetski završetak najbliži logičkom završetku (Barbara Herrnstein Smith, *Poetic Closure*, University of Chicago Press, Chicago, 1968, p. 132) kada pesma ide „napred korak po korak ka svom završetku s neumitnošću i strogom doslednošću matematičkog problema" (Edgar Alan Po, *Filozofija kompozicije*, preveo Božidar Marković, u: *Odabrana dela*, Nolit, Beograd, 1974, str. 349), a da su logičke determinacije jače u dramskom nego u proznom delu.

[21] J. M. Lotman, *Struktura umetničkog teksta*, preveo Novica Petković, Nolit, Beograd, 1976, str. 280.

[22] *Struktura umetničkog teksta*, str. 287.

[23] *Struktura umetničkog teksta*, str. 278.

[24] U postojanju vremenske razlike između početka i završetka u muzičkom delu, kao i u književnom, skrivena je mogućnost njegovog

stvaranja „iz perspektive jednog završetka koji je već fiksiran" (Maynard Solomon, Bethoven's Ninth-Symphony: The Sense of an Ending, *Critical Inquiry*, Winter 1991, volume 17, number 2, University of Chicago, p. 299), dok slikarsko delo ne posreduje takvu mogućnost, jer ne poznaje vremensku razliku između svog početka i završetka.

25 Kada se završetak predodređujuće razumeva kao deo okvira, onda „treba razlikovati čisti završni signal, koji se vrlo često javlja a nema drugog značenja sem pravog signaliziranja završetka, od fragmenta koji, u suštini pripada samom ispričanom događaju i koji baš u taj događaj unosi određene informacije" (Marija Renata Majenova, Struktura teksta, *Književna kritika*, preveo Milovan Petković, Beograd, god. XIV, br. 4, jul-avgust 1983, str. 35–36). Odsustvo značenja koje demonstrira pripovedanje na svom završetku postoji samo kao „završni signal" tek kada se izvede iz pojma okvira, jer *višak* pripovedanja na završetku romana, koji samim postojanjem pita o sebi, nije samo završni signal.

26 *Struktura umetničkog teksta*, str. 283.

27 *Struktura umetničkog teksta*, str. 277.

28 Paradoks da se završetkom nešto završava, a nešto ne završava, koji je Lotman potisnuo idejom o okviru, bio je inspirativan za kritiku i teoriju posle strukturalizma. Ona je, međutim, taj paradoks potisnula idejom o završetku kao represivnom i tekstu kao subverzivnom delu romana, koji se nezaustavljivo nastavlja u drugim romanima (D. A. Miller, Balizac's Illusions Lost and Found, *Yale French Studies*, number 67, Yale University Press, 1984, p. 165). Kada, međutim, završetak jednog romana obeležava premeštanje sudbine junaka u drugi roman, kao u *Izgubljenim iluzijama*, onda je svest o premeštanju ono što otkriva da je u pitanju drugi, a ne isti roman, jer postoji, naravno, razlika između druge i treće knjige *Rata i mira* u odnosu na vezu između *Izgubljenih iluzija* i romana *Sjaj i beda kurtizana*.

29 *Struktura umetničkog teksta*, str. 284.

30 B. A. Uspenski, *Poetika kompozicije – Semiotika ikone*, preveo Novica Petković, Nolit, Beograd, 1979, str. 210.

31 *Poetika kompozicije – Semiotika ikone*, str. 203.

32 *Poetika kompozicije – Semiotika ikone*, str. 210.

33 Žerar Ženet, *Figure*, prevela Mirjana Miočinović, Vuk Karadžić, Beograd, 1985, str. 119.

34 *Figure*, str. 119–120.

35 *Figure*, str. 120.

36 *Figure*, str. 120.

37 *Figure*, str. 121.

38 Zahtevi njegove *Retorike* za kratkoćom, koja je inherentna epilogu (*Retorika*, str. 255), kao i za ponavljanjem, koje mu je prirođeno (*Retorika*, str. 282) – što su zahtevi koje poznaje i Platonov *Fedar* (*Ijon, Gozba*,

Fedar, str. 165) – nisu se u srednjem veku „mogli primjenjivati na poeziju, ali ni na prozu koja nije bila govornička" (Ernst Robert Kurcijus, *Evropska književnost i latinsko srednjovekovlje*, Matica hrvatska, Zagreb, 1971, str. 95). Ono što je predmetno *suvišno* u retoričkom shvatanju epiloga istovremeno je poetički konstitutivno za *efektivnost* završetka.

39 Marianna Torgovnick, *Closure in the Novel*, Princeton University Press, Princeton, 1981, p. 6. O knjizi Torgovnikove videti recenzije: Patrick Swinden, *Critical Quarterly* (book reviews), Spring 1983, p. 78–79; Piter Kemp, **Kritika kao metajezik**, *Književnost*, Beograd, knj. LXXV, sv. 12, decembar 1983, str. 1974. Delovi knjige Marijane Torgovnik prevedeni su u časopisu *Gradina* (Niš), čiji je broj 2 (god. XIII) za 1988. godinu delimično posvećen funkciji epiloga u književnom delu.

40 *O pjesničkom umijeću*, str. 24.

41 Taj stav podrazumeva da „treba da postoji neka racionalizacija koja bi opravdala zašto je svaki pojedinačni element teksta uključen u tekst i zašto postoji tamo gde postoji a ne na nekom drugom mestu". U isti mah, „pitati 'zašto' u tim stvarima je priznati da treba da postoji razlog i – kakav god da je izvor racionalizacije – mi očekujemo da takav jedan razlog bude izveden iz neke obuhvatne hipoteze o formi, zatvorenoj formi, čak i ako je ta forma takva da o njoj pre mislimo kao o istorijskoj ili kulturnoj" (Murray Krieger, *A Reopening of Closure: Organicism Against Itself*, Columbia University Press, New York, 1989, p. 3). Sama Krigerova knjiga pokušava da pitanje o odnosu između završetka i organicizma situira *van* „napada" koje su izvršila „naša postmoderna odbijanja svakog završetka" (*A Reopening...*, p. 1), jer Kriger – zainteresovan za teleološke, a ne biološke, osnove „organske metafore" (*A Reopening...*, p. 5) – hoće da opiše organicizam „s one strane završetka, da nađe u njegovom samoograničenju jedno otvaranje koje bi izložilo njegove očigledno monolitne zahteve jednoj suprotnosti koja izvire iz njih samih" (*A Reopening...*, p. 2). Kao da se u pozitivnoj tački svoje namere susreo sa onima koje je hteo da mimoiđe.

42 Kod Kvintilijana je to eksplicirana norma da „svaka riječ koja ništa ne doprinosi ni smislu ni stilu može se smatrati pogreškom" (Marko Fabije Kvintilijan, *Obrazovanje govornika*, preveo Petar Pejčinović, Veselin Masleša, Sarajevo, 1985, str. 243). Klasicistička poetika *Pozorišnog priručnika* (1657) d'Obinjaka će višak na završetku shvatiti kao grešku istovetnu onoj kada pozorišnom komadu „nedostaje poslednji potez" (*Teorija drame: renesansa i klasicizam*, priredio Jovan Hristić, Univerzitet umetnosti u Beogradu, 1976, str. 362).

43 J. Hillis Miller, **The Problematic of Ending in Narrative**, *Nineteenth-Century Fiction*, University of California Press, volume 33, number 1, June 1978, p. 4.

44 *O pjesničkom umijeću*, str. 38.

45 *The Problematic of Ending in Narrative*, p. 5.

46 Postojanje tog viška „može se možda uporediti s poslednjim udarcima po tipkama klavira. Ti su udarci bili piscu potrebni, jer je osjećao, da se upravo njima zaokružuje čitava struktura djela, i da ono tek po njima dobiva poslednji, odlučni potez", iako „sudeći izrazito racionalno, ti udarci nisu bili nužni", ali „kao da je tek poslednjim potezima pisca djelo dobilo unutrašnju ravnotežu." (Antun Barac, Poslednje poglavlje 'Popa Ćire i popa Spire', *Rad JAZU*, Zagreb, 1954, str. 13.)
47 Francis R. Hart, Scott's Ending: The Fictions of Authority, *Nineteenth-Century Fiction*, University of California Press, volume 33, number 1, June 1978, p. 48.
48 Scott's Ending: The Fictions of Authority, p. 60.
49 *Closure in the Novel*, p. 11.
50 U tumačenju završetka romana *Žena francuskog poručnika* Marijana Torgovnik, koja tu vidi samo poigravanje sa konvencijama viktorijanskog romana, pominje postojanje samo dva – srećnog i nesrećnog – završetka u romanu, iako je treća mogućnost završetka u snu glavnog junaka pripovedana daleko pre završetka romana. Ona, takođe, može da misli da pisac odbija da „prezentuje definitivne, završne činjenice" (*Closure in the Novel*, p. 204), jer ne uvažava piščeve reči: „ne mogu dati obe verzije istovremeno, no ma koja da je druga, činiće se, toliko je snažna tiranija poslednjeg poglavlja, da je to krajnja, 'stvarna' verzija" (Džon Foulz, *Žena francuskog poručnika*, II, prevela Ljerka Radović, Bratstvo-jedinstvo, Novi Sad, 1989, str. 186). Kao što otvorena struktura završetka nije samo nalog konvencija, već i nalog pripovedanja koje traje *posle* priče, tako je „krajnji defekt deskriptivnog pristupanja završetku u tome što taj pristup, slepo uzimajući svoj predmet kao gotovu činjenicu, ne samo da ne može da odgovori na svoja pitanja, već snažno sprečava da ta pitanja uopšte budu postavljena" (D. A. Miller, *Genre*, book reviews, Winter 1981, p. 528).
51 Radikalna konsekvenca konvencionalne determinacije tvrdi da „ne postoji takva stvar kao romaneskni završetak u apstraktnom smislu", već „postoje samo različiti načini završetaka" (John Kucich, Action in the Dickens Ending: *Bleak House* and *Great Expectations*, *Nineteenth-Century Fiction*, University of California Press, volume 33, number 1, June 1978, p. 88). Ova konsekvenca precizno odslikava nemoć deskripcije ili tipologije završetka da istraže smisao završetka, ali prikriva dijalektiku uslova koji u svakom različitom načinu završetka obrazuju završetak.
52 A. J. Greimas, *Sémantique structurale*, Larousse, Paris, 1966, p. 184.
53 Pol Riker, *Vreme i priča*, I, prevele Slavica Miletić i Ana Moralić, Izdavačka knjižarnica Zorana Stojanovića, Sremski Karlovci, Novi Sad, 1993, str. 155.

[54] Julia Kristeva, *Desire in Language*, Columbia University Press, New York, 1980, p. 42.
[55] J. Hillis Miller, **Ariadne's Thread**, *Critical Inquiry*, Autumn 1976, p. 69.
[56] Razliku između interpretatora koji podrazumevaju iskustvo strukturalizma i interpretatora koji ne podrazumevaju to iskustvo otkriva Marijana Torgovnik kada, u svojoj recenziji knjige D. A. Milera, odredi da je za nju završetak „proces kojim roman doseže adekvatan, prikladan zaključak" kao centralnu formu umetničke koherencije, dok je za Milerovu knjigu završetak romana „sila unutar pripovedanja koja zatvara njegovo digresivno, živahno razvijanje" (Marianna Torgovnick, *Genre*, book reviews, Fall 1981, p. 415). Razlika je, dakle, u tome što ona „uzima kao gotovu činjenicu istinsku ideologiju završetka koju Miler dovodi u pitanje" (Walter L. Reed, *Criticism*, book reviews, Winter 1982, p. 79–80).
[57] Alan Friedman, *The Turn of the Novel*, Oxford University Press, New York, 1966, p. 30.
[58] Rene Girard, *Deceit, Desire and the Novel*, Johns Hopkins University Press, Baltimore and London, 1984, p. 297.
[59] Frank Kermode, *The Sense of an Ending*, Oxford University Press, New York, 1967, p. 128–130. Za Arnolda Dejvidsona, koji preformuliše Henri Džejmsa, postoji na završetku romana konflikt između mimetičkog i literarnog načela, jer u završetku postoji „istinska nemogućnost zaključka koja je u nužnom kompromisu sa zadatkom pisanja završetka" (Arnold Davidson, *Conrad's Ending*, UMI Research Press, Ann Arbor, 1984, p. 4–5).
[60] Alexander Welsch, Opening and Closing ***Les Misérables***, *Nineteenth-Century Fiction*, University of California Press, volume 33, number 1, June 1978, p. 9.
[61] Opening and Closing..., p. 18.
[62] Opening and Closing..., p. 18.
[63] Opening and Closing..., p. 10.
[64] Opening and Closing..., p. 11.
[65] Opening and Closing..., p. 20.
[66] Vremenski završetak pripovedanja može biti ospoljen (pripovedač, razlika u odnosu na vreme priče) ili impliciran (gramatička vremena, poredak u rečenicama, razlika u jeziku) u pripovedanju.
[67] Paul Ricoeur, *Time and Narrative*, II, University of Chicago Press, Chicago, 1985, p. 101.
[68] Pošto „sama reč nezavršetak doziva različite rezonance" (Alice A. Kuzniar, *Delayed Endings (Nonclosure in Novalis and Hölderlin)*, University of Georgia Press, Athens and London, 1991, p. 2) misao posle strukturalizma razlikuje „isprepletene kategorije nezavršetka: pripovedačku, semantičku i tematsku" (*Delayed Endings*, p. 9). U pripovedačkom

smislu ne-završetak podrazumeva „izbegavanje završetka i svake strategije koja bi smerala da priču, poemu ili esej dovede do konačnog, sintetizujućeg zaustavljanja", što „na strogo anatomskom nivou znači da su dela ostavljena kao nezavršena, često intencionalno", a „na nivou samog narativnog materijala nezavršetak se pojavljuje kada čitalac retrospektivno vidi kako nisu ispunjena očekivanja koja je stvorio teleološki pokret priče" (*Delayed Endings*, p. 3). Otud nezavršetak – kao nešto što podrazumeva strukturalna i tekstualna svojstva, efekat čitaoca i proces pisanja (*Delayed Endings*, p. 4) – jeste „odlaganje potpuno izvedene referencijalnosti" (*Delayed Endings*, p. 192) koje „sugeriše zauvek neodlučno oklevanje i indeterminaciju" (*Delayed Endings*, p. 6).

69 D. A. Miller, *Narrative and its Discontents (Problems of Closure in the Traditional Novel)*, Princeton University Press, Princeton, 1981, p. 265. O knjizi videti recenzije: Richard Brown, **Coming to conclusions**, *The Times Literary Supplement*, 17. VII 1981, N. 4.085, p. 822; Francoise Bolton, *Études Anglaises*, T. XXXVI, N. 2–3, 1983, p. 324–325.

70 *Narrative and its Discontents*, p. XI.

71 *Narrative and its Discontents*, p. 272–273.

72 *Narrative and its Discontents*, p. 266.

73 *Narrative and its Discontents*, p. 242.

74 Nezavršivost ljubavnog zapleta može proizilaziti iz toga što je nemoguće staviti tačku na eros (*Narrative and its Discontents*, p. 228) samo ako se kao eros razume nezavršivost samog pripovedanja. Otud eros na koji se ne može staviti tačka nije eros ljubavnog zapleta, već eros samog pripovedanja koji se skriva u svakom zapletu. Ljubavni zaplet vrši prefiguraciju erosa pripovedanja, koji postaje nevidljiviji i intenzivniji.

75 *Narrative and its Discontents*, p. 189.

76 *Estetika*, III, str. 572.

77 *Estetika*, I, str. 216.

78 Edward W. Said, *Beginnings: Intention and Method*, Basic Books, New York, 1975, p. 76.

79 Hegel je neistovetnost između završetka i početka video kao razliku između filozofije i literature: „Kao što čitamo poslednju scenu drame, poslednji list romana ili Sančo drži da je bolje da se unaprijed kaže rješenje tajne, tako je početak jedne filozofije zacijelo i njen završetak, što nije slučaj u navedenim primjerima. Ali niko se neće zadovoljiti tim njihovim krajem ili sa odgonetkom tajne, nego se za bitno smatra kretanje kojim se to ostvaruje." (Georg Wilhelm Friedrich Hegel, *Jenski spisi*, preveo Aleksa Buha, Veselin Masleša, Sarajevo, 1983, str. 401.)

80 *Vreme i priča*, I, str. 91.

81 Thomas M. Greene, **The End of Discourse in Machiavelli's 'Prince'**, *Yale French Studies*, number 67, Yale University Press, New Haven, 1984, p. 70.

[82] The End of Discourse..., p. 71.
[83] *Vreme i priča*, I, str. 273.
[84] *Vreme i priča*, I, str. 278.
[85] Gabriele Schwab, The Dialectic of Opening and Closing in Samuel Beckett's *Endgame*, Yale French Studies, number 67, Yale University Press, New Haven, 1984, p. 202.
[86] *Narrative and its Discontents*, p. XIII–XIV.
[87] The Dialectic of Opening and Closing..., p. 198.
[88] *Narrative and its Discontents*, p. 266.
[89] Gerald Prince, *La Nausee* and the Question of Closure, Yale French Studies, number 67, Yale University Press, New Haven, 1984, p. 190.
[90] Antinomija pitanja o završetku tematizuje se, dakle, unutar oblika svoje antinomičnosti: zato što su „modernisti želeli da preokrenu Aristotelovu hijerarhiju i daju karakteru prednost nad zapletom" oni su „odbili upotrebu konvencionalnih završetaka koji suviše očigledno narušavaju integritet i verovatnost karaktera u interesu predeterminisanosti estetskih završetaka" (William R. Thickstun, *Visionary Closure in the Modern Novel*, Macmillan Press, London, 1988, p. 8). Oni, tako, stvaraju *završetak-viziju* koji hoće da „pomiri otvorenost iskustva karaktera sa snažnim i prisiljavajućim formama završetka u pripovedanju" (*Visionary Closure in the Modern Novel*, p. 10).
[91] *Time and Narrative*, II, p. 20–21.
[92] John Kucich, Action in the Dickens Ending..., p. 91–92.
[93] Frank Kermode, Sensing Ending, *Ninettenth-Century Fiction*, University of Columbia Press, volume 33, number 1, June 1978, p. 155.

BELEŠKA O AUTORU

Milo Lompar je rođen 1962. godine u Beogradu. Završio je grupu za jugoslovenske i opštu književnost na Filološkom fakultetu u Beogradu, gde radi kao asistent za Srpsku književnost XVIII i XIX veka.

SADRŽAJ

Ime romana 7
Ime Pavla Isakoviča 16
Pavlovo preobraženje 31
Aura mrtve žene 50
Skrivena carica 81
Metafizički i nihilistički junak 97
Istorija i priča 114
Nacionov udes 146
Ime uma 163
Ime i vreme 176
O završetku romana 240

Napomene 259

Beleška o autoru 297

Izdavačko preduzeće
RAD
Beograd, Moše Pijade 12

*

Glavni urednik
Jovica Aćin

*

Za izdavača
Zoran Vučić

*

Tehnički urednik
Dušan Vujić

*

Korektor
Verica Matić

*

Dizajn korica
Miloš Majstorović

Realizacija korica
Aljoša Lazović

*

Priprema teksta
Grafički studio RAD

*

Štampa
SZR „METEM", Sopot

CIP – Каталогизација у публикацији
Народна библиотека Србије, Београд

886.1/.2.09-31

ЛОМПАР, Мило
  О завршетку романа : smisao završetka u romanu Druga knjiga Seoba Miloša Crnjanskog / Milo Lompar. – Beograd : Rad, 1995 (Sopot : SZR „METEM"). – 299 str. ; 21 cm. – (Biblioteka Dijalog)
Napomene: str. 259–296. – Beleška o autoru: str. 297.

ISBN 86-09-00386-8
a) Црњански, Милош (1893–1977) – „Сеобе"
ID=38688524

Štampanje ove knjige pomogli su:

PRIVREDNA BANKA
Pančevo

INDUSTRIJA FARMACEUTSKE PLASTIKE
Alibunar

BOVID KOMERC
Banatski Karlovac

ASI BANKA
Beograd

www.ingramcontent.com/pod-product-compliance
Lightning Source LLC
Chambersburg PA
CBHW051039160426
43193CB00010B/996